역대하 강해집
부흥의 비결

| 역대하 강해집 |

II
Chronicles

김서택 지음

부흥의 비결

🌿 하나님을 붙들기 위해서 만든 영적 매뉴얼

솔로몬

CONTENTS

머리말 7

1. 솔로몬의 일천 번제 9
2. 솔로몬의 성전 건축 26
3. 성전을 향한 기도 44
4. 성전에서 응답하심 62
5. 솔로몬이 누린 축복 78
6. 이스라엘을 징계하신 하나님 96
7. 부르짖음의 위력 116
8. 아사의 신앙 정치 131
9. 예언의 대결 150
10. 여호사밧의 믿음 172
11. 다윗의 길에서 탈선한 왕 192

12. 요아스의 부흥의 회복 209

13. 아마샤의 한계 228

14. 웃시야와 요담의 통치 247

15. 아하스의 악한 통치 263

16. 히스기야의 부흥 280

17. 히스기야의 유월절 299

18. 위대한 승리 318

19. 므낫세의 반항정치 336

20. 유다의 마지막 부흥 352

21. 유다의 마지막 유월절 369

22. 유다의 멸망 387

머리말

하나님은 우리에게 아무 대가 없이 은혜를 주시고 축복을 주시지만 그 축복을 끝까지 지키는 것은 쉽지 않습니다. 왜냐하면 사람의 마음은 언제나 간사해서 하나님의 부흥을 주시고 축복을 주시면 언제나 엉뚱한 길로 가기 때문입니다. 우리가 유다의 역사를 보면서 얼마나 부흥을 회복하기가 어렵고 끝까지 믿음의 길을 가기가 어려운지 알게 됩니다. 역대하 강해집을 출판하게 되어 마음이 너무나도 기쁘고 감사합니다.

함께 이 귀한 말씀을 나눈 대구 동부교회 성도님들에게 깊은 감사를 드립니다. 또 이 강해 집을 책으로 출판하여 많은 목회자들이나 성도들과 나눌 수 있게 하신 솔로몬 출판사 박영호 사장님과 직원들에게 감사드립니다.

대구 수성교 옆에서
김서택 목사

믿음의 뿌리는 겨우 한 세대에 한 명씩 대를 이어서

내려오고 있는 것을 볼 수 있습니다.

세상의 가라지는 빨리 자라고 널리 퍼지는데 비하여

믿음의 뿌리는 더디 자라고 자라더라도 미약한 것을 볼 수 있습니다.

셈 이후에 태어난 믿음의 뿌리도 겨우 이름만 하나씩 기록하고 있습니다.

노아 홍수 이후에 셈이라는 사람에게서 아브라함이라는 사람이 나타날 때까지

무려 열 번의 세대가 지나가게 됩니다.

그리고 그동안 거의 잠잠하고 있었던 아브라함 때에

큰 부흥의 꽃을 피우게 됩니다.

아브라함이 다른 것은 일체 붙들지 않고

오직 하나님의 말씀만 붙들었기 때문입니다.

CHAPTER 01

솔로몬의 일천 번제

대하 1:1-17

등산을 하려면 미리 지도를 살펴봐야 합니다. 어느 코스로 오르고 내릴 것인지, 시간은 어느 정도 소요되는지 계획을 세우기 위해서입니다. 무턱대고 산을 오르다가는 길을 잃어 조난당하기 십상입니다. 또 생전 가 보지 않은 새로운 장소에 갈 때도 미리 경로를 확인하고 출발해야 합니다. 그럼에도 만만치 않은 인생 여정을 가는 우리의 자세는 어떻습니까? 우리가 가는 인생길을 미리 조망해볼 수 있는 기회를 가지기 어려운 것이 현실입니다.

우리는 사회가 짜놓은 테두리 안에 인생을 끼워 맞추고 살기에 급급합니다. 무조건 좋은 대학에 입학하고 대기업에 입사하면 잘 살고 있다는 인식이 오늘날 일반적인 사회적 통념입니다. 그러나 우리는 이런 대세를 따라 살기보다는 '어떻게 살아야 하는가, 과연 이 길이 옳은가' 깊이 생각할 여유를 가져야 합니다.

옛날에는 학생들이 진학을 앞두고서 위인들의 인생론이나 철학자들의 책들을 읽곤 했습니다. 요즘 청년들은 이 시대 리더들의 성공담을 읽으며 인생을 계획합니다. 하지만 아무리 훌륭한 인생론이나 성공담이라 할지라도 불확실한 세상, 급변하는 시대를 한 품에 아우를 수 있는 이야기는 없습니다. 이전에는 잔잔한 바다를 노 저어 가는 시대였다면 이제는 우리의 키를 훌쩍 넘는 파도를 헤쳐 나가야 하는 때입니다. 단순히 평온한 시대에 이룬 성공을 이야기하거나 한가로운 사색을 소재로 한 책들로는 격랑의 시대를 살아갈 실마리를 찾기가 어렵습니다. 이런 현실 속에서 저는 솔로몬에게서 그 단초를 발견해보고자 합니다.

솔로몬은 왕이 되고 난 후에 다른 어떤 일보다도 하나님 앞에 나와서 기도하는 일을 먼저 했습니다. 이 모습은 솔로몬이 하나님께 자신의 인생을 내어놓고 하나님의 인도하심을 구하고 있다는 증거입니다.

말은 쉽지만 보통 사람이 매사에 하나님의 뜻을 구하며 기도하기가 그리 쉬운 일은 아닙니다. 하나님께 기도해도 바로 구체적인 응답을 주시지도 않을 뿐더러 응답을 주셔도 세상이 금방 달라지는 게 아니기 때문입니다. 그래서 많은 사람들이 기도는 시간 낭비라고 생각할 때가 많습니다. 어떤 일을 시작하기 전에 어떤 정신 자세와 원리를 가지고 나아가야겠다는 생각을 갖는 것이 대단히 중요함에도 말입니다. 이 생각은 우리 영혼의 지도가 됩니다. 그리고 하나님께서는 우리가 발걸음을 내딛기 전에 하나님께 여쭙는 것을 기뻐하시고 당신의 뜻을 따라 행할 수 있도록 인도해주십니다.

역대하는 주로 솔로몬의 성전 건축에서부터 시작해서 유다가 바벨론에 망할 때까지 유다 왕들의 역사를 기록하고 있습니다. 이상하게도 역대기는 같은 이스라엘 백성인데도 북쪽 이스라엘 왕들에 대해서는 일체 언급하지 않습니다. 심지어는 엘리야나 엘리사에 대해서도 전혀 거론하지 않습니다. 역대기가 제사장 중심으로 기록된 역사서이기 때문입니다.

솔로몬이 왕위에 오르는 기사를 기록하면서도 열왕기와는 달리 사무엘의 형 아도니야가 스스로 왕이 된 것에 대해서는 전혀 이야기가 없습니다. 솔로몬이 왕이 되기 전, 아도니야는 나이 든 다윗을 우습게보고 자기 마음대로 요압과 아비아달 같은 사람과 음모를 꾸며 스스로 왕이 되려고 했습니다. 이는 역사적으로 엄청난 사건이었습니다. 그런데 역대기에서는 이 일에 대해 일체 언급이 없습니다. 지극히 정치적인 사건이기에 제사장의 눈에 그리 크게 다가오지 않았기 때문입니다. 오히려 역대하에서 솔로몬의 성전 건축에 관한 내용은 자세하게 설명합니다. 유다의 진정한 부흥의 열쇠가 바른 성전 예배에 있다고 생각하는 까닭입니다. 역대기에서 또 하나 주목할 만한 것은 솔로몬이 왕이 되어 일천 번의 번제를 드린 일에서부터 모든 이야기를 시작한다는 것입니다. 그 이유 역시 진정한 축복이 기도에서 시작한다고 보고 있기 때문입니다.

역사를 선지자의 관점에서 보느냐, 제사장의 관점에서 보느냐에 따라 이렇게 달라지는 것입니다. 선지자적인 관점은 이스라엘의 왕이나 백성들이 하나님의 말씀에 얼마만큼 순종했느냐에 따라 역사를 평가합니다. 제사장적인 관점은 이스라엘의 왕이나 백성들이 얼마나 기도했는지, 제사장들이 하나님 앞에서 바른 예배를 드렸는지를 중요시합니다. 선지자적 관점은 이 세상에서 하나님의 말씀에 순종하며 사는 실제 삶을 다루는 수평적인 관점이라면 제사장적 관점은 하나님과 우리 사이에 걸림돌이 있나 없나 살펴보는 수직적인 관점입니다.

예를 들어, 집안에서 수돗물을 쓰려고 하면 수원지 댐에서부터 물이 공급되어야 합니다. 이때 제사장적인 관점은 댐에서 집까지 물이 제대로 오느냐 하는 것을 봅니다. 아무리 수도 시설이 잘 되어 있다 하더라도 댐의 물이 오염되어 있거나 댐이 부서져 있으면 수돗물은 제대로 공급되지 않을 것입니다. 그러므로 역대기는 좀 더 근본적인 관점에서 이스라엘의 부흥을 보고 있다고 말할 수 있습니다.

1. 솔로몬이 하나님께 길을 묻다

솔로몬은 왕이 된 지 얼마 되지 않아서 신하들과 백성들을 데리고 기브온 산당에 가서 일천 번제를 드리면서 기도했습니다.

1-3절, "다윗의 아들 솔로몬의 왕위가 견고하여 가며 그의 하나님 여호와께서 그와 함께 하사 심히 창대하게 하시니라. 솔로몬이 온 이스라엘의 천부장들과 백부장들과 재판관들과 온 이스라엘의 방백들과 족장들에게 명령하여 솔로몬이 온 회중과 함께 기브온 산당으로 갔으니 하나님의 회막 곧 여호와의 종 모세가 광야에서 지은 것이 거기에 있음이라"

처음 왕위에 올랐으니 솔로몬이 할 일이 얼마나 많았겠습니까. 도대체 내가 다스릴 나라의 규모가 어느 정도이며 재정 상태는 어떠하며 주된 산업들은 어떤 것이 있는지, 그리고 권력에 영향을 미치는 사람들은 어떤 사람들인지 알아야 할 것입니다. 또 새로 왕이 됐으면 지방 관리들이나 토호 세력들과도 만나야 하고 외국의 왕들이나 외교 사절단들과도 만나서 좋은 관계를 만들어야 할 것입니다. 그러나 솔로몬은 왕으로서 해야 할 많은 일들을 하기에 앞서 하나님께 일천 번제를 드리고 기도했습니다. 왕으로서 자기가 나아갈 길을 하나님께 물었던 것입니다. 아직 나이가 어린 솔로몬 앞에는 수많은 길들이 놓여 있었습니다. 자기가 가고 싶은 길로 가면 그만이지만 제 뜻을 내려놓고 하나님의 인도하심을 구했습니다.

우선 솔로몬이 간단하게 하나님의 뜻을 알고자 했다면 예루살렘에 있는 언약궤 앞에 가서 제사장을 통해서 하나님의 뜻을 물을 수 있었을 것입니다. 이때 하나님의 성전 기구는 나누어져 있었습니다. 즉 하나님의 말씀에 해당되는 언약궤는 예루살렘에 있고 기도에 해당되는 번제단은 기브온 산당에 있었습니다. 그런데 솔로몬은 특이하게도 예루살렘에 있는 언약궤 앞에 나아가지 않고 번제단이 있는 기브온 산당으로 갔습니다. 이것은 솔로몬 자신도 직접 하나님의 은혜를 받고 하나님의 축복을 받겠다는 의지입니다. 지금까지 솔로몬의 모든 복은 아버지 다윗이 받았던 복의 연장이었습니다. 이제 아버지의 덕으로 하나님의 은혜와 축복을 받는 것이 아니라 자기도 직접 하나님을 만나고 종교적인 체험을 하고 싶었던 모양입니다. 우리도 언제까지나 다른 사람이 파놓은 우물물을 마시고 살 수는 없습니다. 우리가 진정으로 은혜를 받고 능력을 받기를 원한다면 직접 하나님 앞에서 온전히 기도도 하고 말씀을 연구하면서 자기 나름대로 한번 큰 은혜의 체험을 하는 것이 필요합니다.

야곱 같은 경우에는 아버지 집안에서 하나님의 축복을 받으려고 형에게 팥죽을 주고 장자의 명분을 샀으며 눈이 어두운 아버지를 속여 축복을 받아내기도 했습니다. 그러나 그것은 모두 하나님과 대면하여 체험한 축복이 아니었습니다. 집에서 도망을 나와 들판에서 돌베게를 베고 자다가 하나님을 만나게 됩니다. 이때부터 야곱은 하나님을 나의 하나님으로 인정합니다.

하나님과의 대면은 우리 인생에 있어서 아주 중요한 사건입니다. 직접 하나님을 체험하고 은혜를 받는다는 건 내 안에 새로운 은혜의 용광로가 생기는 걸 의미하기 때문입니다. 야곱은 '한 다리 건너서' 아버지나 어머니의 하나님만을 알고 있었습니다. 그런 신앙은 열정도 없고 쉽게 시들해지곤 합니다.

솔로몬은 신앙의 지혜가 있는 사람이었습니다. '아버지가 받은 은혜와 축복만 빼먹어선 안 된다. 내가 직접 하나님을 만나고 직접 은혜를 체험하리라'고 생각했던 것입니다. 그래서 솔로몬은 아버지가 예루살렘에 옮겨놓은 언약궤를 찾아가지 않고 기브온에 있는 번제단을 찾아가서 기도를 드렸던 것입니다.

우리가 이 세상을 살아가면서 실패하지 않으려면 마음속에 불이 있어야 합니다. 결국 세상에서 무엇인가를 해내는 사람들은 남다른 열정을 가진 사람들입니다. 물론 사람에 따라 열정의 대상이 다를 수 있습니다. 어떤 사람은 야망에 불타는가 하면 어떤 사람은 사랑에 열렬합니다. 하지만 가장 중요한 것은 하나님에 대한 열정과 부흥의 열정입니다.

2. 일천 번제의 성격

5-6절, "옛적에 훌의 손자 우리의 아들 브살렐이 지은 놋 제단은 여호와의 장막 앞에 있더라. 솔로몬이 회중과 더불어 나아가서 여호와 앞 곧 회막 앞에 있는 놋 제단에 솔로몬이 이르러 그 위에 천 마리 희생으로 번제를 드렸더라"

모세가 출애굽하면서 광야에서 브살렐에게 만들도록 했던 놋으로 된

번제단이 솔로몬 때까지 남아 있었다는 사실은 참으로 놀랍습니다. 아마 번제단이 금으로 만들어졌다면 그렇게 오랫동안 남아있지 못했을지도 모르겠습니다. 솔로몬은 바로 그 놋제단 위에 일천 번의 희생을 드렸습니다. 솔로몬이 일천 번제를 드린 이유는 무엇일까요?

우선, 솔로몬 나름의 작정이 있었던 것 같습니다. 이스라엘의 왕이 된 솔로몬은 이제 성전을 지어야 하는데 도무지 이 일들을 감당할 자신이 없었을 것입니다. 그래서 솔로몬은 일천 번제를 드리면서 나름대로 하나님께 무슨 응답을 받을 때까지 한번 꾸준하게 기도를 해보자는 결심을 했을지도 모릅니다. 무슨 일이 있어도 이번에는 하나님으로부터 무엇인가 응답을 받아야지만 돌아가겠다고 결심하고 번제와 기도를 시작했던 모양입니다. 그래서 이 기간 동안에는 세상일을 잠시 다 중단하고 하나님께만 매달리면서 하나님이 무언가 내게 말씀하시고 축복해주시기를 간구했던 것입니다. 솔로몬은 정치적 기반이 약한 사람이었습니다. 그가 의지할 분은 하나님밖에 없었습니다. 이것이 솔로몬이 필사적으로 하나님께만 매달렸던 이유입니다.

아마 솔로몬은 처음부터 일천 번제를 작정하지는 않았을 것입니다. 어쩌면 하나님의 응답을 받으려고 계속 매달리다보니까 일천 번이 되었을 가능성이 높습니다. 일천 번 제사를 드린다는 건 쉬운 일이 아닙니다. 백 번만 드린 데도 만만치 않습니다. 그런데 일천 번제라니, 그야말로 솔로몬은 결심을 하고 하나님께 매달렸던 것입니다. '하나님, 이번에는 무슨 일이 있어도 반드시 응답해주십시오. 만약 응답을 주시지 않으시면 여기서 죽을지도 모르겠습니다' 하는 마음을 먹었던 것 같습니다.

우리는 아마 200번이나 300번 정도 번제를 드렸는데도 응답이 없으면 '원래 기도라고 하는 것은 이런 것인가 보다' 라고 생각하며 중단하고 내려갔을 것입니다. 하지만 솔로몬은 '하나님은 반드시 응답을 주신다. 이번엔 무슨 일이 있어도 아버지 다윗이 하나님을 만났던 것처럼 나도 하나님을 만나야 돌아간다' 라고 결심했습니다.

솔로몬도 일천 번제를 드리면서 '이 정도면 할 만큼 했으니까 그만하고 내려가야 겠다' 는 생각이 들었을 것입니다. 하지만 솔로몬은 포기하면 언젠가 다시 처음부터 시작해야 한다는 걸 예감했습니다. '나는 하나님을 만나지 못하면 정치에 실패할 수밖에 없고 아무것도 아닌 인생을 살 수밖에 없다. 나는 다른 어떤 일보다 하나님의 복을 받는 것이 제일 중요하다' 는 마음이 솔로몬을 사로잡았습니다.

하나님은 솔로몬을 결코 실망시키지 않으셨습니다. 솔로몬이 할 수 있는 한 최선을 다해 드린 일천 번의 제사를 받으셨습니다. 그보다 더 많은 것을 드리라고 강요하지 않으셨습니다.

일천 번의 제사는 솔로몬이 하나님 앞에서 완전히 죽어지는 순간이었습니다. 처음에 기도할 때는 아직도 자아가 활개를 칩니다. 그래서 하나님 앞에서 내 생각만 이야기하고 그저 내가 기도했다는 기분에 도취되어 있을 때가 많습니다. 그러나 하나님께서 바로 응답을 하시지 않고 내버려두시면 우리는 할 수 있는 것이 아무 것도 없습니다. 계속 기다리는 것밖에는 별 도리가 없습니다. 그래서 자기 계획을 하나둘씩 포기하다가 나중에는 전부 다 포기하고 결국 하나님 한 분만 붙들게 됩니다. 이것이 바로 하나님께서 원하시는 것입니다.

하나님께서 우리들에게 요구하시는 건 많은 일을 해내는 게 아닙니다. 다만 하나님 한 분만을 붙들기를 원하시는 것입니다. 솔로몬이 그렇게 되는 데 일천 번의 제사가 필요했던 것입니다.

그때 하나님은 솔로몬에게 나타나셔서 두 가지 응답을 주셨습니다. 하나는 솔로몬의 기도를 받으신 것이고 다른 하나는 그의 소원 한 가지를 들어주는 것이었습니다.

7절, "이 밤에 하나님이 솔로몬에게 나타나사 이르시되 내가 네게 무엇을 줄고 너는 구하라"

드디어 솔로몬은 하나님을 직접 만나게 됩니다. 이제 솔로몬의 마음속에도 하나님을 향한 열정이 불붙을 것입니다. 하나님께서는 우리의 기도에 부흥의 불로 응답하십니다. 우리 마음이 성령의 불로 뜨거워지고 하나님을 사랑하는 열정이 생기는 것, 이것이 하나님을 체험하는 것입니다.

하나님께서는 솔로몬에게 나타나셨을 뿐 아니라 그가 원하는 것이 무엇인지까지 물어보셨습니다. 하나님께서 솔로몬이 원하는 바가 무엇인지 몰라서 물으신 것은 아닙니다. 하나님께서는 솔로몬에게 '너는 구하라'고 말씀하셨습니다. 하나님 앞에서 적극적으로 표현을 하라는 뜻입니다.

우리는 하나님 앞에서 기도하면서도 정말 나에게 필요한 것이 무엇인지 모를 때가 많습니다. 하나님의 눈으로 나 자신을 보지 못하기 때문입니다. 우리는 나의 입장에서 나 자신을 보면 도대체 나에게 필요한 것이 무엇인지 모릅니다. 모든 것이 많으면 많을수록 좋을 것 같다는 생각뿐입니다. 그러나 우리가 하나님의 눈으로 자신을 보면 필요한 것이 정확하게 보일 것입니다. 하나님의 뜻과 우리의 뜻이 일치되는 데 긴 기도의 시간이 필요한 이유입니다. 나의 고집이나 욕심은 죽고 하나님의 눈으로 내 자신을 보게 되는 것입니다.

사실, 우리가 다른 사람의 눈으로 자신을 보기만 해도 많은 것이 달라집니다. 우리가 자기 자신을 객관적인 눈으로 볼 수만 있어도 멋진 인생을 살 수 있습니다. 하지만 욕심에 눈이 어두워서 자신의 모습을 제대로 보지 못합니다. 하나님의 눈으로 자신을 볼 수만 있다면 우리는 그분 앞에서 좀 더 흠 없이 살 수 있을 것입니다.

3. 솔로몬이 하나님께 구한 것

솔로몬이 일천 번의 번제를 드렸다고 하는 것은 그야말로 죽을 각오를 하고 최후의 순간까지 하나님께만 매달린 것입니다. 솔로몬은 그렇게 하고 난 후에야 '원하는 것을 내게 구하라'는 응답을 받게 됩니다. 하나님께서 '이제는 되었다'고 인정해 주셨습니다.

그런데 도대체 무엇을 구해야 할까요? 여러분이 가장 먼저 떠올릴법한 건 아마도 재물일 것입니다. 우리가 하나님 앞에서 구해야 할 것이 많은 돈일까요? 뿐만 아니라 우리는 이 세상에서 성공하고 유명해지기를 원합니다. 우리가 하나님 앞에서 구해야 할 것이 이런 성공이나 명예나 인기일까요? 아니면 나를 괴롭히는 사람들이 망해버리는 것일까요?

솔로몬은 무엇보다 하나님의 언약을 확고히 하는 것을 중요하게 생각했습니다.

> 9절, "여호와 하나님이여 원컨대 주는 내 아비 다윗에게 허하신 것을 이제 굳게 하옵소서"

도대체 하나님께서 솔로몬의 아비 다윗에게 허락하신 것이 무엇입니까? 하나님께서 다윗의 후손으로 하여금 영원히 이스라엘을 다스리게 하겠다고 약속하신 것입니다. 이것이 바로 다윗의 언약입니다. 원래 하나님께서 이스라엘 백성들에게 주신 약속은 모세의 언약이었습니다. 즉 모든 이스라엘 백성들이 하나님의 말씀에 순종하면 복을 받고 영원히 가나안땅을 차지한다는 약속입니다. 그런데 실제로 모든 이스라엘 백성들이 하나님의 말씀에 순종한다는 건 어려운 일입니다. 이것을 다른 말로 표현하면 모든 이스라엘 백성들의 신앙이 성숙해서 자신들이 알아서 하나님의 말씀대로 산다는 것인데 이것은 현실적으로 불가능했습니다. 그래서 이스라엘 백성들은 사사시대에 많은 어려움을 겪었습니다. 이스라엘 백성들이 부흥이 일어날 때에는 힘을 내고, 가나안 족속들과 싸울 때 침체가 되면 완전히 힘을 잃어버리고 낙심해서 적의 지배를 받아야 했던 것입니다. 그래서 하나님께서 다윗에게 주신 약속은 이스라엘 백성들이 어떤 상태에 있든지 백성들의 목자 한 사람만 바른 신앙을 가지고 있어도 부흥을 주시고 복을 주시겠다는 것이었습니다. 그러니까 이스라엘 백성들은 신앙이 좀 어리고 부족하더라도 지도자 한 사람만이라도 하나님의 말씀을 붙들고 나가면 부흥을 주시고 축복을 주신다는 약속입니다. 지금도 이 축복의 비결은 변함이 없습니다.

  성도들 모두가 완전히 성숙한 신앙인이 될 수는 없습니다. 사실은 목회자 자신도 하나님 앞에서 부족한 것이 너무 많습니다. 그러나 그 모든 부족에도 불구하고 하나님의 말씀만 붙들고 나가면 하나님은 부흥을 주시고 축복을 주십니다.

  다윗에게 했던 언약을 굳게 해달라는 솔로몬의 기도는 자신의 부족함과 연약함을 하나님 앞에서 인정하는 행위였습니다. 우리는 모두 하나님의 온전한 축복을 받기에 합당치 않습니다. 그러나 우리는 하나님의 언약을 믿습니다. 우리의 인격적 결함과 부족한 능력에도 불구하고 하나님의 말씀만 붙들면 하나님이 은혜를 주시고 성령을 부어주시며 부흥을 일으켜주시리라 확신합니다. 그래서 우리는 아무리 우리에게 부흥이 일어나도 우리가 인격적으로 훌륭하다거나 혹은 우리가 다른 사람들보다 기도를 많이 했거나 도덕적인 수준이 높다는 이유로 하나님께서 부흥을 주신 것이 아님을 알아야 합니다.

여기서 우리는 하나님나라의 이상한 특징을 발견합니다. 우리가 많은 것을 붙들고 있으면 인격적으로 훌륭하고 도덕적으로 선할지라도 우리 안에서 하나님의 능력이 나타나지 않습니다. 그런데 우리가 아무리 인간적으로 부족한 것이 많고 결점이 많아도 하나님의 언약의 말씀만 붙들면 우리에게 하나님의 능력이 나타납니다. 하나님은 부족한 자들을 통해서 영광을 받으시기 때문입니다. 그래서 우리가 계속 하나님의 은혜와 축복을 받으려고 하면 언제까지나 부족한 자로 남아 있어야 하는 것입니다.

솔로몬은 두 번째로 구합니다.

> 9절ㅡ10절, "주께서 나로 땅의 티끌같이 많은 백성의 왕을 삼으셨사오니 주는 이제 내게 지혜와 지식을 주사 이 백성 앞에서 출입하게 하옵소서. 이렇게 많은 주의 백성을 누가 능히 재판하리이까"

우선 솔로몬은 하나님께서 자기에게 너무나도 많은 양들을 맡기신 것을 인정하고 있습니다. 만약 세상의 다른 왕들이라면 자기 나라에 많은 백성들이 있는 것을 큰 자랑이요 재산으로 생각할 것입니다. 백성이 많아야 군인들도 많이 뽑을 수 있고 세금도 많이 매길 수 있고 일도 많이 시킬 수 있기 때문입니다. 그러나 하나님의 종들에게는 많은 백성들이 부담이 됩니다. 왜냐하면 결국 이들을 돌보아야 하고 잘 먹여야 하기 때문입니다.

결국 솔로몬은 땅의 티끌같이 많은 백성들이 자기 백성이 아니고 하나님의 양떼라고 생각하고 있습니다. 솔로몬은 자기가 높은 보좌에 앉아서 이 많은 백성들의 섬김을 받는 왕이라고 생각하지 않습니다. 그는 자신을 이 많은 백성들을 어디론가 데리고 가서 풀을 뜯게 하고 물을 마시게 할 목자로 생각하고 있는 것입니다. 그런데 솔로몬에게 이 많은 백성들을 먹일 수 있는 하나님의 말씀의 지혜와 지식이 없었습니다. 그래서 솔로몬은 이 많은 하나님의 백성들을 풍성한 진리로 먹일 수 있도록 지혜와 지식을 달라고 구했습니다.

솔로몬은 하나님께 '이렇게 많은 주의 백성을 누가 능히 재판하리이까' 라고 했습니다. 여기 '재판한다' 고 하는 것은 요즘 법정에서 판사가 판결을 내리는 것과는 다릅니다. 여기서 '재판한다' 는 것은 하나님의 말씀을 가지고 구체적으로 적용을 해서 옳고 그른 것을 가르쳐주는 것입니다.

우리는 때때로 말씀은 알아도 구체적인 적용에서 어려움을 겪을 때가 많습니다. 아주 세부적인 지침은 성경에 나오지 않기 때문입니다. 그러나 하나님께서는 세미한 음성을 통해서 우리에게 지혜를 주십니다. 결국 하나님의 말씀과 지혜, 이 두 가지는 우리가 인생을 살아가는 데 어떤 말로도 표현할 수 없는 보물입니다. 거기에다 우리의 모든 죄를 씻어주는 성전이 있으면 우리의 인생은 절대로 실패할 수가 없습니다.

하나님께서는 솔로몬의 기도를 들으시고 칭찬하셨습니다.

11절, "하나님이 솔로몬에게 이르시되 이런 마음이 네게 있어서 부나 재물이나 존영이나 원수의 생명 멸하기를 구하지 아니하며 장수도 구하지 아니하고 오직 내가 너로 치리하게 한 내 백성을 재판하기 위하여 지혜와 지식을 구하였으니"

바른 기도를 드리는 것은 쉬운 일이 아닙니다. 하나님께서는 솔로몬에게 필요한 것이 많다는 것을 알고 계셨습니다. 솔로몬도 인간이기 때문에 재물이나 명예가 필요했고 원수를 물리칠 필요도 있었습니다. 또 건강하게 오래 살아 하나님의 일을 감당하고도 싶었습니다. 하지만 솔로몬은 이런 것들을 과감하게 물리쳤습니다.

솔로몬은 더 큰 것을 붙잡았습니다. 솔로몬은 눈에 좋아 보이는 것들은 하나도 붙잡지 않고 눈에 보이지 않는 하나님의 말씀만 붙잡았습니다.

솔로몬이 이럴 수 있었던 것은 굉장히 마음이 가난해지고 비참해졌던 경험 때문이 아닐까 생각합니다. 사람은 의지할 바가 없어야 하나님의 말씀을 붙잡지 돈이 있고 명예가 있으면 그러기가 어렵습니다. 우리가 가장 낮은 자리에서 오직 하나님의 말씀만 붙잡으면 하나님의 말씀이 우리 삶에 살아 역사합니다. 다른 모든 것은 다 내려놓으십시오. 하나님의 말씀만 붙잡아야 부흥을 볼 수 있습니다.

오직 말씀만 의지하는 솔로몬의 태도를 하나님께서 기쁘게 여기시고 솔로몬이 구하지도 않은 축복까지 몽땅 내려주셨습니다.

> 12절, "그러므로 내가 네게 지혜와 지식을 주고 부와 재물과 존영도 주리니 너의 전의 왕들이 이 같음이 없었거니와 너의 후에도 이 같음이 없으리라"

하나님께서는 솔로몬이 지식과 지혜를 구했을 때 구하지 않은 것까지 모두 다 허락하셨습니다. 부도 주시고 명예도 주시고 장수도 주시고 권력도 주시는데 솔로몬 이전의 왕이나 이후의 어느 왕도 비교할 수 없는 최고의 복을 주시겠다고 하셨습니다. 하나님께서는 부흥과 함께 모든 복을 내려주십니다. 물질적으로도 부요하게 하시고 건강의 복도 주시고 유

명하게도 하십니다. 하지만 이런 복들이 오히려 올무가 되지 않게 조심해야 합니다. 처음에 가졌던 가난한 마음을 간직하라는 말입니다.

솔로몬은 하나님의 응답을 받자마자 예루살렘으로 돌아와서 이스라엘을 다스립니다. 그리고 하나님의 말씀대로 엄청난 복을 받았습니다.

15절, "왕이 예루살렘에서 은금을 돌같이 흔하게 하고 백향목을 평지의 뽕나무 같이 많게 하였더라"

이스라엘은 자원이 풍부한 나라가 아닙니다. 이스라엘은 주로 농사를 짓고 목축을 하는 나라로서 은금이 돌같이 흔하거나 백향목이 뽕나무같이 흔할 수가 없었습니다. 그런데도 예루살렘이 그렇게 물질적으로 풍부했던 것은 하나님이 복을 주셨기 때문입니다. 하나님이 무슨 복을 주셨기에 그렇게 은금이 풍부하고 백향목이 흔하게 되었을까요?

솔로몬 시대에 이스라엘이 전 세계적으로 유명한 나라가 되면서 많은 관광객들이 몰려오게 되었습니다. 이 사람들은 모두 예루살렘을 구경하고 하나님의 말씀을 듣기 위해서 오는 사람들이었습니다. 또 전쟁이 없어지면서 많은 나라들이 이스라엘에 조공을 바쳤고 이스라엘은 불필요하게 돈을 쓸 일이 없어졌습니다. 게다가 솔로몬은 무역을 장려해서 많은 이윤을 남겼습니다. 그 중 대표적인 품목이 말이었습니다.

16-17절, "솔로몬의 말들은 애굽과 구에서 사들였으니 왕의 무역상들이 떼로 값을 정하여 산 것이며 애굽에서 사들인 병거는 한 대에 은 육백 세겔이요 말은 백오십 세겔이라 이와 같이 헷 사람들의 모든 왕들과 아람 왕들을 위하여 그들의 손으로 되팔기도 하였더라"

여기에 보면 말과 병거의 가격이 나옵니다. 병거 가격이 말의 가격보다 훨씬 비싼 것을 알 수 있습니다. 말은 일백 오십 세겔인데 병거는 육백 세겔이나 했습니다. 말을 살 때에는 무리별로 정가를 매겨서 샀습니다. 가나안 족속의 족장들이나 아람 왕들을 상대로도 말 무역을 했습니다. 솔로몬은 벌어들인 돈을 주체할 수가 없어서 말을 사기 시작했습니다. 말을 사니까 마병이 필요했고 마병이 있으니까 말을 둘 성이 필요했습니다.

14절, "솔로몬이 병거와 마병을 모으매 병거가 천사백 대요 마병이 만 이천 명이라 병거성에도 두고 예루살렘 왕에게도 두었으며"

요즘은 자동차가 부를 과시하는 수단이지만 당시에는 말이 부의 상징이었습니다. 솔로몬은 말과 병거를 사들이고 여러 곳에 병거성을 지었습니다. 솔로몬이 성공했다는 표입니다. 한 나라의 왕인 솔로몬이 말과 병거를 좀 사 모으는 건 죄악이라 볼 수 없습니다. 하나님께서 말을 두지 말라고 하시기는 했지만 그리 큰 죄로 인식되지는 않았을 것입니다.

하지만 여기서 다윗과 솔로몬의 차이가 나타납니다. 다윗은 하나님이 말의 뒷발 힘줄을 끊으라고 하시면 끊었고 말을 많이 사지 말라고 하시면 말을 사지 않았습니다. 다윗은 어떤 의미에서 너무나도 고지식하게 믿었던 사람이었습니다.

특히 하나님은 이스라엘 왕이 애굽에서 말을 사오는 것을 아주 싫어하셨습니다. 그러나 솔로몬은 아버지 다윗보다는 융통성이 많은 사람이라 말을 많이 사는 것은 죄가 아니라고 생각했습니다. 솔로몬은 돈이 너무 많으니까 결국 말을 사서 모으다가 나중에는 말 무역까지 하게 되었습니다.

어떤 일에 너무 지나치게 몰입하면 아예 그 일에 전문가가 되는 수가 있습니다. 신자라면 하나님의 말씀에 전문가가 되어야 하는데 세상의 엉뚱한 일에 너무 정통하면 신앙의 덕을 세울 수 없습니다. 결국 솔로몬이 가나안 족장들이나 아람 왕들에게 팔았던 말은 그대로 그들의 무기가 되어 이스라엘을 공격하게 됩니다.

하나님은 당신의 말씀으로 이스라엘 백성 전체가 변화되어 그 백성이 하나님의 성전이 되기를 원하셨습니다. 솔로몬은 작은 성전은 지었지만 더 큰 성전을 보지 못했습니다.

사랑하는 여러분, 하나님이 주신 지혜와 힘을 가지고 더욱 하나님의 말씀을 사모하고 좀 더 기도에 힘쓰는 성도가 되십시오. 그러면 여러분은 분명 영적 부흥의 주역이 될 것입니다.

CHAPTER 02

솔로몬의 성전 건축

대하 2:1-5:14

세상의 영웅들은 할 수 있는 한 넓은 땅을 지배하려고 합니다. 능력 있는 사람들은 누구보다 더 높은 자리까지에 올라가려고 합니다. 그래서 공부하는 학자에게는 노벨상을 타는 것이 최고의 명예이고 운동선수들에게는 올림픽에서 금메달을 따는 것이 최고의 영광이 됩니다. 등산하는 사람들은 세계에서 최고로 높은 봉우리에 올라 세상에서 최고로 높은 곳에 서있는 기분을 만끽한다고 합니다.

그러나 인간이 아무리 넓은 세상을 정복하거나 가장 높은 곳까지 올라간다 하더라도 하나님보다 더 높아질 수는 없습니다. 이 세상은 하나님의 통치 아래 있기에 하나님의 도우심과 간섭하심 없이는 한 순간도 유지될 수 없습니다. 그러므로 이 세상에서 가장 위대한 사람은 하나님과 의사소통할 수 있는 길을 가진 사람입니다. 더 나아가 사람들로 하여금 죄를 용서받게 해서 하나님의 축복을 누리게 해줄 수 있는 사람이라면 더없이 훌륭한 존재가 될 겁니다.

솔로몬은 하나님의 성전을 지었습니다. 솔로몬은 성전을 짓고서 하나님이 주시는 복이란 복은 다 받았습니다. 하나님은 솔로몬에게 세계 최고의 지혜도 주셨고 부귀와 명성도 주셨습니다. 이것을 보면 성전을 짓는 것이 얼마나 위대한 일인지 알 수 있습니다.

우리가 보통 성전이라고 하면 하나님께 제사 드리는 장소로만 생각하기 쉽습니다. 성전은 단순히 하나님께 제사 드리는 장소만은 아니었습니다. 어떤 의미에서 제사는 어느 곳에서든지 드릴 수 있었기 때문입니다. 성전이 소중한 건 하나님의 이름이 있는 곳이기 때문입니다. 물론 하나님은 어디에나 계시지만 그렇다고 우리가 어디서든지 하나님을 만나는 건 아닙니다. 하나님과 우리 인간 사이에는 엄청난 격차가 있기 때문입니다. 그런데 하나님은 이 성전에 자기 자신을 붙들어두셔서 누구든지 이 성전에 오기만 하면 하나님을 만나고 은혜를 받을 수 있게 하셨습니다.

예를 들어, 세계적으로 유명한 교수들은 쉽게 만날 수가 없는 인물들입니다. 하지만 누구든지 그 교수의 연구실을 찾아가면 일단 만날 수는 있을 것입니다. 교수 연구실은 그 교수의 이름이 걸려 있는 방이기 때문입니다. 성전은 하나님의 이름이 걸려 있는 집이었습니다. 하나님께서는 이스라엘 백성들에게 약속하시기를 이스라엘 백성들이 아무리 연약하고 부족해도 이 성전에 오면 만나주겠다고 하셨습니다.

또한 솔로몬 성전은 정치적으로도 의미가 깊은 곳입니다. 솔로몬의 성전으로 하나님의 언약궤와 제단이 다시 합쳐지게 되었습니다. 다윗은 이스라엘이 부흥되기 위해서는 하나님의 언약궤를 예루살렘으로 가져와야 한다고 생각했습니다. 다시 말해서 다윗은 이스라엘을 하나님의 말씀이 다스리는 나라로 만들었습니다. 다윗이 모든 것을 하나님의 말씀대로 했을 때 이스라엘에는 큰 부흥이 일어났고 어마어마한 축복을 받았습니다. 다윗 때에는 언약궤와 번제단이 분리되어 있었습니다. 언약궤는 예루살렘에 있고 번제단은 기브온 산당에 있었습니다.

다윗이 인구 조사를 해서 하나님의 진노를 사는 바람에 삼 일 만에 이스라엘 백성 7만 명이 죽었습니다. 한 번 터진 하나님의 진노를 막을 수는 없었습니다. 그러나 다윗이 오르난의 타작마당에 하나님의 천사가 칼을 빼들고 서 있는 것을 보고 거기에 번제를 드렸을 때 하나님은 진노를 그치시고 질병도 멎게 하셨습니다. 이때 다윗이 깨달았던 것은 번제단의 가치였습니다. 이스라엘에 번제단이 있어야 하나님의 진노를 막을 수 있었습니다. 다윗은 번제단이 있는 장소를 알아내는 데 이스라엘 백성 7만 명의 목숨을 지불해야 했습니다. 그런 의미에서 솔로몬이 지은 성전은 하나님의 신정정치를 상징하고 죄 사함의 능력을 나타내는 장소였습니다.

그리고 성전은 하나님의 축복의 세계를 향하여 가는 문이었습니다. 아무리 이스라엘이 하나님의 택한 백성이라고는 하지만 그들은 한시라도 하나님과 동행하지 않으면 살 수 없는 백성들이었습니다. 이 세상에 강한 나라가 많지만 하나님의 축복 없이 잘 살 수 있는 나라는 없습니다.

그렇다면 우리가 어떻게 해야 하나님을 향하여 나갈 수 있을까요? 야곱이 그 방법을 발견했습니다. 야곱이 에서를 피해서 도망을 치다가 빈 들에서 하늘이 열리고 천사들이 하늘에 닿은 사다리를 오르락내리락하는 것을 봅니다. 야곱은 그곳을 일컬어 하늘의 문이요 하나님의 성전이라고 불렀습니다. 하늘의 문은 하나님의 백성들이 모여서 하나님의 말씀대로 예배드리는 곳입니다. 그곳에 하나님이 임재하시고 하늘 문을 여셔서 하늘의 복을 부어주십니다. 이처럼 성전은 죄 용서가 있고 기도가 응답되며 영적 감동이 임하는 곳입니다.

　하나님은 이 귀한 성전을 다윗의 아들 솔로몬에게 짓게 하셨고 솔로몬은 결국 이 성전을 짓게 됩니다. 이스라엘은 이 성전을 지음으로 하나님을 자신들의 하나님으로 붙잡습니다. 바로, 하나님을 소유한 백성들이 된 것입니다. 이방 민족들과 달리 만군의 하나님 여호와를 붙들고 있다는 것은 대단한 능력입니다.

　다윗은 골리앗과 싸우면서 "너는 창과 단창을 가지고 내게 나아오지만 나는 만군의 하나님 여호와의 이름으로 네게 나아가노라"고 외치면서 돌을 던져서 골리앗을 쓰러트렸습니다. 하나님께서 솔로몬에게 성전을 짓게 허락하신 것은 '너는 나를 가지라' 는 뜻입니다. 다시 말해, '너는 나의 모든 축복을 다 가지라' 는 말입니다. 그래서 이 세상에서 최고로 복된 자는 다른 성전이 아니라 하나님의 성전을 가진 자입니다. 역대하 2장에서 5장까지 보면 솔로몬이 성전 짓는 것을 어떻게 준비했고 또 구체적으로 어떻게 지었는지 보여줍니다. 최종적으로 하나님의 언약궤를 지성소에 모셔옴으로 성전이 완성되는 것까지 보여주고 있습니다.

1. 성전 건축의 준비

　솔로몬이 지으려고 하는 하나님의 성전은 모세가 만들었던 이동식 성막과는 달리 나무와 돌로 지은 고정된 집이었습니다. 그것도 아주 큰 집이었습니다. 이스라엘에서는 이런 큰 집을 지을 수 있는 좋은 목재나 대리석 같은 돌을 구할 수가 없었습니다. 이런 건축 재료를 확보하려면 전쟁을 해서 차지하든지 아니면 다른 나라에 돈을 주고 사와야 했습니다.

그런데 하나님은 성전을 짓기 위해 전쟁을 해서는 절대로 안 된다고 하셨습니다. 그러면 돈을 주고 사야 하는데 그것도 못하게 하셨습니다. 그러면 어떻게 성전을 지을 수 있겠습니까? 하나님께서는 믿음으로 성전을 짓기 원하셨습니다. 이를 위해 사람을 준비시켜 놓으셨습니다. 그 사람이 바로 두로 왕 후람이었습니다.

솔로몬은 먼저 두로 왕 후람에게 사신을 보내 자신이 여호와 하나님을 위하여 성전을 건축할 뜻이 있는데 도와주었으면 좋겠다는 의사를 밝혔습니다.

2장 4-5절, "이제 내가 나의 하나님 여호와의 이름을 위하여 성전을 건축하여 구별하여 드리고 주 앞에서 향 재료를 사르며 항상 떡을 차려 놓으며 안식일과 초하루와 우리 하나님 여호와의 절기에 아침 저녁으로 번제를 드리려 하오니 이는 이스라엘의 영원한 규례니이다. 내가 건축하고자 하는 성전은 크니 우리 하나님은 모든 신들보다 크심이라"

두로 왕은 원래 하나님을 믿지 않고 바알신을 섬기던 자였습니다. 두로에서는 인신 제사가 행해졌고 우상 숭배가 극심했습니다. 신앙적으로 보면 이스라엘과 두로는 극과 극이었습니다. 그러나 다윗을 통해서 이스라엘에 엄청난 신앙의 부흥이 일어나고 하나님의 축복이 나타나면서 가장 많이 변한 사람이 두로 왕 후람이었습니다. 후람은 아예 다윗의 팬이 되어 있었습니다. 두로 왕은 다윗을 통해서 이스라엘의 하나님이 정말 위대하며 이스라엘이 신앙적으로 부흥이 되어야 자기들 같은 이방인들도 복을 받는다는 것을 깨달았습니다. 그래서 두로 왕은 솔로몬의 성전에 사용될 건축 재료 대부분을 보내주었습니다.

하나님은 솔로몬으로 하여금 성전을 믿음으로 짓게 하셨습니다. 믿음으로 짓는다는 것은 하나님께서 일을 감당할 만한 사람을 준비시켜주시는 것을 의미합니다. 그래서 우리가 하나님의 말씀만 붙들고 믿음으로 나가면 부흥이 일어나게 되어 있고 그때 귀중한 헌신자들이 생기게 되는 것입니다.

예수님께서는 제자들을 보내시면서 지팡이나 주머니나 두 벌 옷을 가지지 말라고 하셨습니다. 오직 하나님의 말씀만 의지하고 나가야 부흥이 일어나고 능력이 나타나기 때문입니다.

2장 6절, "누가 능히 하나님을 위하여 성전을 건축하리요. 하늘과 하늘들의 하늘이라도 주를 용납하지 못하겠거든 내가 누구이기에 어찌 능히 그를 위하여 성전을 건축하리요. 그 앞에 분향하려 할 따름이니이다"

이 세상에 하나님의 일을 할 자격이 있는 사람은 어느 누구도 없습니다. 모두 하나님이 시키시니까 하는 것이고 믿음으로 하니까 능력이 나타나는 것입니다.

하나님께서는 두로 왕 후람의 마음을 준비시켜주셨습니다. 그래서 후람은 솔로몬의 편지를 받고 떨듯이 기뻐하면서 하나님을 찬송했습니다. 그 마음의 표시로 레바논에 있는 모든 좋은 나무들과 돌들을 전부 바다를 통해 보내겠다고 약속했습니다.

뿐만 아니라 하나님께서는 성전 안에 있는 모든 기구들을 만드는 기술자를 이방 혼혈인 중에서 준비시켜두셨습니다.

솔로몬은 두로 왕 후람에게, 이스라엘 백성 중에는 금은세공 기술자가 없으니까 두로 사람 중에서 뛰어난 자가 있으면 보내달라고 부탁했습니다다. 그러자 후람은 아버지는 두로인이고 어머니는 이스라엘 여자인 혼혈인 중에서 뛰어난 기술자를 보내어주었습니다.

> 2장 14절, "이 사람은 단의 여자들 중 한 여인의 아들이요 그의 아버지는 두로 사람이라. 능히 금, 은, 동, 철과 돌과 나무와 자색 청색 홍색 실과 가는 베로 일을 잘하며 또 모든 아로새기는 일에 익숙하고 모든 기묘한 양식에 능한 자이니 그에게 당신의 재주 있는 사람들과 당신의 아버지 내 주 다윗의 재주 있는 사람들과 함께 일하게 하소서"

모세가 성막을 지을 때에는 이스라엘 사람이었던 브살렐와 오홀리압이 하나님이 주신 지혜로 성전의 모든 천막과 기구를 만들었습니다. 그런데 솔로몬 성전을 건축할 때는 모든 기구를 만드는 기술 총책임자가 거의 이방인이라고 볼 수 있는 혼혈아였습니다. 이 사람은 어머니가 이스라엘의 단 지파였고 아버지는 두로 사람이었습니다. 이스라엘 사람도 아니고 두로 사람도 아닌 것입니다.

규정상 혼혈아는 성전에 가까이 갈 수 없었습니다. 그런데 이 혼혈인은 하나님의 성전을 짓는 데 기술 총감독을 맡았습니다. 하나님이 준비시키시고 쓰시기만 하면 누구든지 위대하게 사용될 수 있는 것입니다.

성전을 짓기 위하여 나무를 자르고 돌을 떠서 옮기는 일을 위해서도 이스라엘 안에 있는 모든 이방인들이 동원이 되었습니다.

> 2장 17-18절, "전에 솔로몬의 아버지 다윗이 이스라엘 땅에 사는 이방 사람들을 조사하였더니 이제 솔로몬이 다시 조사하매 모두 십오만 삼천 육백 명이라. 그 중에서 칠만 명은 짐꾼이 되게 하였고 팔만 명은 산에서 벌목하게 하였고 삼천 육백

명은 감독으로 삼아 백성들에게 일을 시키게 하였더라"

솔로몬은 레바논에 가서 나무를 자르고 그 나무를 운반하는 일에 이스라엘 안에 있는 모든 이방인들을 사용했습니다. 그 수는 15만 명이나 되었습니다.

솔로몬이 한 일이라곤 벌목하는 사람들에게 양식을 제공한 것뿐이었습니다.

2장 10절, "내가 당신의 벌목하는 종들에게 찧은 밀 이만 고르와 보리 이만 고르와 포도주 이만 밧과 기름 이만 밧을 주리이다 하였더라"

그러면 도대체 이 성전을 짓는 데 이스라엘 백성들이 한 일은 무엇일까요? 물론 성전 건축을 하거나 기구를 만드는 일에 분명히 이스라엘 백성들도 참여했을 것입니다. 그러나 솔로몬 성전을 건축할 때 이방인들이 중심이 되었던 건 부인할 수 없는 사실입니다. 어떤 의미에서 이스라엘 백성들은 성전이 지어지는 것을 구경만 하고 있었는지도 모릅니다.

그런데 이스라엘 백성들이 자신들에게 가장 중요한 일인 성전 건축을 이방인들에게 다 맡기고 자기들은 구경만 한 게 사실이라면 그리 잘한 일은 아닙니다. 이스라엘 백성들은 언약궤를 옮길 때 하나님께 예배드린 것밖에는 크게 수고한 일이 없었습니다.

결국 솔로몬의 성전은 이방인들의 땀과 수고로 지어졌습니다. 이것은 하나님께서 모든 민족의 하나님이심을 보여줌과 동시에 장차 복음이 모든 민족에게 전파될 것을 보여주는 것입니다. 마치 예수님이 탄생하셨을 때 동방의 점술가들이 찾아와서 경배했던 것처럼 하나님은 모든 민족의 하나님이 되시는 것입니다. 이 세상에 많은 민족이 있고 언어와 종교가 다르지만 언젠가는 예수님 안에서 하나가 되어야 하는 것입니다.

2. 새 성전의 기구들

옛날 모세의 성전에서는 외적인 화려함보다는 내부 구조의 정교함을 중요시했습니다. 성전 내부 구조는 하나님의 구원의 핵심을 보여줍니다. 솔로몬 성전은 전체적인 구조에서는 모세의 성전 구조와 일치했습니다. 그러나 많은 것이 추가되었고 또 확장된 것들도 있었습니다.
우선 솔로몬 성전은 예루살렘 모리아 산, 즉 오르난의 타작마당에 세워졌습니다.

3장 1절, "솔로몬이 예루살렘 모리아 산에 여호와의 전 건축하기를 시작하니 그곳은 전에 여호와께서 그의 아버지 다윗에게 나타나신 곳이요 여부스 사람 오르난의 타작 마당에 다윗이 정한 곳이라"

처음에 다윗은 여호와의 성전을 어느 곳에 세워야 하는지 몰랐습니다. 그러다가 여호와께서 진노를 그치시고 제사를 받으셨던 곳을 성전 터로 정했습니다. 다윗이 인구 조사를 하고 나서 하나님께서 환상 중에 천사가 칼을 빼어 들고 서 있는 것을 보게 하셨는데 바로 그곳에 제사를 드렸더니 죽음의 천사는 물러가고 이스라엘의 염병이 그치게 되었습니다. 그래서 솔로몬 성전은 다윗이 하나님께 번제를 드려서 재앙을 막았던 곳인 여부스 사람 오르난의 타작마당에 세워지게 되었습니다.

다윗이 교만할 때 하나님은 재앙을 일으키셨습니다. 다윗은 그 재앙을 통해 교만한 자들에게 임할 것은 하나님의 소멸하시는 불이라는 것을 알게 됩니다. 하지만 우리가 다시 겸손하게 하나님의 말씀에 의지해서 예배를 드린다면 재앙은 축복으로 변하게 됩니다.

이스라엘 백성의 위력은 원자탄 수천만 배보다 더 강하고 능하신 하나님을 모시고 있는 데서 나옵니다. 그래서인지 이스라엘 백성들은 다른 민족보다 더 많은 재앙을 받았습니다. 하나님은 타는 불이십니다. 원자폭탄보다 더 무서운 분이십니다. 이 엄위로우신 하나님 앞에서 이스라엘이 복을 받고 사는 길은 하나님의 말씀을 필사적으로 붙들고 모든 죄를 하나님 앞에 다 내어놓고 회개하는 것입니다.

이제는 우리가 이스라엘입니다. 그래서 우리 민족이 살고 죽는 것은 이 땅의 그리스도인들에게 달렸습니다. 우리가 교만하면 교만할수록 우리나라는 더 어렵게 될 것입니다. 그리고 하나님을 두려워하지 않고 죄를 지으면 하나님의 재앙이 임할 것입니다. 그러나 하나님의 말씀을 붙들고 회개하면 재앙이 축복으로 바뀌게 됩니다. 그래서 전 세계가 우러르고 칭찬하는 나라가 될 것입니다.

3장 2절, "솔로몬이 왕위에 오른 지 넷째 해 둘째 달 둘째 날 건축을 시작하였더라"

솔로몬은 왕이 된 지 4년 만에 성전 건축을 시작했습니다. 상당히 빨리 시작한 셈입니다. 솔로몬이 이렇게 빨리 시작할 수 있었던 것은 다윗이 상당부분 준비를 해 놓은 덕도 있었고, 두로 왕 후람의 전폭적인 도움이 있었기 때문에 가능했습니다. 어쨌거나 솔로몬은 7년 6개월에 만에 성전을 완공합니다. 부흥은 오랜 준비 끝에 이루어집니다. 특별히 우리나라 사람들은 성격이 급해서 모든 것을 '빨리 빨리' 하려는 경향이 있습니다. 그래서 교회 성장이나 부흥도 빨리 해치워버리려고 합니다. 그러나 진정한 부흥은 오랜 기도와 말씀의 준비가 있어야 합니다.

솔로몬 성전은 길이가 60규빗, 폭이 20규빗이었습니다. 다시 말해, 길이가 30미터 폭이 10미터의 규모였습니다. 성소와 지성소의 크기만 그렇다는 말입니다. 이것이 옛날에는 모두 천으로 만들었기 때문에 내부는 모두 조립식 판자를 대었고 그 판자는 모두 금으로 입혔습니다. 그러니까 성소나 지성소의 내부는 전부 금이었습니다. 하지만 이제는 성전을 움직일 필요가 없었기 때문에 천장은 아예 잣나무로 만들고 그 위에 금을 입혔습니다. 그리고 그냥 두면 천정이 밋밋하기 때문에 종려나무와 사슬 형상을 새겼습니다. 금으로 장식된 성전 내부는 하나님의 영광으로 가득한 것을 보여줍니다. 이것은 결코 세상 영광이나 자랑이 아닙니다.

우리가 하나님을 멀리 하고 세상을 가까이 하는 것은 가장 귀한 축복을 놓치고 부스러기를 찾는 것밖에 되지 않습니다. 다윗은 '여호와를 가까이함이 내게 복이라'고 했습니다.

옛 성전에는 지성소에 날개를 펴고 있는 두 천사를 수놓아서 지성소 전체를 차지하게 했었는데 이번에는 아예 금으로 두 천사를 만들었습니다. 그래서 두 천사가 날개를 펴고 있는데 한 날개의 길이가 5규빗이 되게 해서 지성소 전체를 천사들이 차지하게 했습니다.

하나님께서는 이스라엘 백성들에게 어떤 형상도 만들지 말라고 하셨습니다. 그런데 오직 지성소 안에 하나님을 지키는 천사만은 형상을 만들게 하셨습니다. 그것은 아무리 제사장이나 대제사장이라 하더라도 무지해서 하나님의 거룩하심을 훼손할 가능성이 있었기 때문입니다. 그래서 일부러 천사들의 형상을 만들어서 하나님의 거룩하신 임재 앞에 두려워하도록 했습니다.

요즘 우리 기독교는 교회 안에 천사의 형상이 없어서 그런지 몰라도 예배가 가벼워지는 경향이 있습니다. 만일 천사가 있어야 경건할 수 있다면 그것은 '노예적' 경건입니다.

그리고 솔로몬의 새 성전에는 전에 없었던 새로운 것들이 몇 개 더 추가되었습니다. 그 중에 가장 특이한 것이 놋으로 된 두 기둥이었습니다. 우리가 보통 기둥이라고 하면 천정을 받치는 기둥을 생각하는데 성전에 있는 기둥은 그냥 놋으로 된 큰 기둥만 있었습니다. 그리고 그 위는 공처럼 되어 있고 쇠사슬 두 줄로 해서 100개씩 400개의 금석류가 달려 있었습니다. 이 두 개의 놋 기둥은 이름이 있었는데 하나는 '야긴'이고 다른 하나는 '보아스'였습니다. 하나는 하나님이 세운다는 뜻이고 다른 하나는 그에게 능력이 있다는 뜻입니다. 따라서 이 두 놋 기둥은 하나님께서 이 성전을 세우셨고 하나님의 능력으로 지켜주신다는 것을 보여주는 것입니다.

성전에는 하나님의 능력이 있습니다. 우리가 하나님의 말씀대로 예배드리면 하나님의 능력을 체험하게 됩니다. 하나님께서 이 기둥들처럼 우리의 모든 것을 세워주실 것입니다. 그러나 아무리 이스라엘 백성이라 하더라도 하나님의 말씀을 버리면 하나님이 이 기둥을 쓰러뜨리실 것이며 그 능력을 거두어 가실 것입니다. 사람의 힘으로는 이 기둥을 쓰러트릴 수 없습니다. 이스라엘이 하나님을 의지하면 결코 어느 누구도 이스라엘을 무너뜨릴 수 없을 것입니다. 그러나 이스라엘 백성들이 세상을 따라가고 하나님을 멀리하면 놋 기둥은 그냥 놋 덩어리에 불과할 것이며 이스라엘 사람들을 쏘는 화살촉의 재료가 되고 말 것입니다.

이 두 기둥에 400개의 석류를 매달았는데 유대인들은 석류가 율법 말씀을 상징한다고 생각했습니다. 즉 석류를 보면 겉으로는 푸른색이지만 껍질을 까고 안을 보면 새빨간 알맹이들이 들어차서 맛도 달콤하고 생김 새는 보석이 박혀있는 것 같기도 합니다. 마찬가지로 하나님의 율법이 겉으로 보기에는 딱딱하고 재미가 없지만 그 껍질을 벗기고 안에 들어가면 너무나도 달콤하며 보석 같은 은혜가 충만합니다. 이 은혜가 모여 놋 기둥을 이루는 것입니다.

그리고 솔로몬 성전에서 특이한 것은 바다라고 불리는 큰 물통이었습니다. 이 물통이 얼마나큰지 3,000바트 정도의 물을 담을 수 있었는데 이것은 70리터 쯤 되었습니다. 원래 모세의 성전에도 물두멍이라는 물통이 있었습니다. 그러나 이제 이스라엘 나라가 커지고 제사가 많아지니까 옛날 물통으로는 턱없이 부족했습니다. 그래서 옛날과 같은 물두멍을 열개나 더 만들고도 아주 큰 바다를 또 만들었습니다. 이 바다는 소 열두 마리가 밑에서 받치고 있는 모양을 띠었습니다. 이것은 하나님께서 우리를 더 깨끗케 하시며 더 많은 성령의 은혜를 부어주신다는 표증입니다.

우리는 믿으면 믿을수록 성령의 은혜를 더 많이 체험해야 하고 그런 만큼 더 크게 회개해야 합니다. 예수님께서는 이미 목욕한 자는 발만 씻어도 온 몸이 깨끗하다고 하셨습니다. 이것은 다른 말로 표현하면 목욕을 한 자도 발은 더러워질 수 있기 때문에 매일 하나님 앞에서 말씀으로 깨끗함을 받아야 한다는 말입니다.

솔로몬 때 더 커진 것이 있었습니다. 그것은 바로 번제단이었습니다. 모세의 번제단은 아주 작았습니다. 길이와 폭이 각각 5규빗 5규빗이었습니다. 그러나 솔로몬 때에는 제사가 더 많아지게 되어서 20규빗 20규빗이 되었습니다.

38
부흥의 비결

나라가 커지면 예배가 더 많아질 수밖에 없습니다. 그릇이 그만큼 더 커졌으므로 더 많은 은혜가 필요하기 때문입니다. 우리나라의 많은 성도들은 오래 믿었으면서도 말씀을 듣고 기도하는 일에는 거의 초신자 수준일 때가 많습니다. 그러니까 우리가 신앙적으로 힘을 낼 수가 없는 것입니다. 우리의 그릇이 커졌으면 하나님 앞에 더 많이 나와서 더 많은 은혜를 받아야 능력 있는 믿음 생활을 할 수 있습니다.

또 하나, 솔로몬 성전에는 금등대가 더 많아지게 되었습니다. 물론 모세 때에도 등대가 하나만 있었던 것은 아니었지만 중요한 등대는 하나였습니다. 그러나 솔로몬은 그런 등대 10개를 만들었습니다. 그리고 모세 때에는 떡상이 하나였는데 솔로몬은 10개를 만들었습니다. 솔로몬 때에는 모든 것이 옛날보다 더 많아졌습니다. 그만큼 이스라엘이 복을 받았다는 뜻입니다. 하지만 그 중요한 본질에는 변화가 없었습니다. 본질은 같지만 열매는 더 풍성했습니다. 예를 들어서 같은 사과나무라 할지라도 어린 사과나무와 오래된 사과나무에 열리는 과실수가 다르듯이 말입니다. 솔로몬 성전은 이스라엘이 성숙했을 때 지은 성전이기에 더 크고 풍성했던 것입니다.

3. 성전의 완성

■

솔로몬은 성전을 다 짓고 나서 기브온 산당에 있던 기구들을 모두 새 성전 곳간에 옮겨 두었습니다. 물론 새 성전은 새 기구들로 채웠습니다. 성전에서 가장 중요한 것은 역시 언약궤였습니다. 솔로몬은 아버지 다윗이 하나님의 언약궤를 예루살렘으로 옮겼듯이 이 언약궤를 다시 새 성전으로 옮겼습니다. 이때 모든 이스라엘 백성들이 다 나와서 하나님께 제사를 드리며 하나님을 경배했습니다.

> 5장 2절, "이에 솔로몬이 여호와의 언약궤를 다윗 성 곧 시온에서부터 메어 올리고자 하여 이스라엘 장로들과 모든 지파의 우두머리 곧 이스라엘 자손의 족장들을 다 예루살렘으로 소집하니"

이스라엘 백성들에게 하나님의 언약궤는 하나님의 보좌를 상징했습니다. 그러므로 하나님의 언약궤를 무사히 새 성전으로 옮기는 것만큼 중요한 일이 없었습니다. 솔로몬은 아버지 다윗이 언약궤를 옮기려다 실패한 전례를 알기 때문에 아예 처음부터 레위인이 언약궤를 어깨에 메고 옮기게 했습니다. 언약궤가 새 성전으로 들어올 때 솔로몬 왕과 모든 이스라엘 백성들은 하나님의 언약궤 앞에서 무수히 많은 양과 소를 바쳤습니다.

> 5장 6절, "솔로몬 왕과 그 앞에 모인 모든 이스라엘 회중이 궤 앞에서 양과 소로 제사를 드렸으니 그 수가 많아 기록할 수도 없고 셀 수도 없었더라"

이때가 이스라엘 백성들에게는 전성기였습니다. 하나님의 언약궤가 이스라엘 백성들이 새로 건축한 성전에 좌정하고 이스라엘 백성들은 하나님께 감사해서 수를 헤아릴 수 없는 제물로 하나님께 감사 제사를 드렸던 것입니다. 하나님의 언약궤 안에는 무엇이 있었습니까? 값진 금은보화가 들어 있었습니까? 언약궤 안에는 모세가 시내 산에서 하나님께 받아왔던 두 돌비 밖에 없었습니다. 이는 이스라엘 백성들이 하나님의

언약의 말씀만 붙들고 나가면 하나님께서 이스라엘 백성들과 함께하시며 축복하신다는 약속의 표시였던 것입니다.

원래 이스라엘 백성들은 순서를 정해 제사를 드렸습니다. 하지만 이때는 모든 제사장이 다 나와서 제사를 드렸기 때문에 차례가 없었습니다. 그리고 레위인들 중에서 찬양하는 자들은 함께 하나님을 찬양하며 악기를 연주했습니다. 그때 놀라운 이적이 나타났는데 그것은 모세가 성막을 지었을 때 나타났던 하나님의 영광의 구름이 다시 나타난 것이었습니다.

> 5장 13-14절, "나팔 부는 자와 노래하는 자들이 일제히 소리를 내어 여호와를 찬송하며 감사하는데 나팔 불고 제금 치고 모든 악기를 울리며 소리를 높여 여호와를 찬송하여 이르되 선하시도다 그의 자비하심이 영원히 있도다 하매 그 때에 여호와의 전에 구름이 가득한지라. 제사장들이 그 구름으로 말미암아 능히 서서 섬기지 못하였으니 이는 여호와의 영광이 하나님의 전에 가득함이었더라"

하나님의 영광의 구름은 빛나는 하얀 구름이었습니다. 이 구름이 500년 만에 다시 하나님의 성전에 가득 차게 되었습니다. 이것은 하나님께서 이 새 성전에 임재하셨으며 이 새 성전을 하나님의 성전으로 인정한다는 뜻입니다. 이것은 엄청난 의미를 가지고 있습니다.

이스라엘 백성들에게 가장 큰 부담은 만군의 하나님을 모셔야 한다는 것입니다. 이 하나님은 시시한 신이 아니라 소멸하는 불이시며 하늘도 감당할 수 없는 능력의 하나님이십니다. 우리가 하나님 앞에 죄를 지으면 당장 죽을 수밖에 없고, 다윗 때에 염병으로 7만 명을 죽게 하신 두려운 분이십니다. 그런데 하나님께서 이 새 성전에 흰 구름으로 나타나신 것은 이 성전이 하나님을 감당할 수 있으며 하나님께서 이제부터 이스라엘 백성 가운데 계시면서 모든 것을 축복하시겠다는 뜻입니다. 하나님이 얼마나 두려우신지 제사장들은 두려워서 제사 일을 제대로 볼 수가 없었습니다. 이것이 바로 하나님의 임재입니다.

예수님은 하나님의 능력을 육체에 담으시고 이 세상에 오셨습니다. 그래서 예수님의 제자들은 예수님을 보고 "말씀이 육신이 되어 우리 가운데 거하시매 우리가 그의 영광을 보니 아버지의 독생자의 영광이요 은혜와 진리가 충만하더라"(요 1:14)고 했습니다.

여기서 '우리 가운데 거하신다'는 말씀이 바로 예수님께서 성전으로 오셨다는 의미입니다. 예수님의 육신 안에는 하나님의 신성과 능력이 가득 차 있었습니다. 그래서 예수님이 입을 열기만 하면 능력의 말씀이 쏟아졌고 여인이 예수님의 옷에 손만 갖다 대어도 병이 저절로 나았습니다. 예수님의 신성과 능력은 그분이 십자가에 못 박히셔서 살이 찢기고 피가 쏟아졌을 때 절정을 이루었습니다. 그때 하나님의 모든 은혜와 축복이 우리에게 부어진 것입니다.

이제 우리가 성도로 한 자리에 모일 때 하나님은 우리 가운데 은혜로 함께하십니다. 하나님께서 은혜로 임하신다고 해도 우리는 그분의 두려운 속성을 잊지 말아야 합니다. 그래서 예배를 가볍게 여기거나 소홀히 해서는 안 되는 것입니다. 오히려 우리는 우리 영혼 깊은 곳에서 엄위로우신 하나님을 체험하고 그분의 능력을 덧입어야 합니다.

솔로몬은 7년 6개월에 걸쳐서 성전을 지었습니다. 예수님 당시에 유대인들은 46년에 걸쳐서 성전을 짓고 있었습니다. 그러나 예수님은 삼일 만에 성전을 지으셨습니다. 십자가에게 돌아가심으로 말미암아 우리를 영원한 하나님의 지성소 안으로 데리고 가신 것입니다. 예수님께서 십자가에서 죽으실 때 성전 휘장이 찢어진 것은 이제 우리가 마음껏 하나님 앞에 나아갈 수 있게 되었다는 뜻입니다.

솔로몬은 성전을 짓고 온갖 하늘의 복을 다 받았습니다. 우리는 지금 눈에 보이지 않는 성전을 짓고 있습니다. 성도 한 사람 한 사람이 말씀으로 다듬어진 황금 벽돌이 되어서 짓는 성전입니다. 이 성전이 우리나라를 위기에서부터 지켜주고 우리나라에 임할 재앙을 축복으로 바꿀 것입니다.

CHAPTER 03

성전을 향한 기도

대하 6:1-42

처음으로 자기 소유가 생기는 건 대단히 기쁜 일입니다. 어떤 사람이 자기 집이 없어 늘 셋집을 전전하다가 차곡차곡 돈을 모아 처음 자기 집을 마련했을 때의 기쁨은 말로 표현할 수 없을 것입니다. 이제부터는 가난이라는 굴레를 벗었습니다. 집 주인 눈치를 보며 여기저기 이사를 다닐 필요도 없습니다. 특히 공장을 세내어서 사업을 하던 분들이 드디어 자기 공장을 지어서 들어가게 되었을 때, 이제는 더 이상 영세한 기업이 아니고 남들 앞에 떳떳이 내놓을 수 있는 회사를 가지게 된 것을 의미합니다. 성공의 반열에 든 것입니다.

이스라엘 백성들이 성전을 지었다는 것도 엄청난 의미가 있습니다. 왜냐하면 성전은 하나님의 이름을 두는 곳인데, 이스라엘 백성들이 성전을 지음으로 하나님을 완전히 자신들의 하나님으로 독점적으로 모시게 되었기 때문입니다. '이름을 둔다'는 것이 요즘에는 흔한지만 옛날에는 아주 드물었습니다. 요즘은 어떤 유명한 회사가 자기 브랜드를 다른 사업자에게 독점으로 빌려 주어서 그 유명한 회사의 제품 판매권을 독점 계약 하는 일이 많습니다. 예를 들면 롤렉스시계 대리점이나 스타벅스 같은 경우들을 말합니다. 이런 점포들은 전 세계 어느 곳을 가더라도 똑같은 제품을 판매합니다.

하나님께서는 전 세계에서 오직 이스라엘 백성들에게만 하나님의 이름을 빌려주셔서 하나님의 일을 하게 하셨습니다. 이스라엘 백성들이 성전을 지음으로 더욱 안정적이고 영구적으로 하나님의 일을 하며 축복을 누릴 수 있게 되었습니다.

솔로몬은 성전을 다 건축하고 난 후 오늘 본문의 기도를 드렸습니다. 솔로몬이 이 기도를 드린 것은 이 성전이 어떻게 해서 지어졌으며 어떤 의미를 가지고 있고 또 앞으로 어떻게 사용될 것인지를 선포하는 내용이었습니다. 이스라엘 백성들은 솔로몬의 이 성전 기도를 아주 중요하게 생각했습니다. 이스라엘 백성들에게 있어서 최고의 보물은 바로 이 성전이었기 때문입니다.

우리나라의 국보 제1호는 지난번에 불타버린 남대문이었습니다. 그 남대문이 역사적인 의미를 지녔기에 국보가 된 것이지 실제로 사용되기 때문에 중시하는 건 아닙니다. 남대문은 일종의 민족적인 자존심의 상징이었습니다. 그러나 예루살렘 성전은 그런 상징적인 건물이 아니었습니다. 예루살렘 성전은 실제로 하나님이 임재하셔서 이스라엘 백성들의 기도를 들으시고 죄를 사하시며 축복하시는 곳이었습니다.

1. 성전의 건축역사

솔로몬은 성전 건축을 완공한 후 어떻게 해서 이 성전이 지어지게 되었는지 하나님께 보고했습니다.

1-2절, "그 때에 솔로몬이 이르되 여호와께서 캄캄한 데 계시겠다 말씀하셨사오나 내가 주를 위하여 거하실 성전을 건축하였사오니 주께서 영원히 계실 처소로소이다 하고"

이 말씀에서 이해가 잘 되지 않는 부분은 하나님이 캄캄한 데 계시겠다고 하신 점입니다. 우리가 알기로 하나님은 영광 가운데 계시고 도저히 우리 인간들이 가까이 갈 수 없는 빛 가운데 계시는데 왜 하나님이 캄캄한 데 계신다고 했을까요? 이것에 대하여 두 가지로 생각 할 수 있습니다.

첫째는, 모세가 지었던 지성소를 보면 성소에는 등대가 있었지만 지성소에는 등대가 없었습니다. 즉, 하나님이 계신 지성소는 일체 빛이 비춰지지 않았습니다. 그래서 하나님께서 캄캄한 데 계시겠다고 하신 것은 모세의 성막에 그대로 계시겠다는 뜻으로 생각할 수 있습니다.

두 번째는, 여기서 '캄캄하다' 는 것이 우리 인간이 가까이 할 수 없는 영역을 의미한다고 볼 수 있습니다. 하나님의 나라는 인간의 눈에는 보이지 않습니다. 그래서 하나님께서 캄캄한 데 계시겠다고 말씀하신 것은 우리 인간이 접근할 수 없는 영역에 계신다는 뜻으로 이해할 수도 있습니다. 저는 두 번째 해석이 더 적합하다고 생각합니다. 하나님은 너무 크고 위대하셔서 우리 인간으로서는 접근이 불가능합니다. 인간들에게 하나님은 너무 먼 곳에 계시기에 하나님이 캄캄한데 계신 것이 아니라 인간들이 하나님에 대하여 무지한 것입니다. 하지만 하나님은 인간으로서는 볼 수도 없고 가까이 할 수도 없는 하나님을 눈으로 볼 수 있고 손으로 만질 수 있는 아주 구체적인 영역, 바로 성전으로 끌어내셨습니다. 이것이 성전이 위대한 이유입니다.

하나님은 스스로 자신을 성전에 묶어두셨습니다. 우리 인간들이 성전을 통해서 하나님께 나아가면 하나님은 반드시 만나주셔야 하고 특히 하나님의 말씀을 따라 제사 드리고 예배드릴 때에는 응답하시고 축복하셔야 하는 것입니다. 얼마나 큰 복입니까? 이스라엘 백성들이 성전을 지어서 하나님을 이스라엘의 하나님으로 잡아맬 수 있다는 건 이스라엘 백성들이 가진 복 중에서 가장 큰 복이었습니다. 그래서 솔로몬은 '주께서 영원히 거하실 처소로소이다'라고 말했습니다. 이제 하나님이 영구적으로 이스라엘에 붙잡히셨다는 말입니다.

솔로몬은 기도하기 전에 이스라엘 백성들을 돌아보아 축복했습니다.

3절, "얼굴을 돌려 이스라엘 온 회중을 위하여 축복하니 그 때에 이스라엘의 온 회중이 서 있더라"

솔로몬이 기도하기 전에 먼저 이스라엘 백성들을 축복했던 것은 이스라엘 백성들이야말로 진정으로 복을 받은 백성들이기 때문입니다. 전 세계에서 하나님을 붙든 백성은 이스라엘 백성들 밖에 없었습니다. 우리가 하나님을 바로 아는 것 자체만 해도 엄청난 것입니다. 그런데 이스라엘 백성들은 성전을 지음으로 하나님과 독점적인 관계를 가지게 되었습니다. 이제 하나님은 이스라엘의 하나님이 되신 것입니다. 이것은 엄청난 일이요 자랑스러운 일이었습니다. 솔로몬은 이스라엘 백성들이야말로 큰 자부심을 가질 자격이 있다고 생각했습니다.

선진국 국민들은 자기도 모르게 어깨를 펴고 다니며 매사에 당당합니다. 그리고 자기 나라에 대한 자부심도 대단합니다. 하지만 이 세상에서 가장 자부심을 가질 수 있는 사람은 하나님을 소유한 사람입니다.

그리고 솔로몬은 자신의 부친 다윗이 했던 모든 일이 아버지 개인의 뜻이 아니라 하나님의 말씀이었다고 말합니다.

4절, "왕이 이르되 이스라엘 하나님 여호와를 송축할지로다 여호와께서 그의 입으로 내 아버지 다윗에게 말씀하신 것을 이제 그의 손으로 이루셨도다"

보통 사람들 같으면 이것은 아버지의 유지이기에 중요하다고 생각할 것입니다. 그러나 솔로몬은 하나님께서 아버지 다윗의 입을 빌려서 말씀하셨다고 말합니다. 사람이 자기 생각을 말한 것과 하나님이 그 사람의 입을 빌려서 말한 것 사이에는 엄청난 차이가 있습니다. 사람이 자기 생각을 말하는 것은 일종의 희망 사항입니다. 그러나 하나님이 사람의 입을 빌려서 말씀하셨다는 것은 그것 자체가 큰 이적입니다. 하나님께서 천사나 꿈을 통해서 말씀하시는 것보다 사람의 입을 통해서 말씀하시는 것이 최고의 기적이고 축복입니다. 이것은 그 높으신 하나님의 말씀이 낮은 인간의 인격을 한 번 통과해서 나오는 것이기 때문에 구체적으로 역사합니다.

이 두 가지를 어떻게 구별할 수 있을까요? 하나님의 말씀은 권세가 있습니다. 인간의 말에는 그런 권세가 없습니다. 그러나 하나님께서 사람의 입을 통해 말씀하실 때에는 사람의 말이지만 권세가 있습니다. 하나님의 백성들은 그 말씀을 들으면 기쁨이 생기고 마음이 하나가 되며 능력이 나타나고 부흥이 일어납니다.

하나님께서 다윗에게 이렇게 말씀하셨습니다. 다윗 이전에는 하나님께서 이스라엘 백성들에게 어느 집이나 성읍을 결정하거나 이스라엘을 다스릴 자를 요구하지 않으셨다고 말입니다.

> 5절, "내가 내 백성을 애굽 땅에서 인도하여 낸 날부터 내 이름을 둘 만한 집을 건축하기 위하여 이스라엘 모든 지파 가운데서 아무 성읍도 택하지 아니하였으며 내 백성 이스라엘의 주권자가 될 사람을 아무도 택하지 아니하였더니"

하나님은 이스라엘 백성들의 하나님이시지만 매이지 않은 상태였던 것입니다. 요즘 우리 식으로 표현하면 '프리'(free)하셨던 것입니다. 다시 말해서 하나님과 이스라엘 백성의 사이는 조금은 느슨한 상태였던 것입니다. 즉 이스라엘 백성들이 하나님께 울면서 매달리면 복을 주시고 이스라엘 백성들이 하나님을 찾지 않고 세상으로 가면 좀 내버려두시는 상태였던 것입니다.

그런데 다윗이 나타나면서 이런 상태가 완전히 달라졌습니다. 하나님은 다윗 때부터 예루살렘에 하나님의 이름을 두시고 다윗과 그 후손들을 택하여 이스라엘의 주권자가 되게 하겠다고 약속하셨습니다. 다윗이란 인물이 나타나면서부터 하나님은 이스라엘에 대하여 더 적극적이 되시고 모든 것을 후히 주시려고 하셨습니다. 하나님의 말씀을 사랑하고 그 말씀을 붙들려고 몸부림친 다윗에게 못 주실 것이 없으셨던 것입니다.

사실 하나님께서는 다윗이 나타날 때까지 그렇게 하나님의 말씀을 사랑하는 사람을 만나지 못하셨습니다. 그러니 하나님이 다윗에게 온 마음을 빼앗기실 만도 합니다. 다윗 시대 이전에도 하나님은 이스라엘 백성들에게 스스로를 구속해놓으셨습니다. 이제는 하나님께서 자발적으로 스스로를 구속하시되, 예루살렘에 이름을 주시고 다윗과 그 후손을 통해서 이스라엘을 다스리겠다고 약속까지 하셨던 것입니다.

여기서 우리는 하나님의 마음을 사로잡는 방법을 발견합니다. 그건 무슨 환상적인 체험을 하거나 혹은 봉사를 열심히 하는 것이 아닙니다. 인간의 눈에 대단한 일로 하나님의 마음을 살 수 없습니다. 하나님은 당신의 말씀을 좋아하고 간절히 사모하는 사람에게 마음을 쏟으십니다. 그래서 우리가 말하지 않아도 하나님은 당신의 모든 것을 다 내주시려고 하십니다. 하나님은 솔로몬이 지은 성전에서 이스라엘 백성들과 단단히 결합된 것을 보여주셨습니다.

> 7-9절, "내 아버지 다윗이 이스라엘의 하나님 여호와의 이름을 위하여 성전을 건축할 마음이 있었더니 여호와께서 내 아버지 다윗에게 이르시되 네가 내 이름을 위하여 성전을 건축할 마음이 있으니 이 마음이 네게 있는 것이 좋도다. 그러나 너는 그 성전을 건축하지 못할 것이요 네 허리에서 나올 네 아들 그가 내 이름을 위하여 성전을 건축하리라 하시더니"

하나님께서는 다윗이 성전 건축할 마음을 가진 것을 아주 좋게 생각하셨습니다. 사실 이 마음은 다윗 자신에게서 우러난 것이 아니고 하나님이 주신 마음이었습니다. 다윗이 하나님의 말씀을 그렇게 사랑했다면 반드시 성전을 사모하게 되어 있습니다. 성전은 하나님의 집이기 때문입니다. 우리도 사랑하는 사람이 있으면 언제나 함께 있고 싶을 것입니다. 하루 종일 데이트를 즐긴 연인들은 밤이 깊어지기 전에 헤어져 각자 자기 집에 들어가야 합니다. 그러나 결혼을 하게 되면 그때는 부부이기 때문에 서로 헤어지지 않아도 됩니다. 서로 같이 먹고 잠도 자고 모든 것을 함께 합니다. 마찬가지로 다윗이 개인적으로 하나님의 말씀을 사모하고 은혜를 받는 것도 엄청난 일이지만 이스라엘 백성들이 함께 모여서 하나님께 예배드리는 영광은 말씀의 은혜와 비교할 수 없이 큰 것입니다.

하나님의 말씀을 사랑하는 사람은 교회도 사랑하게 되어 있습니다. 하나님의 말씀은 사랑하면서 교회를 사랑하지 않을 리가 없습니다. 하나님은 다윗에게 성전을 지을 마음은 주시면서도 성전 짓는 것은 허락지 않으셨습니다. 다윗이 성전까지 다 지어버리면 그 넘치는 은혜를 스스로 주체할 수 없다는 걸 아셨기 때문입니다. 성전 건축은 다윗의 분량에 넘치는 은혜와 축복이었던 것입니다.

하나님께서는 하나님의 백성들을 매우 사랑하시지만 당신의 사람들이 자고하지 못하도록 하시려고 어떤 것은 허락하지 않으십니다. 예를 들어, 하나님은 모세를 사랑하셔서 그로 하여금 거의 하나님 같은 기적을 다 행하게 하셨습니다. 사실 애굽 사람들은 모세를 신으로 생각할 정도였습니다. 그러나 하나님은 모세가 므리바 반석에서 지팡이로 바위를 내리친 일 때문에 그를 가나안 땅에 들이지 않으셨습니다. 그래서 모세는 가나안 땅이 훤히 내려다보이는 모압 땅 느보 산에서 생의 마지막을 맞습니다. 또 주님은 사도 바울을 무지 사랑하셔서 모든 계시와 능력과 부흥을 다 주셨지만 그 육체의 가시는 제거해주시지 않으셨습니다. 바울이 주님께 가시를 제거해 달라고 간절히 세 번 기도했는데, 예수님의 응답은 '더 이상 기도하지 말라'는 것이었습니다. 만약 사도 바울이 병까지 나아버린다면 그가 너무 의기양양해질 것을 아셨기 때문입니다. 사도 바울이 그나마 그런 지식과 능력을 가지고도 겸손할 수 있었던 것은 자기

몸에 병이 있었기 때문이었습니다.

하나님께서는 다윗에게 엄청난 진리를 깨닫게 하시고 수많은 시편을 남기게 하시고 세상적으로도 성공하게 하셨지만 성전은 짓지 못하게 하심으로 다윗을 끝까지 겸손한 사람으로 남게 하셨습니다. 만일 우리가 혼자 모든 것을 다 한다면 분명히 교만해져서 더 큰 하나님의 축복을 잃게 될 것입니다. 그래서 하나님께서는 사랑하는 종들에게 중요한 한 가지를 결핍시키셔서 끝까지 겸손하게 하시는 것입니다.

하나님은 다윗과 하신 약속을 지키셔서 솔로몬을 왕으로 세우시고 그로 하여금 성전을 지을 수 있게 하셨습니다.

다윗의 아들들 중에서 솔로몬이 왕이 될 가능성은 거의 없었습니다. 그리고 그 어린 솔로몬이 감히 이 큰 집을 지을 수 있을 것이라고 생각한 사람도 별로 없었을 것입니다. 그러나 하나님은 약한 자가 왕이 되게 하셨고 성전도 지을 수 있게 하셨습니다. 이 모든 일을 가능하게 하신 분은 약속을 지키시는 하나님이셨습니다.

2. 언약의 확인

솔로몬이 다윗의 유언대로 성전을 짓기는 했지만 정말 중요한 것은 이 성전이 하나님의 마음에 들어야 한다는 것이었습니다. 아무리 솔로몬이 화려한 성전을 지었다 하더라도 하나님이 임재하시지 않는다면 이것은 그냥 하나의 건축물에 불과할 것입니다. 성전은 하나님과 우리를 연결하는 장소입니다. 아마 하나님과 우리 인간을 연결시키는 데 자신이 있는 사람은 아무도 없을 것입니다.

18절, "하나님이 참으로 사람과 함께 땅에 계시리이까. 보소서. 하늘과 하늘들의 하늘이라도 주를 용납하지 못하겠거든 하물며 내가 건축한 이 성전이오리이까"

이 세상 어떤 성전도 하나님을 모시기에는 작고 초라합니다. 우리가 보기에 하늘이 엄청 크고 하늘의 하늘인 우주가 무한히 넓은 것 같지만 이것은 하나님께서 손수 만드신 작품에 불과합니다.

하물며 가로 세로 합해봐야 100미터도 되지 않는 이 집에 어떻게 그 크신 하나님이 사실 수 있을까요? 이 세상에 하나님을 모실 수 있는 집은 없는 것입니다. 이방 종교를 믿는 사람들이 아무리 큰 사원을 짓고 어마어마한 신전을 만들어도 하나님께는 장난감 집밖에 되지 않는 것입니다.

어렸을 때는 소꿉놀이를 하면 마분지 같은 것으로 집을 만들어 놓고 그 안에서 흙으로 밥을 만들어서 먹는 척 하면서 놀았습니다. 그러다가 잘못해서 일어서버리면 마분지 집은 다 허물어지고 맙니다. 아마 이 세상에서 몇 백층이나 되는 집을 지어도 하나님 앞에서는 이 마분지 집만도 못할 것입니다. 그런데 어떻게 이 작은 성전에 하나님을 모실 수 있겠습니까?

방법은 하나밖에 없습니다. 그것은 하나님의 언약을 붙잡는 것입니다.

14절, "이르되 이스라엘의 하나님 여호와여 천지에 주와 같은 신이 없나이다. 주께서는 온 마음으로 주의 앞에서 행하는 주의 종들에게 언약을 지키시고 은혜를 베푸시나이다"

우리가 하나님을 붙잡을 수 있는 방법은 하나밖에 없습니다. 그것은 바로 하나님이 약속하신 것을 붙잡고 늘어지는 것입니다. 그러면 아무리 크신 하나님이시라 하더라도 우리에게 붙잡힐 수밖에 없습니다.
하나님은 사랑하는 다윗에게 하신 약속을 어길 수 없었습니다.

> 15절, "주께서 주의 종 내 아버지 다윗에게 허락하신 말씀을 지키시되 주의 입으로 말씀하신 것을 손으로 이루심이 오늘과 같으니이다"

하나님께서 왜 그렇게 다윗을 좋아하셨을까요? 왜 다윗의 기도에 모두 응답하셨을까요? 다윗이 사람들에게 인기가 높았기 때문일까요? 오히려 다윗은 이스라엘 귀족들에게는 인기가 별로 높지 못했습니다. 사실 다윗은 사람들 앞에서 내세울 것이 별로 없었습니다. 하지만 하나님의 말씀을 사랑하는 데는 특별한 은사가 있었습니다. 예를 들어서 시편 중에서 가장 긴 시편이 119편인데 176절로 되어 있습니다. 그런데 그 전체가 하나님의 말씀에 대한 찬양입니다. 어떻게 그렇게 하나님의 말씀에 대하여 다양하고 풍성하게 표현을 할 수 있는지 우리 같은 사람은 죽어도 생각하지 못할 것입니다.
하나님은 이스라엘 왕과 백성들이 하나님의 말씀을 붙들고 기도하면 이 성전을 통해서 하늘 문을 열어주실 것입니다.

솔로몬은 이제 성전 입성식에 앞서 세 가지 간구를 올립니다.
하나는 하나님께서 기도를 반드시 들어달라는 것입니다.

> 19절, "그러나 나의 하나님 여호와여 주의 종의 기도와 간구를 돌아보시며 주의 종이 주 앞에서 부르짖는 것과 비는 기도를 들으시옵소서"

기도에 응답이 있다는 건 참 놀라운 일입니다. 우리가 다른 사람과 전화 통화를 할 때 눈에 보이지 않아도 수화기에 반응이 있기 때문에 소통할 수 있습니다. 휴대폰 문자 메시지도 응답이 바로바로 올 때 그 재미가 쏠쏠합니다.

우리의 기도가 독백으로 끝나지 않고 하나님의 응답이 있을 때 이 세상에 기도만큼 재미나고 복된 것은 없을 것입니다. 하나님이 응답하실 때마다 복이 쏟아지기 때문입니다. 이 세상의 어떤 노다지도 기도 응답만큼은 못합니다.

두 번째는 하나님의 눈이 이곳을 지켜달라고 했습니다.

20절, "주께서 전에 말씀하시기를 내 이름을 거기에 두리라 하신 곳 이 성전을 향하여 주의 눈이 주야로 보시오며 종이 이 곳을 향하여 비는 기도를 들으시옵소서"

하나님의 눈이 주야로 성전을 본다고 하는 것은 하나님의 모든 관심이 성전에 집중된다는 것이며 하나님이 당신의 백성들의 기도를 최우선적으로 들어주신다는 의미입니다. 우리가 기도 응답을 받거나 축복을 받으려고 하면 바른 장소에 있는 것이 필요합니다. 예를 들어서 석유를 캐려면 유전을 찾아야 하고 금을 캐려면 금광을 찾아내야 합니다. 마찬가지로 하나님의 응답을 받으려고 하면 하나님이 관심을 두신 곳에 있어야 합니다. 부흥이 일어나는 현장에 있어, 거기서 기도를 드려야 합니다. 하나님의 백성들이 하나님의 말씀을 붙들고 기도하면 하나님은 그들에게 가장 먼저 관심을 집중하시고 기도를 들어주십니다.

세 번째는 왕과 백성들이 합심하여 드리는 기도를 들어달라고 했습니다.

21절, "주의 종과 주의 백성 이스라엘이 이 곳을 향하여 기도할 때에 주는 그 간구함을 들으시되 주께서 계신 곳 하늘에서 들으시고 들으시사 사하여 주옵소서"

지금까지는 주로 왕의 기도에 대하여 말했습니다. 솔로몬은 왕이 기도에도 앞장서야 하는 사람이라고 말합니다. 하나님이 약속하시기를 왕 한 사람만 말씀에 바로 서면 이스라엘 백성들의 상태와 상관없이 복을 주시겠다고 약속하셨기 때문입니다. 그러나 이번에는 왕과 백성이 함께 기도합니다. 왕도 인간이기 때문에 넘어질 수도 있고 죄를 지을 수도 있기 때문입니다. 왕과 백성이 하나님의 말씀에서 벗어나서 하나님의 은혜를 잊어버리고 부흥의 불길이 꺼졌을 때, 하나님의 말씀으로 돌아와 기도할 때 다시 부흥의 불을 붙여달라고 기도한 것입니다.

이스라엘의 놀라운 특징은 아무리 침체되어 있어도 하나님의 말씀을 다시 붙잡고 기도하면 부흥이 일어나는 것입니다.

3. 성전의 효력

다윗은 성전이 어떻게 해서 지어지게 되었으며 성전이 어떤 하나님의 언약위에 서있는가 하는 것을 밝힌 후에 성전의 효력을 이스라엘 백성들의 구체적인 삶에 적용 시키고 있습니다.

솔로몬은 앞으로 성전이 인간의 모든 문제를 해결하는 데 효력이 있지만 이러이러한 일에 더 효과가 있을 거라면서 구체적인 예를 들어 소개하고 있습니다.

첫째로 성전은 억울한 누명을 푸는 데 효과가 있습니다.

22-23절, "만일 어떤 사람이 … 주는 하늘에서 들으시고 행하시되 주의 종들을 심판하사 악한 자의 죄를 정하여 그의 행위대로 그의 머리에 돌리시고 공의로운 자를 의롭다 하사 그 의로운 대로 갚으시옵소서"

예를 들어서 누군가가 죽거나 무슨 피해가 발생했는데 진범을 잡지 못할 때가 있습니다. 의심이 가는 사람은 있지만 증거가 없을 때도 많습니다. 이때 만약 심증만 가지고 재판을 해버리면 죄를 짓지 않았는데 억울하게 죄인의 누명을 쓰는 사람이 생길 것입니다. 요즘 미국에서는 억울하게 교도소 생활을 하게 된 사람들을 유전자 검색을 통해서 찾아내 무죄를 입증해준다고 합니다.

이스라엘 백성들은 성전에 가면 누명을 벗을 수가 있었습니다. 하나님께서 제사장들에게 믿음을 주셔서 죄인이 아닌 사람을 아니라고 말하면 재판장은 그것을 믿어야 하는 것입니다. 물론 죄를 지은 사람이 거짓되게 성전에 가서 물으면 들통이 나게 될 것입니다. 물론 이것은 성전의 기능이 살아 있을 때 일입니다.

하나님은 억울한 일을 당한 사람의 기도를 성전에서 들으시고 그 억울함을 벗겨주십니다.

두 번째 성전은 이스라엘을 회복시키는 데 능력이 있습니다.

24절, "만일 주의 백성 이스라엘이 주께 범죄하여 적국 앞에 패하게 되므로 주의 이름을 인정하고 주께로 돌아와서 이 성전에서 주께 빌며 간구하거든"

이스라엘 백성들이 전쟁에서 패배했다는 것은 하나님의 능력을 잃어버렸다는 의미입니다. 이들이 패배하는 원인은 '하나님의 이름을 인정하지 않은 것' 입니다. 이스라엘 백성들이 믿음의 길을 마다하고 세상의 길로 갔을 때 그들은 하나님의 축복을 잃어버립니다. 이스라엘에 부흥의 불길이 사그라지고 있음에도 이스라엘 백성들은 무더지고 결국 곪고 곪은 것이 터져 열국에게 패망하기에 이릅니다. 많은 사람들이 죽고 또 포로로 붙잡혀 가고 엄청난 물질적 손해를 봅니다. 이런 일들이 이스라엘 역사에 수없이 반복됩니다. 솔로몬은 이런 역사를 잘 알고 있기에 이 기도를 드리는 것입니다. 납작코가 된 이스라엘이 하나님 앞으로 돌이켜 그분을 인정하고 이 성전에 와서 하나님께 부르짖으면 이스라엘의 죄를 사하시고 붙들려 간 자를 돌아오게 해달라고 말입니다.

　나라는 폐허가 됐고 재산을 다 약탈당했는데 포로로 붙들려간 사람들이 무슨 재주로 돌아올 수 있을까요? 불가능한 일입니다. 하지만 하나님께서 그 마음을 돌이키시기만 하면 불가능한 일이 없습니다. 이스라엘의 역사가 이 사실을 증명하지 않습니까? 지금도 마찬가지입니다. 아예 빈털터리가 되었지만 그때라도 돌이켜 하나님 앞에 나와서 말씀을 붙들고 다시 신앙을 되찾으면 다시 일어서는 일은 하나님껜 일도 아닙니다.

　한때 우리 사회에서 파산했던 사람들의 모임이 있었습니다. 사실 사람이나 기업이 한 번 망하면 좀처럼 재기하기 어렵습니다. 하지만 하나님을 붙들고 매달려 길이 열린 사람들이 참 많다는 걸 우리는 잘 알고 있습니다. 하나님으로 인해 재기한 사람들의 증언을 자주 접하지 않습니까?

　세 번째, 모든 재앙 가운데 도움을 받을 수 있습니다.

26절, "만일 그들이 주께 범죄함으로 말미암아 하늘이 닫히고 비가 내리지 않는 주의 벌을 받을 때에 이 곳을 향하여 빌며 주의 이름을 인정하고 그들의 죄에서 떠나거든"

옛날에 농사짓는 사람들에게 가장 중요한 것은 제때 비가 오는 것이었습니다. 하나님은 기후를 사용해서 이스라엘 백성들의 믿음을 단련하셨습니다. 이스라엘 백성들의 믿음이 떨어지면 비가 오지 않도록 하신 것입니다. 어쩌면 이스라엘에게 강우량은 그들의 신앙을 가늠하는 기준이 되었습니다. 그래서 솔로몬이 이런 기도를 드리는 것입니다. 이스라엘 백성들이 재앙 중에 깨닫고 하나님께 기도해서 신앙의 열정이 다시 타오르면 비가 오도록 해달라는 기도입니다. 이것 외에도 많은 어려움이 있을 수 있습니다.

28절, "만일 이 땅에 기근이나 전염병이 있거나 곡식이 시들거나 깜부기가 나거나 메뚜기나 황충이 나거나 적국이 와서 성읍들을 에워싸거나 무슨 재앙이나 무슨 질병이 있거나를 막론하고"

당대의 이런 재앙들은 이 시대로 말하면 어떤 시련과 시험이라고 할 수 있습니다. 하나님의 백성이라면 어떤 재앙이든 하나님의 응답으로 해결될 수 있다고 확신할 것입니다. 그러므로 성도들은 아무리 많은 시험이 한꺼번에 닥쳐와도 하나님 앞에서 깨어있기만 하면 다 이길 수 있습니다. 하나님을 의지하는 믿음만 있으면 다 물리칠 수 있습니다.

네 번째로 솔로몬은 이방인들이 드리는 기도도 상정합니다.

32절, "주의 백성 이스라엘에 속하지 않은 이방인에게 대하여도 그들이 주의 큰 이름과 능한 손과 펴신 팔을 위하여 먼 지방에서 와서 이 성전을 향하여 기도하거든"

하나님께서는 이방인들이 성전의 소문을 듣고 와서 기도하면 들어주셨습니다. 지금도 믿지 않는 사람들을 위해서 우리가 대신 기도해도 하나님은 들어주십니다. 우리는 누가 되었든 남을 위해서 기도해야 합니다. 지구 반대편에 있는 한 번도 가본 적이 없는 다른 나라 사람들을 위해서도 기도할 수 있습니다. 지진을 당하거나 해일을 만나거나 전쟁을 당한 사람들을 위해서도 기도할 수 있습니다.

그리고 다섯 번째 부터는 좀 더 심각한 문제를 두고 기도합니다.

먼저 전쟁을 하러 나갈 때를 생각하며 기도합니다. 전쟁을 하러 나갈 때는 모든 사람들이 불안해하고 두려워합니다. 특히 전쟁이라고 하는 것은 이기면 살지만 지면 모든 것을 다 잃어버리게 됩니다. 이런 중요한 문제를 앞두고 기도할 때 하나님께서 지켜주십니다.

두 번째는 우리의 범죄하여 모든 걸 잃게 되었을 때고 기도하겠다고 말합니다. 우리는 인간이기 때문에 범죄하지 않는 사람이 없습니다. 이스라엘 백성들에게 가장 고질적인 문제는 바로 이것이었습니다. 모든 이스라엘 백성들은 잘 나가다가도 한 번씩 잘못된 길로 갔습니다. 모르고 가기도 하고 알고 가기도 했습니다. 이때 이스라엘은 적국에서 포로 생활을 하게 될 텐데 포로 된 곳에서도 기도하면 들어주셔서 다시 돌아올 수 있게 해 달라고 기도하고 있습니다. 사실 이것을 두고 학자들 사이에는 과연 솔로몬이 이스라엘 백성들의 미래를 내다보고 이런 기도를 했을까 혹시 포로 후기에 누군가가 이 글을 쓴 것이 아닐까 생각하는 사람도 있습니다. 그러나 솔로몬은 이미 이때 앞일을 내다보았다고 볼 수 있습니다.

이스라엘은 하나님을 잃어버리면 포로가 될 수밖에 없는 자들이었습니다. 그러나 어느 곳에 있든지 하나님의 말씀을 붙들고 기도하면 다시 부흥이 일어날 수 있는 백성들이었습니다.

그리고 마지막으로 솔로몬은 언약궤를 성전 안에 있는 지성소에 두면서 제사장에게 구원을 달라고 기도합니다.

41-42절, "여호와 하나님이여 일어나 들어가사 주의 능력의 궤와 함께 주의 평안한 처소에 계시옵소서. 여호와 하나님이여 원하옵건대 주의 제사장들에게 구원을 입게 하시고 또 주의 성도들에게 은혜를 기뻐하게 하옵소서. 여호와 하나님이여 주의 기름 부음 받은 자에게서 얼굴을 돌리지 마시옵고 주의 종 다윗에게 베푸신 은총을 기억하옵소서 하였더라"

성전 안에는 하나님의 언약궤가 있어야만 했습니다. 하나님의 말씀 아래 이루어지는 제사가 바른 제사입니다. 말씀이 없는 제사는 미신이 될 수 있었습니다. 우리의 신앙생활도 말씀이 없으면 갈피를 못잡고 미신적인 방향으로 나갈 수 있습니다.

제사장도 인간이기 때문에 죄를 지을 수 있기에 자신의 자격으로는 다른 사람의 죄를 사할 수 없습니다. 그럼에도 제사장이 하나님의 말씀대로 믿음으로 행하면 그 모든 허물을 덮으셔서 하나님의 능력이 나타나게 됩니다. 특히 역사상 하나님이 기름 부으신 종들이 말씀을 붙들고 나가면 개인의 성격이나 능력을 초월한 부흥의 역사가 나타나는 예가 많았습니다. 그래서 주의 제사장으로 구원을 입게 해달라고 기도한 것입니다.

지금도 우리가 다윗처럼 하나님의 말씀을 따라 살면 하나님의 사랑을 독점할 수 있고, 모든 시험에서 승리할 수 있습니다. 이것은 주께서 우리에게 약속하신 바입니다. 이 약속을 붙드는 성도들이 되시기를 바랍니다.

CHAPTER 04

성전에서 응답하심

대하 7:1-22

한강에는 수많은 다리들이 놓여 있습니다. 이 다리들은 서울 도심과 한강 이남을 연결하는 아주 중요한 통로입니다. 만약 서울에서 이 다리들이 없으면 서울 도심과 한강 이남을 연결하는 통로가 모두 차단됩니다. 사람으로 치면 심장에서 나오는 대동맥이 막힌 것과 같습니다. 그래서 다리를 놓는 데는 오랜 시간이 걸리고 에너지와 자본도 많이 투입됩니다. 그래도 일단 다리가 생기면 그 효용가치가 엄청납니다.

하나님과 인간 사이에도 다리가 있어야 하긴 합니다만, 하나님과 우리의 격차는 너무도 커서 연결해보겠다는 시도 자체가 말도 안 되는 일이기도 합니다. 인간들은 하나님이 누구신지는 고사하고 그분이 계신 것 자체도 알지 못합니다. 그럼에도 하나님과 우리 인간 사이에 다리를 놓을 수만 있다면 얼마나 큰 축복이겠습니까?

하나님께서는 드디어 솔로몬에게 성전을 짓게 하셨습니다. 성전은 하나님과 인간이 만나는 집이고 하나님과 인간 사이를 이어주는 다리입니다. 이 성전에서 인간들은 하나님의 말씀에 따라서 하나님으로부터 무한한 은혜와 축복을 받게 되었습니다.

성전을 다 완공한 후에 솔로몬은 성전을 지은 의도를 하나님께 기도로 말씀드렸고, 하나님은 이 기도에 불로 응답하셨습니다. 이것은 하나님께서 이 성전을 성전으로 인정하신다는 뜻이고 이곳에서 하나님의 뜻을 구하고 그분께 예배드리면 응답하시고 축복하신다는 의미였습니다.

1. 다윗에게 주신 언약

하나님께서는 이 성전에서 이스라엘 백성들을 만나주시고 그들의 기도에 응답해주시겠다고 약속하셨기 때문에 이 성전으로 나오는 자는 하나님을 만날 수 있습니다.

솔로몬의 성전이 완공된 후에야 하나님의 언약궤와 번제단이 다시 한 성전에 있게 되었습니다. 다윗은 이스라엘을 하나님의 말씀으로 다스려야 한다는 대의를 위해 언약궤를 예루살렘으로 옮겨왔습니다. 이스라엘을 하나님의 말씀으로 다스린다는 건 이스라엘이 하나님의 말씀에 순종하는 걸 가장 큰 과업으로 생각한다는 의미입니다. 나라를 정치하는 목적이 딴 데 있는 게 아니라 왕을 비롯한 모든 백성이 하나님의 뜻을 찾아 스스로 순종하는 데 있는 것입니다. 이것이 이스라엘 부흥의 비결이었습니다.

이제 성전까지 예루살렘에 세웠으니 하나님께서 이스라엘이 예배드리고 기도할 때 모든 재앙에서 구원해주실 것입니다. 이 세상은 죄악으로 가득한 곳이기에 재앙이 안 일어날 수는 없습니다. 또 우리의 완악함과 강퍅함이 징계로서의 재앙을 불러오기도 합니다. 그러나 우리가 죄를 회개하고 하나님 뜻에 합당한 제사를 드리면 그 재앙은 축복으로 변하게 됩니다. 이것이 바로 성전의 능력입니다.

하나님은 솔로몬을 아들로 삼겠다고 말씀하셨습니다. 즉 솔로몬을 하나님의 아들로 입양을 시키신다는 말입니다. 그래서 솔로몬은 하나님의 아들 자격으로 성전을 짓게 되고 하나님의 모든 복을 다 상속받게 되었습니다.

우리들에게도 솔로몬 못지않은 큰 복이 있습니다. 우리 한 사람 한 사람이 말씀으로 변화되어 눈에 보이지 않는 성전이 되는 것입니다. 그러면 우리 가운데 예수님이 계실 것이고 우리는 솔로몬에게 주어진 복을 훨씬 능가하는 복을 기업으로 받는 것입니다. 언약궤와 번제단이 솔로몬의 성전에서 만나는 날, 이스라엘은 하나님으로부터 최고의 복을 다 받게 되었습니다.

2. 불의 응답

솔로몬이 하나님 앞에 성전을 위한 기도를 드렸을 때 하나님께서는 불로서 그 기도에 응답하셨습니다.

1절, "솔로몬이 기도를 마치매 불이 하늘에서부터 내려와서 그 번제물과 제물들을 사르고 여호와의 영광이 그 성전에 가득하니"

본문을 살펴보면 솔로몬이 기도를 하면서 번제물과 다른 제물들을 잡아서 제단 위에 놓고 태우지 않은 상태에서 먼저 기도를 했다는 것을 알 수 있습니다. 우리가 생각하기에는 솔로몬이 이미 죽여 놓은 번제물과 또 다른 제물들에 불을 붙여놓고 기도를 했으면 분위기가 더 고양되었을 것 같습니다. 그러나 솔로몬은 번제물과 다른 제물이 있는 장막에 불을 붙이지 않았습니다. 솔로몬에게는 하나님께서 이 새로운 성전에 어떤 형식으로든지 은혜를 보여주실 것이라는 믿음이 있었기 때문입니다.

사실 새로운 성전을 지었다고 해서 하나님께서 반드시 불로 응답하신다는 보장은 없었습니다. 하지만 솔로몬은 하나님께서 성전을 짓게 하셨고 하나님께서 보여주신 설계대로 성전을 지었다면 하나님께서 무엇인가 그들에게 은혜를 보여주실 것이라고 믿었던 것입니다. 그래서 솔로몬이 번제물이나 다른 제물들을 죽여 그냥 벌려놓고 기도했던 것입니다. 이제 우리는 하나님의 말씀대로 했으니까 하나님께서 알아서 하시라는 뜻입니다.

하나님께서는 솔로몬의 기도에 두 가지로 응답하셨습니다.
하나는 불로 거기에 있는 번제물과 다른 제물들을 태우셨습니다. 이것은 하나님께서 그 번제와 기도를 받으셨음을 보여줍니다. 하나님께서는 인간들이 지핀 불이 아니라 기적의 불로 거기에 벌려 놓은 제물을 태우게 하셨습니다. 이 불은 살아계신 하나님께서 거기에 임재하신다는 상징입니다. 불은 죄에 대한 하나님의 진노를 나타냅니다. 사실 이 불에 타죽어야 할 존재는 짐승들이 아니라 죄를 범한 인간들입니다. 그럼에도 하나님께서 제사를 받으셨기 때문에 죄에 대한 모든 책임은 하나님께서 가져가시는 것입니다. 여기서 성전의 놀라운 위력을 다시금 발견합니다.

죄로 말미암아 인간에게 임할 하나님의 진노를 막는 것입니다. 여기서 그치지 않습니다. 그 진노가 변해 축복이 되게 하는 것이 성전의 능력입니다. 그래서 인간들이 아무리 비참한 상태에 있더라도 하나님의 축복은 그 비참함을 모두 불살라버릴 수 있습니다.

더욱이 불은 하나님의 백성들을 거룩하게 하는 능력이 있습니다. 우리가 그릇이나 옷 같은 것은 물로 씻고 빨면 깨끗해지지만 금이나 은 같은 보석은 물로 씻는다고 해서 깨끗해지지 않습니다. 불로 태우고 녹여야 그 속에 들어 있는 정금과 보석이 나오게 됩니다.

하나님께서는 성전 안을 하나님의 영광으로 가득 차게 하셨습니다.

1절하-2절, "여호와의 영광이 그 성전에 가득하니 여호와의 영광이 여호와의 전에 가득하므로 제사장들이 여호와의 전으로 능히 들어가지 못하였고"

여기서 여호와의 영광은 하나님의 영광의 구름을 말합니다. 빽빽이 들어찬 눈부시도록 하얀 구름입니다. 이 구름 속에 들어가면 전혀 앞을 볼 수가 없고 말할 수 없는 기쁨과 영광과 두려움에 사로잡힙니다.

하나님께서는 성전에 하나님의 영광을 채워주심으로 하나님께서 이 성전을 기뻐하시며 이제 이 성전을 통해서 모든 복을 주시겠다는 응답을 주셨습니다. 이 영광의 구름은 모세가 광야에서 성막을 완공하였을 때 나타났던 것인데 500년이 지난 후에 또 하나님의 영광이 나타난 것입니다.

이제 드디어 하나님과 우리 인간들의 관계가 열리게 되었습니다. 이제는 우리가 하나님 앞에 기도하고 도움을 구하며 재앙을 막고 구원받을 수 있는 길이 열리게 되었습니다.

지금은 하나님이 우리와 함께하심을 어떻게 느낄 수 있을까요?

베드로는 자기가 높은 산에 예수님과 함께 올라갔을 때 하나님의 영광을 친히 보았다고 말을 했습니다. 베드로는 예수님이 변화되신 것을 보았고 심지어는 모세와 엘리야도 만났을 뿐 아니라 하나님의 음성까지 들었습니다. 하나님께서 뭐라고 말씀하셨습니까? 이런 체험에 연연하지 말고 예수님의 말을 들으라고 말씀하셨습니다.

이제 우리는 더 이상 우리 눈으로 볼 수 있는 영광의 구름이나 혹은 신비한 느낌으로 하나님의 임재를 기대할 필요가 없습니다. 하나님이 우리와 함께 계시는 가장 중요한 증거는 구분의 말씀이 나에게 능력 있게 증거되는 것입니다. 이것이야말로 하나님이 내 옆에 계시며 나를 붙들고 계시는 증거입니다.

3절, "이스라엘 모든 자손은 불이 내리는 것과 여호와의 영광이 성전 위에 있는 것을 보고 돌을 깐 땅에 엎드려 경배하며 여호와께 감사하여 이르되 선하시도다 그의 인자하심이 영원하도다 하니라"

이스라엘 백성들은 실제로 하나님이 성전에 임재하시고 그들의 기도를 들으시는 것을 보았습니다. 머릿속에만 계신 하나님이 아니라 실제로 살아계셔서 그들과 함께하시는 것을 체험하게 된 것입니다.

이 세상에서 하나님을 알고 섬길 수 있는 것이 최고의 복입니다. 만유의 주재이신 하나님이 자기의 하나님이신데 무엇이 두렵겠습니까?

이스라엘 백성들은 이 성전을 통해서 하나님의 두 가지 성품을 발견했습니다. 하나는 선하신 하나님, 또 하나는 인자하심이 영원하신 하나님을 알게 되었습니다. 사실 성전을 통하지 않으면 인간들은 하나님을 감히 가까이 할 수 없습니다. 성전이 아니었다면 인간은 하나님을 무시무시한 분으로 알고 두려워하든지 하나님을 아예 알지도 못했을 것입니다. 하지만 성전을 통해서 하나님께 나가면 하나님의 선하심을 경험합니다. 언제나 우리에게 좋은 것을 주시는 하나님을 알게 됩니다. 아비가 아들에게, 어미가 딸에게 언제나 좋은 것을 주고 싶어 하듯이 하나님은 우리를 너무 사랑하셔서 언제나 가장 좋은 것을 주시고 싶어 하십니다.

또 하나의 성품인 하나님의 인자하심은 죄인에 대한 하나님의 사랑입니다. 우리가 죄를 짓고 하나님 앞에 나와서 회개하면 하나님은 우리를 무척 사랑하시는 나머지 죄를 짓지 않은 사람들보다 더 사랑스럽게 대해 주십니다.

이 세상에서 하나님의 선하심과 인자하심을 알고 맛보는 자가 최고의 복을 받은 자가 아닐까요?

3. 솔로몬의 제사

솔로몬은 자신이 하나님 앞에 벌려 놓았던 번제물과 다른 제물에 하나님이 불로 응답하신 것을 보고 이제 하나님께서 그들의 예배를 받으셨다는 사실을 알게 되었습니다. 하나님께서 우리의 예배를 받으시고 우리를 축복하신다면 우리는 어떻게 해야 하겠습니까? 예배를 몇 번 드리고서는 흐지부지해야 할까요? 하나님께서 드디어 우리의 예배를 받으시게 되었다면 이제는 영원히 예배를 드리는 것이 옳은 것입니다. 예배를 드릴 때마다 새로운 능력과 축복과 응답이 부어지기 때문입니다.

4-5절, "이에 왕과 모든 백성이 여호와 앞에 제사를 드리니 솔로몬 왕이 드린 제물이 소가 이만 이천 마리요 양이 십이만 마리라"

솔로몬과 이스라엘 백성들은 하나님께서 그들의 제사를 받으시는 것을 보고서는 제사를 드리기 시작했는데 끝이 없었습니다. 그날 하나님 앞에 바친 소만 2만 2000마리였습니다. 이 정도면 온 들판을 다 채우고도 남을 만한 소를 가지고 와서 하나님 앞에 잡아 바친 셈입니다. 게다가 양이 12만 마리이니, 아마도 도저히 숫자를 헤아릴 수도 없는 양들을 가지고 와서 하나님 앞에 바친 모양입니다.

이것은 단순히 솔로몬이 배포가 크다는 걸로는 설명이 될 수 없는 일입니다. 솔로몬의 믿음이 이 일을 가능하게 한 것입니다. 하나님께서 우리의 제사를 받으시고 우리에게 복을 주신다면 굳이 야박하게 할 필요가 없습니다.

솔로몬은 자기가 가지고 있는 것이 모두 하나님의 것이니 하나님께 다 드리는 게 마땅하다고 생각한 것입니다. 솔로몬과 이스라엘 백성들은 하나님께 제사를 드리면 드릴수록 기쁨이 더했습니다. 아마 솔로몬이나 이스라엘 백성들이 소나 양이 아까웠더라면 절대로 이렇게 많은 제사를 드릴 수 없었을 것입니다. 솔로몬과 이스라엘 백성들의 마음이 하나님과 하나가 되니까 제사를 바치면 바칠수록 아깝지가 않았고 기쁨이 차올랐습니다. 아마 이스라엘에 있는 소나 양 전체를 다 바쳤었어도 아깝지 않았을 것입니다.

이때 레위인들은 다윗 때 했던 대로 악기를 가지고 하나님께 찬양하며 감사를 드렸고 제사장들은 하나님 앞에서 나팔을 불었습니다.

솔로몬은 제물이 너무 많아서 놋 제단으로는 도저히 감당할 수 없어서 성전 안뜰의 일정 지역을 제단으로 삼아 거기서 짐승의 기름을 태워 하나님께 바쳤습니다.

하나님께 위대한 예배를 드리는 그들은 이미 하나님의 위대한 백성이었습니다. 인간들끼리 모여 따지고 자기주장을 내세우는 시시한 사람들은 하나님 앞에서 위대한 제사를 드릴 수 없습니다. 이들에게 하나님 앞에서 자기의 모든 소유를 내놓고 하나님의 놀라운 영광 가운데서 어마어마한 예배를 드린다는 것은 상상도 못할 일입니다.

사람은 상대하는 대상에 따라서 그릇이 달라집니다. 늘 쩨쩨하고 따지기 좋아하고 다투기 좋아하는 사람을 상대하면 그만큼 사람이 옹졸해지고 마음이 좁아지게 됩니다. 그러나 온 세상을 창조하시고 인간들이 도저히 가까이 할 수 없는 하나님 앞에 전심으로 예배할 때 그 사람은 하나님을 상대하는 사람이 되는 것입니다.

원래 '이스라엘'이라는 이름이 하나님을 상대해서 이긴 사람이라는 뜻입니다. 우리 같은 죄인이 어떻게 하나님을 상대로 씨름해서 이길 수 있겠습니까? 아마 하나님께서 손만 까딱하셔도 우리는 티끌처럼 사라질 인생들입니다. 그러나 우리가 하나님의 약속을 붙들고 목숨 걸고 기도하면 하나님을 이길 수 있게 됩니다.

이런 축복이 보장된 예배를 드리면서 시간이나 때우다가 집에 가서 텔레비전 볼 생각을 하는 사람들이 우리 중에 있다면 얼마나 안타까운 일입니까? 하나님의 언약을 붙들고 응답받을 때까지, 내 마음이 하나님의 마음과 하나가 될 때까지, 내 모든 죄가 다 씻기고 새 사람으로 변할 때까지 예배하십시오. 모든 것을 드려 전심으로 예배하십시오.

4. 하나님의 응답

■

하나님께서는 솔로몬에게 복을 주셔서 왕궁도 짓게 하시고 하는 모든 일을 다 형통하게 하셨습니다.

11절, "솔로몬이 여호와의 전과 왕궁 건축을 마치고 솔로몬의 심중에 여호와의 전과 자기의 궁궐에 그가 이루고자 한 것을 다 형통하게 이루니라"

솔로몬은 성전을 지었고 하나님은 솔로몬의 왕궁을 지어주셨습니다. 하나님께서 솔로몬에게 복의 복을 주셔서 이스라엘이 아주 부강한 나라가 되었습니다. 전 세계에서 명성이 자자한 나라가 되었습니다. 당연히 솔로몬도 유명해졌습니다. 이 세상 어느 나라도 감히 이스라엘을 공격하거나 건드리는 나라가 없었습니다. 이것은 하나님께서 영적인 복과 더불어 부수적으로 주신 복이었습니다. 우리가 하나님을 잘 믿으면 하나님은 세상 복도 얼마든지 주십니다. 어떻게 보면 솔로몬을 훨씬 능가하는 복을 주실 수도 있습니다.

그리고 하나님은 솔로몬에게 말씀으로 응답하셨습니다.

12절, "밤에 여호와께서 솔로몬에게 나타나사 그에게 이르시되 내가 이미 네 기도를 듣고 이 곳을 택하여 내게 제사하는 성전을 삼았으니"

사실 인간들이 하나님을 만난다는 것은 불가능한 일이었습니다. 하지만 하나님은 예루살렘에 있는 이 성전을 택하셔서 언제나 이곳에서 제사를 받으시고 기도를 들으시겠다고 약속하셨습니다. 드디어 인간들이 하나님의 발목을 붙잡을 수 있게 된 것입니다. 우리 인간들이 성전만 붙어 있기만 하면 그곳에서 얼마든지 하나님의 음성을 듣고 죄를 용서받으며 기도 응답도 받을 수 있게 된 것입니다.

또한 하나님께서는 솔로몬에게 어려운 재앙들을 극복할 수 있게 하겠다고 약속하셨습니다.

13절, "혹 내가 하늘을 닫고 비를 내리지 아니하거나 혹 메뚜기들에게 토산을 먹게 하거나 혹 전염병이 내 백성 가운데에 유행하게 할 때에"

여기서 하나님께서 말씀하시는 것은 치명적인 세 가지 재앙이었습니다.

첫 번째가 농사짓는데 비가 오지 않는 것입니다. 특히 팔레스타인은 물이 부족해서 비가 몇 달이나 몇 년 동안 내리지 않으면 완전히 굶어죽어야 했습니다. 팔레스타인 사람들에게 가장 두려운 것은 비가 오지 않는 것입니다. 그래서 이방인들은 죽어라고 바알을 섬겼던 것입니다.

그 다음이 메뚜기 재앙이었습니다. 메뚜기 재앙은 식물에게는 가장 무서운 재앙이었습니다. 닭에게 조류독감이 무서운 것처럼 식물에게 가장 무서운 재앙은 메뚜기 재앙이었습니다. 사람들이나 가축들이 살아남아 있어도 아무 소용이 없었습니다. 먹을 곡식을 메뚜기들이 다 갉아먹어버리기 때문입니다.

세 번째가 전염병의 재앙이었습니다. 옛날에는 전염병이 퍼졌을 때 약도 없었고 치료 방법도 없었습니다. 단지 운이 좋으면 사는 것이고 운이 나쁘면 다 죽을 수밖에 없었습니다.

하나님께서는 이런 재앙들에서 벗어나는 방법을 가르쳐주셨습니다.

14절, "내 이름으로 일컫는 내 백성이 그들의 악한 길에서 떠나 스스로 낮추고 기도하여 내 얼굴을 찾으면 내가 하늘에서 듣고 그들의 죄를 사하고 그들의 땅을 고칠지라"

참으로 중요한 말씀입니다. 왜 하나님의 백성들에게 이런 무서운 재앙이 오게 되는가하면 그들이 바른 길을 떠나 악한 길로 갔기 때문입니다. 우리가 겸손하게 하나님만 붙들고 살아가면 하나님이 반드시 복을 주시고 우리를 모든 환란에서 지켜주십니다. 그런데 인간은 이상하게 하나님이 복을 주시면 복을 누리고 살면 되는데 마음이 교만해져서 하나님만으로 만족하지 못합니다. 그래서 하나님의 말씀을 버리고 세상길로 갈 때 부흥의 불이 꺼지면서 여러 가지 재난들이 터지게 되는 것입니다.

하나님의 백성들은 은혜를 잃으면 망하고 맙니다. 그래서 무조건 기도한다고 해서 되는 것이 아니라 악한 길을 떠나야 하는 것입니다. 그리고 하나님 앞에 겸비해져야 합니다. 여기서 하나님 앞에서 겸비하다는 것은 우리는 하나님이 도와주시지 않으면 살 수 없는 자들이라는 것을 인정하는 것입니다. 우리는 완전히 하나님께 매인 자들입니다.
그 얼굴을 구한다는 것은 예배를 통하여 은혜를 구하는 것입니다. 그러면 하나님은 하늘에서 듣는다고 약속하셨습니다. 즉 우리의 문제는 땅에서 풀 수 없습니다. 하늘에서부터 풀어야 하는 것입니다. 그래서 우리는 사람들이 하는 말에 너무 지나치게 민감해지거나 사람들에게 잘 보이고 할 필요가 없습니다. 단지 하나님만 고개를 끄덕이시고 인정하시면 그만인 것입니다.
하나님께서는 드디어 성전의 효력을 약속하셨습니다.

15-16절, "이제 이 곳에서 하는 기도에 내가 눈을 들고 귀를 기울이리니 이는 내가 이미 이 성전을 택하고 거룩하게 하여 내 이름을 여기에 영원히 있게 하였음이라. 내 눈과 내 마음이 항상 여기에 있으리라"

하나님은 이미 이 전을 택하셨고 거룩하게 하셨습니다. 그러시고는 이 전에 스스로 자신을 묶어놓으셨습니다. 우리가 하나님의 말씀대로 이 전에서 기도하면 하나님은 듣지 않으실 수가 없는 것입니다. 하나님의 이름이 이 전에 있다는 것은 이 전이 하나님의 브랜드라는 말입니다. 유명 브랜드가 있는 점포에서는 그 회사 진품을 살 수 있는 것처럼 이 성전에서 이스라엘 백성들은 하나님의 진품을 얻게 되는 것입니다.

그리고 하나님은 당신의 눈과 마음이 여기에 있다고 하셨습니다. 이 세상에서 하나님이 가장 먼저 마음에 두신 곳이 바로 성전이라는 것입니다.

이제 하나님은 솔로몬에게 다윗의 언약을 재확인시키십니다.

17절, "네가 만일 내 앞에서 행하기를 네 아버지 다윗이 행한 것과 같이 하여 내가 네게 명령한 모든 것을 행하여 내 율례와 법규를 지키면"

하나님은 솔로몬에게 너무 많은 것을 요구하지 않으셨습니다. 더도 말고 다윗처럼만 믿으라고 말씀하셨습니다. 우리는 흔히 이 세상에서 최고의 복을 받으려면 유난히 잘 믿고 모든 일에 만물박사가 되어야 할 것처럼 생각합니다. 성공한 사람들을 보면 모든 면에서 두각을 나타냅니다. 하지만 하나님께서 우리에게 요구하시는 것은 그런 완벽하고 훌륭한 모습이 아닙니다.

하나님이 솔로몬에게 요구하시는 것은 다윗이 목동이었을 때나 혹은

사울에게 쫓길 때 하나님을 의지하고 붙들었던 것처럼만 믿으라는 것입니다. 자신은 하나님 앞에서 연약한 한 마리의 양일 뿐이라고 생각하고 하나님의 말씀이 없으면 죽을 것처럼 하나님을 붙들기만 하라는 말씀입니다. 우리의 생각과 너무 다르지 않습니까? 인간들은 자신이 쌓아놓은 스펙이나 재능이 성공의 조건이라고 생각합니다. 그렇게 치면 솔로몬도 빠지지 않을 정도로 팔방미인이었습니다. 하지만 솔로몬은 아버지 다윗 같이 하나님을 믿는 데 성공하지 못했습니다.

어쨌거나 하나님은 솔로몬이 말씀만 붙들고 살면 모든 것을 지켜주시겠다고 약속하셨습니다.

18절, "내가 네 나라 왕위를 견고하게 하되 전에 내가 네 아버지 다윗과 언약하기를 이스라엘을 다스릴 자가 네게서 끊어지지 아니하리라 한 대로 하리라"

왕에게 가장 걱정되는 것은 과연 끝까지 왕위를 유지할 수 있을 것이냐 하는 문제입니다. 특히 하나님의 말씀만 붙드는 왕은 사람들이 보기에 나약해 보일 수밖에 없습니다. 그런데 하나님은 끝까지 지켜주시겠다고 약속하셨습니다. 더 놀라운 것은 오직 지도자 한 사람만 하나님의 말씀을 죽어라고 붙들고 나가면 이스라엘 백성들이나 장관은 어떻든지 간에 부흥을 주시겠다고 약속하신 것입니다. 이것은 엄청난 약속입니다.

원래는 이스라엘 백성 전체가 말씀대로 순종해야 이스라엘이 복을 받을 수 있었습니다. 그래서 여호수아가 아이 성을 공격할 때에 아간 한 사람이 죄를 지었는데도 이스라엘 백성들이 모두 다 패배하지 않았습니까? 하지만 다윗의 언약은 달랐습니다. 오직 지도자 한 사람만 바로 믿으면 모든 백성들에게 부흥을 주시겠다는 약속입니다. 그래서 다윗의 자손들은 자기 한 사람만 바로 믿고 말씀을 붙들면 부흥을 볼 수 있습니다.

그러나 만일 솔로몬이나 그 후손들이 하나님의 말씀을 우습게 생각해서 말씀을 버리면 다윗의 언약만 깨어지는 것이 아니라 이스라엘 전체의 언약이 깨어집니다. 즉 모세의 언약이 깨어져서 이스라엘 백성들은 가나안 땅에서 쫓겨나게 되는 것입니다.

> 19-20절, "그러나 너희가 만일 돌아서서 내가 너희 앞에 둔 내 율례와 명령을 버리고 가서 다른 신들을 섬겨 그들을 경배하면 내가 너희에게 준 땅에서 그 뿌리를 뽑아내고 내 이름을 위하여 거룩하게 한 이 성전을 내 앞에서 버려 모든 민족 중에 속담거리와 이야깃거리가 되게 하리니"

이스라엘 백성들이 하나님을 버린다고 해서 이스라엘 백성이 아닌 이방인이 되는 건 아닙니다. 이스라엘 백성들이 하나님을 버리면 완전히 망하게 되는 것입니다. 하나님은 그 땅에서 이스라엘 백성들을 뿌리 뽑겠다고 하셨습니다. 그리고 속담거리와 이야깃거리가 되게 하신다고 말씀하셨습니다. 사라지는지도 모르게 망하는 게 아니라 모든 사람들에게 확실히 각인되도록 크게 망한다는 말입니다. 그래서 사람들이 두고두고 기억하며 입에 오르내릴 것이라는 뜻입니다. 그들이 딛고 선 땅을 물론이거니와 이 거룩한 성전까지 폐허로 만들어버리신다는 선언입니다. 이스라엘 백성들이 하나님의 말씀에 순종하지 않는데 성전이 무슨 의미가 있겠습니까? 하나님은 이스라엘 백성들의 탐욕에 이용당하실 만큼 만만한 분이 아니십니다.

애굽 땅에서 이스라엘을 건져내신 신을 버리고 이방신을 섬겨 망하게 된 이스라엘을 온 세상이 지켜보게 될 것이라고 말씀하십니다. 사실 이 세상에서 가장 어리석은 사람들이 자기들을 구원하신 하나님을 버리고 엉뚱한 신을 섬기는 것입니다. 하나님만으로 만족하지 못한 이스라엘은 우상을 섬겼습니다. 이스라엘 백성들이 그렇게 해서 망했습니다.

하나님의 백성들이 영원히 살 길은 오직 하나님의 말씀만 붙잡고 하나님이 주시는 복으로 만족하는 것입니다. 혹시라도 하나님을 답답하게 생각하거나 세상 사람들처럼 살려고 생각하면 그냥 평범한 세상 사람이 되는 것이 아니라 가장 밑바닥으로 떨어지게 됩니다.

하나님은 우리에게 이미 믿음의 성전을 주셨고 또 우리에게 불같은 부흥을 주셨습니다. 이제 중요한 것은 우리도 다윗처럼 하나님의 마음을 붙잡을 수 있느냐 하는 것입니다. 우리도 다윗처럼 하나님의 말씀을 사랑하면 하나님을 붙잡을 수 있습니다.

모든 인간적인 생각들을 버립시다. 오직 위대하신 하나님 한 분만을 상대해서 기도하고 그분의 은혜를 사모하는 다윗과 같은 위대한 성도들이 되십시오.

CHAPTER 05

솔로몬이 누린 축복

대하 8:1-9:31

육상에서 단거리를 달리기에 적합한 몸과 장거리에 알맞은 신체 조건은 서로 많이 다릅니다. 단거리 선수들은 온 몸을 근육질로 만들어 순간적으로 나오는 근력으로 달립니다. 하지만 장거리 선수들은 대개 몸이 마른 편으로 근육보다는 폐활량을 발달시켜 지구력을 키우는 데 주력합니다. 신체 조건뿐만 아니라 주법도 판이합니다. 단거리 선수들은 짧은 거리를 주파해야 하기 때문에 처음부터 죽을힘을 다해서 달려야 하지만 마라톤 선수들은 처음에는 자기 페이스를 잘 유지하다가 후반으로 넘어갈 즈음 전력 질주를 해서 우승을 노립니다.

우리 인생의 경주도 마찬가지입니다. 워낙 유능해서 어렸을 때부터 늙어 죽을 때까지 최고의 삶을 사는 사람도 있지만, 젊을 때 고생하다가 인생 중반부터 자기 길을 찾아 성공가도를 달리는 사람이 대부분입니다.

어떤 유형의 삶을 살든, 우리 인생의 경주에서 가장 무서운 것은 슬럼프에 빠지는 겁니다. 일단 슬럼프에 빠져 몇 년 혹은 몇 십 년이라는 아까운 세월을 낭비하면 도무지 회복하기가 어려워집니다.

특히나 믿는 사람들은 신앙의 슬럼프에 빠지지 않도록 조심해야 합니다. 하지만 우리는 너무 자주 흔들리고 심한 기복을 보일 때가 많습니다. 새해 들어 새벽기도를 작정할 때에는 마음의 결단도 굳건히 하고 새로운 힘이 나는 것 같은데 한두 달 지나고 나면 다시 매너리즘에 빠집니다. 신앙이 활력을 잃어 시들한 삶을 살아갑니다.

여러분의 인생을 돌아보십시오. 슬럼프와 회복이 계속 반복되지는 않았습니까? 인간이 그만큼 까다롭고 변덕스럽다는 증거입니다. 인간의 욕망이나 내면세계는 우리가 생각하는 것보다 훨씬 복잡하고 예민합니다. 그래서 한 순간의 결심이나 혹은 분위기를 바꾸는 것만으로 우리는 지속적으로 힘을 낼 수가 없습니다.

성경은 우리 신앙이 올라갔다 내려갔다 하지 않고 지속적으로 힘을 얻을 수 있는 방법을 제시해주고 있습니다. 지속적으로 하나님의 말씀을 공급받으라는 것입니다. 일 중심으로 살거나 성공을 목표로 앞만 보고 달려가지 않고 지속적으로 하나님의 말씀을 먹으면 하나님의 말씀이 우리 안에 있는 모든 영적인 노폐물을 수시로 청소해주십니다. 그래서 우리로 바른 미래를 조망하며 끊임없이 전진하게 하십니다. 그러나 우리가 하나님의 말씀을 붙들지 않고 일에만 매달려 살거나 성공에 눈이 멀게 되면 이 과정에서 나타나는 권태, 변덕, 공허함을 극복하지 못해 실패할 수밖에 없습니다.

솔로몬은 성전을 짓고 하나님께 온갖 복을 받은 사람이었습니다. 당대 최고의 지혜자라는 명성과 함께 엄청난 부귀영화도 얻었습니다. 솔로몬의 상아와 금으로 만든 보좌와 순금으로 만든 금 방패가 당시 그가 누렸던 부귀영화의 극치를 나타냅니다. 하지만 솔로몬은 영광의 극치에서 그만 길을 잃어버렸습니다. 결국 솔로몬의 시대는 이스라엘 최고의 전성기이자 역사상 가장 불행한 때가 되었습니다.

1. 축복의 황금기

하나님의 백성들에게 있어서 부흥은 아주 중요합니다. 부흥은 하나님과 이스라엘 백성이 오직 하나님의 말씀으로 연결되어 있어서 하나님이 주시는 복이 끊임없이 이스라엘 백성들에게 흘러넘치는 것을 의미합니다. 하나님의 백성들에게 가장 중요한 것은 물질의 복이 아닙니다. 영적인 부흥의 복입니다. 하나님의 백성들이 오직 하나님의 말씀만 생명처럼 붙들 때 하나님과 그 백성 사이에는 아무런 장애가 없게 됩니다. 이때 하나님의 백성의 회중에는 말씀이 충만하고 영적인 기쁨이 가득합니다. 부흥의 때에 가장 특징적인 현상은 위대한 설교가 있는 것입니다. 즉, 부흥의 때는 위대한 설교의 시대입니다.

요엘 선지자가 말하기를 "그 후에 내가 내 영을 만민에게 부어 주리니 너희 자녀들이 장래 일을 말할 것이며 너희 늙은이는 꿈을 꾸며 너희 젊은이는 이상을 볼 것이며"(욜 2:28)라고 했습니다. 하나님께서 이스라엘에 부흥을 주시는 때에는 폭발적인 말씀의 부흥이 있습니다. 노인이나 젊은이나 남자나 여자 할 것 없이 모든 백성들의 입에서 하나님의 말씀이 줄줄 흘러나옵니다. 이때 하나님의 백성들은 활기찬 인생을 살게 됩니다. 범사에 감사하고 매사에 최선을 다합니다. 하나님께서는 물질의 풍족함과 지혜의 부요함을 허락해주시고 세상에서 권력을 행사할 수 있는 복도 부어주십니다. 이런 부흥이 10년 이상 지속되면 이스라엘 백성들이 복이란 복은 다 받게 됩니다. 이 복된 소식은 이스라엘 경내에 그치지 않고 널리 퍼져 이 민족이 과연 행복한 사람들이라는 칭송이 여기저기서 그치지 않습니다.

솔로몬 때 이스라엘 백성들은 바로 이런 축복의 황금기에 있었습니다. 이스라엘 백성들이 사사시대에는 이런 복을 누리지 못했습니다. 왜냐하면 이스라엘 백성들이 하나님의 말씀에 지속적으로 헌신하지 못하는 바람에 부흥과 침체가 계속 반복이 되었습니다. 어떤 위대한 사사가 나타나서 부흥을 일으키면 이스라엘 백성들이 잠시 잘 살다가 그 후에 그 위대한 사사가 죽으면 또 우상 숭배에 빠져서 그 동안 받았던 복을 다 날려버리고 이방 민족의 학대를 받게 되었습니다.

그러나 다윗이라는 사람이 등장하면서 이스라엘 백성들이 복을 받는 패턴은 완전히 달라졌습니다. 하나님께서는 이스라엘 백성이나 지도자들 중에서 다윗 같이 일관되게 하나님의 말씀을 사랑하고 말씀에 매달리는 사람을 보시지 못하셨습니다. 그래서 하나님께서는 다윗 때부터 이스라엘에 지속적으로 부흥이 일어나게 하셨습니다. 다윗이 이스라엘을 40년 동안 통치하면서 부흥이 지속되니까 이스라엘에게 하나님의 복이 쏟아지기 시작했습니다. 거기다가 솔로몬이 성전까지 지었으니 이스라엘은 축복의 황금기를 누리게 되었습니다. 그래서 솔로몬 때에는 이스라엘 사람 중에 거지가 없었고 노예가 없었다고 역사는 기록합니다.

이 선례들을 보면서 한번 깊이 생각해봅시다. 우리의 신앙이 조금 힘을 내고 올라가다가 다시 침체되어서 추락하는 일이 반복됩니다. 부흥회를 하면 조금 힘을 내다가 금세 다시 바닥으로 곤두박질치는 걸 당연하게 생각합니다. 아무리 복을 받아도 남는 것이 없는 우리의 현실을 냉정하게 돌아봅시다. 우리 신앙이 올바르다면 20년이고 30년이고 독수리같이 비상하는 게 마땅할 것입니다. 그러려면 우리는 세상 풍조를 좇고 안목의 정욕을 채워 이 땅에서 폼 나게 살려는 마음을 다스려야 합니다. 우리 힘으로는 그렇게 할 수 없지만 지속적으로 하나님의 말씀만 붙들고 산다면 얼마든지 가능한 일입니다.

우리가 지속적으로 복을 누리지 못하게 하는 적은 우리 안에 있는 변덕입니다. 계속 새로운 것을 추구하고 싶고 하나님의 말씀은 너무 고리타분한 것 같아서 골방에 처박아두고 싶어 하는 마음입니다. 그러나 이 마음을 이기고 끝까지 겸손하게 하나님의 말씀만 붙잡고 나간다면 온갖 신령한 복을 다 받아 누릴 수 있습니다.

하나님께서 솔로몬시대에 주신 복은 모든 이스라엘 백성들과 교회에 축복의 약속으로 주신 것입니다. 즉 우리가 아무리 부족하고 미련해도 다윗같이 하나님의 말씀만 붙들고 믿음으로 나가면 최고의 복을 받게 된다는 것을 보여주신 것입니다.

2. 왕궁을 짓고 국방을 지켜주심

솔로몬이 하나님으로부터 받았던 복은 너무 많아 다 열거할 수가 없을 정도였습니다. 본문에서 처음으로 언급한 복을 먼저 살펴봅시다. 하나님은 가장 먼저 이스라엘의 안보를 튼튼히 하셨습니다.

8장 1-2절, "솔로몬이 여호와의 전과 자기의 궁궐을 이십 년 동안에 건축하기를

마치고 후람이 솔로몬에게 되돌려 준 성읍들을 솔로몬이 건축하여 이스라엘 자손에게 거기에 거주하게 하니라"

솔로몬은 7년에 걸쳐 여호와의 성전을 건축하였습니다. 그랬더니 하나님께서는 솔로몬의 궁궐을 13년 동안 짓게 하셨습니다. 이 역사적 사실을 볼 때, 우리는 신앙 안에서 참으로 놀라운 균형을 발견하게 됩니다. 솔로몬은 7년 동안 여호와의 전을 건축하고 난 뒤에 자기는 빈털터리가 되어 멍석이나 깔고 맨 바닥에서 산 것이 아닙니다. 하나님은 더 긴 세월에 걸쳐 웅장한 궁궐을 짓게 하셨습니다. 솔로몬이 하나님의 집을 지어드리니까 하나님께서는 솔로몬의 집을 지어주셨습니다. 아마 처음에 솔로몬이 생각하기에 아무리 아버지 다윗이 재물과 건축 재료를 준비해두었다 하더라도 이스라엘과 두로 왕의 역량을 생각하면 겨우 성전만 완공해도 기적이라고 생각했을 것입니다. 그러나 막상 성전 건축을 할 때 하나님께서 얼마나 많은 복을 부어주셨는지 웅장한 궁궐까지 짓게 되었던 것입니다. 이것이 하나님께서 우리에게 주시는 복입니다. 인간적인 생각으로는 성전만 완공해도 기적이라고 생각합니다. 그러나 하나님은 얼마나 풍성한 분이신지 생각지도 못했던 더 큰 일까지 이루게 하십니다.

우리는 하나님의 관심사가 교회 일에만 국한돼 있다고 생각하는 경향이 있습니다. 하지만 하나님은 우리 직장과 가정에까지 복을 주셔서 승진도 하게 하시고 사업도 확장하게 하시고 집도 장만하게 하시는 분입니다.

하나님은 솔로몬으로 하여금 국방을 튼튼하게 하셨습니다.

8장 2절, "후람이 솔로몬에게 되돌려 준 성읍들을 솔로몬이 건축하여 이스라엘 자손에게 거기에 거주하게 하니라"

솔로몬은 두로 왕 후람이 성전을 짓는 데 아주 큰 도움을 준 것을 고맙게 여겨 두로와 가까운 성읍 20개를 후람 왕에게 선물로 주었습니다. 그러나 이것은 솔로몬의 오산이었습니다. 이스라엘 땅은 하나님께서 주시는 언약의 증표이기 때문에 이것을 다른 민족에게 줄 수가 없는 것이었습니다. 그런데 놀라운 것은 후람이 그 땅의 가치를 모르고 다시 솔로몬에게 돌려주었습니다. 이것이 얼마나 감사한지 모릅니다.

우리는 때때로 하나님이 나에게 주신 복인데도 불구하고 남에게 넘겨줄 때가 있습니다. 그런데 상대방이 그 가치를 모르고 우리에게 다시 돌려줄 때가 많다는 건 참 감사한 일입니다. 솔로몬은 두로 왕이 땅을 돌려주자마자 거기에 성을 지어서 이스라엘 백성들을 거기서 살게 했습니다.

교회는 영혼을 구원하는 것이 목적이기 때문에, 어부들이 물고기가 많은 어장을 택하듯이 교회도 사람들이 많은 곳을 택할 수밖에 없습니다. 이럴 때 교회의 위치는 아주 중요합니다. 또 교회도 영구적으로 하나님의 일을 하기 위해서 땅이나 집이 필요합니다. 이때 너무 상업적인 계산보다는 영혼을 구할 목적으로 이 일을 해야 합니다.

8장 3-6절, "솔로몬이 가서 하맛소바를 쳐서 점령하고 또 광야에서 다드몰을 건축하고 하맛에서 모든 국고성들을 건축하고 또 윗 벧호론과 아랫 벧호론을 건축하되 성벽과 문과 문빗장이 있게 하여 견고한 성읍으로 만들고 또 바알랏과 자기에게 있는 모든 국고성들과 모든 병거성들과 마병의 성들을 건축하고 솔로몬이 또 예루살렘과 레바논과 그가 다스리는 온 땅에 건축하고자 하던 것을 다 건축하니라"

솔로몬은 다윗처럼 많이 전쟁할 필요가 없었습니다. 하나님께서 이미

부흥의 비결

다윗 때에 이스라엘의 모든 가시들을 뽑아주셨기 때문입니다. 하나님은 우리를 겸손하게 하시기 위해서 가시를 주십니다. 몸에 돋은 가시도 있고 사람이 가시가 되기도 하고 때로는 물질의 가시가 있어서 부채로 고통 받기도 합니다. 그런데 부흥이 계속되면 이런 가시들이 제거됩니다. 사실 사람에게 가시가 없어진다는 것이 얼마나 시원한 일입니까? 인생을 자유롭고 풍성하게 해주지 않습니까?

솔로몬은 이스라엘 전체에 성을 다시 쌓아서 국방을 튼튼히 하고 자기가 준비한 말과 병거와 식량들을 비축할 마병을 위해 성과 병거를 두려 과 성과 국고성을 쌓았습니다.

우리에게 부흥이 일어날 때 하나님은 국방을 튼튼히 지켜주십니다. 부흥에는 원자 폭탄 이상의 능력이 있기 때문입니다. 그래서 하나님께서는 모세를 통해서 이스라엘 왕들에게 말이나 병거를 두지 말라고 하셨습니다. 왜냐하면 기도의 힘이 말이나 병거의 힘보다 훨씬 더 강하기 때문입니다. 그러나 솔로몬은 눈에 보이는 것을 더 의지했습니다. 기도의 힘에 의존하는 것보다 눈에 보이는 말이나 병거가 있는 것으로 위안을 삼았습니다. 바로 이것이 다윗과 솔로몬의 차이였습니다.

다윗은 그야말로 하나님의 말씀을 절대적으로 의존한 사람이었고 하나님의 말씀이 아니라고 하면 아무리 유익한 것도 포기하는 사람이었습니다. 그래서 다윗이 전쟁에 이겨서 많은 말을 빼앗았을 때에도 그 아까운 말들의 뒤 심줄을 다 끊어서 못쓰게 만들었습니다. 솔로몬은 그렇게 순전하게 믿는 사람은 아니었습니다. 그래서 현실적으로 유익한 것이 있으면 얼마든지 받아들이는 사람이었습니다.

믿음의 거장들도 믿음에 있어 차이를 보입니다. 예를 들어 봅시다. 중국 내지 선교회를 시작한 허드슨 테일러 같은 경우에는 절대로 사람들로부터 빚을 지지 않았고 또 모금을 요청하지 않았습니다. 그 대신 기도로 모든 것을 해결했습니다. 그러나 조지 휫필드 같은 경우에는 조지아주에 고아원을 짓기 위해서 열심히 헌금을 강조했고 모금도 하였습니다. 조지 뮬러는 돈이 없어도 절대로 사람에게 이야기하지 않고 기도로 응답을 받았습니다. 그가 5만 번 기도 응답을 받았다는 일화도 유명합니다.

솔로몬은 하나님의 말씀을 믿기는 했지만 현실적인 가치를 무시하지 않았습니다. 그래서 말을 많이 사서 마병을 만들고 병거도 준비하고 여기저기에 유사시를 대비해 식량을 비축할 국고성을 많이 세웠습니다. 하나님은 솔로몬 때 안보를 튼튼하게 하셨습니다. 물론 이렇게 하지 않아도 하나님은 전쟁이 나지 않도록 지켜주시지만 이렇게 준비를 하니까 더 안심이 되는 건 사실이었습니다.

그런데 인간의 마음은 간사해서 조금이라도 안심이 되면 기도에 게을러집니다. 평안할 때 기도하면 좋은데 간사한 인간은 하나님이 복을 많이 주실수록 더 인간적인 생각을 품습니다. 부흥을 열망한다면 이런 인간적인 생각을 멈추고 더 하나님의 말씀을 붙들고 영적인 부흥을 갈망해야 합니다. 즉 하나님이 주시는 복은 누리되 말씀과 기도도 태만히 하지 말아야 하는 것입니다. 어려움에 대비해서 여러 가지 준비는 해 놓되 그것을 의지하지 않고 하나님을 믿는 것입니다.

솔로몬 때 이스라엘 백성들 중에 거지나 노예가 없었기에 솔로몬은 성전을 건축하거나 다른 성을 건축할 때 이스라엘 사람들을 인부로 쓰지 않고 가나안 족속들을 부렸습니다.

8장 7-9절, "이스라엘이 아닌 헷 족속과 아모리 족속과 브리스 족속과 히위 족속과 여부스 족속의 남아 있는 모든 자 곧 이스라엘 자손이 다 멸하지 않았으므로 그 땅에 남아 있는 그들의 자손들을 솔로몬이 역군으로 삼아 오늘에 이르렀으되 오직 이스라엘 자손은 솔로몬이 노예로 삼아 일을 시키지 아니하였으니 그들은 군사와 지휘관의 우두머리들과 그의 병거와 마병의 지휘관들이 됨이라"

솔로몬이 가나안 원주민들의 자손들을 공사에 강제로 동원했을까, 아니면 그들이 자발적으로 참여했을까 하는 의문이 생깁니다. 아마 솔로몬 당시에 이스라엘 백성이 되지 않은 가나안 원주민들은 실제로 가난하고 비참한 노예상태였던 것 같습니다. 그래서 솔로몬이 어렵지 않게 그들을 인부로 사용할 수 있었던 것입니다.

당시 이스라엘 백성들 중에 노예가 없다고 했는데, 원래는 이스라엘 백성들 중에도 빚을 갚지 못한 사람은 얼마든지 노예가 될 수 있었습니다. 그런데 하나님께서 다윗 때에 40년 동안 복을 주시고 이 복이 솔로몬 때까지 계속되니까 이스라엘 백성들은 전부 잘 살게 되었습니다. 솔로몬 때 거의 대부분의 이스라엘 백성들은 자기 포도원과 감람원을 가지고 농사를 지었습니다. 이것만 봐도 이스라엘 백성들이 얼마나 복을 받았는지 알 수가 있습니다. 요즘으로 치면 노숙자나 실직자가 하나도 없는 것입니다.

3. 솔로몬의 결혼과 예배

왕이 누구와 결혼하느냐는 그 나라의 운명을 좌우할 정도로 중요한 일입니다. 아가서를 보면 이스라엘 백성들이 왕의 결혼식을 얼마나 중요하게 생각했는지 알 수 있습니다. 이스라엘 백성들은 이스라엘의 왕비로는 얼굴이 희고 피부색이 좋은 이방 공주보다는 비록 얼굴은 검지만 믿음이 좋은 이스라엘 여성이 적합하다고 노래합니다. 그런데 실제로 솔로몬이 결혼한 왕비는 애굽의 공주였습니다.

> 8장 11절, "솔로몬이 바로의 딸을 데리고 다윗 성에서부터 그를 위하여 건축한 왕궁에 이르러 이르되 내 아내가 이스라엘 왕 다윗의 왕궁에 살지 못하리니 이는 여호와의 궤가 이른 곳은 다 거룩함이니라 하였더라"

솔로몬이 바로의 딸과 결혼했다고 하는 것은 인간적으로 보면 대 성공이었습니다. 이 당시 애굽은 세계적으로 가장 부강한 선진국이었습니다. 솔로몬이 바로 그런 나라의 공주와 결혼했다는 것은 외교적으로나 개인적으로나 성공한 셈이었습니다. 또 솔로몬이 아무리 아가서에서는 이스라엘 여자와 결혼하는 것이 좋다고 노래를 했다 하더라도 바로의 공주를 진정으로 사랑했다면 그녀와 결혼할 수도 있습니다. 그런데 문제는 이 바로의 딸이 자기의 종교를 예루살렘에 온 후에도 포기하지 않았다는 것입니다. 자기가 태양신의 딸이며 신적인 존재라는 생각을 떨쳐버리지 못했습니다. 결국 이 공주가 이스라엘 왕과 결혼 한 후에도 애굽의 우상 종교를 포기하지 않으니 그녀는 다윗 궁에 살 수가 없었습니다.

여기서부터 솔로몬의 미래에는 어두운 그림자가 드리우기 시작합니다. 솔로몬은 결혼과 자기 신앙이 별개 문제라고 생각한 모양입니다. 자신이 비록 이방의 공주와 결혼은 하지만 하나님을 버리지 않을 거라고 자신했던 것입니다. 하지만 인간의 감정이 맘처럼 된다면 얼마나 좋겠습니까? 머리에서는 안 된다고 하지만 몸은 이미 움직입니다. 지성이 감정을 이기는 경우는 매우 드뭅니다. 나중에 솔로몬은 많은 이방의 공주들과 결혼을 해서 외교적으로 엄청난 승리를 거두지만 결국 그것이 올무가 되어서 예루살렘 안에 이방 신전을 짓게 됩니다. 물론 솔로몬이 이 신전은 이스라엘 백성들을 위한 것이 아니고 이방 공주들 개인을 위한 것이라 변명했지만 결국 솔로몬은 자기 꾀에 넘어가고 만 것입니다. 나중에는 이 공주들의 자식들이 이스라엘의 귀족이 되었고 이들은 어머니를 따라 우상을 숭배했습니다.

그럼에도 솔로몬은 아버지 다윗이 했던 대로 모든 제사를 철저하게 드렸습니다.

> 8장 12-14절, "솔로몬이 낭실 앞에 쌓은 여호와의 제단 위에 여호와께 번제를 드리되 모세의 명령을 따라 매일의 일과대로 안식일과 초하루와 정한 절기 곧 일년의 세 절기 무교절과 칠칠절과 초막절에 드렸더라. 솔로몬이 또 그의 아버지 다윗의 규례를 따라 제사장들의 반열을 정하여 섬기게 하고 레위 사람들에게도 그 직분을 맡겨 매일의 일과대로 찬송하며 제사장들 앞에서 수종들게 하며 또 문지기들에게 그 반열을 따라 각 문을 지키게 하였으니 이는 하나님의 사람 다윗이 전에 이렇게 명령하였음이라"

솔로몬은 성전만 지어놓고 예배를 소홀히 한 것이 아니라 모세가 명한 모든 절기들을 철저히 지켰고 또 아버지 다윗이 만들었던 예배 시스템을 그대로 유지했습니다. 그런데 솔로몬에게 한 가지 부족한 것은 아버지가 만들어 놓은 시스템을 그대로 유지하기만 했지 더 이상 발전시키지는 못했다는 것입니다. 다윗은 반대로 자기 세대에 성전 예배를 독창적으로 발전시켰습니다. 다윗의 모든 관심과 열정이 성전 제사에 있었기 때문입니다. 그러나 솔로몬은 성전을 짓고 난 후에 그저 여태까지의 제사를 유지하는 수준에 그쳤습니다. 더 이상 예배를 발전시키거나 부흥시키지 않았습니다. 솔로몬의 관심이 다른 데 쏠려 있었기 때문입니다. 바로 무역과 외교에 그의 맘이 가 있었습니다. 너무 지혜로운 나머지 성전만 붙들고 있을 수가 없었습니다. 어떻게 하면 자기가 세상에서 더 유명해지며 더 많은 재산을 보유할 수 있는지 알고 있었습니다. 그래서 솔로몬은 성전 제사는 현상 유지 정도만 하고 외교나 무역에 힘을 다한 결과, 엄청난 부자가 되었습니다.

> 8장 17-18절, "때에 솔로몬이 에돔 땅의 바닷가 에시온게벨과 엘롯에 이르렀더니 후람이 그의 신복들에게 부탁하여 배와 바닷길을 아는 종들을 보내매 그들이 솔로몬의 종들과 함께 오빌에 이르러 거기서 금 사백오십 달란트를 얻어 솔로몬 왕에게로 가져왔더라"

이스라엘은 농경국가로서 해외무역에는 어두웠습니다. 게다가 무역을 할 만한 항구가 별로 없었습니다. 항구래 봐야 겨우 욥바 정도를 꼽을 수 있었습니다. 반면, 두로는 해상 무역의 천재였습니다. 두로는 당시 아프리카나 스페인까지 진출해서 식민지를 만들 정도였습니다. 그래서 솔로몬은 두로 왕에게 해상 무역을 배우게 됩니다. 이렇게 해서 이스라엘은 아라비아 반도에 있는 에시온게벨이라는 아주 중요한 무역항을 얻게 되었습니다. 솔로몬은 드디어 해상무역을 통해서 오빌에서 금 450달란트라고 하는 어마어마한 수익을 올리게 되었습니다. 드디어 솔로몬은 해상 무역의 실력자로 등장하게 됩니다.

4. 스바 여왕의 방문

솔로몬 때 말씀의 절정기는 아무래도 스바 여왕이 방문한 때였던 것 같습니다. 스바 여왕은 솔로몬의 지혜가 뛰어나다는 소문을 듣고 많은 수행원과 금과 보물들을 낙타에 싣고 예루살렘을 찾아와서 솔로몬의 지혜를 들었습니다.

9장 1-2절, "스바 여왕이 솔로몬의 명성을 듣고 와서 어려운 질문으로 솔로몬을 시험하고자 하여 예루살렘에 이르니 매우 많은 시종들을 거느리고 향품과 많은 금과 보석을 낙타에 실었더라. 그가 솔로몬에게 나아와 자기 마음에 있는 것을 다 말하매 솔로몬이 그가 묻는 말에 다 대답하였으니 솔로몬이 몰라서 대답하지 못한 것이 없었더라"

우선 먼저 알아야 할 것은 스바가 어디냐 하는 것입니다. 사람들의 견해에 따라서 어떤 사람은 지금 아라비아 반도 끝에 있는 예멘이라는 사람도 있고 에디오피아라고 말하는 사람도 있습니다. 어쩌면 한때 홍해를 사이에 두고 에디오피아가 예멘까지도 지배했는지도 모르겠습니다. 한때 에디오피아는 아주 큰 나라였고 애굽까지 통치했던 적이 있었습니다. 그래서 아마도 스바는 전성기 때의 에디오피아가 아니겠느냐 하는 생각을 합니다.

중요한 것은 왜 이 큰 나라의 여왕이 먼 곳 예루살렘까지 솔로몬을 찾아왔느냐는 것입니다. 스바 여왕이 낙타에 실어온 금의 양은 어마어마했습니다. 스바 여왕이 솔로몬에게 바친 황금이 120달란트였는데 이것은 4톤이 넘습니다. 스바 여왕이 이런 엄청난 선물을 가지고 솔로몬을 찾아

온 것은 단순히 솔로몬의 지혜를 알아보기 위해서만은 아닌 것 같습니다. 아마도 이 여왕은 나라를 다스리는 데 있어서 어려운 문제가 있었을 것입니다. 아무리 인간의 머리를 짜내도 안 되니까 하나님의 지혜를 빌려볼 생각으로 그 먼 길을 달려온 것입니다.

스바 여왕은 솔로몬을 찾아온 후에 먼저 자기 문제를 내어놓지 않고 다른 많은 어려운 문제를 가지고 솔로몬의 지혜를 테스트했습니다. 그런데 솔로몬의 지혜가 너무나도 뛰어나니까 그제야 자기 문제를 내어놓았던 것 같습니다. 솔로몬은 스바 여왕의 어려운 문제들을 하나님의 말씀으로 명쾌하게 해결해주었고 스바 여왕은 감사의 표시로 그 많은 금과 각종 보화를 솔로몬에게 선물했습니다. 그리고 솔로몬의 지혜를 아낌없이 칭찬했습니다. 솔로몬의 지혜에 대해 자기가 들은 소문은 실제에 반도 미치지 못한다고 격찬했습니다. 그리고 솔로몬의 신하들과 그 백성들을 부러워하기까지 했습니다. 자기는 이 먼 길을 달려와서 겨우 한 번 솔로몬의 지혜의 말을 듣고 가지만 신하들과 백성들은 매일 솔로몬의 지혜의 말을 들을 수 있으니 말입니다.

예수님께서는 세상 마지막 때에 남방 여인이 사람들을 책망할 것이라고 말씀하셨습니다. 즉 남방 여인은 솔로몬의 설교를 듣기 위해서 그 멀리서 예루살렘으로 찾아왔는데 유대인들은 예수님의 말씀을 듣기 위해서 꼼짝도 하지 않는다고 책망하신 것입니다. 사실 우리 영혼이 살기 위해서는 땅 끝까지 가서라도 하나님의 말씀을 들어야 합니다. 그러나 이 시대에는 하나님의 말씀을 듣기 위해서 희생을 감수하는 사람이 거의 없습니다. 그러니까 더 이상 신앙이 자라지 않는 것입니다.

솔로몬은 예루살렘을 방문하는 자들에게 정기적으로 하나님의 말씀을 전했던 것 같습니다. 그것이 바로 '전도서'입니다. 전도서 말씀은 하나님을 모르는 자들에게 하나님을 알게 하는 지혜의 말씀이었습니다.

다윗은 하나님의 말씀 자체를 깊이 연구해서 그 뛰어난 시들을 많이 남겼습니다. 솔로몬은 신앙을 가진 이스라엘 백성들이 하나님을 더 잘 알 수 있도록 말씀을 깊이 연구하여 가르치는 일에는 부족했던 것 같습니다. 오히려 외부 사람들에게 하나님을 알리고 무역하는 쪽에 더 치중했습니다. 이것이 결국 이스라엘에 하나님의 말씀이 고갈되어 영적으로 침체하게 되는 원인이 되었습니다.

지금 한국 교회의 현실을 보십시오. 믿지 않는 자들에게 복음을 전해야 한다는 생각에 이미 믿는 자들에게 복음을 더 자세히 가르치고 더욱 깊이 있게 하나님의 말씀을 전하는 일에는 소홀한 경향이 있습니다. 그래서 교회가 전반적으로 침체되어 있는 건 아닐까요? 한국 교회는 솔로몬식 부흥과 축복을 지향합니다. 눈에 보이는 예배당을 크게 짓고 외부 사람들을 교회 안으로 끌어들이기 위해서 갖은 애를 다 씁니다. 정작 교인들은 깊이 있는 하나님의 말씀을 듣지 못해서 영적으로 점점 더 고갈되어 갑니다. 교회도 솔로몬 같이 자신을 드러내고 유명해지는 데 혈안이 돼 있습니다. 이는 영적인 영양실조로 가는 지름길입니다.

솔로몬은 부귀영화의 극치를 누리며 있는 재물을 주체할 수 없어서 왕궁과 왕비 궁에서 금으로 만든 그릇을 쓸 정도였습니다. 심지어는 순금 방패를 만들어 꿰차기까지 했습니다. 큰 금 방패가 200개, 작은 금방패가 300개였는데, 큰 방패에는 금이 600세겔(7킬로그램)이나 들었습니다. 그리고 작은 금 방패는 300세겔(3.5킬로그램) 정도 되었습니다. 사실 금으로 방패를 만든 것은 완전히 과시용이었습니다. 쓸데없는 것입니다. 나중에 아들 르호보암 때 애굽 왕 시삭이 쳐들어와서 이 금 방패를 다 빼앗아갑니다.

05 솔로몬이 누린 축복

이 뿐만이 아닙니다. 솔로몬의 보좌도 만만치 않았습니다. 그 비싼 상아로 장식하고 금으로 입힌 보좌였습니다. 가벼우면서도 견고하고 화려한 멋이 있었습니다. 보좌에는 여섯 층계를 만들어서 높였고 그 층계마다 사자를 두 마리씩 만들어서 열두 마리를 세워놓았습니다. 솔로몬의 왕좌는 화려하고 견고했으며 높았습니다. 그리고 위엄에 차있었습니다.

그러나 그 사자들이 솔로몬의 영광을 지켜주지 못했습니다. 하나님의 종들의 권위는 백성들이 은혜를 받아 신앙으로 성숙하는 데서 생기는 것입니다. 아무리 위엄을 부리고 화려해도 하나님의 말씀이 없으면 권위는 생기지 않습니다.

솔로몬의 영광에는 어두운 부분이 있었습니다. 그것은 솔로몬이 결혼 동맹을 더 적극적으로 맺어 많은 왕비를 둔 것이었습니다. 솔로몬에게는 후궁이 700명 있었고 빈장이 300이나 있었습니다. 다 합쳐 1,000명의 부인을 두었습니다. 이 정도가 되면 솔로몬조차도 자기 부인을 다 몰랐을 것입니다. 아마도 누군가가 공주를 준다고 하면 달려가서 결혼을 했던 모양입니다. 이것은 일종의 중독 현상입니다. 결국 나중에 솔로몬은 이 후궁들이 요구하는 대로 이방 신전에 가서 절도 하게 됩니다.

예수님께서는 솔로몬이 그 모든 영광으로 입은 옷도 이 들의 백합화보다 못하다고 말씀하셨습니다(마 6:29). 솔로몬의 영광은 변질된 영광이었고 타락한 영광이었습니다. 이스라엘을 부흥시킨 장본인도 솔로몬이요, 끝까지 하나님의 말씀을 붙들지 못해서 결국 축복 절정에서 길을 잃고 타락의 길로 떨어진 장본인도 솔로몬입니다. 어느 누구라도 그렇게 될 가능성이 있습니다. 처음에는 하나님의 말씀의 능력을 믿지 못해서 세상 길로 가다가 나중에는 말씀으로 축복을 받고 나니 복에 겨워 길을 잃을 가능성이 있습니다.

우리가 끝까지 말씀의 길을 가지 못하는 이유는 그만큼 우리가 새로운 것을 끊임없이 찾기 때문입니다. 그러나 하나님의 말씀은 오직 하나 밖에 없습니다. 세상에서 우쭐거리고 싶은 생각을 버려야 합니다. 끝까지 하나님의 말씀만 붙잡고 미끄러지지 마십시오. 이것이 우리와 우리 자손이 복을 받는 길입니다.

CHAPTER 06

이스라엘을 징계하신 하나님

대하 10:1-12:16

이스라엘은 이 세상에서 가장 이상한 나라였습니다. 겉으로 보기에는 다른 나라와 별로 다를 것이 없습니다. 그러나 이스라엘의 내면을 보면 이 나라가 존재하는 기초 자체가 다른 나라와 달랐습니다. 다른 나라는 모두 그 지역에 대한 민족적인 역사라든지 혹은 군사력 때문에 존재하는 나라였습니다. 그러나 이스라엘만이 하나님을 섬기고 그분의 법을 지키기로 약속한 언약을 기반으로 존재했습니다. 만일 이스라엘 백성들이 무슨 일이 있어도 하나님만 섬기고 하나님의 율법만 지키면 이스라엘은 하나님께서 반드시 지켜주셔서 절대로 망할 수 없는 나라였습니다. 그러나 만일 이스라엘 백성들이 하나님을 버리고 율법을 지키지 않으면 이스라엘은 망하게 되어 있는 나라였습니다.

이 사실을 아는 이스라엘의 왕과 백성들은 하나님만 섬기고 하나님만

96
부흥의 비결

붙들면 아무 걱정할 필요가 없었습니다. 그러나 인간은 악하고 연약합니다. 자기가 힘들면 하나님을 붙들지만 좀 숨 쉴 만하면 자기 잘난 줄 알고 욕심을 부리게 됩니다.

당시에 하나님만 섬긴다는 것은 세상과의 모든 관계를 완전히 끊고 스스로 고립되는 것을 의미합니다. 그리고 하나님의 율법을 지킨다는 것은 세상에서 출세할 기회를 다 포기하는 것이었습니다. 그래서인지 하나님의 백성들은 성공하고 출세할 때 은혜를 잊어버리고 타락의 길을 걷기 시작했습니다.

솔로몬은 하나님의 축복으로 세상에서 아주 유명한 왕이 되었고 예루살렘 안에 엄청난 부를 축적할 수 있었습니다. 그러면서 예루살렘 안에 많은 우상을 들여다 놓게 되었습니다. 물론 솔로몬은 이것 때문에 자기가 우상을 섬긴다고 생각하지는 않았습니다. 이 우상들은 자기가 섬기기 위해 들여 놓은 것이 아니고 외국 공주들이 가지고 온 것이었기 때문입니다. 그런데 솔로몬은 결혼한 외국 공주들이 조르니까 할 수 없이 자기도 그 우상의 신전에 가서 참배를 하게 됩니다. 그렇다고 해서 솔로몬은 자기가 하나님을 버렸다고 생각하지는 않았을 것입니다. 그럼에도 불구하고 솔로몬은 세상에서 성공하고 유명해진 대신에 예루살렘에 많은 우상을 들여다 놓은 장본인이 되었고 그 결과 이스라엘 나라의 기초는 금이 가고 있었습니다. 솔로몬은 자기 아들 르보호암에게 이렇게 금이 간 이스라엘의 영광을 유산으로 물려주게 되었습니다. 그리고 솔로몬이 물려주었던 이스라엘의 영광은 그 아들 르호보암 때에 완전히 박살이 나버립니다.

여기서 우리는 왜 하나님께서는 솔로몬이 예루살렘에 우상을 끌어들였을 때 바로 징계하시지 않고 그 아들 대에 가서 치셨을까 하는 생각을 하게 됩니다. 아마도 하나님께서는 솔로몬이 정신 차리는 것을 끝까지 기다리셨던 것 같습니다. 그리고 한때 사랑하셨던 솔로몬인데 그가 잘못했다고 바로 치시는 것을 무척이나 꺼리셨던 것 같습니다. 하나님은 한 번 사랑하시면 설사 잘못을 하더라도 끝까지 사랑하시는 분이시기 때문입니다. 결국 이스라엘은 솔로몬의 아들 르호보암 때에 가서 하나님의 말씀에서 떠난 그 모든 대가를 철저히 치르게 됩니다.

이것을 통해서 우리가 알 수 있는 것은 우리가 하나님을 떠날 때에 처음부터 눈에 보이도록 크게 떠나는 것이 아니라는 점입니다. 우리가 하나님으로부터 멀어질 때에는 본인도 느끼지 못할 정도로 조금씩 멀어지지만 나중에는 완전히 하나님으로부터 멀어져버립니다. 비록 우리가 그런 경험을 하지는 않더라고 다음 세대에 가서라도 그 모든 대가를 다 치르게 되는 것입니다.

오늘 본문 말씀은 역대하 10장부터 12장까지 등장하는 르호보암 통치 때의 일입니다. 르호보암이 여로보암을 중심으로 한 이스라엘 대표들이 아버지의 세금을 낮추어달라는 요구를 거부하고 더 강하게 다스리겠다고 하는 바람에 이스라엘은 반쪽으로 나누어지게 됩니다. 그런데 사실은 반쪽이 아니고 열두 개 지파 중에서 열 개 지파가 떨어져 나가는 손실을 겪게 됩니다.

두 번째로 르호보암이 떨어져 나간 열개 지파를 무력으로 도로 찾으려고 전쟁을 계획했는데 하나님의 종 선지자가 전쟁을 하지 말고 포기하라고 하는 바람에 르호보암이 전쟁을 포기하고 내실에 집중합니다. 결과적으로 유다가 상당히 강한 나라가 되었습니다.

세 번째는 르호보암이 강한 나라가 되니까 교만한 마음이 들어서 또 우상을 섬기다가 애굽 왕 시삭이 쳐들어와서 솔로몬이 물려주었던 모든 보물을 다 빼앗아가서 유다를 알거지로 만들어버리는 내용이 나옵니다.

1. 이스라엘의 분열

솔로몬이 죽고 그 아들 르호보암이 왕이 되기 위하여 세겜으로 가게 되었습니다.

> 10장 1절, "르호보암이 세겜으로 갔으니 이는 온 이스라엘이 그를 왕으로 삼고자 하여 세겜에 이르렀음이더라"

아마도 다윗 같으면 당연히 예루살렘에서 왕이 되었을 것입니다. 그런데 르호보암은 왕이 되기 위하여 세겜으로 갔습니다. 세겜은 다윗이 왕이 되기 전에 여호수아 때부터 무슨 중요한 결정을 내려야 할 때 이스라엘 백성들이 모이던 곳이었습니다. 이스라엘 백성들이 르호보암의 즉위식을 예루살렘이 아닌 세겜에서 하자고 한 것 자체가 이미 상당히 반역적인 의도가 있었던 것입니다. 우리는 무조건 다윗의 후손을 왕으로 인정하지 않겠고 다윗 이전의 정신으로 돌아가야 하겠다는 뜻이었습니다. 결국 이 세겜은 이스라엘이 남북으로 영구히 분열하는 장소가 되고 말았습니다.

하나님 앞에서 먼저 언약을 깬 사람은 솔로몬이었습니다. 솔로몬은 하나님 앞에서 어쩔 수 없었다고 변명할지도 모릅니다. 당시 다른 나라와 관계를 맺으려면 공주와 결혼하고 우상을 주고받아야만 했기 때문입니다. 하나님은 죄를 짓지 않는 범위 안에서 성공하기를 원하셨습니다. 그러나 솔로몬이 너무 유명해지고 이스라엘이 강해지니까 다른 나라에서는 거의 떠맡기다시피 하면서 공주와 함께 우상을 보냈을 것입니다. 결국 이것이 이스라엘 백성들에게는 죄가 되었습니다.

하나님께서는 솔로몬을 끝까지 기다리셨습니다. 솔로몬이 정신을 차리고 바른 신앙으로 돌아오기를 바라셨습다. 이것 자체가 하나님의 말할 수 없는 자비이고 사랑이었습니다. 하나님께서는 한 번 사랑하셨던 사람을 잘못했다고 해서 내치시지 않습니다. 만일 하나님께서 그렇게 하신다면 우리는 하나님을 변덕스러운 분으로 생각해서 더 멀리하려고 할 것입니다. 그래서 하나님은 솔로몬이 죽을 때까지 그가 잘못하는 것을 보시면서도 기다리셨던 것입니다.

솔로몬의 아들 르호보암이 왕이 되면서 가장 먼저 해야 할 일은 아버지의 부정적인 유산을 청산하는 것이었습니다. 누구든지 선조들의 부정적인 유산을 청산하지 못하면 그 모든 재앙을 뒤집어쓰게 되는 것입니다.

르호보암은 왕이 되기 위해서 세겜으로 갔다가 백성들로부터 충격적인 조건을 제시받게 되었습니다. 아버지 솔로몬의 세금을 많이 탕감하여 달라는 조건이었습니다. 이 모든 일을 주동하는 사람은 아버지 때 반역적인 성향이 농후하다고 해서 애굽으로 추방되었던 여로보암이라는 사람이었습니다. 결국 이스라엘의 부흥이 사라지면서 가장 먼저 나타난 것이 인간 가시였습니다. 이스라엘 백성들이 한창 부흥이 될 때에는 하나님께서 이스라엘의 모든 가시를 다 뽑아 주셨습니다. 그래서 블레셋이라든지 모압이나 에돔 같은 가시들이 다 뽑히고 정복되었습니다. 이제 이스라엘에 부흥의 열정이 사라지니까 도망쳤던 반역의 가시 여로보암이 다시 돌아와서 르호보암의 목을 찌릅니다.

솔로몬은 왕의 식탁에 엄청난 음식들을 올렸습니다. 당시 솔로몬이 하루에 먹던 식사량은 약 1만 5,000명에 먹을 수 있는 양이었다고 합니다. 솔로몬은 이 식사를 모두 지방에 있는 관리를 통하여 이스라엘 열두 지파가 공급하게 했습니다. 처음 솔로몬의 식탁은 좋은 의도로 차려졌습니다. 매일 많은 신하들이나 외국 대표들이 식탁에서 왕의 지혜의 말씀을 듣기 위해서 그 많은 음식들을 만들었습니다. 하지만 이것이 하루도 빠짐없이 계속되자 백성들이 불평하기 시작했습니다. 이것뿐만 아니라 세금을 많이 거두어들이는 바람에 백성들의 원성이 높아졌습니다. 그러고 보면 나라가 잘 사는 것과 백성들 각자가 잘 사는 것은 별개일 수도 있습니다.

아마 솔로몬 때에도 예루살렘 사람들과 지방에 있는 사람들 사이에는 상당한 빈부 격차가 있었던 것 같습니다. 그리고 솔로몬은 후에 무리한 공사를 하면서 지방 사람들에게 부역을 많이 시켰던 것 같습니다. 그래서 이스라엘의 열 지파는 이미 만반의 준비를 하고 여차 하면 다윗 왕조를 배신할 생각을 하고 세금 감면을 로호보암을 왕위에 추대하는 조건으로 내세웠습니다.

사실 문제의 핵심은 세금 문제가 아니었습니다. 세금이나 부역은 겉으로 보이는 결과에 불과했습니다. 르호보암이 아버지 솔로몬이 하나님의 말씀에서 떠났던 모든 악을 청산하고 다시 완전한 부흥으로 돌아가기만 한다면 세금 문제는 저절로 해결될 것이었습니다. 솔로몬은 성공에 도취되어 이스라엘 안에 많은 우상을 끌어들였고 하나님과 이스라엘 백성 사이는 막혀 있습니다. 르호보암이 해야 할 일은 하나님과 이스라엘 사이에 막힌 담을 뚫는 것입니다. 그렇게 하려면 아버지 솔로몬이 거둔 성공을 완전히 재평가해야만 합니다. 아버지 솔로몬을 부정하고 할아버지 다윗의 신앙으로 돌아가야 하는 것입니다.

지방에 있는 열개 지파 대표들은 세금 감면을 요구했지만 이 사람들은 핵심을 모르는 사람들이었습니다. 그래도 르호보암만큼은 하나님이 무엇을 요구하시는지 알아차렸어야만 했습니다. 이 상황을 백성의 반역으로 받아들일 것이 아니라 이 난관을 통해 솔로몬이 저지른 죄악을 청산하고 말씀으로 돌아오라고 부르시는 하나님의 뜻을 읽었어야 했습니다. 하지만 르호보암도, 그의 신하들도 모두 깨닫지 못했습니다.

10장 3-4절, "무리가 사람을 보내어 그를 불렀더라. 여로보암과 온 이스라엘이 와서 르호보암에게 말하여 이르되 왕의 아버지께서 우리의 멍에를 무겁게 하였으나 왕은 이제 왕의 아버지께서 우리에게 시킨 고역과 메운 무거운 멍에를 가볍게 하소서. 그리하시면 우리가 왕을 섬기겠나이다"

이들의 말을 들어보십시오. 아직까지는 완전히 다윗의 집을 버리겠다고 결정한 단계는 아닌 걸 알 수 있습니다. 이들은 솔로몬이 이스라엘 백성들에게 부과한 세금과 노역이 이스라엘 부흥과는 상관이 없는 개인적인 욕심이라고 생각하고 있었습니다. 그래서 다윗의 후손인 왕이 쓸데없는 야망을 버리고 이스라엘 전체의 부흥을 위해서 애쓴다면 얼마든지 다윗의 집을 섬길 생각도 가지고 있었습니다.

그래서 하나님의 눈으로 문제를 보는 것이 아주 중요한 것입니다. 우리가 어떤 사람으로부터 대단히 무례하고 기분 나쁜 제안을 받았을 때 그 사람의 말만 생각하면 기분이 너무 나쁘고 오히려 더 강경하게 나가고 싶은 마음이 들기도 합니다. 그럴 때 우리 자신을 하나님 앞에 세워보십시오. 우리의 흠과 오류를 발견하게 될 것입니다. 하나님께서 직접 지적하고 책망하시지 않으시고 사람을 통해 잘못을 발견하게 하신 걸 알게 될 것입니다.

사실 하나님은 솔로몬이 하나님의 말씀에서 떠났다는 사실을 르호보암에게 말씀하고 싶으셨습니다. 그의 모든 부귀영화와 나라의 존영을 위한 혼인동맹, 이로 말미암아 짓게 된 이방 신전들, 모두 하나님께는 더러운 것들이었습니다. 그러나 하나님은 르호보암의 체면을 생각해서 세금이나 노역 같은 돈 문제만 지적하게 하신 것입니다. 르호보암은 이 말을 들었을 때 '아, 이 말씀은 하나님이 우리 집안 전체의 죄를 지적하시는 것이며 내가 이 말씀을 하나님의 말씀으로 들어야 한다'고 생각했다면 어땠을까요? 문제가 생각보다 쉽게 해결되지 않았을까요?

르호보암은 왕이 되려고 세겜으로 갔다가 백성들이 내놓는 조건을 듣고 3일 후에 다시 와서 대답을 주겠다고 약속했습니다. 여기서 3일은 르호보암이 예루살렘에 돌아와서 회의를 하고 돌아가는 데 필요한 시간이었습니다.

우선 르호보암은 왕궁에서 나이 많은 신하들을 불러서 백성들이 제시한 조건을 이야기하고 의견을 물었습니다. 이 노인들은 다윗 시대의 부흥을 경험한 자들이었습니다. 이들은 솔로몬의 부흥이 영적인 부흥만이 아니라 물질적인 부흥에 치우쳤다는 생각을 하고 있었습니다. 그래서 그 백성들의 의견을 들어주어야 한다고 조언했습니다.

10장 7절, "그들이 대답하여 이르되 왕이 만일 이 백성을 후대하여 기쁘게 하고 선한 말을 하시면 그들이 영원히 왕의 종이 되리이다 하나"

사실 이들은 솔로몬의 부흥이 완전히 성경적이었던 건 아니라고 르호보암에게 말하는 거나 다름없습니다. 이스라엘 왕은 이스라엘을 잠시 맡아 인도하는 목자일 뿐 자기가 모든 것을 쥐고 흔들어서는 안 되었습니다. 다시 말해, 왕은 백성들을 하나님의 말씀으로 데려가는 역할을 감당하는 사람이었습니다. 그러나 솔로몬은 자신의 물질적인 부요와 명성을 위해서 백성들을 이용한 격입니다. 그래서 이들은 르호보암에게 백성들의 제안을 기분 나쁘게 생각하지 말고 좋은 말로 대답하라고 조언을 했습니다. 그러면서도 백성들의 불만이 이 세금 문제에서 그치지는 않을 거라는 사실은 예감하고 있었습니다.

이제 정말 이스라엘을 기쁘게 하는 것이 무엇인가 하는 문제가 남게 됩니다. 원칙적으로는 이스라엘이 강한 나라가 되고 부자 나라가 되는 것을 포기하고 말씀의 부흥을 일으키는 것인데 이것을 과연 이 사람들이 좋아하겠느냐 하는 것이 문제입니다.

한번 꺼진 부흥의 불씨를 되살리는 것은 결코 쉬운 일이 아닙니다. 그럼에도 불구하고 나이 든 신하들은 일단 급한 불은 꺼놓고 봐야 한다고 생각했습니다. 하지만 신하들의 의견이 모두 일치하는 건 아니었습니다. 요즘 우리 식으로 말하면 노장파과 소장파가 완전히 나누어져 있었던 것입니다. 르호보암은 자기 또래의 젊은 신하들에게도 의견을 물었습니다.

10장 10-11절, "함께 자라난 젊은 신하들이 왕께 말하여 이르되 이 백성들이 왕께 아뢰기를 왕의 아버지께서 우리의 멍에를 무겁게 하였으나 왕은 우리를 위하여 가볍게 하라 하였은즉 왕은 대답하시기를 내 새끼 손가락이 내 아버지의 허리보다 굵으니 내 아버지가 너희에게 무거운 멍에를 메게 하였으나 이제 나는 너희의 멍에를 더욱 무겁게 할지라 내 아버지는 가죽 채찍으로 너희를 치셨으나 나는 전갈 채찍으로 하리라 하소서 하더라"

르호보암과 '함께 자란 소년들'은 진짜 소년들이 아니라 르호보암과 같은 연배인 40대를 전후한 소장파를 말합니다.

이 사람들은 다윗 시대의 영적인 부흥에 대해서는 알지 못하고 오직 솔로몬 때의 눈에 보이는 부흥만 겪은 자들이었습니다. 이들은 이 백성들이 말도 안 되는 요구를 한다고 생각했습니다. 그 당시 어느 나라에도 왕에게 이래라 저래라 하는 백성이 없었기 때문입니다. 대개 정치하는 사람들이나 관리들은 백성들을 쥐어짤 줄만 알았지 그들의 요구에는 눈과 귀를 닫게 마련입니다. 소장파도 마찬가지였습니다. 왕이 처음부터 백성들에게 강하게 나가야지 약한 모습을 보이면 앞으로 사사건건 물고 늘어질 것이라는 논리를 가지고 있었습니다. 그래서 그런 조언을 한 것입니다. 이때 르호보암은 이런 생각을 했을 것입니다. 물론 나이 든 신하들의 말이 일리는 있지만 앞으로 르호보암은 이 젊은 또래들과 정치를 하게 될 테니 일단 이들의 의견을 무시하지 말자고 말입니다. 그리고 세금을 감면해주어 국고가 바닥날까 두려운 마음도 컸을 것입니다. 그래서 강하게 밀고 나가 틈을 보이지 말라는 조언에 공감했던 것 같습니다.

사실 다른 나라의 경우라면 소장파 신하들의 의견이 상식적인 것이었습니다. 그러나 이스라엘은 이 세상 나라와 달랐습니다. 백성들은 왕의 소유가 아니었습니다. 르호보암은 이스라엘을 다스리시는 분이 하나님이란 사실을 잊었습니다. 자신이 이스라엘의 진정한 신앙 부흥을 일으킬 주역이 되느냐 이스라엘의 멸망을 부추기는 주범이 되느냐의 기로에 선 것을 전혀 눈치 채지 못했습니다.

여기서 르호보암은 철저히 인간적인 선택을 합니다. 그래서 일단 자기 주머니에 들어오는 세금이 줄어드는 것이 싫고 약점 잡히는 것이 싫어서 아버지의 정책을 그대로 밀고 나가겠다고 공포했습니다.

10장 13-14절, "왕이 포학한 말로 대답할새 르호보암이 원로들의 가르침을 버리고 젊은 신하들의 가르침을 따라 그들에게 말하여 이르되 내 아버지는 너희의 멍에를 무겁게 하였으나 나는 더 무겁게 할지라 내 아버지는 가죽 채찍으로 너희를 치셨으나 나는 전갈 채찍으로 치리라 하니라"

만일 르호보암이 정말 하나님의 말씀에 붙들린 자였더라면 아버지의 정신적, 물질적 유산을 그대로 받아들이지는 않았을 것입니다. 하나님의 말씀을 떠나서 우상을 따랐고 이스라엘의 부흥을 꺼트린 아버지와의 관계를 단절하고 처음부터 다시 시작해야 옳습니다.

아버지 대에 누린 영화를 나도 만끽할 거라는 착각을 버리십시오. 하나님은 너무나도 자비로우셔서 아버지가 잘못했다 하더라도 그 징계를 아들 대까지 미루실 때가 많이 있기 때문입니다. 그래서 아들이 아버지의 부와 명성을 그대로 물려받는다고 해서 결코 좋은 것이 아닙니다.

10장 15절, "왕이 이같이 백성의 말을 듣지 아니하였으니 이 일은 하나님께로 말미암아 난 것이라 여호와께서 전에 실로 사람 아히야로 하여금 느밧의 아들 여로보암에게 이르신 말씀을 응하게 하심이더라"

만일 르호보암이 하나님의 말씀으로 돌아갈 의지가 있었더라면 백성들이 이 요구를 하기 전에 먼저 선수를 쳤을 것입니다. '비록 솔로몬은 내가 가장 존경하는 아버지이지만 그의 모든 행적이 다 하나님의 뜻은 아니었다. 나는 이제 모든 이스라엘 백성들과 손을 잡고 오직 영적인 부흥에 전념하겠다. 나는 절대로 아버지가 한 것처럼 세금을 지나치게 부과하지 않겠다' 라고 선포했을 것입니다.

르호보암이 아버지 솔로몬의 정책을 그대로 고수하겠다고 했을 때 이미 이스라엘 열 지파의 마음은 다윗의 언약에서 멀어지게 되었습니다. 그래서 이들은 다윗의 언약을 깨고 스스로 제 갈 길을 가겠다고 선포했습니다.

10장 16절, "온 이스라엘은 왕이 자기들의 말을 듣지 아니함을 보고 왕에게 대답하여 이르되 우리가 다윗과 무슨 관계가 있느냐 이새의 아들에게서 받을 유산이 없도다 이스라엘아 각각 너희의 장막으로 돌아가라 다윗이여 이제 너는 네 집이나 돌보라 하고 온 이스라엘이 그들의 장막으로 돌아가니라"

하나님께서는 다윗의 언약을 주신 것은 물론 다윗의 후손이 계속 이스라엘의 왕이 되게 하시겠다고 약속하셨습니다. 그리고 이스라엘의 지도자 한 명만 말씀에 바로 서도 이스라엘을 부흥시켜주시겠다고 말씀하셨습니다. 그런데 이스라엘 열 지파는 이 중요한 언약을 포기했습니다. 그리고 실제로는 모세의 시내 산 언약까지도 파기해버렸습니다. 여호와를 섬기기는 하겠지만 우리가 하고 싶은 방식으로 섬기겠다는 것이었습니다. 여기서 이스라엘 백성들은 열 지파가 떨어져 나가서 북이스라엘로 독립하고 유다와 베냐민 두 지파만 남아서 유다 왕국을 명맥을 유지합니다. 이스라엘은 아주 작은 약소국이 되었습니다. 유다가 이렇게 처참하게 갈라졌음에도 완전히 없어지지 않고 남은 것이 신기할 정도입니다.

유다는 분명 작아졌습니다. 하지만 완전히 망하지는 않았습니다. 정신만 차리면 말씀으로 하나될 수 있는 기회가 충분히 있었습니다. 실제로 르호보암은 초기에 말씀을 통해 큰 부흥을 일으켰습니다.

2. 르호보암의 겸손

옛날 사람들은 나라 전체가 왕의 것이라는 개념을 갖고 있었습니다. 그래서 여로보암을 중심으로 이스라엘 열 지파가 떨어져 나간 것은 왕의 재산 거의 대부분이 떨어져 나간 것을 의미했습니다. 이것을 보고 가만히 있을 왕은 전 세계에 아무도 없을 것입니다. 그래서 르호보암도 떨어져 나간 열 지파를 무력으로 복종시키기 위해 전쟁을 시도했습니다.

11장 1절, "르호보암이 예루살렘에 이르러 유다와 베냐민 족속을 모으니 택한 용사가 십팔만 명이라. 이스라엘과 싸워 나라를 회복하여 르호보암에게 돌리려 하더니"

이 세상 어느 왕이라도 자기가 다스리던 백성들이 제멋대로 떨어져 나가서 나라를 따로 세우는 것을 보고 있을 수만은 없을 것입니다.

르호보암도 다른 왕들처럼 열 지파와 전쟁을 해서 나라를 도로 통일시키려 했습니다. 그런데 하나님께서 선지자 스마야를 통해서 전쟁하지 말라고 말씀하셨습니다.

11장 4절, "여호와께서 이같이 말씀하시기를 너희는 올라가지 말라 너희 형제와 싸우지 말고 각기 집으로 돌아가라 이 일이 내게로 말미암아 난 것이라 하셨다 하라 하신지라. 그들이 여호와의 말씀을 듣고 돌아가고 여로보암을 치러 가던 길에서 되돌아왔더라"

누구도 문제 삼지 않을 일을 하나님께서는 하지 말라고 하셨습니다. 전쟁 준비를 마치고 나온 유다와 베냐민 백성들에게 전쟁을 하지 말고 집으로 돌아가라는 말입니다. 이것은 새로 왕이 된 르호보암에게는 너무나도 자존심이 상하는 일입니다. 왕이 되자마자 세금을 깎아 달라고 요구하더니 마음대로 되지 않자 반역한 무리들을 그냥 두기에는 너무나도 분통이 터졌습니다. 이대로 돌아간다면 르호보암은 완전히 바보가 되고 말 것입니다. 그러나 르호보암은 자기 체면이나 자존심만 내세우지 않고 하나님의 말씀에 순종했습니다.

18만 명에 불과한 유다의 군사들을 데리고 북이스라엘 열 지파를 당해낼 자신이 없었던 것입니다. 승산이 없는 전쟁입니다. 북이스라엘이 모집할 수 있는 군대는 80만에서 100만 명 정도 될 것입니다. 게다가 전쟁을 하면 유다는 아예 망하게 되었을 것입니다.

솔로몬이 한 짓을 보면 유다는 아예 진멸해 마땅합니다. 그래도 하나님께서 다윗의 집안을 불쌍히 여기셔서 12분의 2는 남겨두신 것입니다.

이렇게 유다가 작아진 것에 부정적인 일면만 있는 건 아니었습니다. 솔로몬이 물질적인 부흥을 일으키면서 이스라엘 전체를 오염시켜놓았기 때문에 이스라엘 전체를 영적으로 부흥시킨다는 것은 르호보암이나 다윗의 후손들에게는 불가능한 일이었습니다. 하나님의 말씀대로 이스라엘을 다스렸던 다윗도 압살롬의 반역이 일어났을 때는 거의 쫓겨날 뻔했습니다. 그런데 르호보암의 실력을 가지고 이스라엘 전체를 다시 말씀으로 부흥시킨다는 것은 거의 불가능한 일이었습니다. 그래서 하나님께서는 유다를 르호보암의 그릇에 맞게 아주 작게 만드셔서 다시 말씀으로 부흥할 수 있도록 만드셨습니다.

르호보암은 처음 3년 동안 이 일을 잘 해냈습니다.

우선 르호보암은 이스라엘과 전쟁하는 대신에 내실을 다졌습니다. 그래서 15개의 성을 다시 쌓아서 전쟁에 대비했습니다. 그리고 거기에 양식과 기름과 포도주를 두고 창과 방패를 두었습니다. 르호보암은 이제 유다가 아주 약한 나라가 되었다는 것을 알게 되었습니다.

그 대신에 하나님은 유다에 사람들을 보내주셨습니다. 그 사람들은 이스라엘 전역에 흩어져 있던 제사장들과 레위인들이었습니다.

> 11장 13-14절, "온 이스라엘의 제사장들과 레위 사람들이 그들의 모든 지방에서부터 르호보암에게 돌아오되 레위 사람들이 자기들의 마을들과 산업을 떠나 유다와 예루살렘에 이르렀으니 이는 여로보암과 그의 아들들이 그들을 해임하여 여호와께 제사장의 직분을 행하지 못하게 하고"

여로보암은 원래 공사 현장에서 감독을 하던 사람이었는데 하나님이 택하시고 이스라엘 열 지파를 떼어 주셔서 이스라엘의 왕이 되게 하셨습니다. 그랬다면 여로보암이 '나는 원래 공사판 감독이었는데 하나님이 왕으로 삼아주셨다. 나는 죽을 각오를 하고 이스라엘에 진정한 신앙의 부흥을 한번 일으켜보겠다'고 다윗 같이 나섰더라면 또 다시 이스라엘에 위대한 왕이 될 수 있었을 것입니다. 그러나 여로보암은 그런 그릇이 되지 못했습니다. 그래서 오직 이스라엘의 왕 자리에 집착해서 모든 제사장과 레위인들을 쫓아내고 백성들이 하나님을 바로 섬기지 못하도록 했습니다. 이로써 여로보암은 하나님 앞에서 영원히 저주를 받게 되었습니다.

우리가 살면 얼마나 살고 성공을 하면 얼마나 성공을 하겠습니까? 그러니 하나님께서 우리에게 기회를 주셨을 때 죽을 각오를 하고 하나님의 말씀대로 밀고 나갑시다. 최악의 경우 욕 좀 얻어먹거나 쫓겨나거나 굶기밖에 더하겠습니까? 하지만 이런 환란이 하나님 앞에서는 얼마나 위대한 것입니까? 이 세상에서 성공하고 유명해지고 사람들에게 인정을 받는

다 한들 하나님의 말씀을 거역하면서 성공한 것이 얼마나 오래 가겠으며 얼마나 존귀하겠습니까? 우리가 사람은 속일 수 있을지 몰라도 하나님의 눈은 속일 수 없습니다. 그래서 기회가 주어졌을 때 죽을 각오를 하고 말씀대로 해보는 것입니다. 그러면 반드시 하나님이 축복하실 것입니다.

르호보암이 전쟁까지 하려고 하다가 자존심을 다 내려놓고 하나님의 말씀에 순종해서 전쟁을 포기하고 내실을 다졌을 때 하나님은 사람들을 보내주셨습니다. 그 중에서 가장 중요한 사람들이 이스라엘 열 지파에 흩어져 있던 제사장과 레위인들이었습니다. 이 사람들은 기도하는 사람들이었습니다. 그리고 이스라엘 모든 지파 중에서 하나님만 구하는 자들이 르호보암에게로 왔습니다.

11장 16절 17절, "이스라엘 모든 지파 중에 마음을 굳게 하여 이스라엘의 하나님 여호와를 찾는 자들이 레위 사람들을 따라 예루살렘에 이르러 그들의 조상들의 하나님 여호와께 제사하고자 한지라. 그러므로 삼 년 동안 유다 나라를 도와 솔로몬의 아들 르호보암을 강성하게 하였으니 이는 무리가 삼 년 동안을 다윗과 솔로몬의 길로 행하였음이더라"

유다는 작아졌지만 르호보암이 정신을 차리고 열심히 하나님의 말씀대로 통치하니까 이스라엘 전체에서 하나님만 섬기는 자들이 유다로 몰려와서 3년 동안 나라를 부강케 했습니다.

르호보암은 아내를 많이 취해 많은 자식을 두었습니다.

11장 21절, "르호보암은 아내 열여덟 명과 첩 예순 명을 거느려 아들 스물여덟 명과 딸 예순 명을 낳았으나"

르호보암은 아이를 많이 낳는 것이 유다의 부흥이라고 생각했는지 결혼을 여러 번 했고 아이도 많이 낳았습니다. 이것이 진정한 부흥일 수 없습니다. 진정한 부흥은 이스라엘 백성들이 영적으로 각성하는 것이고 왕은 그 일의 촉매제 역할을 해야 합니다. 하지만 르호보암은 자기가 자식이 귀한 집에서 자라서 그런지 몰라도 아이 낳기에만 전념하는 듯했습니다.

3. 르호보암의 교만

르호보암이 처음 왕이 될 때에는 정신을 잘 차리지 못했지만 이스라엘 열 지파를 잃고 난 후에는 정신을 차리게 되었습니다. 그래서 르호보암은 전쟁에 대한 생각을 접고 내실을 기했습니다. 그랬더니 제사장들과 레위인들과 하나님을 잘 믿는 자들이 많이 모여 들어서 유다가 굉장히 부흥되게 되었습니다. 하나님께서 원하신 것이 바로 이런 부흥입니다. 하나님께서는 이스라엘이 커지고 돈도 많지만 부흥과 거리가 멀어지는 것보다는 작고 가난해도 하나님의 말씀을 붙들고 영적으로 강한 나라가 되는 것을 원하셨습니다.

실제로 유다는 그렇게 되었습니다. 유다가 작아지면서 다시 하나님의 말씀을 붙들고 3년 동안 열심을 내니까 나라가 부흥했습니다. 그런데 불행하게도 이때 르호보암의 마음은 다시 교만해졌습니다. 유다는 작지만 솔로몬에게서 물려받은 재산 때문에 가난한 나라는 아니었습니다. 재산도 있겠다, 내실을 기해 이제 좀 숨통도 트였겠다, 르호보암은 하나님을 점점 외면하게 됩니다.

12장 1절, "르호보암의 나라가 견고하고 세력이 강해지매 그가 여호와의 율법을 버리니 온 이스라엘이 본받은지라"

르호보암은 구체적으로 산당이나 우상과 아세라 목상을 만들어서 섬겼고 유다에는 남색 하는 자들까지 있었다고 했습니다(왕상 14:22-24). 그리고 가나안 땅의 모든 우상들이 다시 등장했습니다. 이것이 불과 르호보암 통치 5년에 일어난 일입니다. 이것을 보면 죄의 전달 속도가 얼마나 빠른지 알 수 있습니다. 그리고 백성들은 왕의 거울이라는 걸 실감하게 됩니다.

르호보암과 이스라엘 백성들이 저지른 죄의 결과는 개인에 그치지 않고 유다를 완전히 멸망시키는 것이었습니다. 여기서 하나님이 고민하십니다. 완전히 멸망시킬까 징계를 함으로써 다시 기회를 줄까 하고 말입니다. 유다를 공격할 적은 이미 준비되어 있었습니다.

드디어 하나님께서 유다를 치시기 위해 애굽 왕 시삭을 사용하셨습니다.

12장 2-3절, "그들이 여호와께 범죄하였으므로 르호보암 왕 제오년에 애굽 왕 시삭이 예루살렘을 치러 올라오니 그에게 병거가 천이백 대요 마병이 육만 명이며 애굽에서 그와 함께 온 백성 곧 리비아와 숙과 구스 사람이 헤아릴 수 없이 많더라"

르호보암은 나름대로 자신을 지키기 위해서 15개의 성을 건축하고 무기와 양식을 비축해놓았지만 애굽 왕 시삭의 공격은 도저히 감당할 수가 없었습니다. 이때 다시 하나님의 선지가 스마야가 와서 하나님의 말씀을 전했습니다. "너희가 나를 버렸기 때문에 나도 너희를 버렸다."

그때 왕과 유다 지도자들이 하나님 앞에서 겸비하고 회개했습니다. 하나님께서 다시 자비를 베푸셔서 유다를 멸망시키는 대신에 두 가지 벌을 주셨습니다. 그 하나는 유다가 애굽 왕 시삭의 종이 되는 것이었습니다. 그리고 다른 하나는 예루살렘의 모든 금을 시삭이 다 가져가고 르호보암은 알거지가 되는 것이었습니다.

12장 7-8절, "여호와께서 그들이 스스로 겸비함을 보신지라. 여호와의 말씀이 스마야에게 임하여 이르시되 그들이 스스로 겸비하였으니 내가 멸하지 아니하고 저희를 조금 구원하여 나의 노를 시삭의 손을 통하여 예루살렘에 쏟지 아니하리라 그러나 그들이 시삭의 종이 되어 나를 섬기는 것과 세상 나라들을 섬기는 것이 어떠한지 알게 되리라 하셨더라"

솔로몬이 모았던 그 엄청난 금들을 하루아침에 애굽 왕 시삭에게 모두 강탈당하고 말았습니다. 예루살렘이 그렇게 자랑하던 금 방패 큰 것과 작은 것을 모두 시삭 왕에게 빼앗기고 말았습니다. 솔로몬이 스바 여왕에게 받았던 선물과 전 세계에 무역을 해서 벌어들인 엄청난 부는 한 번도 가치 있게 쓰이지 못하고 허무하게 빼앗겨 버렸습니다.

더욱이 유다 왕과 신하들은 시삭의 종이 되어서 그 동안 누리고 있던 모든 신앙적인 자유나 정치적인 자유를 잃어버리고 시삭이 시키는 대로 하게 되었습니다. 그래서 하나님은 유다 왕이나 방백들에게 하나님의 종이 되는 것과 사람의 종이 되는 것 중에 어떤 것이 더 좋은지 스스로 느껴보도록 하셨습니다.

사람들이 성공해서 돈이 많이 생기면 어떻게 해서든지 자식들에게 물려주려고 합니다. 자식들이 덜 고생하고 편하게 살게 하려는 의도이기는 합니다만 자식들에게 좋은 영향을 줄지는 두고 봐야 압니다. 부가 상속되면서 불신앙가지 대물림되는 일이 비일비재하기 때문입니다. 그래서 부모들이 먹지 않고 쓰지 않고 고생해서 번 돈을 자식들이 허무하게 탕진하는 경우가 흔하지 않습니까?

르호보암이나 이스라엘 백성들은 이스라엘이 특별한 나라라는 사실을 깨닫지 못했습니다. 이스라엘은 하나님만 섬기고 율법을 지키기로 약속한 언약 위에 서 있는 나라였습니다. 이스라엘이 하나님과 율법을 버리고 아무리 성공했다고 해도 그 공든 탑은 순식간에 무너질 수 있습니다.

우리는 자신도 모르는 사이에 조금씩 하나님으로부터 멀어질 수 있습니다. 특히 하나님의 축복 가운데 있을 때 조심해야 합니다. 그래서 수시로 하나님의 말씀 앞에 겸비해져야 합니다. 자존심을 지키고야 말겠다고 다짐하십니까? 반드시 상대가 한 대로 갚아주겠다고 이를 악 물고 계십니까? 먼저 자신을 하나님의 말씀 앞으로 데려가십시오. 하나님 없이 자기 손으로 해보려는 모든 시도를 내려놓고 다시 그분의 은혜를 사모하십시오. 꺼진 부흥의 불씨를 다시 지피기 위해 하나님께 매달리는 성도들이 되시기 바랍니다.

CHAPTER 07

부르짖음의 위력

대하 13:1-22

우리는 때때로 세상의 믿지 않는 사람과 우리 자신을 비교하면서 스스로 열등의식을 가질 때가 있습니다. 이 세상에서 하나님을 믿지 않고 하나님의 말씀대로 살지도 않는 사람은 돈도 많이 벌고 사업도 크게 성공하는데 하나님을 열심히 믿고 하나님의 말씀만 붙들고 사는 나는 왜 이 모양인가 생각하는 것입니다. 하지만 세상 사람들이 이 세상에서 아무리 돈을 많이 벌고 성공해도 하나님을 붙드는 인생만큼 성공한 인생이 없습니다. 이 세상에서 아무리 보잘것없이 산다고 해도 하나님을 바로 붙들고 있다는 사실 그 자체가 엄청난 성공이고 축복인 것입니다. 오늘 본문은 이 사실을 분명하게 증거합니다.

하나님은 다윗 때문에 이스라엘에 대한 태도를 바꾸셨다고 하셨습니다. 다윗이 등장하기 전에 이스라엘에 대한 하나님의 태도는 조금 느슨한 편이었습니다. 하나님은 성전이 꼭 예루살렘에 있어야 한다거나 이스라엘 왕은 반드시 다윗의 후손이어야 한다고 말씀하시지 않았습니다. 하지만 다윗을 보신 하나님은 달라지셨습니다. 예루살렘에 성전도 짓게 하겠다고 약속하시고 다윗의 후손이 이스라엘을 영구히 다스릴 거라 말씀하셨습니다. 무엇을 줘도 아깝지 않을 만큼 다윗을 기뻐하셨기 때문입니다. 하나님은 이스라엘의 많은 사람들 중에서 다윗 같이 하나님을 사랑하고 하나님의 말씀에 열정적인 사람을 만나지 못하셨습니다. 다윗의 인물이나 집안이 뛰어난 것은 아니었지만 그는 하나님의 말씀을 정말 사랑했습니다. 그래서 하나님은 다윗에게 모든 좋은 것을 다 주시겠다고 약속하셨습니다.

솔로몬은 아버지 다윗의 부흥을 유산으로 물려받아서 성전을 지음으로써 복이란 복은 다 받았습니다. 그런데 솔로몬은 아버지 다윗 같이 하나님의 말씀에 헌신된 자가 아니었습니다. 그에게는 하나님의 말씀 말고도 좋은 것이 너무 많았고, 하나님의 말씀만 붙들고 씨름하는 일이 아주 소극적이고 융통성 없는 일이라고 생각했기 때문입니다. 그래서 솔로몬은 무역과 외교에 더 힘을 쏟았습니다. 하나님의 말씀에 사로잡혀 있지 않으면 은연중에 영혼이 부패한다는 사실도 모른채 말입니다. 결국 솔로몬은 하나님의 축복을 부패하게 했고, 이 부패성을 아들 르호보암에게 물려주었습니다.

르호보암은 아버지 솔로몬으로부터 엄청나게 부흥된 나라와 재물을 물려받았지만, 사실 그것은 신앙적으로 보면 부실덩어리였습니다. 결국 르호보암 때 이스라엘 나라는 두 동강이 나고 말았습니다. 그것도 부족해서 하나님은 애굽 왕 시삭을 보내셔서 예루살렘의 모든 금을 빼앗아가게 하셨습니다. 비록 유다 백성들이 이 모든 것을 다 잃어버리는 한이 있더라도 정신을 차리고 하나님 한 분만 바로 붙들면 오히려 그것이 더 복이 될 수 있기 때문입니다.

솔로몬의 뒤를 이어서 유다의 왕이 된 사람이 아비야였습니다. 아비야는 열왕기상 15장에서 아비얌으로 소개됩니다. '아비야'는 '여호와는 나의 아버지'라는 뜻이고 '아비얌'은 '바다의 아버지'라는 뜻입니다. 그의 치적에 대한 열왕기상과 역대기하의 평가는 아주 상반됩니다.

열왕기상 15장의 기록에서 아비야는 3년 동안 유다를 다스렸는데 아버지 르호보암의 모든 악한 우상을 물려받아 하나님 앞에서 죄를 행하고 그 행실이 하나님 앞에서 온전치 못하였다고 말하고 있습니다. 그래서 열왕기에서는 아비야에 대하여 '너는 아비야 같은 이름을 가질 자격이 없다'고 해서 완전히 의미가 다른 '바다의 아비'라는 뜻의 아비얌이라는 이름으로 부르고 있습니다.

그런데 역대기하를 보면 아비야가 아주 신앙적이며 결국 하나님을 의지해서 이스라엘의 공격을 물리치고 전쟁을 이기는 것을 볼 수 있습니다. 한 사람에 대한 평가가 이렇게 갈리는 것을 어떻게 이해해야 할까요? 아마 둘 중의 하나인 것 같습니다. 하나는, 아비야가 처음에는 정신을 차리지 못하고 아버지 르호보암의 나쁜 정치를 따라하다가 이스라엘과의 전쟁이라는 고난을 겪으면서 하나님을 붙들게 되지 않았을까 하는 것입니다. 다른 하나는, 아비야가 전쟁 전에는 하나님을 잘 섬기다가 큰 전쟁에서 이긴 후에 하나님을 버리고 교만한 길로 갔을 수도 있습니다. 어쨌든 두 성경에서 아비야에 대한 평가가 이렇게 다른 걸 보면 그가 일관되게 하나님을 붙들지는 않았던 것 같습니다.

아비야의 시대에서 주목할 만한 점은 드디어 북이스라엘과 유다가 큰 전쟁을 벌이게 되었다는 것입니다. 사실 이 전쟁은 여로보암이 열개 지

118
부흥의 비결

파를 찢어서 나갈 때 이미 일어났어야 했는데 르호보암이 선지자의 말씀에 순종하여 전쟁을 포기하는 바람에 막을 수 있었습니다. 그런데 아비야 때에 와서 크게 터지고 만 것입니다.

이 전쟁에서 북이스라엘과 유다의 병력은 배나 차이가 났습니다. 이스라엘의 군사는 80만 명, 유다는 40만 명이었습니다. 그럼에도 유다 백성들은 하나님께 부르짖음으로 이 전쟁을 이기게 됩니다. 하나님의 백성의 부르짖음은 이 정도로 위력이 있는 것입니다.

1. 유다와 이스라엘의 전쟁

참으로 이스라엘 나라에서 놀라운 것은 무려 열개 지파가 반역을 해서 떨어져 나갔는데도 불구하고 전쟁을 하지 않았다는 사실입니다. 그것은 하나님의 말씀 때문이었습니다. 물론 르호보암은 전쟁을 해서라도 열개 지파를 도로 찾으려고 했지만 하나님께서 스마야 선지자를 통해서 전쟁을 만류시키셨습니다. 무려 열개의 지파가 이스라엘에서 떨어져 나가는 것도 하나님이 하신 것이고 하나님의 책임이니까 쓸데없이 전쟁을 해서 사람을 희생시키지 말라고 하셨고 르호보암은 그 말씀에 순종했습니다. 이것은 전 세계적으로 없는 일이었습니다.

르호보암은 여전히 하나님의 말씀에 영향을 받고 있었습니다. 그래서 그는 아무리 정치적으로나 경제적으로 손실이 크고 자존심이 상하더라도 하나님이 하지 말라고 하면 포기하는 믿음을 가지고 있었습니다.

그런데 지금까지 참고 있던 전쟁이 그 아들 아비야 때 와서 터지게 되었습니다. 그 이유가 무엇일까요?

1-2절, "여로보암 왕 열여덟째 해에 아비야가 유다의 왕이 되고 예루살렘에서 삼 년 동안 다스리니라. 그의 어머니의 이름은 미가야요 기브아 사람 우리엘의 딸이더라 아비야가 여로보암과 더불어 싸울새"

하나님께서 솔로몬의 아들 르호보암에게서 무려 열 개 지파가 떨어져 나가서 작은 나라가 되게 하시고, 또 그가 아버지로부터 물려받았던 모든 금을 애굽 왕 시삭에게 다 빼앗기게 하셨던 것은 하나님을 바로 믿는 것 하나가 큰 나라를 이루거나 많은 재물을 쌓아두는 것보다 더 귀한 것을 깨닫게 하시기 위해서였습니다. 르호보암이 기꺼운 맘으로 그런 하나님의 의도를 따라준 것이 아니었습니다. 하나님께서 그렇게 할 수밖에 없도록 만드셨습니다.

우리는 너무 미련해서 우리 힘으로는 하나님의 뜻을 깨닫지 못합니다. 그래서 하나님은 우리를 낮아지게 하시고 또 가난하게 하셔서 하나님을 붙들지 않으면 안 되도록 인도하십니다. 가난하지만 믿음에서는 부요한 자가 되게 하시는 것입니다.

이제 드디어 유다와 북이스라엘이 서로 충돌을 하게 됩니다. 그 이유가 어디에 있을까요? 우선 하나는 북이스라엘의 시기심이라고 볼 수 있습니다. 북이스라엘은 유다에 비해서 사람도 많았고 땅도 넓었고 재물도 많았습니다. 그러나 여로보암과 이스라엘 사람들이 아무리 세상 것을 많이 가지고 있다 하더라도 그들은 유다보다 못했습니다. 이스라엘은 유다같이 바른 신앙을 가지지 못했기 때문입니다. 유다는 비록 작고 가난했지만 여호와 하나님을 소유하고 있습니다. 다른 모든 것을 가졌어도 하나님을 소유하지 못한 북이스라엘은 진실로 가난한 나라였습니다.

그래서 날이 갈수록 여로보암이나 북이스라엘 사람들은 유다에 대해 열등감을 가졌고, 결국 이 시기심이 유다를 공격하게 만든 것으로 생각됩니다. 여로보암이나 북이스라엘 사람들은 유다만 없어지면 더 이상 거슬릴 것이 없다고 생각했던 것입니다.

사탄이 가진 마음도 똑같습니다. 사탄은 이 세상의 모든 것을 자기 손에 넣고도 거룩한 하나님의 백성들이나 부흥이 일어나는 교회만 보면 배가 아파 견디지를 못합니다. 그래서 사탄은 성도들이 이 세상에서 바르게 살지 못하도록 하고 교회가 바로 서지 못하게 하기 위해 갖은 애를 다 씁니다.

또 다른 이유는 아비야의 야망일 수도 있습니다. 르호보암은 그래도 하나님의 말씀의 영향을 받은 사람이었습니다. 그래서 르호보암은 자기 나라의 3분의2 이상이 떨어져 나가는데도 불구하고 하나님의 말씀을 믿고 참았습니다. 애굽 왕 시삭이 와서 노략질을 해갔을 때도 참았습니다. 나라가 작아지고 가난해지는 걸 감수하고도 유다의 명맥을 지킨 것이 르호보암의 업적이라 할 수 있습니다. 모든 걸 빼앗겨도 하나님 한분을 제대로 믿는 것만큼 절대적인 것이 없다는 것을 깨달았던 시대가 르호보암의 때였습니다. 그러나 인간적인 눈으로 보면 르호보암의 결정이 얼마나 소극적이고 나약한 것입니까? 우리가 하나님을 믿어 복을 받았으면 높은 지위에 오르고 부자가 되어야지 낮아질 대로 낮아져서는 하나님을 잘 믿어 복 받았다고 말한다면 누구라도 납득이 되지 않을 것입니다. 나중에 아비야는 아버지 르호보암이 아주 어리고 연약했다고 말합니다. 이것을 보면 아비야는 아버지의 이런 소극적인 정책에 불만이 많았던 모양입니다. 어쩌면 그래서 아비야가 부강한 나라에 대한 야망을 가졌는지도 모르겠습니다. 이런 야망이 있으니 이스라엘과 충돌할 수밖에 없었던 것입니다. 아비야는 신앙적인 옷을 입고서 속에서는 큰 나라를 만들어 보겠다는 욕심을 키워왔습니다. 아비야의 이런 모습 때문에 열왕기에서는 그를 아비얌으로 부르면서 할아버지 다윗의 길을 따라가지 않은 왕으로 평가하는 것입니다.

진정으로 이스라엘을 부흥시키려면 축복 자체가 목적이 되어서는 안 됩니다. 다윗 같이 미친 듯이 하나님의 말씀을 사랑하고 말씀을 붙들어서 먼저 영적인 부흥이 일어나야 합니다. 그리고 난 후에 오는 물질적인 복이 진정한 하나님의 축복이지 야망으로 복을 거머쥐려 할 때는 아비야 같이 마음과 행실이 갈리게 되는 것입니다. 결국 나중에는 그가 어떤 존재인지를 말해주는 이름까지 아비얌으로 바뀌고 말았습니다.

> 3절, "아비야는 싸움에 용감한 군사 사십만 명을 택하여 싸움을 준비하였고 여로보암은 큰 용사 팔십만 명을 택하여 그와 대진한지라"

전쟁을 하려고 보니, 유다에는 군사가 40만 명, 북이스라엘은 80만 명의 군사가 모집되었습니다. 유다는 배나 많은 북이스라엘 군사들과 싸우게 생겼습니다.

2. 유다의 신앙적 정통성

옛날에는 전쟁을 하기 전에 먼저 왕이 전쟁의 정당성을 설파했습니다. 전쟁을 할 만한 명분이 있음을 만천하에 알리는 것입니다. 현대전에서도 심리전이나 군인들의 정신 교육은 전투력에 아주 중요한 영향을 미칩니다. 우리의 명분이 빈틈없어야 모두 하나 된 정신으로 상대의 허점을 노릴 수 있습니다.

교회와 사탄과의 영적 싸움에서도 마찬가지입니다. 교인들의 수가 많고 적은 것을 떠나서 말씀으로 하나가 되는 것이 중요합니다. 말씀으로 하나가 되어서 단단하게 결속되어 있는 교회는 어떤 사탄의 계략으로도 깨트릴 수가 없습니다. 그러나 말씀으로 단단하게 결속되지 못한 교회는 사탄의 손에 놀아나게 되는 것입니다.

아비야가 이스라엘 백성들에게 한 연설은 유다와 이스라엘의 다른 점이 무엇인지 가장 잘 보여주는 말씀입니다.

> 4-7절, "아비야가 에브라임 산 중 스마라임 산 위에 서서 이르되 여로보암과 이스라엘 무리들아 다 들으라 이스라엘 하나님 여호와께서 소금 언약으로 이스라엘 나라를 영원히 다윗과 그의 자손에게 주신 것을 너희가 알 것 아니냐 다윗의 아들 솔로몬의 신하 느밧의 아들 여로보암이 일어나 자기의 주를 배반하고 난봉꾼과 잡배가 모여 따르므로 스스로 강하게 되어 솔로몬의 아들 르호보암을 대적하였으나 그 때에 르호보암이 어리고 마음이 연약하여 그들의 입을 능히 막지 못하였었느니라"

하나님께서 '소금 언약'으로 이스라엘을 다윗과 그 자손에게 영원히 주셨다고 했는데 '소금 언약'은 영원불변하는 언약을 말합니다. 생선이나 야채를 소금으로 절여놓으면 부패하지 않는 것처럼 하나님은 영원히 부패하지 않는 언약으로 다윗과 그 후손에게 이스라엘을 주셨습니다.

아비야는 느밧의 아들 여로보암과 그의 추종자들이 이 언약을 깨고 반역했다고 말하는 것입니다. 사실 하나님의 말씀에 순종하려고 하는 자들은 다윗의 언약을 기뻐합니다. 우리가 오직 하나님의 말씀만 붙들면 하나님이 우리의 모든 것을 책임지시고 부흥을 주신다는 것인데 얼마나 감사한 일입니까? 그러나 하나님의 말씀이 싫은 사람들에게 다윗의 언약은 고통스런 짐입니다. 이 세상의 야망이나 인간적인 성공을 이루고 싶은데 오로지 말씀을 좇아 살아야 하니 그만큼 끔찍한 것도 없을 것입니다.

시편 2편에는 주위의 모든 군왕들과 관원들이 여호와의 기름 부음 받은 자를 대적하고 그 결박을 끊어버리기 위하여 길길이 날뛰는 장면이 묘사됩니다. 예를 들어서 잘 숙련된 경기용 말의 입에 재갈을 물려주는 것은 주인과의 의사소통을 하기 위해서 아주 필요한 것입니다. 그러나 전혀 길이 들지 않은 말의 입에 재갈을 물리거나 등에 안장을 올려놓으면 그 말은 미친 듯이 날뛰며 답답해합니다.

이스라엘 백성들은 이미 솔로몬 때에 하나님의 말씀의 멍에를 벗어버리고 세상으로 많이 기울었습니다. 그러니 여로보암이나 이미 세상맛을 아는 사람들은 다윗의 언약을 인정할 이유가 없는 것입니다.

지금도 하나님께서는 하나님을 믿는 백성들에게 말씀의 멍에를 메라고 말씀하십니다. 사랑하는 여러분, 이스라엘 백성들처럼, 길들여지지 않은 말처럼 이 멍에를 벗어보려 몸부림치시럽니까?

예수님께서는 '수고하고 무거운 짐 진 자들아 다 내게로 오라. … 내 멍에는 쉽고 내짐은 가볍다'(마 11:28-29)고 하셨습니다. 바로 이 예수님의 멍에가 하나님의 말씀의 멍에인 것입니다. 하나님께서는 온 교인들이 말씀의 멍에를 메고 열심히 주님의 십자가를 따르기 원하십니다.

반면에 말씀의 맛을 본 사람들은 하나님의 말씀을 따라가는 것이 어렵지 않습니다. 그러나 하나님의 말씀의 맛을 보지 못하고 세상의 맛만 본 사람들은 이 길이 거의 미칠 정도로 답답하게 느껴집니다. 그래서 결국은 문을 박차고 뛰쳐나가기 십상입니다. 아비야는 자기 아버지 르호보암이 '어리고 연약해서 그것을 막지 못했다'고 말하는데 은근히 아버지에 대한 불만을 토로하는 것 같습니다. 르호보암에 대한 아비야의 평가는 정당하지 않습니다. 이스라엘의 리더들은 강압적이어서는 안 됩니다. 하나님의 말씀으로 양을 이끌어 가야지 염소를 대하듯 목에 줄을 매달아 끌고 가서는 안 됩니다. 그래서 이스라엘의 리더는 필사적으로 말씀을 가지고 백성들로 은혜를 받게 하여 그들이 말씀에 매이게 해야 합니다. 그렇지 않으면 이도 저도 다 놓쳐버리게 되는 것입니다.

여기서 아비야는 이스라엘이 유다를 치는 중요한 이유를 고발합니다.

8-9절, "이제 너희가 또 다윗 자손의 손으로 다스리는 여호와의 나라를 대적하려 하는도다. 너희는 큰 무리요 또 여로보암이 너희를 위하여 신으로 만든 금송아지들이 너희와 함께 있도다. 너희가 아론 자손인 여호와의 제사장들과 레위 사람들을 쫓아내고 이방 백성들의 풍속을 따라 제사장을 삼지 아니하였느냐. 누구를 막론하고 어린 수송아지 한 마리와 숫양 일곱 마리를 끌고 와서 장립을 받고자 하는 자마다 허무한 신들의 제사장이 될 수 있도다"

북이스라엘은 일단 영토나 사람이나 재물에 있어서 유다보다 훨씬 크고 강했습니다. 그러나 이스라엘의 정통성은 바른 신앙에서 나오는 것입니다. 북이스라엘은 이 면에서는 형편없었습니다. 북이스라엘에서는 레위인들이 아니어도 돈만 내면 제사장이 되었습니다. 여로보암이나 북이스라엘 사람들은 이런 면에서 열등감을 가지고 있습니다. 북이스라엘이 아무리 군대가 많고 돈이 많아도 그들에겐 부흥이 허락될 수 없었습니다. 이에 시기심을 품은 여로보암은 예루살렘 성전을 치려고 합니다. 자기들이 옳다고, 정통이라고 인정받기 위해 바른 것을 없애려는 것입니다. 이건 단순히 나라 대 나라의 전쟁이 아니라 영적 전쟁입니다. 사탄의 교묘한 술수입니다.

이어서 아비야는 아주 중요한 내용을 선포합니다.

유다의 가장 큰 재산은 큰 땅덩어리나 많은 사람들이 아니고 하나님 자신이며 하나님께 대한 바른 예배라는 것입니다.

> 10-11절, "우리에게는 여호와께서 우리 하나님이 되시니 우리가 그를 배반하지 아니하였고 여호와를 섬기는 제사장들이 있으니 아론의 자손이요 또 레위 사람들이 수종 들어 매일 아침 저녁으로 여호와 앞에 번제를 드리며 분향하며 또 깨끗한 상에 진설병을 놓고 또 금 등잔대가 있어 그 등에 저녁마다 불을 켜나니 우리는 우리 하나님 여호와의 계명을 지키나 너희는 그를 배반하였느니라"

북이스라엘에 비하면 작디작은 나라요 가난한 나라인 유다는 북이스라엘이 소유하지 못한 재산을 가지고 있었습니다. 바로 하나님 자신을 소유했습니다. 하나님께서는 이 사실을 유다 왕과 백성들이 깨닫기를 원하셨습니다. 하나님의 백성들이 이 세상에서 많은 돈을 벌지 못하고 큰 집에서 살지 못해도 하나님 한 분을 바로 믿는 것 자체가 가장 큰 재산이고 가장 큰 축복인 것입니다.

어떻게 하면 그런 축복을 누릴 수 있을까요? 바로 바르게 예배드리는 것입니다. 하나님께서 세우신 제사장 집례 하에 조석으로 번제를 드리는 것입니다. 이것은 하나님이 주시는 힘으로 하루를 시작하고 마친다는 뜻입니다. 또한 성전에는 금등대가 있는데 이것은 영적인 어두움을 밝히는 진리의 빛을 상징합니다. 예배를 통해 비추시는 진리의 빛을 통해 우리는 하나님나라의 백성으로서의 복을 누립니다. 사탄의 세력은 이렇게 축복받은 성도들을 공격할 수 없습니다.

12절, "하나님이 우리와 함께 하사 우리의 머리가 되시고 그의 제사장들도 우리와 함께 하여 전쟁의 나팔을 불어 너희를 공격하느니라. 이스라엘 자손들아 너희 조상들의 하나님 여호와와 싸우지 말라. 너희가 형통하지 못하리라"

하나님은 유다의 머리가 되십니다. 유다는 하나님의 몸입니다. 누구든지 하나님의 백성을 치는 건 하나님과 맞붙자는 말입니다. 이것이 유다가 가진 힘이요 자산입니다.

3. 유다의 놀라운 승리

일단 군사의 숫자나 전략을 생각하면 아비야는 결코 여로보암을 이길 수 없었습니다. 아비야가 이스라엘 백성들에게 열심히 연설을 하는 동안에 여로보암은 작전을 시도하고 있었습니다. 북이스라엘 군인들을 뒤로 빼내어서 유다 뒤쪽에 매복을 시켜 협공을 시도한 것입니다.

13절, "여로보암이 유다의 뒤를 둘러 복병하였으므로 그 앞에는 이스라엘 사람들이 있고 그 뒤에는 복병이 있는지라"

역시 여로보암의 전략은 뛰어났습니다. 여로보암은 80만 명의 군대를 효율적으로 사용하기 위해서 반으로 나누어서 앞뒤에 배치해서 유다 군인들을 포위했습니다. 아비야가 열심히 설교하는 동안 유다를 완전히 포위해 멸할 생각이었습니다. 유다는 완전히 독안에 든 쥐나 다름없습니다. 이때 유다 백성들은 다른 방법으로 북이스라엘과 맞붙었습니다. 하나님을 향하여 부르짖은 것입니다.

> 14절, "유다 사람이 돌이켜보고 자기 앞뒤의 적병을 인하여 여호와께 부르짖고 제사장은 나팔을 부니라"

이때까지만 해도 유다 백성들에게 신앙이 남아 있었던 것 같습니다. 위기가 닥치자 이들은 살기 위해서 이리 저리 날뛰거나 우왕좌왕하지 않았습니다. 일제히 하나님을 향하여 부르짖었습니다. 이때 더 힘을 냈던 사람은 제사장들이었습니다. 제사장들은 있는 힘을 다해서 나팔을 불었습니다. 원래 제사장들은 군인이 아니기 때문에 무기가 없었습니다. 하지만 나팔을 무기 삼아 온 힘을 다해 불었습니다. 결국 하나님께서 유다의 부르짖음을 들으셨습니다.

> 15절, "유다 사람이 소리 지르매 유다 사람이 소리 지를 때에 하나님이 여로보암과 온 이스라엘을 아비야와 유다 앞에서 치시니"

상식적으로 유다와 북이스라엘은 게임이 되지 않습니다. 유다가 패하는 건 불 보듯 뻔한 일입니다. 군사도 북이스라엘의 반밖에 안 되고, 전쟁을 시작하기도 전에 포위당하고…. 그런데 백성들이 하나님께 부르짖었을 때 상식과 예상을 깨는 상황이 벌어졌습니다. 절대적으로 강한 이스라엘이 보기 좋게 패한 것입니다. 하나님께서 여로보암과 이스라엘의 힘을 빼시면 숫자적인 우세도 소용이 없습니다. 인간이 아무리 좋은 계획을 세워도 하나님이 힘을 주시지 않으시면 아무것도 할 수가 없습니다.

17절, "아비야와 그의 백성이 크게 무찌르니 이스라엘이 택한 병사들이 죽임을 당하고 엎드러진 자들이 오십만 명이었더라"

이스라엘 백성들 80만 명 중에서 50만 명이 전사했습니다. 하나님의 백성들이 하나님께 부르짖은 결과가 이와 같았습니다. 지금도 우리가 하나님께 부르짖기만 하면 하나님은 크신 능력을 보이십니다. 하나님을 의지하는 것, 그분께 모든 소망을 거는 것이 하나님의 백성들의 가장 강력한 무기입니다.

18절, "그 때에 이스라엘 자손이 항복하고 유다 자손이 이겼으니 이는 그들이 그들의 조상들의 하나님 여호와를 의지하였음이라"

하나님께서 유다를 승리하게 하사, 아비야는 여로보암을 좇아가서 북이스라엘의 성읍들을 여러 개 빼앗았습니다. 아비야 때에 여로보암은 더 이상 힘을 쓰지 못했습니다. 그렇게 똑똑하고 유능한 여로보암이 하나님의 능력에 압도된 후로는 맥을 추지 못했습니다.

하나님은 공사판 감독이었던 여로보암을 이스라엘 열 지파의 왕으로 삼으셨습니다. 그런데 여로보암은 그런 하나님을 공격했습니다. 개가 자기 주인을 무는 격입니다.

하나님께서 주신 기회를 놓치지 말고 다윗처럼 말씀을 따라 살았으면 어땠을까요? 그러면 다윗의 왕가는 다윗의 왕가대로 부흥하고 여로보암은 여로보암대로 복을 받을 수 있었을 것입니다. 하지만 안타깝게도 자기는 하나님의 말씀을 거역하면서 오히려 하나님의 말씀대로 사는 자들은 핍박하고 시기했습니다. 여로보암의 행적은 구약의 가룟 유다라 해도 과언이 아닙니다.

그 후에 아비야는 더 강성해졌습니다. 부인 열넷을 얻었고 자식을 많이 낳아, 아들이 22명, 딸이 16명이나 되었습니다. 그러나 아비야는 3년 동안만 나라를 다스립니다. 아비야의 역할은 거기까지였습니다.

아비야를 통해서 우리는 분명한 교훈을 얻습니다. 세상 재물을 많이 가지지 못해도 하나님을 바로 믿는 신앙이 가장 큰 재산이요 복인 것을 알았습니다. 그리고 무엇보다 바른 예배가 얼마나 중요한 자산인지 깨달았습니다. 뿐만 아니라 하나님께 부르짖을 때 하나님께서 우리를 도우사 승리케 하십니다. 비록 우리가 미련하고 잘못해서 곤경에 빠졌다 해도 말입니다. 하나님의 백성들은 자기 힘으로 뭘 해보려고 애쓸 필요가 없습니다. 하나님께 절대 의존하여 부르짖는 게 가장 중요한 임무입니다.

아비야를 보면서 안타까운 사실 하나는, 그의 시대가 다윗의 때처럼 장구하지 않았다는 것입니다. 다윗은 겉과 속이 모두 하나님의 말씀을 향하여 집중된 사람이었습니다. 하지만 아비야는 겉으로만 정통신앙을 주장했지 마음속에는 야심을 품고 있었습니다. 하나님께서는 이런 아비야의 때를 3년으로 제한하셨습니다.

이 교훈들을 깊이 숙고합시다. 성도의 진정한 자산이 무엇인지 잊지 마십시오. 무슨 일을 만나든, 누가 뭐라고 하든 우리의 자산, 하나님을 믿는 신앙을 끝까지 지킵시다. 눈에 보이는 부유함에 현혹되지 않고 하나님만 절대 의존하여고 신실하게 그분만 예배하는 것이 성도가 축복받는 비결입니다.

CHAPTER 08

아사의 신앙 정치

대하 14:1-16:14

아사 왕은 솔로몬의 증손자요 아비야의 아들입니다. 아사 왕은 하나님이 원하시는 정치를 했던 왕입니다.

　아사 왕의 아버지인 아비야에 대한 평가는 엇갈립니다. 역대하 13장을 보면 아비야가 대단히 신앙적인 사람이었고 북이스라엘의 여로보암이 쳐들어왔을 때 군사 40만 명을 가지고 80만의 북이스라엘 군대와 맞섰습니다. 비록 북이스라엘의 반밖에 되지 않는 군사를 데리고 전쟁에 나가지만 하나님을 소유한 것이 가장 큰 무기라고 믿고 하나님께 필사적으로 부르짖었습니다. 그리하여 아비야가 이끄는 유다 군대는 북이스라엘 군사 50만 명을 죽이고 당당히 승리했습니다.

　반면 열왕기상 15장을 보면, 아비야가 부친이 행했던 모든 악을 행했고 그 조상 다윗 같이 하나님 앞에서 마음이 온전치 못했다고 평가됩니다.

성경에서 왕을 평가할 때는 그 사람의 성격이나 정치적인 업적을 기준으로 하지 않습니다. 만일 성경이 어떤 왕에 대하여 악하다고 말한다면, 그 사람의 성격이 악하다거나 혹은 정치를 포악하게 했다는 뜻이 아닙니다. 그 왕이 철저하게 하나님의 말씀에 순종하지 않고 우상 숭배하는 풍조를 막아내지 못했을 때 그 왕을 악하다고 평가하는 것입니다. 반대로 성경에서 선한 왕으로 평가되는 왕들은 철저하게 하나님의 말씀에 헌신하고 하나님만 의지할 뿐 아니라 우상 숭배하는 시대의 흐름을 끊어버렸습니다. 예를 들어서 어떤 왕이 자기만큼은 우상 숭배에 빠지지 않고 성품도 대단히 신사적이더라도 왕비나 귀족이나 백성들이 우상을 섬기는 것을 방치하고 막아서지 못한다면 그 왕은 악하다는 평가를 받습니다. 이것이 성경의 평가 기준입니다.

그런 의미에서 아비야는 사람이 좀 신사적이었던 것 같습니다. 아비야는 하나님을 믿는 신앙을 분명히 소유한 사람이었습니다. 자기 군대의 배나 되는 전력으로 쳐들어온 여로보암의 군대를 책망하고 위기 때 하나님께 부르짖어 승리를 거둔 것을 보면 그의 신앙이 입증됩니다. 그럼에도 아비야는 다른 사람들이 우상을 섬기는 행위를 철저하게 뿌리뽑지 못했습니다. 그래서인지 열왕기상에서 아비야는 유감스럽게도 악한 왕으로 기록되었습니다.

이런 성경의 평가 기준에서 볼 때 오늘 본문의 주인공 아사 왕은 철저하게 선한 왕이었습니다. 그는 철저하게 하나님의 말씀에 사로잡혔고 전쟁을 할 때마다 하나님을 의지했으며 더 나아가 나라 안에 팽배한 우상 숭배 행위까지 막아냈습니다. 그래서 아사 왕은 솔로몬 때부터 내려온 유다 왕국 안의 우상 숭배를 철저히 끊을 수가 있었습니다. 심지어는 왕의 태후가 아세라 목상을 만들어 섬겼을 때 태후를 폐하면서까지 우상 숭배를 막았습니다. 말년에 인간적인 방법을 좀 썼다가 선지자들에게 심한 책망을 받게 되는 일이 있기는 하지만 다른 왕들에 비해 아사 왕은 거의 교과서 같이 표준이 되는 왕입니다.

솔로몬 이후에 유다 왕 중에서 어떻게 이 정도로 완전하게 하나님의 뜻에 맞는 왕이 나오게 되었는지 신기할 정도로 아사는 하나님의 뜻에 헌신된 왕이었습니다. 바로 이것이 다윗 가문의 저력이었습니다. 다윗의 집에서 엉터리 같은 왕이나 지도자들도 많이 나와 이스라엘이나 유다의 부흥을 막은 이력이 있는 건 사실입니다. 그런데 놀랍게도 몇 대에 한 사람씩 철저하게 하나님의 말씀에 헌신된 왕들이 나와서 꺼져가던 유다의 부흥을 다시 일으켜놓았습니다. 이처럼 하나님의 백성들 가운데 말씀에 헌신된 종이 나오면 다시금 부흥의 불길은 일어납니다. 이런 종들은 일체 사람을 두려워하거나 결코 자기만 잘 믿어서는 안 됩니다. 다른 모든 우상들까지 쳐부술 정도로 영적인 능력이 있는 사람이 되어야 합니다.

1. 아사의 개혁 정치

아사는 아버지 아비야의 전철을 그대로 답습하지 않았습니다. 아사는 아버지 아비야가 철저하게 개혁하지 못했던 것에 개혁의 칼을 댔습니다.

> 14장 1-3절, "아비야가 그의 조상들과 함께 누우매 다윗 성에 장사되고 그의 아들 아사가 대신하여 왕이 되니 그의 시대에 그의 땅이 십 년 동안 평안하니라. 아사가 그의 하나님 여호와 보시기에 선과 정의를 행하여 이방 제단과 산당을 없애고 주상을 깨뜨리며 아세라 상을 찍고"

대개 새 왕이 세워지면 정신적으로나 물질적으로 이전의 왕으로부터 많은 것을 물려받게 됩니다. 이때 새로 즉위한 왕이 현명하다면 자기가 물려받아야 할 것과 그러지 말아야 할 것을 분별할 수 있을 것입니다. 르호보암 같은 경우에는 아버지 솔로몬의 모든 것을 그대로 물려받았다가 나중에는 물려받은 것을 거의 다 날려버리게 되었습니다. 르호보암의 뒤를 이은 아비야도 마찬가지였습니다. 하지만 아사는 달랐습니다.

아사는 유다의 왕이 무엇을 해야 하는 사람인지 분명히 알고 있었습니다. 그래서 아사는 유다의 왕이 되면서 솔로몬 이후로 유다가 물려받은 모든 우상을 적극적으로 없애기 시작했습니다. 이것을 보면 2절에서 '아사가 그 하나님 여호와 보시기에 선과 정의를 행하여'라는 말이 무슨 뜻인지 이해할 수 있습니다. '하나님 보시기에 선과 정의를 행한다'고 하는 것은 다른 것이 아닙니다. 아사 왕 자신이 먼저 철저하게 하나님의 말씀을 붙들고, 유다 안에서 다른 사람들이 드러내어놓고 하든지 몰래 하든지 어떤 형태의 우상 숭배도 하지 못하게 막았다는 뜻입니다. 구체적으로는 유다 안에 있는 이방 제단을 부수고 산당을 폐지하며 바알상과 아세라상을 부숴버렸습니다.

그렇게 하면 나라 안에 큰 혼란이 생길 것 같은데 놀라운 것은 10년 동안 나라가 평안했다는 것입니다. 이것은 하나님께서 아사를 위해서 시간을 벌어주신 것이었습니다. 하나님께서 처음부터 아사에게 10년 동안은 나라가 평안하도록 지켜주겠다고 약속하신 것이 아닙니다. 아사 왕의 행실이 하나님 맘에 드니까 하나님께서는 아사가 정치를 더 잘 할 수 있도록 지켜주신 것입니다.

그리고 또 놀라운 것은 유다 백성들이 아사 왕의 우상 폐지 정책에 반발을 하지 않았다는 사실입니다. 유다 백성들의 마음속에도 우상 숭배를 해서는 안 된다는 생각이 있었지만 혼자서는 그것을 끊을 자신이 없었던 습니다. 그런데 왕이 앞장서서 우상을 부수니까 백성들의 마음속에도 '차라리 잘 됐다. 이번 기회에 아예 우상 없이 한번 살아보자'는 결심을 하게 되었던 것입니다. 바로 이것이 유다의 왕이 해야 할 일입니다.

이스라엘 백성들의 마음속에는 하나같이 하나님의 말씀대로 한번 살아보고 싶고 우상도 버리고 싶은 소원함이 있습니다. 하지만 그들의 힘으로는 결단을 내리지 못하고 질질 끌려갈 때가 많았습니다. 그런데 지도자가 한번 결단을 내리고 본을 보이니까 백성들이 따라가게 되는 것입니다.

아사 왕은 두 가지 개혁을 함께 단행했습니다. 하나는 소극적인 개혁으로 우상을 부수는 것이었고 다른 하나는 적극적인 것으로서 하나님의 말씀을 배우고 기도하고 순종하게 하는 것이었습니다.

14장 4-5절, "유다 사람에게 명하여 그 조상들의 하나님 여호와를 찾게 하며 그의 율법과 명령을 행하게 하고 또 유다 모든 성읍에서 산당과 태양상을 없애매 나라가 그 앞에서 평안함을 누리니라"

아사 왕은 정석대로 행했습니다. 만일 아사 왕이 우상만 타파했다면 백성들은 반발했을 것입니다. 그런데 유다 백성들이 하나님의 말씀을 배우면서 우상을 부수니까 우상에 대한 두려움이 없어졌습니다.

우리가 스스로 죄를 끊어보겠다고 죄만 물고 늘어지면 죄의 힘이 너무 강해서 도무지 당해내지 못할 때가 많습니다. 그런데 하나님의 말씀을 배우고 깨달으면 죄에 대한 친화력이 상당히 약해지게 됩니다. 그때 결단을 내리고 죄를 멀리하면 좀 더 쉽게 끊을 수 있습니다.

14장 6절, "여호와께서 아사에게 평안을 주셨으므로 그 땅이 평안하여 여러 해 싸움이 없은지라. 그가 견고한 성읍들을 유다에 건축하니라"

아사가 하나님의 말씀에 적극적으로 순종을 하니까 유다 백성은 시험에 빠질 일이 없었습니다. 나라가 그렇게 평안할 수가 없었고 유다 백성들의 각 가정에도 어려운 시험거리가 없었습니다. 이것이 바로 하나님이 주시는 선물이었습니다.

우리가 여러 가지 시험을 이길 수 있는 가장 좋은 방법은 처음부터 강하게 신앙적으로 밀어 붙이는 것입니다. 물론 처음에는 여러 가지 어려움도 있고 반대도 있고 크고 작은 시험들도 있습니다. 그러나 가장 중요한 것을 얻게 되는데, 바로 하나님을 내편으로 붙들게 되는 것입니다. 그러고 나서는 어느 순간부터 전혀 시험이 없는 평안이 오기 시작합니다. 바로 그때가 영적 부흥의 때이고 축복의 때인 것입니다. 그래서 아사 왕은 그 축복의 시기를 통해서 유다에 많은 성들을 건축할 수 있었습니다. 이때부터 유다는 안정기에 접어듭니다.

14장 7절, "아사가 일찍이 유다 사람에게 이르되 우리가 우리 하나님 여호와를 찾았으므로 이 땅이 아직 우리 앞에 있나니 우리가 이 성읍들을 건축하고 그 주위에 성곽과 망대와 문과 빗장을 만들자 우리가 주를 찾았으므로 주께서 우리 사방에 평안을 주셨느니라 하고 이에 그들이 성읍을 형통하게 건축하였더라"

본문에 기록된 아사의 이야기 중에 놀라운 내용이 있습니다. 유다가 하나님 여호와를 찾았기 때문에 이 땅이 아직 우리에게 남아 있다는 말입니다. 즉 다른 신을 찾았더라면 더 일찌감치 여기서 쫓겨나야만 한다는 것입니다. 지금까지 유다는 망할 짓만 골라서 했는데 지금이라도 정신을 차려서 하나님을 찾는 바람에 아직 이 땅이 남아 있다는 말입니다. 그래서 아사는 하나님이 우리에게 평안을 주셨을 때 이 성을 더 견고히 해서 안정을 꾀하자고 했습니다.

하나님이 우리에게 축복을 주시는데도 불구하고 계속 가난하고 불안하게 살 필요는 없습니다. 하나님께서 우리에게 복을 주시면 우리는 집을 살 수도 있고 넓힐 수도 있고 예배당을 더 크게 잘 지을 수도 있습니다. 우리는 하나님이 주시는 복을 가지고 훨씬 더 안정된 삶을 살 수 있습니다. 우리가 하나님을 의지하는 마음만 버리지 않으면 됩니다.

14장 8절, "아사의 군대는 유다 중에서 큰 방패와 창을 잡는 자가 삼십만 명이요 베냐민 중에서 작은 방패를 잡으며 활을 당기는 자가 이십팔만 명이라 그들은 다 큰 용사였더라"

하나님께서 유다에 많은 젊은이들을 주셔서 전쟁할 군인들이 많아지게 되었습니다. 유다에 부흥이 일어나니까 젊은이들이 아주 많아진 것입니다. 이것은 자연적인 부흥인데 이것으로 말미암아 이 작은 나라에서 싸울 수 있는 군인들이 58만 명이나 되었습니다. 유다는 북이스라엘과 갈라지면서 아주 작은 나라가 되었습니다. 그런데 이 작은 나라가 하나님의 말씀에 충성되니까 하나님께서 부흥을 주셔서 아주 강한 나라가 되었습니다. 큰 게 반드시 좋은 건 아닙니다. 비록 나라는 작지만 하나님께서 부흥을 일으켜주시면 어떤 큰 나라보다 더 알찬 나라가 될 수 있습니다.

2. 아사의 믿음에 대한 도전

■

이 세상에는 완전한 평화나 축복이 없습니다. 하나님의 백성들이 복을 받고 잘 되면 시기하는 자들이 많이 생기기 때문입니다. 아사 왕 때 유다가 복을 받고 강한 나라가 되니까 당시 북부 아프리카를 지배하던 구스 사람 세라가 백만 대군을 이끌고 쳐들어왔습니다.

14장 9-10절, "구스 사람 세라가 그들을 치려 하여 군사 백만 명과 병거 삼백 대를 거느리고 마레사에 이르매 아사가 마주 나가서 마레사의 스바다 골짜기에 전열을 갖추고"

구스 사람 세라가 예전에 르호보암을 공격해서 모든 금방패와 성전을 장식했던 금을 빼앗아갔던 시삭의 후계자라고 보는 견해가 있습니다. 아니면 그의 군대 장관일 수도 있습니다. 시삭은 예루살렘을 공격했다가 엄청난 수익을 올린 적이 있었습니다. 솔로몬이 그 아들에게 물려주었던 모든 금과 보물들을 다 빼앗아간 것입니다. 아마도 애굽 왕은 그 사실을 기억하고 있다가 다시 유다가 부흥한다니까 옛날처럼 또 금을 많이 모은 모양이다 생각해서 쳐들어오게 된 것입니다. 세라는 무려 백만 대군을 이끌고 유다를 치기 위해서 왔습니다.

이때 아사는 유다 백성들이 쓸 수 있는 가장 강력한 무기를 사용했습니다. 그 무기는 바로 하나님께 부르짖는 것이었습니다.

14장 11절, "아사가 그의 하나님 여호와께 부르짖어 이르되 여호와여 힘이 강한 자와 약한 자 사이에는 주밖에 도와 줄 이가 없사오니 우리 하나님 여호와여 우리를 도우소서 우리가 주를 의지하오며 주의 이름을 의탁하옵고 이 많은 무리를 치러 왔나이다 여호와여 주는 우리 하나님이시오니 원하건대 사람이 주를 이기지 못하게 하옵소서 하였더니"

위기 때 하는 기도를 들으면 그 사람의 신앙이 드러나게 됩니다. 우리는 10년 동안 평안했다가 갑자기 찾아온 이 위기 가운데서 아사 왕은 확실하게 하나님을 붙들었습니다. 아사 왕은 구스 군대는 강하고 자신들은 약하다는 것을 인정합니다. 그래서 하나님이 개입하셔야 한다고 기도하고 있습니다. 유다는 하나님만 의지하고 저 사람들은 사람의 숫자를 의지하는데, 사람이 하나님을 이기지 못하게 해달라고 기도했습니다. 기도는 하나님을 설득시키는 것입니다. 우리는 기도할 때 하나님이 들어주셔도 되고 안 들어주셔도 되는 것처럼 기도하지 맙시다. 하나님이 응답하지 않으면 안 되도록 하나님을 설득시켜야 합니다.

하나님께서는 아사 왕의 기도를 들으셨습니다. 결국 구스 사람은 패하여 도망쳤습니다. 어떻게 된 일인지 모르겠지만 구스 사람과 그 군대는 힘을 쓰지 못하고 도망을 치게 되었습니다. 결국 구스 군대는 그랄 까지 도망가다가 거의 다 죽고 유다 백성들은 구스 군대가 다른 곳에서 노략해서 가지고 온 많은 물건들까지 가져오게 되었습니다. 아마도 이 구스 군대는 팔레스타인 전 지역을 돌면서 짐승들을 많이 노략했던 것 같습니다. 이들은 짐승들을 따로 모아놓는 곳도 마련해놓았습니다. 유다 백성들은 그곳을 찾아내서 많은 양과 낙타를 빼앗아 가지고 부자가 되어 예루살렘으로 돌아왔습니다.

아사 왕이 구스 군대의 백만 대군을 두려워하지 않고 하나님께 기도했을 때 오히려 이것이 엄청난 기회가 되었습니다. 그래서 주위에 있는 나라들은 유다를 더욱 두려워하게 되었고 유다는 재정적으로도 큰 유익을 얻게 되었습니다.

주위에 있는 나라들이 이 작은 유다를 두려워했다는 건 아주 기적적인 일입니다. 유다가 북이스라엘과 분리된 후에 다른 나라들은 모두 유다를 약소국으로 여겼고 곧 망할 거라 예상했습니다. 그런데 어느새 더 강한 나라가 되어 있었으니 모두가 놀랄 만한 일입니다. 하나님의 백성들이 부흥되면 주위 사람들이 하나님과 그 백성들을 다시 보게 됩니다. 이것이 전도와 선교의 기본 원리입니다.

> 15장 1-2절, "하나님의 영이 오뎃의 아들 아사랴에게 임하시매 그가 나가서 아사를 맞아 이르되 아사와 및 유다와 베냐민의 무리들아 내 말을 들으라 너희가 여호와와 함께 하면 여호와께서 너희와 함께 하실지라 너희가 만일 그를 찾으면 그가 너희와 만나게 되시려니와 너희가 만일 그를 버리면 그도 너희를 버리시리라"

한 나라가 전쟁에서 승리하고 돌아오면 모든 백성들이 나와서 축하하고 기뻐하는 게 인지상정인데, 하나님은 승리의 기쁨에 젖어있는 유다에게 선지자를 보내셔서 말씀을 주셨습니다. 지금까지 이스라엘이나 유다의 많은 왕들이 큰 승리를 이룬 후에 교만해져서 하나님을 떠난 예가 많았기 때문입니다.

하나님께서는 축복의 때에 더 교만해져서 하나님을 떠날 위험이 커진다는 걸 잘 아셨습니다. 아사가 왕이 되자마자 모든 우상을 없애고 하나님만 믿어서 나라에 시험이 없고 10년 동안 축복의 때가 계속된 것은 정말 좋은 일이었습니다. 그런데 백만이나 되는 구스 군대를 전멸시킨 상상할 수 없는 승리 앞에서 유다 백성들이 마음을 지키지 못하고 자기 자

신을 높인다면 이 모든 축복이 물거품이 돼버릴 것입니다. 그래서 하나님은 사랑하는 유다 백성들에게 말씀을 주셨습니다. '너희가 하나님과 함께 하면' 이라는 단서를 떠올리게 하신 것입니다.

우리가 세상에서 잘 나갈 때는 하나님과 함께하기가 참 어렵습니다. 사람들이 우리를 찾고 높이고 눈앞에 성공가도가 펼쳐져 있으니 하나님을 생각할 겨를이 없어집니다. 그러면 자연적으로 하나님의 말씀이나 하나님이 뒤로 밀려나게 돼 있습니다.

우리가 하나님을 찾을 때 하나님은 우리와 함께하시고 만나주십니다. 우리가 말씀에 귀기울이고 하나님께 기도할 때 하나님을 만나게 되는 것도 그런 이치입니다. 그러나 우리가 세상 욕심에 빠져서 하나님을 버리면 하나님도 우리를 버리실 것입니다. 이것은 하나님께서 당신의 자녀들을 교훈하시고 바르게 하시는 방법입니다.

하나님을 사랑하고 찾는 자는 하나님의 축복을 경험할 것입니다. 하나님은 오래 참고 기다리시는 사랑의 하나님이시면서도 순종하는 자에게 보상하고 불순종하는 자를 징계하시는 공의의 하나님이십니다.

그러면서 하나님은 북이스라엘의 상태를 말씀하셨습니다.

15장 3-6절, "이스라엘에는 참 신이 없고 가르치는 제사장도 없고 율법도 없은 지가 오래 되었으나 그들이 그 환난 때에 이스라엘 하나님 여호와께로 돌아가서 찾으매 그가 그들과 만나게 되셨나니 그 때에 온 땅의 모든 주민이 크게 요란하여 사람의 출입이 평안하지 못하며 이 나라와 저 나라가 서로 치고 이 성읍이 저 성읍과 또한 그러하여 피차 상한 바 되었나니 이는 하나님이 여러 가지 고난으로 요란하게 하셨음이라"

북이스라엘은 참 신도 없고 말씀도 없고 가르치는 자도 없어서 큰 환란이 있었습니다. 하지만 모든 나라들이 서로 싸우고 또 성읍들끼리도 전쟁을 벌이던 그때에 유다는 하나님의 보호를 받았습니다. 물론 북이스라엘도 이런 환란 때에 하나님을 찾아서 큰 도움을 받았던 적이 있었던 것 같습니다. 그들 중에도 참 하나님의 종들이 있었기 때문입니다. 북이스라엘이 이 정도라면 유다는 더 하나님을 찾아 더 부흥되고 더 복을 받아야 하지 않을까요?

> 15장 7절, "그런즉 너희는 강하게 하라 너희의 손이 약하지 않게 하라 너희 행위에는 상급이 있음이라 하니라"

하나님께서는 아사 왕에게 지금부터 더 담대하게 하나님을 섬기라고 말씀하셨습니다. 나라가 작고 왕이 덜 유명할 때에는 하나님만 섬기는 게 그리 어려운 숙제가 아닙니다. 어차피 나라가 약소하니까 기대도 적고 주목하는 눈도 많지 않기 때문입니다.

아사는 큰 전쟁에서 승리함으로 아주 유명한 사람이 되었고 유다도 다른 나라에 인정을 받게 되었습니다. 이런 유명한 나라의 왕과 백성들이 하나님만 섬기는 모습은 자칫 독선적으로 보일 수 있습니다. 심하면 사회적으로 고립당할 수도 있습니다. 그래서 신앙생활 잘 하던 사람들도 어느 정도 성공하고 나면 그 열정이 예전만 못하게 됩니다. 이런 위험을 잘 아시는 하나님은 아사에게 지금부터 더 철저하게 하나님을 믿으라고 말씀하셨습니다. 다른 사람들 눈치 보지 말고 하나님의 말씀만 가지고 전진하라고 말씀하셨습니다. 그러면 너희 행위에 상급이 있다고 약속하셨습니다.

사람이 무명으로 있을 때에도 하나님의 말씀만 가지고 믿기는 쉽지 않습니다. 그러나 유명해지고 난 후에 하나님의 말씀만 의지하는 건 더 어렵습니다. 그럼에도 불구하고 하나님은 마음 약해지지 말고 이번 승리를 통해서 더 철저하게 하나님의 말씀대로 믿으라고 하셨습니다.

15장 8절, "아사가 이 말 곧 선지자 오뎃의 예언을 듣고 마음을 강하게 하여 가증한 물건들을 유다와 베냐민 온 땅에서 없애고 또 에브라임 산지에서 빼앗은 성읍들에서도 없애고 또 여호와의 낭실 앞에 있는 여호와의 제단을 재건하고"

감사하게도 아사는 이 말씀에 순종했습니다.
아사는 하나님의 말씀을 듣고 더 철저하게 하나님을 섬기는 것을 자신의 사명으로 생각했습니다. 아사의 이런 태도를 두고 성경은 그가 선하고 정의로웠다고 말합니다. 적극적으로 유다 안에서 우상을 몰아낸 아사의 행적을 선하고 의롭다 평가하는 것입니다. 인정사정 보지 않고 우상을 부수었으며 심지어는 에브라임 산지에서 빼앗은 땅에서도 우상을 다 부수었습니다. 어떻게 보면 아사는 참 독선적인 지도자처럼 보입니다. 아마 오늘 정치인들 중에서 누군가가 이렇게 했다면 아마 타종교에서 가만히 있지 않았을 것입니다.
지금 우리나라에 있는 어떤 종교는 기독교 대통령이 들어서자마자 단단히 기합을 주었습니다. 그러고 나서는 온갖 재정적인 혜택을 다 누리고 있는 것입니다. 기독교인들은 이런 일을 결코 좌시해서는 안 됩니다. 이 나라가 지금까지 남아 있는 게 누구 때문입니까? 하나님께서 이 민족을 불쌍히 여기셔서 오늘까지 붙들고 계시는데 엉뚱한 사람들이 더 큰 소리를 치고 있습니다. 우리는 기도로 맞서야 합니다.

> 15장 9절, "또 유다와 베냐민의 무리를 모으고 에브라임과 므낫세와 시므온 가운데에서 나와서 저희 중에 머물러 사는 자들을 모았으니 이는 이스라엘 사람들이 아사의 하나님 여호와께서 그와 함께 하심을 보고 아사에게로 돌아오는 자가 많았음이더라"

아사 왕 때 많은 사람들이 유다로 몰려옵니다. 하나님께서 아사 왕을 축복하시는 걸 보고 북이스라엘 사람들이 바른 목자를 찾아 내려온 것입니다. 이 일로 유다는 더 부흥하게 됐습니다. 그래서 아사는 온 백성들을 다 모으고 하나님께 큰 제사를 드렸습니다. 이때 구스 사람에게서 빼앗은 소와 양중에서 소 700과 양 7,000을 하나님께 제사로 바쳤습니다. 그리고 온 백성들이 하나님 앞에 맹세하기를 마음을 다하고 성품을 다하여 하나님을 찾기로 약속하고 하나님을 찾지 않는 자는 다 죽이기로 했습니다. 여기서 하나님을 찾지 않는 자는 이방신을 섬기는 자를 말합니다. 이때 하나님께서는 온 백성들의 마음속에 큰 기쁨을 주셨고 사방에 평안을 주셔서 나라에 시험거리가 없게 하셨습니다.

그런데 가까운 곳에 위험이 도사리고 있었습니다. 아사 왕의 모친 마아가가 아세라 목상을 만든 것입니다. 사실 마아가는 아사왕의 할머니였습니다. 아마도 마아가는 오랫동안 아세라상을 섬겼던 것 같습니다. 설마 태후인 자기를 어떻게 하겠느냐 싶어서인지 몰라도 왕의 뜻을 거스르고 아세라 목상을 만들었습니다. 이것은 태후가 왕의 뜻을 정면으로 거스르는 것이었습니다. 이때 다른 왕 같으면 이것은 개인의 신앙이라고 하면서 그냥 덮으려고 했을지도 모릅니다. 그러나 아사는 결코 그냥 넘어가지 않았습니다. 마아가의 태후 직을 폐하고 그 우상을 찍고 빻아서 기드론 시내에서 불살라 버렸습니다. 하나님의 마음이 얼마나 시원하셨

을까요? 그러고 나서 아사 왕이 즉위한 후 35년 동안 전쟁이 없었습니다.

3. 아사의 인간적인 정책

아사가 아무리 하나님의 말씀에 헌신된 자라 하더라고 아사도 역시 사람이었습니다. 이 점에 있어서 기계와 사람은 다릅니다. 기계는 주인이 입력을 시킨 그대로 언제든지 가게 되어 있습니다. 예를 들어서 기계에 앞으로만 가도록 입력을 시켜놓으면 언제든지 앞으로만 갈 것입니다. 그러나 사람은 기계가 아닙니다. 즉 앞으로 가다가도 피곤하면 쉬기도 하고 또 장애가 있으면 스스로 판단해서 돌아가기도 하고 또 잘못 판단하면 거꾸로 가기도 합니다. 또 하나님께서는 우리를 무조건 하나님의 뜻대로 움직이는 로봇이나 기계로 만든 것이 아니라 언제든지 우리 스스로 판단해서 알아서 행동하게 하셨습니다. 이렇게 지어진 까닭에 끝까지 한 길로만 가기가 어렵습니다. 외길을 가는 건 지겹고 권태롭기도 한 여정입니다. 게다가 때때로 엉뚱한 짓을 해보고 싶어 하는 우리의 습성도 한 길을 가지 못하게 하는 요인입니다.

완벽하게 악기를 연주하거나 피겨 스케이팅 연기를 조금도 틀리지 않고 해내는 사람들을 보면 기계 같다는 생각을 합니다. 그런데 그 사람들이 기계가 아닌 것은 우승했을 때 눈물 흘리는 것을 보면 알게 됩니다. 이들도 사람이기에 때론 슬럼프에 빠지기도 하고 게으름이 피기도 하며 일탈을 꿈꾸기도 합니다. 아사에게도 이런 유혹이 다가왔습니다.

역대하 15장 19절에서 16장 1절을 보면 아사 왕 35년까지 전쟁이 없었다가 36년에 이스라엘 왕 바아사가 유다를 치러 와서 라마를 건축하려

했다고 기록되었습니다.

아마도 이스라엘 왕 바아사는 유다가 이렇게 복을 받으니까 도저히 시기심이 나서 견딜 수가 없었던 모양입니다. 그래서 유다도 칠 겸, 백성들이 유다로 내려가지 못하게 막을 겸 해서 많은 군사들을 이끌고 내려와서 일단 라마 성을 건축하려고 했습니다. 아사 왕이 늘 해왔던 대로 한다면 어떻게 해결해야 하겠습니까? 유다 백성들의 가장 강한 무기인 하나님께 부르짖음으로 이 난관을 극복해야 했습니다. 그런데 아사는 하나님께 부르짖는 대신 돈으로 이것을 해결하려고 했습니다. 돈으로 사람을 사서 이스라엘 왕 바아사를 물러가게 하려고 했던 것입니다. 아사는 아람 왕 벤하닷에게 많은 은금을 뇌물로 주고 이스라엘을 공격해 달라고 부탁했습니다.

> 16장 1-3절, "아사 왕 제삼십육년에 이스라엘 왕 바아사가 유다를 치러 올라와서 라마를 건축하여 사람을 유다 왕 아사에게 왕래하지 못하게 하려 한지라. 아사가 여호와의 전 곳간과 왕궁 곳간의 은금을 내어다가 다메섹에 사는 아람 왕 벤하닷에게 보내며 이르되 내 아버지와 당신의 아버지 사이에와 같이 나와 당신 사이에 약조하자 내가 당신에게 은금을 보내노니 와서 이스라엘 왕 바아사와 세운 약조를 깨뜨려 그가 나를 떠나게 하라 하매"

아마도 아사 왕이 북이스라엘 사람들을 겁냈던 것 같습니다. 구스 사람 세라의 군대 100만 명은 겁 없이 붙어서 싸웠는데 북이스라엘 군대 앞에서는 담대하지 못했습니다. 게다가 예루살렘 성전 곳간도 두둑하게 채워놓았으니 하나님보다는 돈을 의지해서 쉽게 이 문제를 해결해보리라 했던 것입니다. 의지할 곳이 없을 때에는 하나님께 부르짖으면서 기도하더니 배가 부르니까 기도가 나오지 않았습니다. 그러고 보면 부자가 가난한 맘으로 기도하기가 참 어렵다는 걸 알게 됩니다. 돈으로 해결하면 쉬운 걸 왜 어렵게 기도하려고 들겠습니까?

결국 아사 왕은 돈으로 아람 왕을 매수해서 이스라엘을 치게 했습니다. 그런데 이 전략은 기가 막히게 맞아 떨어져서 북이스라엘의 베가는 아람 왕의 공격을 받아서 물러가게 됩니다. 유다는 피 한 방울 흘리지 않고 북이스라엘 군대를 물리친 셈입니다. 그뿐만이 아닙니다. 북이스라엘 군대가 라마 성을 건축하려고 갖고 내려왔던 재료로 유다는 게바와 미스바 성 을 건축했습니다.

인간적으로 보면 얼마나 현명하고 훌륭한 전략입니까? 그러나 하나님은 선견자 하나니를 보내서 아사 왕을 책망하셨습니다. 하나님을 의지하지 않고 아람 왕을 의지했느냐고 말입니다. 아사 왕의 무기는 하나님을 의지하는 것인데 왜 다른 사람들처럼 행했느냐고 나무랐습니다. 그러고 나서, 하나님을 의지하지 않고 아람 왕을 의지한 탓에 아람 왕이 유다의 손에서 벗어나게 될 것이라고 예언하셨습니다.

결국 아람 왕과 북이스라엘은 연합해서 유다를 공격합니다. 그때 유다는 거의 초토화되었습니다. 우리 속담에 '송충이는 솔잎을 먹어야 한다'는 말이 있는데 하나님의 백성들은 끝까지 하나님만 의지해야 합니다. 우리가 사람을 의지하면 나중에 그가 가시가 되어 돌아올 수 있습니다.

하나니 선지자는 아사 왕에게 옛날에 구스 사람과 룹 사람들의 군대가 그렇게 많았는데도 왕이 하나님만 의지했을 때 하나님께서 이기게 하셨던 것을 상기시켰습니다. 선지자는 아사 왕에게 참 무서운 말을 남깁니다. 하나님의 눈은 온 땅을 두루 다니시면서 전심으로 하나님을 향하는 자를 찾으신다는 것입니다. 그러면서 왕이 하나님을 의지하지 않고 사람을 이용했기 때문에 이제부터는 전쟁이 있을 것이라고 예언했습니다. 전쟁을 하지 않으려고 다른 나라를 이용했는데 결과적으로는 전쟁이 일어나게 되었습니다. 하나님의 백성들은 처음부터 끝까지 하나님만 의지해야 합니다. 하지만 우리가 인간인 이상 끝까지 하나님 의지하는 마음을 유지하기란 거의 불가능합니다. 그러나 하나님의 말씀을 순간순간 붙들면 끝까지 승리할 수 있습니다.

아사 왕은 선지자의 말을 듣고 자존심이 상해서 견딜 수가 없었습니다. 왕은 상당히 잘 한다고 한 일이고 결과도 좋았는데 선지자가 와서 책망을 했으니 말입니다. 그래서 선지자를 옥에 가두어버렸습니다. 그리고 이것 때문에 백성들과도 사이가 나빠졌고 반발하는 백성 몇 사람도 학대하기에 이릅니다. 아사 왕이 하나님의 은혜에서 멀어졌다는 증거입니다.

하나님의 종들은 자존심이 아주 강한 사람들입니다. 하나님의 종들은 언제나 다른 사람들의 잘못을 지적하고 책망하는 일을 하다보니까 자기 자신이 책망받는 일에는 익숙하지 않습니다. 특히 하나님의 종들이 계속 성공하고 또 사람들의 칭찬과 존경을 받고 있다가 갑자기 다른 사람이 자신의 잘못을 지적하거나 책망하면 화가 나서 견디지 못하게 됩니다. 아사의 경우도 마찬가지였던 것 같습니다.

16장 12절, "아사가 왕이 된 지 삼십구 년에 그의 발이 병들어 매우 위독했으나 병이 있을 때에 그가 여호와께 구하지 아니하고 의원들에게 구하였더라"

아사 왕은 나중에 발에 병이 생기는데, 아마 통풍이 아니었을까 하는 생각이 듭니다. 어쨌거나 아사 왕은 이 병을 두고 하나님께 기도하지 않고 의사를 의지했습니다. 병이 들었으면 의사의 도움을 받는 것이 당연

하지만 의사의 도움을 받더라도 하나님께 기도하는 건 기본입니다. 그런데 아사는 하나님은 제쳐두고 의사에게만 매달렸습니다. 의사에게 지혜도 주시는 분은 하나님이십니다. 하나님은 아사가 하나님을 의지하길 원하셨습니다.

결국 아사는 병이 낫지 않아 2년 뒤에 죽게 됩니다. 아사는 어떻게 보면 거의 다윗 후손의 교과서라 할 수 있을 정도로 완벽하게 하나님의 말씀에 헌신된 신앙을 소유했습니다. 그는 왕이 되었을 때 아버지의 부정적인 유산을 다 철폐했습니다. 그래서 하나님은 아사를 사랑하셔서 구스의 100만 대군을 이기게 하셨습니다. 그리고 하나님은 아사와 유다에 계속적인 부흥을 주셨고 큰 시험이 없게 하셨습니다. 그러나 아사도 인간이었기 때문에 100퍼센트 하나님만 의지하지 못했습니다.

성경이 아사 왕의 실수도 빠짐없이 기록해 놓은 건 사실이지만 그에 대한 전반적인 평가는 그가 신앙의 사람이었다는 것입니다. 우리도 아사처럼 하나님을 전적으로 의지하며 살아야 합니다. 물론 우리도 인간이기 때문에 딴 길로 갈 가능성이 다분합니다. 하지만 아사의 이야기를 교훈 삼아 하나님의 은혜에 붙잡혀서 끝까지 믿음의 길을 택하는 여러분이 되시길 바랍니다.

CHAPTER 09

예언의 대결

대하 17:1-18:34

요행은 한번만 통한다는 말이 있습니다. 어떤 사람이 우연히 이렇게 했더니 성공했더라 하는 건 그 사람에게만 통하는 방법이지 누구나 다 그렇게 한다고 해서 성공할 수 있는 건 아닙니다. 그러나 하나님의 일을 그렇지 않습니다. 누구든지 하나님의 약속을 붙들고 말씀의 우물을 파기만 하면 똑같은 능력이 나타나고 부흥이 오게 됩니다. 그러나 너무나도 많은 사람들이 그것을 믿지 못해서 말씀을 따라 살지 못하는 것입니다.

아사는 솔로몬 이후에 나타난 아주 특별한 사람이었습니다. 아사는 할아버지 르호보암이나 아버지 아비야의 부정적인 정책을 물려받지 않고 다윗처럼 하나님께만 헌신한 사람이었습니다. 이것을 다른 말로 말하면 아사는 할아버지나 아버지 때부터 내려오던 우상에 대한 관용 정책을 뒤집어엎고 오직 여호와 신앙으로 부흥을 일으킨 것입니다. 이것은 굉장히 특별한 경우입니다. 왜냐하면 웬만한 사람이 아니고서는 아버지나 할아버지의 정책을 틀렸다고 하면서 뒤집어엎고 새로운 정책을 행하기가 결코 쉽지 않기 때문입니다.

그런데 부흥은 바로 이런 결단에서 오는 것입니다. 하나님을 믿는다고 하면서도 시간이 흐르면서 조금씩 하나님의 말씀에서 멀어지게 되고 나중에는 완전히 하나님으로부터 멀어지게 됩니다. 이때 신앙은 완전히 형식만 남게 되고 영적인 부흥의 불길은 꺼져버립니다. 가장 중요한 것은 누군가가 이 사실을 인식해야 하고 이 불길을 되살리는 것을 자신의 사명으로 알고 목숨을 걸고 하나님의 말씀의 부흥을 되살려야 하는 것입니다. 아사는 이 일을 해낸 사람이었습니다.

아사는 구스 사람 세라가 100만 명을 끌고 예루살렘을 치러왔을 때 하나님께 부르짖어서 전쟁을 이깁니다. 그랬던 아사가 나중에 북이스라엘의 왕 바아사가 쳐들어오자 하나님을 의지하지 않고 아람 왕을 돈으로 매수해 북이스라엘을 물리쳤다가 선지자의 책망을 받습니다. 자존심이 상한 아사는 선지자를 감옥에 가두고 반발하는 백성들을 학대하는 강경책을 쓰기도 했습니다. 말년에는 병을 얻었는데 그때도 하나님을 의지하지 않고 의사에게 지나치게 의존했다가 다시 책망을 받기도 했습니다. 그럼에도 불구하고 아사는 부흥과 축복의 비결을 아는 사람이었습니다.

아사의 아들인 여호사밧도 아버지의 뒤를 따라 부흥의 길을 간 사람이었습니다. 대개 아버지가 하나님의 말씀으로 큰 부흥을 일으켰으면 아들은 또 다른 길을 가기가 쉽습니다. 하나님의 말씀의 길이라고 하는 것은 치우친 길이기 때문에 답답하기도 하고 이 길로 일단 한번 들어가 버리면 다른 길은 갈 수가 없기 때문입니다. 그런데 놀라운 것은 여호사밧도 아버지 아사와 똑같이 부흥의 길로 들어갔고 오히려 자기 앞의 왕들, 특히 솔로몬조차도 생각하지 못했던 대부흥을 일으키게 됩니다. 그런 점에서 여호사밧은 아주 특별한 사람이었습니다.

놀라운 것은 바로 이것입니다. 아버지 아사가 하나님의 말씀을 가지고 부흥을 일으킨 것이 우연이라고 생각한다면 아들 여호사밧이 말씀을 가지고 통치했을 때 실패를 하는 것이 정상일 것입니다. 그러나 여호사밧도 하나님의 말씀을 가지고 통치했을 때 똑같은 부흥과 축복이 일어났고 오히려 더 큰 부흥과 축복이 일어나게 되었습니다. 우리가 알아야 할 것은 하나님의 부흥과 축복은 결코 우연이 아니라는 것입니다. 누구든지 하나님의 말씀을 붙들고 믿으면 부흥이 일어나게 되고 축복이 나타나게 되어 있습니다. 그런데 사람들은 성경에 이렇게 많은 약속과 축복을 보면서도 벌벌 떨면서 인간의 길을 가고야 마는 것입니다. 결국 하나님의 말씀을 의지해서 부흥을 가져오고 축복을 받으려면 끝까지 하나님의 말씀 하나만 붙들고 가는 결단과 믿음이 있어야 합니다. 사람의 말을 듣고 우왕좌왕하다가는 결코 이 길을 갈 수가 없습니다.

1. 여호사밧이 일으킨 부흥

■

17장 1절, "아사의 아들 여호사밧이 대신하여 왕이 되어 스스로 강하게 하여 이스라엘을 방어하되"

여기서 중요한 것은 여호사밧이 왕이 되어서 '스스로 강하게 했다'는 것입니다. 이것은 다른 말로 말하면 여호사밧의 아버지 아사 왕 말기에는 신앙적으로 상당히 해이했는데 여호사밧이 주도권을 잡고 강하게 신앙 부흥을 일으켰다는 뜻으로 생각할 수도 있습니다. 그러나 다른 한편으로 생각해보면 여호사밧은 나름대로 하나님 앞에서 믿음의 길로만 가기로 자기 자신을 다잡았던 것 같습니다. 왕의 자리에서 믿음의 길을 가기란 쉬운 일이 아니기 때문입니다. 여호사밧이 아버지 아사를 통해서 부흥의 분위기에 익숙하게 성장한 것은 사실이지만, 그런 분위기에 있었다고 해서 반드시 믿음의 길로 가는 건 아닙니다. 믿음의 길은 오직 한 길입니다. 다른 길은 없고, 오직 하나님의 말씀 하나에 자기 자신의 모든 운명과 나라의 운명까지 걸어야 하는 길입니다. 그래서 누구든지 이 길을 끝까지 가려면 하나님 앞에서 이 길이 옳은 길이라는 개인적인 체험이 있어야 합니다. 그런데 여호사밧은 '스스로 강하게 했다'는 것입니다. 이것은 일체 다른 길은 기웃거리지 않고 살든지 죽든지 하나님의 말씀의 길로만 가겠다고 결단했음을 뜻합니다.

또한 여호사밧은 '이스라엘을 방비했다'고 합니다. 북이스라엘과의 전쟁에 대비해서 성에 군인들을 배치하고 방비를 튼튼히 했다는 뜻입니다. 그러나 이것은 결과적으로 그랬다는 말이지 여호사밧이 처음부터 방비에 힘썼다는 뜻은 아닐 것입니다. 여호사밧의 우선순위는 하나님을 의지하는 데 있었습니다.

17장 3절, "여호와께서 여호사밧과 함께 하셨으니 이는 그가 그의 조상 다윗의 처음 길로 행하여 바알들에게 구하지 아니하고"

지금까지 유다의 왕들은 모두 개인적으로는 훌륭한 왕들이었지만 오직 하나님 한 분만을 의지하지는 못했습니다. 거의 대부분의 유다 왕들이 언제나 무슨 일이 있을 때마다 하나님과 세상 사이에 양다리를 걸쳤다는 뜻입니다. 유다 왕들이 무대보로 바알을 섬기거나 아세라를 섬긴 것은 아니었습니다. 왕족들이나 여인들이 바알이나 아세라를 섬기는 것을 막지 않았을 뿐입니다. 그리고 그들의 머릿속에는 언제부터인지 '좋은 게 좋다' 는 식의 사고방식이 자리하고 있었습니다.

이런 왕들과 달리 여호사밧은 우리의 모든 도움은 오직 하나님으로부터 와야 한다고 생각하고 일체 다른 길을 구하지 않았습니다. 하나님께서는 이런 여호사밧과 함께하셨습니다. 여기서 하나님께서 여호사밧과 함께 하셨다는 것은 하나님께서 여호사밧에게 실제적인 분이 되셨다는 뜻입니다. 보통 사람들은 하나님을 믿는다고 하지만 하나님은 멀리 계시고 머릿속으로만 존재하는 분으로 여길 때가 많습니다. 하나님을 사랑다고 하지만 실제로 하나님을 짝사랑하는 것입니다. 하나님은 그들로부터 멀리 계신 것 같고 기도해도 응답이 되지 않을 때가 많은 것입니다. 그러나 우리가 목숨을 걸고 하나님의 말씀을 붙들 때 하나님은 우리에게 실제적인 분이되십니다. 마치 하나님과 한 가족이 된 것처럼 언제든지 만나주시고 응답해주시고 함께 해주시는 것입니다.

"오직 그의 아버지의 하나님께 구하며 그의 계명을 행하고 이스라엘의 행위를 따르지 아니하였음이라"

하나님의 백성들이 부흥하는 비결은 왕이 훌륭한 계획을 세워서 정책이나 무역으로 나라를 부강 시키는 것이 아닙니다. 이스라엘은 부흥하려면 왕이 하나님을 붙잡아야 했습니다. 그것은 왕 자신이 하나님의 말씀의 능력에 대한 절대적인 믿음이 있어야 가능한 일입니다. 왕 자신이 하나님을 두려워하고 하나님의 말씀을 순종해야 합니다. 그리고 나서 백성들을 하나님의 말씀의 길로 데리고 가는 것입니다. 처음에는 백성들 중에는 반발하는 자들도 있고 딴 길로 가는 자들도 있지만 결국 조금씩 하나님의 말씀의 맛을 보면서 따라오게 됩니다.

17장 5절, "그러므로 여호와께서 나라를 그의 손에서 견고하게 하시매 유다 무리가 여호사밧에게 예물을 드렸으므로 그가 부귀와 영광을 크게 떨쳤더라"

여호사밧이 하나님의 말씀의 길로만 가니까 하나님이 나라를 견고하게 하셨다고 했습니다. 이것은 나라에 일체 시험거리가 생기지 않았다는 말입니다. 물론 여호사밧의 통치 초기에는 어려움도 많고 반발 세력도 많이 있었겠지만 어느 정도 시간이 지난 후에는 나라가 안정되면서 일체 나라에 시험 드는 일이 없게 되었습니다. 이것을 보고 유다 무리들이 왕에게 예물을 드렸다고 성경은 기록합니다. 이것은 유다 왕족들이나 방백들이 왕을 왕으로 인정을 했다는 뜻입니다.

처음에 유다 왕족들이나 방백들은 생각했습니다. 왕이 철저한 신앙으로 나라를 다스린다고 하지만 결국 얼마가지 않아서 다른 왕들과 같아질 거라고 말입니다. 그래서 방관하고 있었던 것입니다. '얼마나 가나 보자'라고 빈정거리면서 있었는데 정말 왕이 하나님의 말씀대로 통치하고 그 결과로 백성들 가운데 부흥이 일어나고 하나님의 축복이 나타나니까 자진해서 왕에게 많은 예물을 바치게 되었습니다. 그래서 여호사밧의 부귀와 영광은 극에 달했습니다. 이것은 하나님께서 부흥의 부산물로 주신 선물이었습니다. 부흥이 계속되면 하나님의 백성들은 물질적으로도 넘치는 복을 받게 되어 있습니다.

17장 6절, "그가 전심으로 여호와의 길을 걸어 산당들과 아세라 목상들도 유다에서 제거하였더라"

여기서 여호사밧은 두 가지 중요한 일을 했습니다. 하나는 소극적인 것이고 다른 하나는 적극적인 것입니다. 우선 소극적인 것으로는 유다에 남아있던 모든 산당과 아세라 목상을 부수어버렸습니다.

여호사밧은 하나님의 말씀에 목숨을 걸고 나라를 이끌어 나가는 가운데 하나님께서 나라를 평안하게 하시고 물질적으로도 축복하시는 것을 경험하게 되었습니다. 심지어는 유다의 귀족들조차도 예물을 바쳐서 여호사밧을 자신들의 왕으로 인정했습니다. 여호사밧은 이것이야말로 하나님께서 자신을 지지하시는 증거라고 생각해서 더 과감하게 하나님의 말씀 운동을 일으켰습니다. 그 첫 번째 운동이 유다 안에서 산당과 아세라 목상을 전부 없애버린 것이었습니다. 이것은 모든 유다 백성들의 마음을 하나로 모으라는 뜻이며 절대로 다른 신을 섬기는 것을 인정하지 않겠다는 의미였습니다. 사실 흩어져 있는 백성들의 마음을 하나 되게 한다는 건 결코 쉬운 일이 아닙니다. 더욱이 하나님의 백성들의 마음이 하나 된다는 건 성령님의 특별한 감동과 역사가 아니면 불가능한 일입니다. 각자 말씀에 대한 나름대로의 지식이 있어서 누군가의 말을 듣지 않으려는 고집들이 있기 때문입니다. 그런데 지도자가 하나님의 말씀을 가지고 다스려서 강한 성령의 역사가 나타나게 되면 하나님의 백성들의 마음이 하나가 됩니다. 사실 이때부터가 본격적인 부흥의 때입니다.

여호사밧의 훌륭한 점은 하나님이 함께하시고 지도자들이 자기를 인정할 때 백성들의 마음이 하나로 모아지고 있다고 판단하고 더 강하게 부흥으로 몰아붙인 것입니다. 그것이 바로 산당과 아세라상을 다 없애버

린 일입니다. 사실 산당이라고 하는 것은 그야말로 산당이고 백성들이 기도하는 곳이 되어야 하는데 실제로는 산당이 미신적인 신앙의 본산이었습니다. 그러나 그동안 왕들이 산당을 없애지 못했던 건 귀족들이 모두 뒤에서 산당을 지원했기 때문입니다.

그래서 왕이라 하더라도 산당을 건드리면 왕족들이나 귀족들이 뒤에서 왕이 백성들을 너무 독단적으로 몰고 간다는 식으로 비난을 했던 것입니다. 그런데 여호사밧은 백성들의 마음이 부흥으로 어느 정도 하나가 될 때 아예 그동안 손을 대지 못했던 우상을 뿌리 뽑고 백성들의 마음이 우상 때문에 나뉘지 못하게 했습니다. 이렇게 하는 것을 통합 정책(integrated ministry)이라고 할 수 있습니다. 백성들의 마음을 예배로 하나되게 하는 것입니다.

17장 7-9절, "그가 왕위에 있은 지 삼 년에 그의 방백들 벤하일과 오바댜와 스가랴와 느다넬과 미가야를 보내어 유다 여러 성읍에 가서 가르치게 하고 또 그들과 함께 레위 사람 스마야와 느다냐와 스바댜와 아사헬과 스미라못과 여호나단과 아도니야와 도비야와 도바도니야 등 레위 사람들을 보내고 또 저희와 함께 제사장 엘리사마와 여호람을 보내었더니 그들이 여호와의 율법책을 가지고 유다에서 가르치되 그 모든 유다 성읍들로 두루 다니며 백성들을 가르쳤더라"

이제 여호사밧은 가장 중요한 일을 했습니다. 솔로몬조차도 하지 못했던 일이었습니다.

하상을 부수고 산당을 없앤다고 해서 하나님의 백성들 가운데 진정한 부흥이 일어나는 건 아닙니다. 백성들이 우상을 찾는 이유는 마음속에 말씀이 없어서, 두려워서, 우상이나 미신을 찾게 되는 것입니다. 그래서 하나님의 백성들에게 부흥이 일어나게 하려면 가장 중요한 것이 하나님의 말씀을 가르쳐야 합니다.

사실 솔로몬이 성전을 짓고 난 후에 가장 중점적으로 해야 했던 일은 백성들에게 레위인들이나 방백들을 보내어서 말씀을 가르치고 기도하는 것이었습니다. 만일 솔로몬이 그렇게 했더라면 이스라엘은 결코 분리되지 않았을 것이고 다윗 때를 능가하는 대부흥이 일어났을 것입니다. 그러나 솔로몬은 외교와 무역으로 이스라엘을 부강시키려 했던 것입니다.

그런데 여호사밧은 유다의 부흥을 위해 진정으로 필요한 일을 했습니다. 그래서 방백 다섯 명 그리고 레위인 아홉 명 그리고 제사장 두 명을 유다의 모든 성읍에 보내어서 하나님의 율법을 가르치게 했던 것입니다.

사실 이것은 여호사밧 자신이 사는 길이기도 했습니다. 하나님의 백성들이 말씀을 들으면 모두 양같이 온순해져서 물어뜯거나 공격하지 않기 때문입니다. 그리고 백성들 스스로가 하나님의 말씀을 듣고 순종하기 때문에 하나님이 모든 백성들에게 건강을 주시고 물질적인 복을 주셔서 나라 안에 큰 사고나 재앙이 일어나지 않게 됩니다.

하나님이 원하시는 부흥이 바로 이런 것입니다. 하나님의 백성들에게 하나님의 말씀을 가르치시고 이스라엘 백성 한 사람 한 사람이 성전벽돌이 되게 하셔서 하나님이 이스라엘 전체를 통해서 전 세계를 축복하시는 것입니다.

옛날에 우리나라 교회에 부흥 사경회라는 것이 많이 있었습니다. 이 부흥 사경회라고 하는 것은 그야말로 성경을 한 자 한 자 풀어서 가르치는 것이었습니다. 옛날 목회자들은 참 겸손하셔서 자신이 성경 전부를 잘 안다고 생각하지 않았습니다. 그래서 다른 목사님들 중에서 성경에 능통하신 분을 초청해서 사경회를 하면 이웃에 있는 교인들도 보따리를 싸가지고 와서 말씀을 듣곤 했습니다. 그러면 말씀을 듣는 가운데 부흥의 역사가 일어나고 하늘의 축복이 부어지면서 하나님의 큰 능력이 나타났습니다.

여호사밧이 한 것은 바로 하나님의 말씀을 가지고 유다의 영적인 부흥을 일으킨 것이었습니다. 여호사밧이 이렇게 했을 때 하나님은 유다를 크게 축복하셨습니다.

17장 10절, "여호와께서 유다 사방의 모든 나라에 두려움을 주사 여호사밧과 싸우지 못하게 하시매"

우선 눈에 띄는 것이 감히 유다를 공격하는 나라가 없었습니다. 유다 안에서 하나님의 말씀 부흥 운동이 일어나니까 주변국들이 유다를 두려워하게 되었습니다. 그래서 자기들 스스로 '유다는 지금 무엇인가 굉장한 힘을 가졌어. 괜히 저런 나라를 건드렸다가는 뼈도 못 추릴 테니까 건드리지 말자'라고 했던 것입니다.

하나님께서는 부흥이 일어나는 나라와 교회를 눈동자같이 지켜주십니다. 그래서 그 주위에 호전적인 국가가 있음에도 불구하고 감히 건드리지 못하게 하시는 것입니다. 전쟁이 나도 몇 번은 나야 하는데 전쟁이 일어나지 않으니 자기들도 놀라게 되는 것입니다. 이는 하나님께서 눈에 보이지 않는 손으로 지켜주시기 때문입니다. 우리나라가 전쟁의 위험에서 자유로울 수 있는 길은 영적인 부흥밖에 없습니다. 하나님께서 우리나라를 지켜주셔야 하는 것입니다.

17장 11절, "블레셋 사람들 중에서는 여호사밧에게 예물을 드리며 은으로 조공을 바쳤고 아라비아 사람들도 짐승 떼 곧 숫양 칠천칠백 마리와 숫염소 칠천칠백 마리를 드렸더라"

심지어는 그 동안 유다를 괴롭히던 가시들이 스스로 굴복했습니다.
블레셋 사람들은 두고두고 이스라엘 백성들의 가시였습니다. 그런데 놀라운 것은 이스라엘 백성들이 부흥되면 블레셋은 세력이 약화되었다는 점입니다. 그런데 이스라엘 백성들이 하나님을 멀리하고 영적으로 쇠퇴하게 되면 여지없이 다시 일어서서 이스라엘 백성들을 괴롭혔습니다. 우리들도 평소에는 여러 가지 가시가 있다가 부흥이 계속되면 어느 순간 이 가시들이 뽑힙니다. 예를 들어서 사람이나 질병으로 인한 괴로움 등을 말합니다. 그러나 우리의 신앙이 쇠퇴되면 이 가시들이 다시 돌아납니다.

여호사밧이 부흥을 일으키니까 블레셋 사람들은 아예 찾아와서 더 이상 가시 노릇을 하지 않겠다고 예물을 드리면서 항복 의사를 밝혔습니다. 아라비아 사람들도 한번 씩 불청객처럼 찾아와서 유다를 괴롭히는 족속들이었는데 그들도 복종한다는 의사표시로 숫양 7,700마리와 숫염소 7,700마리를 바쳤습니다.

여기서 재미있는 것이 그들이 숫양과 숫염소만 바쳤다는 것입니다. 원래 숫양과 숫염소는 뿔로 잘 들이받는 것이 특징입니다. 그런데 그런 짐승을 바친 것은 이제 우리가 완전히 거세당했으니 절대로 유다를 들이받지 않겠다는 뜻입니다.

17장 14-18절, "군사의 수효가 그들의 족속대로 이러하니라 유다에 속한 천부장 중에는 아드나가 으뜸이 되어 큰 용사 삼십만 명을 거느렸고 그 다음은 지휘관 여호하난이니 이십팔만 명을 거느렸고 그 다음은 시그리의 아들 아마시야니 그는 자기를 여호와께 즐거이 드린 자라 큰 용사 이십만 명을 거느렸고 베냐민에 속한 자 중에 큰 용사 엘리아다는 활과 방패를 잡은 자 이십만 명을 거느렸고 그 다음은 여호사밧이라 싸움을 준비한 자 십팔만 명을 거느렸으니"

그리고 하나님은 유다에 다시 많은 젊은이들을 주셔서 사람 수에 있어서도 폭발적으로 부흥하게 하셨습니다. 그것이 바로 군대의 숫자였습니다. 유다 군사들의 수를 합해보면 118만 명이 됩니다. 여호사밧 때 이렇게 군사들이 많았던 건 그만큼 하나님께서 유다를 수적으로 축복을 하셨기 때문에 가능했습니다.

본문에서는 장군 중에 아마시야라는 사람을 이야기하면서 '자기를 여호와께 즐거이 드린 자'라고 소개합니다. 옛날에 자기를 여호와께 드린다는 것은 나실인을 의미했습니다. 나실인은 포도주를 마시지 않고 머리를 자르지 않고 죽은 시체를 만지지 않고 하나님께 자신을 바쳤습니다. 아마도 아마시야도 스스로 무슨 서원을 하고서는 평생 그것을 지킨 것 같습니다. 예를 들면 결혼을 하지 않고 평생 독신으로 지낸다거나 혹은 재산을 가지지 않고 평생 가난하게 살든지 했던 것 같습니다. 어쨌거나 그는 또한 용감한 군인이었습니다. 그러니까 유다에 부흥이 일어나면서 자기 자신을 하나님께 드리는 사람들이 다시 나타나게 된 것입니다.

2. 여호사밧의 연합 정책

여호사밧은 유다 왕들 중에서 북이스라엘과의 연합 운동을 가장 적극적으로 했던 사람이었습니다. 여호사밧은 북이스라엘의 아합 왕을 도우려고 하다가 여러 번 자기 목숨이 위험할 때가 있었습니다. 그럼에도 불구하고 여호사밧은 아합 왕과 동맹했고 적극적으로 친 이스라엘 정책을 썼습니다.

18장 1-2절, "여호사밧이 부귀와 영광을 크게 떨쳤고 아합 가문과 혼인함으로 인척 관계를 맺었더라. 이 년 후에 그가 사마리아의 아합에게 내려갔더니 아합이 그와 시종을 위하여 양과 소를 많이 잡고 함께 가서 길르앗 라못 치기를 권하였더라"

여호사밧이 하나님의 말씀의 우물 팠을 때 하나님께서 얼마나 여호사밧을 축복하셨는지 여호사밧이 부귀와 영광을 떨쳤다고 성경에 기록되었습니다. 여호사밧이 통치할 때 유다는 정치적으로나 물질적으로 전혀 어려움이 없었고 계속 하나님의 복이 부어져서 부족한 것이 하나도 없었던 것입니다. 그런데 여호사밧은 북이스라엘과의 연합으로 위험한 일을 많이 당하게 되었고 여러 번 죽을 위기를 넘기기도 했습니다. 그럼에도 불구하고 여호사밧은 북이스라엘과의 연합에 많이 집착했습니다. 그 이유가 무엇이었을까요?

우선 긍정적인 이유를 생각해봅시다. 여호사밧은 남쪽과 북쪽이 신앙의 색깔은 달라도 같은 이스라엘 백성이니까 할 수 있는 한 모든 일에 연합하는 것이 옳다고 생각했던 것 같습니다.

좀 부정적인 이유는 북이스라엘에 대한 여호사밧의 두려움입니다. 여호사밧은 북이스라엘의 군대 때문에 늘 걱정하고 두려워했었던 것 같습니다. 그런데 일단 이스라엘과 군사적으로나 정치적으로 동맹을 맺으면 적어도 이스라엘의 공격은 염려하지 않아도 되기 때문에 정치적으로 안

정을 꾀할 수 있다고 생각했던 것 같습니다.

이런 사정은 우리나라의 처지와 비슷하다고 볼 수 있습니다. 우리나라도 북한과의 전쟁을 피하는 것이 가장 무서운 불을 끄는 것입니다. 그래서 지금까지 정치인들이 할 수만 있으면 북한과 좋은 관계를 맺기 위해서 평양도 다녀오고 원조도 해줬던 것입니다.

또 다른 이유를 생각해 볼 수 있습니다. 그 하나는 여호사밧이 가졌던 이스라엘에 대한 열등감을 생각해 볼 수 있습니다. 이 당시 이스라엘은 유다에 비하여 다섯 배 내지 열 배 큰 나라였습니다. 그러니까 하나님께서 아무리 여호사밧을 축복하셔서 큰 부흥이 있었고 물질적으로나 군사적인 숫자에 있어서 큰 축복이 있었다 하지만 그럼에도 불구하고 여전히 외적인 규모에 있어서 유다가 이스라엘에 대하여 열등했던 것은 사실이었습니다. 그래서 여호사밧은 마음속으로 이스라엘의 큰 규모를 부러워하면서 그들을 따라하고 싶은 마음이 있었던 것입니다. 예를 들어서 어느 교회가 규모는 작지만 하나님의 말씀으로 잘 부흥되고 있을 때에는 사실 부족한 것이 없습니다. 그러나 자기 교회에 비하여 규모가 열배 이상 차이나는 큰 교회 목회자 앞에서는 아무래도 고개가 숙여지고 할 수 있으면 그들의 인정을 받고 무엇인가 함께할 기회가 있었으면 하고 생각하게 됩니다.

실제로 여호사밧이 심각하게 생각해야 했던 것은 여호사밧의 신앙과 아합이나 북이스라엘의 신앙이 너무 다르다는 점이었습니다. 여호사밧이 철저하게 말씀 중심의 사람이었다면 아합은 종래 금송아지 신앙에서 한 걸음 더 나아가서 아예 바알을 적극적으로 추종하는 사람이었습니다. 그래서 아합은 이미 하나님 앞에서 버림받은 지 오래였습니다. 그럼에도 불구하고 여호사밧은 같은 이스라엘 백성이라는 생각을 가지고 안일하게 생각했던 것입니다. 결국 순진한 여호사밧은 아합에게 실컷 이용만 당하고 말았습니다. 그럼에도 불구하고 하나님은 여호사밧을 사랑하셔서 죽음의 위기에서 몇 번씩 건져주셨습니다. 그래서 아무리 하나님의 백성이 연합하는 것이 좋다고 해도 하나님을 앞서가서는 안 되는 것입니다. 하나님께서 허락하시는 범위 안에서 연합해야지 무조건 하나님의 백성은 하나 되어야 한다며 서두르다가는 이용만 당하고 부담만 잔뜩 지게 되는 것입니다.

이번에 이스라엘이 길르앗 라못을 치러가는 것도 마찬가지입니다. 이것은 완전히 아합 자신의 야망이었고 욕심이었습니다. 그런데 아합은 이 욕심에 여호사밧을 끌어들였습니다.

일단 아합은 여호사밧을 사마리아에 초청해서 맛있는 음식을 잔뜩 대접한 후에 자기가 길르앗 라못을 치러 가는데 함께 치러가지 않겠느냐고 끌어들였습니다. 사실 하나님의 종들은 다른 사람들이 요구하는 것을 잘 거절하지 못합니다. 일단 만나면 끌려들 가능성이 많습니다. 그래서 할 수 있으면 하나님의 종들은 어떤 유명한 사람들의 모임에 잘 나가지 않는 것이 좋습니다. 괜히 그런 데서 어떤 부탁을 받으면 거절하기도 어렵고 또 하겠다고 약속을 해버리면 끌려들어가기 때문입니다. 그런데 여호사밧은 나라가 복도 많이 받았고 군사력도 부강해졌기 때문에 얼마든지 사마리아에 가서 아합만 만나도 된다고 생각했던 것 같습니다. 그러다가 아주 부담스러운 제안을 받게 된 것입니다.

원래 아합은 하나님 앞에서 악한 왕이었기 때문에 하나님은 아합을 벤하닷과의 전쟁에서 망하게 하려고 계획하셨습니다. 그러나 이스라엘 안에 바알에게 무릎을 꿇지 아니한 7,000명 때문에 오히려 이기게 하셔서 아합은 두 번이나 벤하닷을 이기고 전쟁 영웅이 되었습니다. 그때 벤하닷이 죽게 되었는데 아합에게 무릎을 꿇고 아첨하면서 자기 아버지 때 빼앗은 길르앗 라못을 돌려주겠다고 해놓고 약속을 어겼습니다. 아합의 입장에서는 자신이 두 번이나 아람과의 전쟁에서 이겼고 벤하닷이 약속을 지키지 않고 있기 때문에 얼마든지 응징할 수 있는 입장이었습니다. 그러나 아합은 자신도 하나님 앞에 죄인이었습니다. 하나님 앞에 죄인은 한 평생 하나님 앞에서 자숙을 해야합니다. 하나님 앞에서 죄를 지어서 징계를 받거나 경고를 받은 사람은 한 평생 하나님 앞에서 고개를 들지 말아야 망하지 않습니다. 이런 사람은 교만할 수 있는 모든 가능성을 다 버리고 부족하게 살아야 하나님의 은혜를 잊지 않습니다. 그러나 이런 사람들이 다른 사람들처럼 하고 싶은 대로 다 했다가는 하나님의 진노의 불이 다시 타오르게 되는 것입니다.

  사실 이 길르앗 라못은 아합에게 있어서 군침이 도는 먹잇감이기도 했지만 동시에 아합의 교만을 시험해보는 하나님의 테스트이기도 했습니다. 그런데 아합은 자기 혼자는 불안하니까 여호사밧을 끌어들이면 하나님이 봐주실까 해서 신앙이 좋은 여호사밧을 끌어들이는 것입니다. 이때 여호사밧이 조금 비겁한 체 하면서 유다에 가서 장로들과 한번 의논해 보겠다고 하면 좋앗을 텐데 그렇게 하려고 하니까 체면이서지 않았습니다. 또 그렇게 하기에는 여호사밧이 너무 훌륭했습니다.

  사람이 때로는 바보같이 행동을 해야 적의 교묘한 술책에 말려들지 않는데 너무 정직하고 강직하면 이렇게 말려들게 되는 것입니다. 아마 여호사밧은 괜히 아합의 마음을 불편하게 했다가 나중에 이스라엘이 쳐들어오는 것보다는 차라리 지금 길르앗 라못 전투에 나서는 것이 피해가 적다고 생각한 것 같습니다. 그래서 여호사밧은 덜컥 승낙해버렸습니다.

18장 3절하, "대대답하되 나는 당신과 다름이 없고 내 백성은 당신의 백성과 다름이 없으니 당신과 함께 싸우리이다"

여호사밧은 식사 한 끼 대접 잘 받고 그만 자신의 생명이 달려 있는 중요한 제안을 승낙해버렸습니다. 나는 당신과 일반이요 내 백성은 당신 백성과 일반이라는 말은 우리는 같은 이스라엘이라는 뜻입니다.

3. 예언의 대결

18장 4절, "여호사밧이 또 이스라엘 왕에게 이르되 청하건대 먼저 여호와의 말씀이 어떠하신지 오늘 물어 보소서 하더라"

여호사밧의 신앙은 위기의 순간에 드러났습니다. 여호사밧은 어떤 일을 결정하고 나서 꼭 하나님의 말씀으로 확인받고 싶어 했습니다. 우리가 이 세상에서 실패하지 않으려면 무조건 하나님의 말씀을 앞세워야 합니다. 여호사밧처럼 어떤 일을 이미 결정한 상태에서 말씀의 확인을 받으려고 하면 위험이 따릅니다. 사람들은 누구나 다 자기가 원하는 방향으로 하나님의 응답이 나타나기를 바라기 때문입니다.

그래서 하나님의 말씀을 앞세우고 나가려면 먼저 말씀으로 부흥을 일으키면서 감당할 수 있는 범위 안에서 모든 것을 하면 되는 것입니다.

18장 5절, "이스라엘 왕이 이에 선지자 사백 명을 모으고 그들에게 이르되 우리가 길르앗 라못에 가서 싸우랴 말랴 하니 그들이 이르되 올라가소서 하나님이 그 성

읍을 왕의 손에 붙이시리이다 하더라"

여호사밧은 북이스라엘과 전쟁에 함께하기로 약속을 해놓고 나서 하나님의 뜻을 물었습니다. 엄청나게 많은 거짓 예언자들이 나타나서 전쟁을 하라고 부추겼습니다. 전쟁은 하면 반드시 이긴다고 떠들어댔습니다.

원래 하나님의 뜻을 물으려고 하면 400명이나 되는 선지자들이 필요하지 않습니다. 의로운 선지자 한 명의 말만 들어도 충분합니다. 그러나 이스라엘 왕궁에는 이미 거짓 선지자들이 판을 치고 있었습니다. 거짓 선지자라고 하니까 아주 사악한 무리들로 생각할지 모르겠는데, 이들도 이스라엘을 정말로 사랑하고 왕을 끔찍이 사랑하는 사람들이었습니다. 단지 그들은 하나님의 말씀을 믿지 않고 사람들의 기대에 부응했을 뿐입니다.

거짓 선지자들은 하나님의 말씀이 사람을 너무 고통스럽게 하니까 사람들이 듣고 싶어 하는 희망을 설교하는 자들이었습니다. 그리고 이 선지자들은 자신들의 예언이 분명히 이루어 질 것을 믿었습니다. 그렇다고 해서 이 사람들이 자기들이 하는 말을 믿지 않는 것이 아니었습니다. 그러나 그 믿음은 하나님께로부터 온 것이 아니요 자신들의 신념이었습니다.

우리는 신념과 신앙을 구별을 해야 합니다. 신념이라고 하는 것은 내가 할 수 있다고 믿는 것입니다. 그러나 신앙은 내가 할 수 없다고 믿는 것입니다. 내가 할 수 없다면 누가 할 수 있습니까? 하나님만이 하실 수 있는 것입니다.

여호사밧은 400명의 선지자들이 확신에 차서 올라가서 싸우라고 했지만 별로 신뢰가 생기지 않았습니다. 이들이 신실하게 하나님의 말씀을 전한다기보다는 사람을 흥분시키려고 하는 것 같아보였기 때문입니다.

그래서 여호사밧은 아합 왕에게 이 사람들 외에 다른 선지자는 없느냐고 물어보았습니다. 그랬더니 아합 왕이 말하기를 한 사람이 있기는 한데 그 사람은 나에게 희망찬 말은 해주지 않고 항상 흉한 것만 예언한다고 했습니다. 여호사밧은 아합에게 그런 소리 말라면서 그 사람을 부르자고 했습니다.

그 사람은 이믈랴의 아들 미가야라는 선지자였습니다. 사실 하나님에 대한 불신앙에 가득 찬 이스라엘에 미가야 같은 선지가 있다는 것은 아주 귀한 일이었습니다. 그러나 미가야는 이스라엘에서 그 가치를 인정받지 못하고 있었습니다. 왕이 사람을 보내어서 미가야를 데리러 간 동안에 시드기야라 하는 선지자는 쇠로 뿔을 만들어 가지고 적을 찌르는 흉내를 내면서 하나님의 말씀이 이것으로 아람 사람들을 다 찔러 진멸할 것이라고 했습니다.

사실 아합은 도저히 이길 수 없는 두 번의 전쟁에서 아람 군대를 꺾고 기적적으로 역전을 시킨 왕이었습니다. 그런데 아합은 하나님의 능력이 아니라 자신의 능력으로 승리했다고 생각했습니다. 또 많은 거짓 선지자들도 아합이 그만큼 능력이 있다고 믿었습니다.

미가야를 데리러 갔던 내시는 미가야에게 궁중의 분위기를 전해주었습니다. 모든 선지자들이나 신하들은 아합 왕에게 전쟁에 나가서 아람 군대에 또 본 떼를 보이고 멋진 승리를 거두라고 축복하고 있으니까 당신도 그 분위기를 깨지 말고 좋게 말하라고 했습니다. 그러나 마가야는 나는 그렇게 할 수 없고 하나님이 주시는 말씀만 전하겠다고 했습니다. 미가야는 아합 왕 앞에 가서 장난스럽게 말했습니다. '이번에 올라가서 승리를 취하소서. 저희가 왕의 손에 붙인바 될 것입니다' 라고 했습니다. 아합은 이 말이 장난으로 하는 말 인줄 알고 내가 몇 번이나 하나님의 이름으로 맹세를 시켜야 진심으로 말하겠느냐고 하면서 진심을 보여 달라고 했습니다. 그러니까 미가야는 내가 보니까 모든 이스라엘 백성들이 목자가 없어서 평안히 집으로 돌아오더라고 했습니다. 원래는 목자가 없으면 양들이 뿔뿔이 흩어지고 도망을 쳐야 하는데 거짓 목자가 죽으니까 이제는 양들이 집으로 돌아오게 되는 것입니다. 이 전쟁은 순전히 아합의 야망이고 욕심으로 하는 전쟁이라고 지적한 것입니다.

그러면서 미가야는 자기가 본 예언을 정확하게 말을 했습니다. 하나님 앞에서 회의가 열렸는데 하나님이 이번에 아합을 꾀어서 전쟁터에서 죽게 해야 하겠는데 누가 하겠느냐고 물으셨습니다. 그랬더니 이 영 저 영으로 여러 가지 소리를 하는데 한 영이 나와서 하는 말이 내가 거짓말 하는 영이 되어서 모든 거짓 선지자들의 입에 들어가서 아합을 꾀어서 전쟁터에서 죽게 하겠다고 했습니다. 그랬더니 하나님께서는 네가 반드시 해낼 것이라고 했습니다. 물론 이것은 비유적인 표현입니다. 즉 하나님께서 꼭 아합을 죽게 하시겠다는 것도 아니고 하나님 앞에서 이런 회의가 열렸다는 뜻도 아닙니다. 중요한 것은 이번에 선지자들의 입에 거짓 영들이 들어가서 말을 하게하고 이것이 아합을 죽게 한다는 말입니다.

한동안 우리 사회에서도 거짓 영들이 사람들과 텔레비전을 통해서 온 나라를 발칵 뒤집어 놓았던 적이 있었습니다. 결국 이런 거짓 영들이 득세하는 건 그만큼 영적으로 부흥이 사그라졌기 때문입니다. 그러나 신앙과 뒤섞여서 거짓 영이 활동할 때에는 더 교묘해서 분별하기가 어렵습니다. 이런 거짓 영들은 하나님의 백성들로 하여금 안일하게 만들고 스스로 자기 신앙으로 만족하게 합니다. 그러나 하나님의 백성들이 영적으로 깨어 있고 부흥의 역사가 일어날 때에는 이런 거짓 영들이 사람들을 속일 수 없습니다.

이 세상에서 영적 싸움은 예언의 대결이며 영들의 대결인 것입니다. 사람들은 자기 희망을 믿고 싶어 합니다. 사람들은 무엇인가 현실을 뒤집어엎고 새로운 변화를 일으키는 힘을 믿고 싶어 합니다. 하지만 그런 희망 뒤에 거짓말하는 영이 있는 줄은 모릅니다. 사람들은 튀고 싶고, 영웅이 되고 싶고, 스스로 희망이 있다고 믿고 싶어 합니다. 그러나 하나님의 말씀은 정확한 사실을 말하기 때문에 사람들은 듣기 싫어하고 알면서도 일부러 부정하려고 합니다.

그래서 미가야의 이 예언을 듣고 시드기야는 미가야의 뺨을 때리면서 언제 하나님의 영이 나를 떠나서 네 안에 들어갔느냐고 야단을 쳤습니다. 그러니까 미가야는 네가 골방에 숨는 날에는 알 것이라고 했습니다. 이런 희망을 이야기하는 자들은 자기 말에 책임을 지지 않는다는 뜻입니다. 아합은 미가야의 말에 화가 나서 미가야를 감옥에 가두게 하고 고통의 떡과 고통의 물을 마시게 했습니다. 이것은 아마 죽지 않을 만큼 주는 아주 소량의 음식이었던 것 같습니다.

그리고 아합은 다시 머리를 굴립니다. 여호사밧 더러는 왕복을 입고 전쟁터에 나가라 하고 자기는 평복을 입고 전쟁터에 나가겠다고 합니다. 이것은 여호사밧으로 자기를 대신해 죽게 하겠다는 뜻이었습니다. 이미 벤하닷은 다른 사람들은 일체 상대하지 말고 오직 아합만 포위해서 죽이라고 지시한 상태였습니다. 그래서 아람 군대는 여호사밧이 아합인 줄 알고 포위해서 죽이려고 했습니다. 여호사밧은 마구 소리를 질렀습니다. 하나님의 종, 여호사밧이 소리를 지를 때 하나님의 능력이 나타났습니다. 하나님은 여호사밧을 불쌍히 여기셔서 적들로 여호사밧이 아합이 아닌 것을 알게 하셨습니다. 그래서 아람 군대는 이 사람은 가짜라고 하면서 포위망을 푸는 바람에 그는 가까스로 목숨을 건지게 되었습니다.

한편 아합은 정말 말도 안 되는 죽음을 맞게 됩니다. 어떤 사람이 아합을 겨냥하여 쏘지도 않은 화살에 맞았는데 우연하게도 갑옷 사이의 솔기를 파고 들어가서 활이 살에 박히게 되었습니다. 보통 때 같으면 빨리 나가서 화살을 뽑으면 되는데 이날따라 전쟁이 너무 극렬해서 아합의 병거가 전쟁터를 빠져 나가지 못했습니다. 그래서 아합은 너무 피를 많이 흘려서 죽고 말았습니다. 인간이 아무리 머리를 써도 하나님의 뜻을 거스를 수는 없는 것입니다.

여호사밧은 하나님의 말씀을 붙들어서 큰 부흥과 축복을 체험했습니다. 그러나 그가 하나님보다 앞서서 이스라엘과 연합하려고 한 것은 위험한 욕심이었습니다. 이 세상은 영들의 전쟁터이고 예언의 싸움터입니다. 하나님이 내 인생에 대해 너무 소극적으로 행하시는 것 같고 나를 인정해주지 않는 것 같지만 그럼에도 불구하고 하나님의 말씀을 따르는 자가 승리할 것입니다. 이 치열한 영적 전쟁의 한복판에서 자기 신앙을 굳세게 지켜 승리하시는 여러분이 되시기 바랍니다.

CHAPTER 10

여호사밧의 믿음

대하 19:1-20:37

하나님의 백성들에게는 세상 사람들이 가지지 못한 엄청난 능력이 있습니다. 그 첫 번째가 말씀의 능력입니다. 하나님께서는 주의 백성들에게 하나님의 말씀을 주시면서 모든 시험을 이길 수 있는 능력을 주십니다.

아무리 힘이 센 군사라도 음식을 먹지 못하거나 무기를 공급받지 못하면 싸울 수가 없습니다. 그래서 전쟁을 할 때 군인들을 제때 먹이고 탄약이나 무기를 제대로 공급해주는 것이 가장 중요합니다.

하나님의 백성들은 하나님의 말씀을 먹지 못하면 힘을 잃어버립니다. 특히 하나님의 백성들이 하나님의 말씀을 제대로 먹지 못하면 분별력을 잃어버리고 영적인 혼동 상태에 빠지게 되는데 이때가 가장 무기력해집니다. 그러나 하나님의 백성들이 말씀을 제대로 들으면 모호했던 것이 분명해지면서 엄청난 힘을 내기 시작합니다.

두 번째로 하나님의 백성들은 기도의 능력을 소유했습니다. 하나님의 백성들이 어려움 가운데서 함께 모여 하나님의 말씀을 붙들고 기도하면 하나님께서 반드시 그들을 어려움에서 건져내실 뿐 아니라 생각하지도 못했던 기적적인 능력으로 돕기도 하십니다.

세 번째로 하나님의 백성들은 찬송의 힘을 가졌습니다. 하나님의 백성들에게 있어서 찬송은 특별합니다. 하나님의 백성들은 예배를 드릴 때, 힘든 일이 있거나 기쁜 일이 있을 때에도 찬송을 부릅니다.

하나님의 백성들이 찬송을 부를 때 부르는 자들에게는 말할 수 없는 자신감이 생기지만 부르지 않는 자들에게는 두려움이 생기게 됩니다. 여호사밧은 모압과 암몬의 연합군이 쳐들어 왔을 때 군인들 앞에 성가대를 세워서 찬송을 부르게 했습니다. 이 전쟁에서 하나님께서는 유다 백성들이 손가락 하나 움직이지 않고도 적을 무찌르게 하셨습니다. 그 수많은 적들이 한 사람도 살아서 돌아가지 못하고 모두 다 시체가 되고 말았습니다. 이것이 바로 찬송의 힘입니다.

여호사밧은 영적 부흥에 성공한 왕이었습니다. 왕이 신하들이나 레위인들 중에서 하나님의 말씀을 잘 아는 자들을 뽑아서 유다 지역 전체를 돌면서 영적 부흥회를 가지게 한 것이 부흥의 주된 요인이었습니다. 부흥회를 연 것은 여호사밧이 한 일 중에서 가장 위대한 일이었습니다.

하나님께서는 이스라엘 백성들이 성전만 하나 지어놓고 끝내는 것을 원치 않으셨습니다. 하나님께서는 이스라엘 백성 전체가 성전이 되기를 원하셨습니다. 그렇게 하려면 이스라엘 백성 전체에 말씀의 대 부흥이 일어나야 했습니다. 여호사밧은 이 사실을 잘 알고 있었습니다. 그래서 모든 백성들에게 하나님의 말씀을 가르쳤고 대부흥이 일어나게 되었습니다.

하나님의 백성들이 복을 받는 비결은 양떼들이 복을 받는 것과 비슷합니다. 양들이 복을 받으려면 목자는 양들을 푸른 초장과 맑은 물가로 데리고 가면 됩니다. 그러면 양들이 스스로 풀을 뜯어 먹고 물을 마심으로 튼튼해지고 새끼를 잘 낳으면 양들이 많아지게 되는 것입니다. 마찬가지로 하나님의 백성들은 좋은 말씀의 꼴이 있는 곳으로 그들을 이끄는 목자를 만나면 복된 길이 열립니다. 한 마디로 신자가 복 받는 비결은 하나님의 말씀의 꼴을 풍성히 먹고 순종해서 영적으로 성숙해지는 것입니다. 이런 복이 있는 신자들이 함께 모여서 기도하면 큰 부흥이 일어나게 되는 것입니다.

여호사밧은 백성들을 말씀으로 잘 먹여서 큰 부흥을 이끈 위대한 업적을 세웠지만 치명적인 약점이 있었습니다. 북이스라엘과의 연합에 지나치게 집착하는 것이었습니다. 여호사밧은 이것 때문에 두 번 이상이나 죽을 뻔 하고 나중에는 많은 왕족들이 죽임을 당하게 되는데도 포기하지 못했습니다. 좋게 생각하면 같은 이스라엘 백성으로서 연합하는 것이 이스라엘의 민족적인 소망이라고 할 수도 있습니다. 하지만 여호사밧은 유다보다 더 크고 강한 북이스라엘을 힘입고자 하는 소원을 마음 한편에 늘 품고 있었습니다. 그래서 무엇을 하든지 북이스라엘 왕의 인정을 받으려고 했고, 그들이 하는 일에 동참하다가 늘 이용만 당했던 것입니다.

하나님의 백성들은 규모에 대한 열등감을 극복할 필요가 있습니다. 비록 큰 교회나 유명한 목회자나 사회 지도자들로부터 인정을 받지 못하더라도 자신의 위치를 잘 지키는 것이 더 중요한 것을 잊지마십시오.

본문 말씀은 여호사밧이 아합의 요청을 거절하지 못해서 길르앗 라못에 함께 전쟁하러 갔다가 아합은 죽고 자신은 거의 죽을 뻔했다가 겨우 살아왔을 때, 선지자가 찾아와 책망한 데서부터 시작합니다.

1. 예후 선지자의 책망

여호사밧 왕은 개인적으로 아합 왕을 아주 좋아했던 것 같습니다. 북이스라엘은 남유다보다 규모가 몇 배는 더 컸을 뿐 아니라 아합은 북쪽 아람 군대를 두 번이나 기적적으로 이긴 영웅이었기 때문입니다. 그래서 아합이 여호사밧을 사마리아로 불러 짐승을 잡아서 대접하고 함께 길르앗 라못에 싸우러 가지 않겠느냐고 했을 때 기꺼이 함께 가겠다고 했습니다. 여호사밧은 아합에게 인정을 받았다는 것과 자기를 동맹국의 왕으로서 대접해주는 것에 대단히 감격했던 것 같습니다.

여호사밧이 백성들을 하나님의 말씀으로 가르쳐서 나라에 큰 부흥이 일어나고 젊은 청년들도 많아지니까 아합은 여호사밧을 인정하는 의미에서 자기 궁으로 초청해서 대접했습니다. 여호사밧은 이것만으로도 매우 기분이 좋았고 우쭐했습니다. 하나님에게 여호사밧은 아합과는 비교할 수 없을 정도로 존귀한 사람이었습니다. 하지만 하나님의 판단 기준보다는 외적인 업적에 현혹된 여호사밧은 아합을 부러워했습니다.

여호사밧은 아합 왕에게 한 가지 제안을 합니다. 전쟁을 시작하기 전에 먼저 전쟁하는 것이 하나님의 뜻인지 선지자들에게 물어보자는 것이었습니다. 사마리아에 있는 400명의 거짓 선지자들은 길르앗 라못에 올라가서 승리를 취하라고 아합 왕에게 달콤한 예언을 해주었습니다. 그러나 미가야라는 선지자는 하나님의 환상을 보니까 어떤 영이 거짓말하는 영이 되어서 거짓 선지자들의 입에 들어가 아합을 꾀어내 전쟁터에서 죽게 하겠다고 예언했습니다. 이번 전쟁은 아합을 죽이기 위한 전쟁이라는 말입니다. 여호사밧 정도면 아무리 400명의 선지자들이 떠들어도 미가야의 예언이 올바른 하나님의 말씀이라는 것을 알았을 텐데도 불구하고 아합을 따라서 길르앗 라못에 올라갔습니다. 여호사밧은 아합에게 먼저 우리가 전쟁을 하러 가기 전에 하나님의 말씀을 들어보자고 해놓고는 미가야의 예언을 듣지 않고 전쟁터로 올라갔습니다. 이것을 보면 아합에 대한 여호사밧의 인간적인 신뢰가 하나님의 말씀에 대한 그것보다 더 강했던 것을 알 수 있습니다. 정말로 전쟁터에는 여호사밧을 위한 함정이 준비되어 있었습니다. 아람 왕 벤하닷은 군인들에게 다른 사람과 싸우지 말고 왕 한 사람만 포위해서 죽이라고 지시했습니다.

한편 겁이 난 아합은 자신은 평복을 입고 나가고, 여호사밧만 왕복을 입고 출전하자고 제안했습니다. 과연 아람군대는 왕복을 입은 여호사밧을 아합으로 오인했지만 여호사밧은 하나님의 도움을 입어 살게 되었습니다. 하나님께서는 여호사밧을 불쌍히 여기셔서 아람 군대로 하여금 아합이 아닌 것을 알게 하셔서 포위망을 풀었던 것입니다. 그 대신에 아합은 누군가가 우연히 쏜 화살에 맞아서 피를 많이 흘리는 바람에 결국 그 전투에서 죽게 됩니다.

아합이 죽고 전쟁이 끝나고 나서 여호사밧은 무사히 예루살렘으로 돌아옵니다. 왕이 전쟁터에서 이렇게 죽을 뻔 했다가 살아 돌아오게 되었으면 모든 신하나 백성들이 다행이라고 하면서 왕을 위로하는 게 당연합니다. 하지만 여호사밧을 기다리고 있는 건 하나님의 책망이었습니다. 하나님은 예후라는 선지자를 보내셔서 전쟁터에서 겨우 살아 돌아온 여호사밧을 책망하셨습니다.

19장 1-2절, "유다 왕 여호사밧이 평안히 예루살렘에 돌아와서 그의 궁으로 들어가니라. 하나니의 아들 선견자 예후가 나가서 여호사밧 왕을 맞아 이르되 왕이 악한 자를 돕고 여호와를 미워하는 자들을 사랑하는 것이 옳으니이까 그러므로 여호와께로부터 진노하심이 왕에게 임하리이다"

여호사밧이 생각하기에 북이스라엘도 같은 하나님의 백성이고 또 아합은 여호사밧보다 경험도 많고 상당히 성공한 왕이었습니다. 그래서 여호사밧은 아합과의 연합을 좋게 여겼습니다. 그러나 하나님에게는 아주 어리석은 일이었습니다. 하나님의 눈에는 유다 안에서 말씀의 부흥을 일으키고 있는 여호사밧의 가치와 북이스라엘 안에 바알 종교를 본격적으로 끌어들인 아합의 가치는 도저히 비교가 되지 않는 것이었습니다. 하나님에게 여호사밧이 보석 중의 보석이라면 아합은 그야말로 벌써 버렸어야 할 가짜 보석이었습니다. 그런데 여호사밧은 자신의 가치를 알지 못하는 것입니다.

이것이 인간의 한계입니다. 우리는 자신의 가치를 세상적인 직위나 성공에서 찾습니다. 그러면 아무리 하나님의 말씀에 은혜를 받고 눈물을 펑펑 쏟아도 우리가 세상이 인정할 만한 것을 내놓지 못하면 '아무 것도 아닌 사람'이 될 수밖에 없습니다. 그러므로 때때로 여러분 자신을 말씀으로 격려하십시오. 하나님의 말씀을 소유한 우리 자신을 축복하십시오.

'하나님의 말씀으로 이렇게 은혜를 받은 너는 하나님의 눈에 최고로 가치 있는 보석이다'라고 자기를 축복해야 합니다. 아합 같은 사람의 얕은 꾀에 넘어가지 않기 위해 스스로를 타일러야 합니다. 우리가 자신에 대하여 늘 비참한 자아상을 가지고 있다가 사람들이 알아주고 손짓하면 금방 모든 것을 팽개치고 따라가기가 십상입니다.

예후 선지자는 여호사밧에게 왜 악한 자를 돕고 하나님을 미워하는 자를 사랑하느냐고 책망했습니다. 우리가 아무리 연합이 좋고 같은 민족끼리 돕는 것이 좋아도 악한 자를 도와서는 안 되고 하나님이 미워하는 자를 사랑해서는 안 되는 것입니다.

예후가 여호사밧에게 분명히 말하기를 '그러므로 하나님의 진노하심이 왕에게 임하리이다' 라고 했습니다. 하나님이 미워하는 악한 자를 도와주고 돈을 갖다 바친 것이 분명히 하나님의 진노로 돌아오게 될 거란 말입니다.

하나님께서 이런 식으로 여호사밧을 책망하신 것은 그로 하여금 자신의 정체성을 회복하고 유다의 중요한 것을 지키라는 뜻이었습니다. 물론 하나님께서 진노로 갚으신다고 해서 당장 큰일이 나는 건 아닙니다. 이것은 여호사밧으로 하여금 근신하고 조심하라는 경고였습니다.

> 19장 3절, "그러나 왕에게 선한 일도 있으니 이는 왕이 아세라 목상들을 이 땅에서 없애고 마음을 기울여 하나님을 찾음이니이다 하였더라"

한편 하나님은 여호사밧이 잘한 것도 칭찬하셨습니다.

여호사밧은 유다 안에서 아세라 상을 다 없애버렸습니다. 모든 유다 백성들로 하여금 다른 신을 섬길 여지를 주지 않았습니다. 하나님을 섬기는 데 한 마음이 되도록 이끌었던 것입니다. 교회도 지속적으로 부흥이 되려면 예배로 하나가 되어야 합니다.

그리고 여호사밧 자신이 마음으로 오로지하여 하나님만 찾은 것을 칭찬하셨습니다. 여호사밧은 다른 길을 찾지 않았습니다. 여호사밧은 여러 가지 길을 만들어 놓고 하나님을 믿은 것이 아니라 하나님 외에는 길이 없도록 만들었습니다. 여호사밧은 자기 백성이나 수많은 방백들, 북이스라엘이나 애굽을 비롯한 열방을 의지하지 않았습니다. 여호사밧은 하나님 외에는 길이 없도록 자신을 몰아갔습니다. 우리가 오직 하나님을 찾으면 하나님도 우리를 만나주시고 책임져주십니다. 하나님을 향하여 마음을 오로지 하는 것, 이것이 바로 부흥이 일어나는 비결입니다.

2. 여호사밧이 일으킨 부흥

여호사밧은 선지자 예후의 책망을 기꺼이 받아들였습니다. 하나님의 책망은 우리에게 위기가 될 수도 있고 기회가 될 수도 있습니다. 여호사밧이 좋은 일을 하러 갔다가 큰 위기를 만나고 겨우 살아서 돌아오는데 선지자라는 사람이 책망을 해대면 왕으로서 기분이 상할 수 있을 것입니다. 그러나 여호사밧은 이 책망을 겸허히 수용했습니다. 이미 여호사밧은 사마리아에서 미가야라고 하는 선지자의 예언을 무시해서 낭패를 봤었기 때문입니다.

400명의 거짓 선지자와 무명의 선지자 미가야가 붙었는데, 결국 무명의 선지자 한 명의 예언만 응했습니다. 아마 이때 여호사밧은 다시 한 번 하나님의 말씀에 대해 두려움을 느꼈을 것입니다. 중요한 것은 다수의 의견이 아니라 정확한 하나님의 말씀입니다. 만일 여호사밧이 또 다시 하나님의 말씀을 업신여겼더라면 그는 형편없는 왕이 되고 말았을 것입니다. 그러나 여호사밧은 정신을 차리고 내치에 열심을 쏟았습니다. 이로 말미암에 유다에는 부흥이 지속되었습니다.

19장 4절, "여호사밧이 예루살렘에 살더니 다시 나가서 브엘세바에서부터 에브라임 산지까지 민간에 두루 다니며 그들을 그들의 조상들의 하나님 여호와께로 돌아오게 하고"

이제 여호사밧은 모든 유다 마을을 직접 돌면서 백성들의 신앙을 격려합니다.

예루살렘에나 가야 볼 수 있는 왕을 유다 땅 여기저기에서 보게 된 것입니다. 여호사밧은 가는 곳마다 백성들에게 하나님 여호와께 돌아오라고 권했습니다. 왕이 직접 유다 고을을 돌아다니면서 심령의 대부흥을 일으켰습니다. 왕이 친히 찾아와 하는 권면을 거역할 백성은 아무도 없었을 것입니다. 아마 유다 왕들 중에서 직접 고을들을 돌아다니면서 백성들에게 하나님을 잘 믿자고 격려한 사람은 여호사밧밖에 없을 것입니다.

19장 5-6절, "또 유다 온 나라의 견고한 성읍에 재판관을 세우되 성읍마다 있게 하고 재판관들에게 이르되 너희가 재판하는 것이 사람을 위하여 할 것인지 여호와를 위하여 할 것인지를 잘 살피라. 너희가 재판할 때에 여호와께서 너희와 함께 하심이니라"

여호사밧은 후속조치로 견고한 성에 재판관을 세워서 하나님의 말씀을 가지고 모든 것을 판결하게 했습니다.

당시의 재판은 요즘과는 달랐습니다. 일종의 신앙 상담을 하기도 하고 분쟁을 신앙적으로 조정해주기도 하고 죄를 지었을 때 죄에 빠지지 않도록 가르쳐주는 것을 의미합니다. 요즘으로 말하면 하나님의 말씀을 가지고 구체적으로 삶에 적용하는 일이 당시의 재판에 해당될 것입니다. 여호사밧은 나라 전체가 하나님의 말씀으로 다스림을 받도록 만들었습니다. 그래서 여호사밧 왕 자신부터 철저하게 하나님만 붙잡았고 백성들에게도 일체 다른 신을 섬기지 못하게 하고 모든 분쟁이나 어려움은 하나님의 말씀으로 판단받게 했습니다. 여호사밧은 레위인이나 제사장이나 족장들에게 재판하는 일을 맡겼고 나라 일을 영적인 것과 행정적인 것을 구별해서 영적인 일은 대제사장 아마랴에게 맡기고 행정적인 일은 또 스바댜에게 맡겼습니다. 유다가 진정으로 부흥하기 위해서는 하나님의 말씀이 부흥해야 한다고 믿었기 때문입니다.

아마도 유다 역사상 레위인들과 제사장들이 이렇게 자신의 역할을 제대로 감당했던 적이 없었을 것입니다. 여호사밧은 레위인이나 제사장들을 철저하게 가르쳤습니다. 사람들 앞에서 대충대충 안면을 봐가면서 일하지 말고 하나님 앞에서 두렵고 떨리는 마음으로 하라고 권했습니다. 그러면서 19장 끝에 이렇게 말합니다. "너희는 힘써 행하라. 여호와께서 선한 자와 함께 하실지로다."

왕은 레위인이나 제사장들에게 일체 귀족들이나 왕족들의 눈치를 보지 말고 오직 하나님 앞에서 최선을 다해서 하나님의 일을 하라고 했습니다. 이들에게 이렇게 자유롭게 하나님의 일을 하는 것보다 더 큰 복은 없을 것입니다. 대부분의 경우 선지자나 제사장이 할 말이 있어도 왕이나 귀족들의 눈치를 보느라 입을 다물고 있을 때가 많았습니다. 선지자의 책망을 기쁘게 받고 하나님 앞에서 의의 말씀을 가감 없이 선포하고 그 말씀에 순종하는 것이 부흥의 핵심입니다.

대개는 교회에서도 목회자들이 바른 설교를 하고 싶어도 유력한 자들의 눈치를 살피느라 제대로 선포하지 못할 때가 많습니다. 그러면 하나님의 말씀의 능력을 경험할 수 없습니다. 교회에서 다른 모든 것이 부족해도 하나님의 말씀이 올바로 전해지고 있다면 이것은 부흥의 축복에 있어서 가장 중요한 일이 이루어지는 것입니다.

3. 유다에 찾아온 대 위기

아무리 하나님의 말씀을 붙들고 믿음으로 산다고 해도 이 세상에서 전혀 위기나 어려움을 당하지 않을 수는 없습니다. 이 세상은 영적인 전쟁터이기 때문입니다.

유다의 왕과 모든 지도자들과 백성들이 한 마음이 되어서 하나님의 말씀을 붙들고 축복을 받을 때 사탄은 견딜 수 없는 고통과 위기의식을 느꼈을 것입니다. 그래서 사탄은 수단과 방법을 모두 동원해서 부흥의 불을 꺼트리고 하나님의 백성들을 망하게 하려고 합니다.

20장 1절, "그 후에 모압 자손과 암몬 자손들이 마온 사람들과 함께 와서 여호사밧을 치고자 한지라"

여호사밧이 한창 유다 안에서 부흥을 일으키고 있을 때 사해 동쪽에 있는 모압과 암몬과 마온 족속들이 유다를 처러왔습니다. 이들은 언제나 하나님의 백성들의 가시였습니다. 이들은 여호사밧이 하나님의 말씀을 가지고 정치를 잘 하니까 도저히 배가 아파서 견딜 수가 없었습니다. 그래서 어마어마한 군대를 이끌고 유다를 쳐러 사해 쪽에서 올라왔습니다.

20장 2-4절, "어떤 사람이 와서 여호사밧에게 전하여 이르되 큰 무리가 바다 저쪽 아람에서 왕을 쳐러 오는데 이제 하사손다말 곧 엔게디에 있나이다 하니 여호사밧이 두려워하여 여호와께로 낯을 향하여 간구하고 온 유다 백성에게 금식하라 공포하매 유다 사람이 여호와께 도우심을 구하려 하여 유다 모든 성읍에서 모여 와서 여호와께 간구하더라"

하나님의 말씀대로 정치를 했던 여호사밧인데 왜 그에게 이런 위기가 생겼는지 의아합니다. 우리는 그 이유를 알지 못합니다. 우리에게 어려운 일이 생겼을 때 '왜 하필 나에게?' 하는 생각을 하게 되면 정신을 차릴 수 없습니다. 물론 시험이 다 끝난 후에는 그것도 하나님의 은혜였던 것을 알게 되지만 당시에는 이해하기가 어렵습니다. 그러므로 우리는 일단 어려움이 터진 것을 인정하고 하나님의 도우심으로 이길 수 있다는 생각을 가져야 합니다. 자꾸 '왜 이런 일이 일어났을까?' 라는 생각에 빠지게 되면 결국 하나님을 원망하게 되고 나중에는 무서운 침체에 빠지고 맙니다. 이 시험을 이길 것이며 그 후에는 정금같이 될 거라는 소망을 가져야 합니다.

그리고 여호사밧이 이 위기를 기도로 해결하려고 했습니다. 물론 우리 신앙인의 입장에서는 지극히 당연한 일이지만 보통 사람들이 볼 때 여호사밧의 행동은 거의 자살행위나 다름없었습니다. 우리는 어떤 위기가 닥치면 인간으로서 할 수 있는 모든 방법을 다 취할 것입니다. 기도도 하지만 모든 인간적인 방법을 다 써보아야 안심이 됩니다. 그런데 이때 우리가 기도만 한다면 결국 하나님께서 손쓰시지 않으면 우리는 망하다는 결론밖에는 없습니다. 위기가 발생했는데 아무 것도 하지 않고 있다가 망하는 사람처럼 미련한 사람도 없을 것입니다. 하지만 여기에 믿음의 비결이 있습니다.

평소에 기도 한 마디 않고 말씀 한 절 안 보다가 위기가 닥치자 갑자기 기도한다고 모든 문제가 해결되는 건 아닙니다. 그러므로 우리는 하나님의 말씀을 붙들고 기도하면서 위기를 해쳐나갔던 크고 작은 경험들을 쌓아가야 합니다. 그러다보면 일생일대의 위기가 생겼을 때에도 하나님께 기도하면 하나님께서 반드시 해결해주길 거라는 믿음이 생기게 되는 것입니다.

예를 들어서 수영을 배우는 사람이 처음부터 10킬로미터를 수영해서 갈 수는 없습니다. 마찬가지로 믿음의 증거들이 전혀 없는 사람이 갑자기 객기 부리듯 믿음을 갖는다고 해서 놀라운 역사가 일어나는 게 아니라는 말입니다. 그런데 조석으로 수영 연습을 해서, 처음에는 5킬로미터 완주, 다음에는 7킬로미터, 8킬로미터… 이런 식으로 정복해 가다보면 10킬로미터를 완주할 수 있는 자신감도 생기고 성공할 확률도 그만큼 높아지는 것입니다.

평소에 작은 시험을 여러 번 이겨봐야 기도로 이겨낼 수 있다는 믿음이 생기는 것입니다. 평소에 전혀 기도도 하지 않고 승리했던 경험도 없는 사람에게는 불가능한 일입니다. 여호사밧은 모압이나 암몬의 많은 군대가 쳐들어왔을 때 두려워하면서도 절망하지 않고 하나님께 기도로 해결하려고 했는데, 이미 작은 어려움들을 기도로 해결 받은 체험들이 있었기 때문에 그렇게 한 것입니다.

여호사밧은 백성들에게 금식을 선포했습니다. 합심해서 기도할 때 강력한 기도의 역사가 일어나는 게 사실이지만 더 강력한 기도는 바로 금식기도입니다. 금식기도는 누구에게 보이기 위해서 하는 것이 아닙니다. 금식의 의미는 자기에게 아무런 힘이 없다는 것입니다. 우리는 지금 죽은 목숨이나 마찬가지이고 하나님이 도와주시지 않으시면 죽을 수밖에 없다는 지극히 겸손한 자세가 금식입니다.

여호사밧은 이스라엘 백성들을 대표해서 하나님의 약속을 붙들고 기도했습니다. 하나님께서 우리에게 말씀을 주신 것은 이 말씀을 붙들고 기도하라는 뜻입니다. 그러면 하나님은 반드시 우리를 도우십니다. 하나님은 약속을 어기실 수 없는 분이시기 때문입니다.

20장 6절, "이르되 우리 조상들의 하나님 여호와여 주는 하늘에서 하나님이 아니시니이까 이방 사람들의 모든 나라를 다스리지 아니하시나이까 주의 손에 권세와 능력이 있사오니 능히 주와 맞설 사람이 없나이다"

'하나님은 하늘의 하나님이시라' 는 말씀은 하나님의 허락 없이는 이 세상에 어떤 일도 일어날 수 없다는 뜻입니다. 하나님의 허락 없이는 참새 한 마리도 떨어질 수 없는데 이 미친 군대가 하나님의 허락도 없이 하나님의 백성들을 쳐들어 온 것입니다. 이 군대는 여호사밧이나 유다 백성들이 상대해서는 도저히 이길 수가 없습니다. 하나님께서 상대하셔서 해결해주셔야 합니다.

20장 7절, "우리 하나님이시여 전에 이 땅 주민을 주의 백성 이스라엘 앞에서 쫓아내시고 그 땅을 주께서 사랑하시는 아브라함의 자손에게 영원히 주지 아니하셨나이까"

여호사밧은 하나님의 약속을 붙들고 기도합니다.
하나님께서는 이스라엘 백성들이 하나님만 섬기면 영원히 가나안 땅을 소유로 주시겠다고 약속하셨습니다. 여호사밧은 하나님의 뜻대로 행하기 위해서 우상을 부순 사람입니다. 그러므로 하나님의 말씀대로 행한 여호사밧과 유다 백성들을 공격한다는 건 하나님을 대적하는 것입니다. 우리에게 닥친 시험을 나의 시험이 아니라 하나님의 시험으로 만들어야 이길 수 있습니다. 우리는 하나님 편에 견고하게 서서 하나님께 모든 것이 다 위임해야 합니다.

20장 12-13절, "우리 하나님이여 그들을 징벌하지 아니하시나이까 우리를 치러 오는 이 큰 무리를 우리가 대적할 능력이 없고 어떻게 할 줄도 알지 못하옵고 오직 주만 바라보나이다 하고 유다 모든 사람들이 그들의 아내와 자녀와 어린이와 더불어 여호와 앞에 섰더라"

여호사밧의 기도는 매우 사실적이었습니다. 자기는 이 큰 무리를 대적할 능력도 없고 어떻게 할 줄도 모르겠으니 오직 주만 바라보겠다고 솔직하게 기도했습니다. 그리고 실제로 모든 유다 백성들이 자녀들까지 데리고 하나님 앞에 나왔습니다. 이것은 하나님의 응답을 기다리는 자세였습니다. 하나님을 기다리는 시간은 참으로 중요합니다. 때로는 무엇을 하기보다는 온 성도가 손을 놓고 하나님의 응답만을 잠잠히 기다려야 할 때가 있습니다. 이때 우리는 모든 생각과 활동을 멈추고 하나님 앞에서 잠잠해야 합니다. 기도에 있어서 기다림이 얼마나 중요한지 모릅니다.

이때는 회의나 토론은 필요 없습니다. 대개 믿음이 없는 사람들이 끝까지 토론하면서 인간의 방법을 짜냅니다. 아무리 인간들이 해결책을 내놓아도 하나님이 도와주시지 않으시면 아무 소용이 없습니다. 그래서 할 수 있는 한 회의는 짧게 하고 하나님의 일하심을 기대하는 것이 옳습니다.

20장 14-15절, "여호와의 영이 회중 가운데에서 레위 사람 야하시엘에게 임하셨으니 그는 아삽 자손 맛다냐의 현손이요 여이엘의 증손이요 브나야의 손자요 스가랴의 아들이더라. 야하시엘이 이르되 온 유다와 예루살렘 주민과 여호사밧 왕이여 들을지어다 여호와께서 이같이 너희에게 말씀하시기를 너희는 이 큰 무리로 말미암아 두려워하거나 놀라지 말라 이 전쟁은 너희에게 속한 것이 아니요 하나님께 속한 것이니라"

하나님께서는 전혀 예상하지 못했던 한 레위 사람을 통하여 말씀하셨습니다. 하나님의 응답이 전혀 예상치 못한 사람을 통해서 나타난 것은 놀랄 만한 일입니다. 누구라도 하나님의 말씀을 대언할 수 있었던 것을 볼 때, 유다 전역이 성령 충만했다는 걸 알 수 있습니다. 북쪽 사마리아에는 무려 400명의 선지자들이 있었지만 모두 엉터리였습니다. 그런데 유다에는 모든 레위인들이 하나님의 말씀을 대언할 능력을 가지고 있었습니다.

여호사밧이 기도하자마자 하나님께서 응답하신 건 아닐 것입니다. 하나님 앞에 서 있는 유다 백성들은 점점 다리도 아프고 배도 고팠을 것입니다. 또 가만히 서 있는다는 건 그들의 어린 자녀들에겐 고문과도 같았을 것입니다. 쓸데없이 시간을 낭비하고 있는 것이 아닐까, 이 시간에 보따리나 싸서 도망을 치는 게 더 낫지 않을까 하는 생각하는 사람들도 있었을 것입니다. 그럼에도 모든 백성들이 끈기 있게 하나님을 기다렸을 때 하나님은 그 중에서 가장 낮은 한 레위인의 입을 통하여 말씀하셨습니다. 그리고 백성들은 그 사람의 말이 하나님의 말씀인 것을 믿었습니다.

하나님은 이 큰 무리를 인하여 두려워하거나 놀라지 말라고 응답하셨습니다. 그리고 전쟁은 너희에게 속한 것이 아니요 하나님께 속했다고 말씀하셨습니다. 하나님께서는 이 백성들이 죽기까지 하나님만 의지하기를 원하셨던 것입니다.

하나님께서는 선지자를 통해서 말씀하시기를 이 전쟁에서 너희는 할 것이 없다고 하셨습니다. 단지 열을 지어 나가서 하나님이 하시는 것을 보기만 하라고 하셨습니다. 이때 여호사밧은 먼저 얼굴을 땅에 대고 엎드려 하나님께 절을 했고 온 백성들도 여호와 앞에 엎드려 경배했습니다. 그리고 고라 자손들과 레위인들은 서서 큰 소리로 하나님을 찬송했습니다. 유다 백성들은 가장 두려운 순간에 찬송으로 하나님을 의지했습니다.

> 20장 20절, "이에 백성들이 아침에 일찍이 일어나서 드고아 들로 나가니라 나갈 때에 여호사밧이 서서 이르되 유다와 예루살렘 주민들아 내 말을 들을지어다 너희는 너희 하나님 여호와를 신뢰하라 그리하면 견고히 서리라 그의 선지자들을 신뢰하라 그리하면 형통하리라 하고"

하나님이 모든 일을 행하실 테지만 어쨌거나 유다 백성들은 전쟁터에 나가야만 했습니다. 이때 여호사밧 왕은 백성들을 담대하게 격려했습니다. 멋진 권고였습니다. 여호사밧은 여호와를 신뢰하면 견고히 선다고 했습니다. 그런데 하나님을 신뢰하는 것이 무엇입니까? 그건 선지자의 말을 신뢰하는 것입니다.

그리고 여호사밧 왕은 이번 전쟁을 어떻게 싸울 것인지 백성들과 의논했습니다. 그런데 왕과 백성들은 너무나도 놀라운 결론에 도달하게 되었습니다. 그것은 성가대를 조직해서 군대 앞에 세우고 찬송으로 싸우자는 것이었습니다. 그래서 여호사밧은 이스라엘 역사에서 유일하게 성가대를 군대 앞에 세우고 그 엄청난 적들을 찬송으로 상대한 왕입니다.

> 20장 21절, "백성과 더불어 의논하고 노래하는 자들을 택하여 거룩한 예복을 입히고 군대 앞에서 행진하며 여호와를 찬송하여 이르기를 여호와께 감사하세 그의 인자하심이 영원하도다 하게 하였더니"

하나님의 백성들이 하나님의 말씀을 붙잡고 부르짖으면서 기도할 때 원자 폭탄보다 더 강력한 하나님의 능력이 나타나게 됩니다. 그런데 더 놀라운 것은 찬송을 통해서도 하나님의 큰 능력이 나타난다는 사실입니다. 여호사밧이 세운 성가대가 하나님을 찬송할 때 도저히 생각할 수 없는 일이 일어나게 되었습니다. 갑자기 하나님의 복병이 암몬과 모압 군대를 치기 시작한 것입니다. 하나님의 복병들은 정체를 알 수가 없습니다. 유다 군대가 아닌 것은 분명한데 그렇다고 해서 천사들도 아닌 것 같고 도대체 정체를 알 수 없는 군대가 모압과 암몬을 공격했습니다.

상대는 모압, 암몬, 세일, 이렇게 세 민족으로 구성된 군대입니다. 그런데 하나님의 복병이 이들을 공격하니까 모압과 암몬이 일단 자기편인 세일 군대를 쳐서 몰살시켰습니다. 그 후에는 모압과 암몬끼리 싸워서 서로 죽여버렸습니다. 유다 백성들이 들판에 가보니까 전부 시체뿐이었습니다. 놀라운 것은 단 한 사람도 살아서 도망친 사람이 없을 정도로 서로가 서로를 철저하게 죽인 것입니다.

여호사밧과 유다 백성들이 군대의 전리품을 옮기는데 재물과 의복과 보물이 얼마나 많은지 사흘 동안 물건을 옮겼다고 했습니다. 그리고 나흘째 되는 날 브라가 골짜기에서 하나님을 찬송했습니다. '브라가 골짜기'는 축복의 골짜기라는 뜻입니다.

여호사밧과 유다 백성들이 하나님을 의지한 결과 한 사람도 피 흘리지 않고 오히려 어마어마한 전리품을 챙겨서 돌아오게 되었습니다. 이것을 보고 온 백성들이 비파와 수금과 나팔로 합주하고 하나님을 찬양했습니다. 여호사밧의 전쟁은 찬송의 전쟁이었습니다. 그들은 기도 응답을 받았을 때도, 싸우러 나설 때도, 이기고 난 후에도, 그리고 예루살렘으로 돌아와서도 찬송했습니다.

이 일이 있은 후부터 다른 나라들은 일체 예루살렘을 공격하지 못했습니다. 유다는 하나님이 이루신 평강을 누렸습니다. 부흥이 일어나는 것이 나라를 지키는 방법이고 위기를 축복으로 바꾸는 비결입니다. 이 부흥과 축복은 예루살렘 성전에서 말미암습니다. 하나님의 바른 말씀이 있고 눈물의 기도가 있는 곳은 악한 자들이 건드릴 수 없는 것입니다.

이렇게 신앙의 부흥으로 나라를 평화롭게 했던 여호사밧이었지만 그는 끝까지 북이스라엘에 대한 미련을 버리지 못했습니다. 그래서 여호사밧은 아합이 죽고 난 후에 그 아들 아하시야와 교제하면서 함께 배를 만들어 다시스(지금의 스페인)와 교역을 하기로 했습니다.

성경은 아하시야가 심히 악한 자였다고 기록합니다. 여호사밧이 굳이 이렇게 악행하는 자와 교제하고 함께 사업을 하려고 했을까 하는 의문이 남습니다. 여호사밧은 하나님의 사랑과 축복을 받아 나라를 평화롭게 다스린 왕이었지만 북이스라엘을 보면서 '나도 좀 저렇게 멋있게 정치를 해봤으면 좋겠다'고 마음먹었던 모양입니다. 처음에는 그렇게 철저하게 우상을 타파하더니 나중에는 관용 정책을 썼던 것 같습니다. 그래서 자신은 여호와 보기에 정직했지만 산당은 없애지 않았습니다. 여호사밧이 아하시야와 손을 잡고 배를 만들어 무역을 하려 하자 하나님께서는 그 배를 부수겠다고 선지자를 통해서 말씀하셨습니다. 결국 배는 산산조각 나고 무역을 하려던 꿈은 물거품이 되고 말았습니다.

그러고 보면 여호사밧은 일생동안 낮은 자존감과 싸웠던 것 같습니다. 하나님은 여호사밧을 그렇게 사랑하시고 귀하게 생각하셨는데 여호사밧은 그것에 만족하지 못하고 자꾸 북이스라엘을 통해서 자기의 가치를 인정받으려고 했던 것입니다.

이 싸움은 우리를 항상 따라다닙니다. 우리가 하나님 앞에서는 존귀한 자이지만 세상에서는 아무 것도 아닐 때가 많습니다. 물론 이론적으로는 하나님의 인정에 만족해야 하지만 어떤 때에는 결코 이것으로 만족하지 못하고 사람에게 인정받고 싶은 욕심이 있어서 침체에 빠지기 일쑤입니다. 여호사밧은 아합이나 아하시야와는 비교할 수 없을 정도로 존귀한 자였습니다. 그런데 그것을 인정하지 못하고 자꾸 북이스라엘과 교제를 통해서 자신을 확인하려고 하다가 영혼과 생명에 해를 입힐 때가 많았습니다.

우리는 다시 하나님의 눈으로 자신을 봐야 합니다. 그 하나님의 눈으로 자기 자신을 사랑하고 존귀하게 대할 수 있기를 바랍니다.

CHAPTER 11

다윗의 길에서 탈선한 왕

대하 21:1-22:12

열차나 자동차가 제 길을 벗어나면 크게 사고가 납니다. 열차가 달리다가 선로에서 탈선하면 차량들이 전복되면서 많은 사상자가 생기고 버스가 과속이나 빗길에 미끄러져 차선을 이탈해도 끔찍한 결과가 발생하기는 마찬가지입니다. 이렇게 열차나 자동차만 탈선하는 것이 아닙니다. 국가나 교회나 개인도 정해진 길을 벗어날 때가 많습니다. 그러다가 과속을 하거나 미끄러지면 대형사고가 터지는 것입니다.

하나님께서는 유다 왕들에게 다윗의 길로 가라고 말씀하셨습니다. 그러면서 하나님께서는 유다 왕들이 다윗의 길로 열심히 달려가기만 하면 부흥을 주시고 나라를 튼튼하게 해주시겠다고 약속을 하셨습니다. 그러나 유다의 왕들은 다윗의 길로 가는 것을 힘들어했고 싫어했습니다. 그 이유는 다윗의 길은 너무나도 돌아가는 길인 것 같고 융통성이 없고 독선적인 길이라고 생각했기 때문입니다. 다윗의 방법은 오직 하나님의 말씀에 잠기는 것이었습니다. 하나님의 말씀 외에는 일체 다른 가능성을 인정하지 않는 길이었습니다. 그러므로 누구든지 다윗의 길을 가려고 하면 개인적인 체험이 있어야 하고 확신이 있어야 했습니다. 세상에는 눈으로 명확하게 보이는 좋은 길이 수없이 많은데 더디 갈 게 뻔한 길을 오직 한 길이라 고집하니, 믿음과 체험이 없이는 다윗의 길로 행할 수 없었습니다. 이제부터 본격적으로 다윗의 길에서 탈선한 사람들이 나오기 시작합니다.

여호사밧의 아들 여호람과 그의 아들 아하시야 때부터 탈선이 시작됩니다. 이 두 사람 이전의 유다 왕들은 적어도 겉으로는 다윗의 길을 가려고 애를 썼습니다. 단지 얼마나 철저하게 했느냐는 정도의 차이가 있을 뿐이었습니다. 아사나 여호사밧 같은 사람은 철저하게 다윗의 길로 행했습니다. 거기에 비해서 솔로몬이나 르호보암이나 아비야는 덜 온전했습니다. 여호람과 아하시야는 완전히 방향을 바꾸어서 다윗의 길을 버리고 북이스라엘의 악명 높은 왕, 아합의 길로 달려갔습니다.

물론 이들의 선택을 인간적으로는 이해할 수 있습니다. 다윗의 길은 그야말로 답답하고 편협하고 확실한 보장이 없다고 생각하기에 충분하기 때문입니다. 여호람과 아하시야는 다윗의 길을 버리고 융통성 있는 소위 국제화의 길을 열고자 아합의 길로 갔습니다. 아예 이방 나라를 따라갈 수는 없고 북이스라엘을 본받는 것으로 적당히 타협한 것입니다. 사람들은 양 극단의 기로에서 절충안을 택하는 것이 안전하다고 생각합니다. 하지만 옳은 길은 오직 한 길이기에 그 외에는 모두 망하는 길인 것을 기억해야 합니다.

최근 여러 교회들을 보면 무작정 다른 목회자나 교회를 본받고 따라가는 것을 볼 수 있습니다. 그래서 성공 모델로 삼은 교회의 예배당 인테리어를 본뜨기도 하고 심지어는 예배 순서와 목회 계획까지도 따라하는 경우가 있습니다. 그리고 유명한 목회자의 목회 프로그램을 그대로 배워서 자기 교회에 적용하는 예도 많습니다. 주의가 필요한 일입니다. 지금 한참 유행하는 방법들은 잠시 열매가 맺히는 것 같지만 아직 그 역사가 짧아서 검증된 길이라고 하기에는 부족함이 있습니다. 더욱이 많은 프로그램들이 성경적 원리를 내세우지만 오히려 인간적인 성공주의에 기초한 것들도 많은 것이 현실입니다.

유다나 이스라엘도 결코 한 순간에 망하지 않았습니다. 그들도 처음에는 최선의 선택을 했습니다. 하지만 하나님 앞에서는 다윗의 길이 아니고서는 부흥을 일으킬 수 없었습니다. 결국 그런 선택이 쌓이고 쌓여 영적 침체와 이스라엘의 파멸을 초래하고 말았습니다.

하나님의 백성들, 즉 교회가 지속적으로 다윗의 길을 가려면 하나님의 말씀에 지속적으로 비춤을 받아야 합니다. 그러나 이 땅의 교회가 끊임없이 하나님의 말씀에 사로잡힌다는 건 말처럼 쉬운 일이 아닙니다. 사람들은 누구나 어느 정도 부흥을 경험하고 축복을 받으면 이제는 좀 더 폭넓은 문화생활이나 대인관계를 누리면서 인간적인 평안을 추구합니다. 놀라운 부흥을 경험하고 난 다음이 다윗의 길에서 탈선할 위험이 가장 높은 때입니다.

유다 왕 여호람과 아하시야가 다윗의 길에서 탈선한 결과는 개인적으로도 비참했고 결국 유다 나라 전체에도 비극적이 되었습니다.

1. 여호람의 탈선

■

여호사밧은 유다 왕들 중에서 가장 충실하게 다윗의 길을 걸었던 왕이었습니다. 여호사밧은 유다 안에서 모든 우상을 파괴했을 뿐 아니라 온 유다에 하나님의 율법을 가르칠 사람들을 보내어서 영적인 부흥을 일으켰습니다. 그리고 왕 자신이 직접 각 마을들을 돌면서 백성들에게 하나님만 섬기자고 격려했습니다. 이것은 어떤 의미에서 솔로몬이 성전을 지은 것보다 더 뛰어난 통치였고 다윗에 버금갈 만한 말씀 부흥운동이었습니다.

이것이 세상 사람들과 하나님의 백성들의 차이점입니다. 세상 사람들은 어떤 기회를 잘 포착해서 성공하고 출세합니다. 하지만 하나님의 백성들은 기회에 목마른 사람들이 아닙니다. 진리의 빈잔이 채워져야 부흥할 수 있는 존재들입니다. 그러므로 하나님의 말씀을 잘 가르치고 배우는 것이 부흥과 축복의 관건입니다.

이점에 있어서 유다의 왕들은 세상의 다른 왕들과는 달랐습니다. 세상의 다른 왕들은 무역을 잘해서 이를 남기고 다른 나라를 공격해서 많은 재물을 빼앗아 부자가 되었습니다. 반면 유다의 왕들에게 주어진 최대의 과제는 먼저 자신이 말씀에 붙들려 사는 것이었습니다. 하나님께서 다윗에게 약속하시기를 설사 백성들이 하나님의 말씀대로 살지 못해도 유다 왕 한 사람만이라도 하나님의 말씀을 사랑하고 그 뜻대로 나가면 부흥을 일으키시고 축복을 주시겠다고 하셨습니다. 그렇게 하려면 유다의 왕들은 백성들과 신하들의 말에 솔깃하기보다는 하나님의 말씀에 귀기울여야 했습니다. 그러나 사람이 하나님의 말씀에만 미친다는 것이 결코 쉬운 일이 아닙니다. 세상의 좋은 것들을 최대한 받아들여 최선의 결과를 이루어야 한다는 것이 일반적인 생각이기 때문입니다.

여호사밧은 유다의 부흥을 위해서 바른 길을 걸어 많은 복을 받았습니다. 그리고 정말 하나님 앞에서 사랑과 존귀함을 받은 자였습니다. 그러나 정작 본인은 그것을 몰랐습니다. 그래서 여호사밧은 자꾸 북이스라엘 왕 아합과 지나치게 친해지려고 노력했습니다. 말씀의 길로 가면서도 현실적으로 북이스라엘의 세상적인 부흥이나 축복도 함께 누리고 싶었기 때문입니다. 사실 하나님 앞에서 여호사밧과 아합은 비교가 되지 않습니다. 여호사밧은 하나님 앞에서 정말 존귀한 사람이었지만 아합은 거의 쓰레기 같은 사람이었습니다. 그러나 사람들의 눈에는 아합이 여호사밧보다 더 멋있고 커 보였습니다. 인간적인 성공만 눈에 들어왔던 것입니다. 결국 여호사밧의 자신감이 부족한 탓에 그는 몇 번이나 죽음의 자리에 내몰렸고, 나중에는 유다에 큰 피해를 줍니다. 그래서 우리는 언제나 자신의 가치를 하나님의 눈으로 생각해야 하고 자기 자신을 축복해야 합니다. 쓸데없는 비교의식이나 열등감을 믿음으로 극복을 해야 하는 것입니다.

> 21장 1-3절, "여호사밧이 그의 조상들과 함께 누우매 그의 조상들과 함께 다윗 성에 장사되고 그의 아들 여호람이 대신하여 왕이 되니라. 여호사밧의 아들 여호람의 아우들 아사랴와 여히엘과 스가랴와 아사랴와 미가엘과 스바댜는 다 유다 왕 여호사밧의 아들들이라. 그의 아버지가 그들에게는 은금과 보물과 유다 견고한 성읍들을 선물로 후히 주었고 여호람은 장자이므로 왕위를 주었더니"

여호사밧은 하나님께서 복 주셔서 갖게 된 재물과 성들을 자식들에게 물려주었습니다. 아들들은 자신이 물려받은 성읍들을 다스렸습니다. 장자인 여호람에게는 왕위를 물려주었습니다. 여호사밧의 자식들은 참으로 복을 많이 받은 자들인 것 같습니다. 아버지가 믿음의 왕이어서 유다의 부흥을 보며 자랐고 또 아버지로부터 물질적인 복까지 물려받았습니다. 형제끼리 서로 경쟁할 필요가 없도록 좋은 성을 가졌고 각 지방에서 자기 세력을 형성했습니다. 장자인 여호람은 예루살렘 성과 그 왕위를 차지했습니다. 여호사밧이 생각하기에 모든 것이 완벽하고 부족한 것이 하나도 없는 것 같았습니다.

그러나 문제는 장자인 여호람 자신이 하나님의 말씀에 대한 확신이 없는 것이었습니다. 만일 여호람이 하나님의 말씀에 확신이 있었다면 동생들이나 다른 신하들은 문제될 것이 없었습니다. 누가 뭐라든지 자기만 말씀을 붙들고 나가면 부흥과 축복이 약속되었기 때문입니다. 그런데 여호람 자신이 하나님의 말씀에 자신이 없으니까 다른 왕자들을 자신의 경쟁자로 생각하게 되었습니다. 누구든지 세상에서 성공하려면 일단 경쟁자를 이기고 물리치는 것이 필수입니다. 그래서 세상 정치에서는 타협이나 협력이 거의 불가능하다고 봐야 합니다. 실권을 잡은 쪽이 늘 강자가 되어서 복수를 되풀이 하는 것이 현실 정치의 역학이기 때문입니다.

21장 4절, "여호람이 그의 아버지의 왕국을 다스리게 되어 세력을 얻은 후에 그의 모든 아우들과 이스라엘 방백들 중 몇 사람을 칼로 죽였더라"

여호람은 왕이 된 지 얼마 되지 않아서 동생들을 다 죽이고 신하들도 여러 명 죽여 버렸습니다. 이들이 자기를 견제할까봐 두려웠기 때문입니다.

보통 세상 나라에서는 왕자가 여러 명이면 대게 새로 왕이 된 사람이 자기 권력을 안정시키기 위해서 형제들과 그들의 추종자들을 제거합니다. 하나님의 백성들은 그럴 필요가 없고 그렇게 해서도 안 됩니다. 유다는 하나님의 나라이지 왕의 소유가 아니기 때문입니다. 왕은 형제들이나 방백들을 부흥의 동역자로 생각할 여유를 가져야 합니다. 설사 이들이 자신의 통치에 걸림돌이 된다 하더라도 하나님께서 해결하실 때까지 기다려야 합니다. 다윗은 원수를 자기 손으로 제거하지 않고 하나님의 손에 맡겼습니다. 하지만 여호람은 같은 하나님의 백성인 동생들과 일부 방백들을 죽이고 나라의 방향을 다른 쪽으로 틀었습니다.

> 21장 5-6절, "여호람이 왕위에 오를 때에 나이가 삼십이 세라 예루살렘에서 팔 년 동안 다스리니라. 그가 이스라엘 왕들의 길로 행하여 아합의 집과 같이 하였으니 이는 아합의 딸이 그의 아내가 되었음이라 그가 여호와 보시기에 악을 행하였으나"

이 말씀에서 이해가 잘 안 되는 건 여호사밧이 왜 이런 아들에게 나라를 물려주었을까 하는 점입니다. 유다의 역사는 이렇게 이해할 수 없는 부분이 많습니다. 물론 여호사밧은 이렇게까지 될 줄은 몰랐을 것입니다. 결국 여호사밧이나 유다 백성 전체가 여호람에게 속은 것입니다. 왕은 후계자를 잘 세워둬야 합니다. 뜻대로 되지 않는 게 바로 사람을 세우는 일입니다. 부흥이 계속되고 하나님의 축복이 넘치면 사람들의 마음은 교만해져서 이제는 좀 다른 길을 가보고 싶은 생각이 들게 됩니다. 그래서 신선한 사람, 똑똑하고 매력적인 지도자에 대한 요구가 생기기 시작합니다. 그러면 사람들의 눈에 하나님의 사람은 너무 초라해보입니다. 사무엘도 다윗 형들의 겉모습에 현혹되어 기름을 부으려 하지 않았습니까? 여호사밧이 통치를 잘 하고 나서 사람을 제대로 세워놓지 못한 건 그 집안과 나라의 비극이 되었습니다.

여호람은 치밀하게 계산했습니다. 유다가 한꺼번에 이방 나라처럼 될 수는 없으니까 이스라엘의 정통성을 유지하면서 다른 나라와 활발하게 교류하는 아합의 정치를 모델로 생각했던 것입니다.

그러나 유다의 부흥의 불씨는 여호람의 정치와 함께 꺼져버렸습니다.

21장 7절, "여호와께서 다윗의 집을 멸하기를 즐겨하지 아니하셨음은 이전에 다윗과 더불어 언약을 세우시고 또 다윗과 그의 자손에게 항상 등불을 주겠다고 말씀하셨음이더라"

다윗 때부터 계속되었던 유다의 부흥이 여호사밧의 아들 여호람 한 사람에 의해서 꺼져버렸습니다. 그럼에도 불구하고 나라가 즉시 망하지 않은 이유는 하나님께서 다윗의 등불을 꺼트리지 않겠다고 약속을 하셨기 때문이었습니다. 유다에 항상 부흥의 가능성을 두신 것입니다. 아무리 믿음 없는 자가 왕이 되어서 부흥의 불을 꺼트려도 하나님의 말씀에 헌신한 자가 다시 나타나서 미친 듯이 하나님의 말씀 하나만 붙들고 나가면 다시 부흥의 불이 붙을 수 있습니다.

우리나라의 모든 교회도 마찬가지입니다. 목회자 한 사람이 죽어라고 하나님의 말씀 붙들고 설교하고 목회하면 어느 곳에서든지 부흥이 일어나게 되어 있습니다.

여호람이 다윗의 길에서 탈선하도록 부추긴 것은 그의 부인입니다. 여호람의 부인은 이세벨의 딸이었습니다. 이세벨은 이스라엘에서 하나님을 믿는 자들을 다 죽이고 바알 종교를 확산시켰던 사람입니다. 그런데 여호람의 부인이 바로 그의 딸입니다. 딸은 엄마를 따라가게 되어 있습니다. 아마도 여호람이 이세벨의 딸을 왕비로 맞이한 것은 이 여자가 아주 예쁘고 당시 유명했던 아합 왕의 딸이었기 때문이었을 것입니다.

원래 이스라엘 여성들에게는 한 가지 분명한 특징이 있었습니다. 외모는 비록 아름답지 못해도 하나님에 대한 특별한 신앙을 가진 것이었습니다. 적어도 이스라엘 여성이 되려고 하면 하나님과 결혼했다고 말할 정도로 하나님만 사랑하고 모든 소망을 하나님께만 두어야 하는 것입니다.

옛날 우리나라 어머니들의 신앙이 사실 이스라엘 여인들의 신앙과 같았습니다. 어머니들은 믿지 않는 집에 시집을 가서 온갖 구박을 다 받으면서도 묵묵하게 신앙을 지켰습니다. 특히 제삿날이 되면 제사 지내지 않는다고 온 집안의 핍박을 받는 일도 흔했습니다. 그런 가운데서도 신앙의 어머니들은 불평 하나 하지 않고 묵묵하게 자신의 신앙을 지켰고 남편을 섬겼으며 특히 자식들을 철저하게 신앙으로 키웠습니다. 또 처녀들도 외모를 치장하거나 세상에 관심을 쏟기보다는 하나님의 말씀을 듣고 은혜 받는 일에 열심을 내었고 그것으로 행복해 했습니다.

그런데 하나님의 백성들이 축복을 받아서 잘 살게 되면 이 어머니 신앙이 흐려지게 됩니다. 외모에 더 치중하고 기도보다는 세상적인 이야기를 더 좋아하고 자식들도 신앙보다는 세상적으로 잘 되기를 바라고 세상의 허영을 좋아하게 됩니다.

2. 탈선의 결과

여호람이 죽인 동생들과 방백들은 결국 여호람의 정책에 반대했지만 유다의 부흥에는 도움이 될 만한 사람들이었습니다. 그런데 여호람이 이런 사람들을 죽이고 정책의 방향을 아합의 길로 틀었을 때 이미 부흥은 꺼지기 시작했습니다. 하나님의 은혜는 거저 주시는 것이지만 전적으로 하나님의 말씀에 헌신하지 않으면 중단 되고 한 번 중단되면 다시 살리기가 어렵습니다.

유다에 부흥의 불이 꺼지면서 나라의 국력도 약해지기 시작했습니다. 그것을 가장 먼저 아는 자들이 유다의 적들이었습니다. 그래서 그 동안 잠잠하게 있던 유다의 적들이 모두 한꺼번에 반역을 일으키기 시작했고 심지어는 다른 나라가 쳐들어와서 왕족들을 몽땅 다 잡아가고 왕자들을 죽이기까지 하였습니다.

21장 8-9절, "여호람 때에 에돔이 배반하여 유다의 지배하에서 벗어나 자기 위에 왕을 세우므로 여호람이 지휘관들과 모든 병거를 거느리고 출정하였더니 밤에 일어나서 자기를 에워싼 에돔 사람과 그 병거의 지휘관들을 쳤더라"

에돔은 유다의 영원한 가시였습니다. 그런데 유다에 부흥이 일어나면서 에돔이 굴복했습니다. 심지어 자발적으로 와서 자기들이 다시는 가시가 되지 하지 않겠다는 항복 의사를 밝히기도 했습니다. 그러나 유다에 부흥의 불이 꺼지면서 대적하는 적들이 일어나기 시작했습니다. 부흥의 불이 없는 유다는 전혀 위협적이지 않았기 때문입니다. 그런데 여호람은 그런 것도 모르고 자기 힘이 옛날처럼 강한 줄 알고 에돔을 치러 갔습니다. 거의 죽을 뻔 했다가 겨우 적을 물리치고 도망쳐 왔습니다. 이것은 하나님께서 여호람에게 회개할 기회를 주시는 것이었습니다. 이때 여호람은 에돔을 겨우 이긴 것으로 의기양양할 게 아니라 자기 길을 바꿨어야 합니다. 하지만 길을 바꾸려면 자기 자신이 하나님 앞에 먼저 죽어야 하고 하나님의 말씀에 미쳐야 하는데 여호람은 자기가 다윗이나 하나님보다 더 똑똑하다고 생각하고 있었기 때문에 돌아설 수가 없었습니다.

그 다음에는 립나도 배반을 했습니다. 립나는 그렇게 큰 나라가 아니었는데 작은 나라들도 이미 유다를 우습게 알기 시작한 것입니다. 결국 하나님의 말씀을 떠난 종들은 모든 사람들로부터 우습게 여김을 당할 수밖에 없습니다.

> 21장 11절, "여호람이 또 유다 여러 산에 산당을 세워 예루살렘 주민으로 음행하게 하고 또 유다를 미혹하게 하였으므로"

여호람은 마침내 종교의 자유를 선언했습니다. 누구든지 산당에서 자기 마음대로 하나님을 믿어도 좋다는 말입니다.

여호사밧은 국민들에게 신앙의 자유를 허락하지 않았습니다. 오직 하나님을 섬기는 것은 예루살렘 성전과 하나님의 말씀 밖에 없다는 것을 분명히 했습니다. 여호사밧은 유다 백성들의 신앙을 하나로 일치시켰습니다. 그런데 여호람은 그것이 개인의 신앙의 자유를 속박한다고 보고 모두 자기가 하고 싶은 대로 하나님을 믿으라고 허용했습니다. 그랬더니 백성들은 미신적인 방법으로 하나님을 예배했고 우상을 섬기게 되었습니다.

> 21장 12-14절, "선지자 엘리야가 여호람에게 글을 보내어 이르되 왕의 조상 다윗의 하나님 여호와께서 이같이 말씀하시기를 네가 네 아비 여호사밧의 길과 유다왕 아사의 길로 행하지 아니하고 오직 이스라엘 왕들의 길로 행하여 유다와 예루살렘 주민들이 음행하게 하기를 아합의 집이 음행하듯 하며 또 네 아비 집에서 너보다 착한 아우들을 죽였으니 여호와가 네 백성과 네 자녀들과 네 아내들과 네 모든 재물을 큰 재앙으로 치시리라"

여호람의 이런 탈선을 참을 수 없었던 엘리야 선지자는 편지를 보내 여호람을 책망했습니다. 엘리야는 북이스라엘에서 능력을 행하던 선지자였습니다. 그런데도 남유다의 왕 여호람이 아합의 길을 열심히 따르는 것을 보고 안타까운 마음에 편지를 보냈습니다. 엘리야는 여호람에게 왜 하나님의 길을 가지 않느냐고 책망했습니다. 적어도 네 아버지 여호사밧이나 할아버지 아사처럼만 믿어도 유다는 큰 복을 받을 텐데 왜 네 마음대로 길을 바꿔서 망하는 쪽으로 가느냐는 것입니다. 특히 여호람이 자기보다 의로운 동생들과 방백들을 죽인 것은 살인하지 말라는 계명을 어긴 것입니다. 어떻게 참된 종들을 죽이고 유다의 부흥을 꺼트린 자가 하나님의 복을 받을 수 있습니까?

유다의 왕들은 이 세상 지도자들과는 비교할 수 없는 가치를 지닌 자들입니다. 하지만 스스로 이 사실을 모르는 왕들이 참 많았습니다. 세상에 이처럼 바보스러운 일이 어디에 있습니까? 자기가 보석인 줄 모르고 하찮은 길을 열심히 따라가다가 망하는 것입니다.

엘리야가 이 편지를 쓴 후에 블레셋과 생각지도 못했던 아라비아까지 쳐들어와서 여호람의 아들들을 다 죽이고 아내들과 재물들을 다 약탈해 갔습니다.

21장 16-17절, "여호와께서 블레셋 사람들과 구스에서 가까운 아라비아 사람들의 마음을 격동시키사 여호람을 치게 하셨으므로 그들이 올라와서 유다를 침략하여 왕궁의 모든 재물과 그의 아들들과 아내들을 탈취하였으므로 막내 아들 여호아하스 외에는 한 아들도 남지 아니하였더라"

부귀영화를 물려받고 모든 장애를 제거한 천하의 여호람은 부흥의 불이 꺼지니까 자기 것을 지킬 능력이 없었습니다. 블레셋과 아라비아인들이 쳐들어와서 여호람이 가장 아끼던 재물과 아들들과 부인들을 모두 다 죽이고 빼앗아가도 손을 쓸 수가 없었습니다.

본문에서 하나님이 아라비아 사람들의 마음을 격동하셨다고 말씀합니다. 이 말씀은 아라비아인들이 유다를 칠 생각도 없었는데 하나님께서 충동했다는 말이 아닙니다. 사실 아라비아인들은 언제라도 예루살렘을 치려고 벼르고 있었습니다. 하지만 지금까지는 하나님께서 막아주셨습니다. 그러다가 하나님이 더 이상 막지 않으시니까 아라비아인들이 바로 쳐들어와 다 죽이고 약탈해간 것입니다. 하나님의 백성들에게 부흥의 불이 꺼지면 세상의 복도 지키지 못하게 됩니다.

한편 여호람 자신도 엘리야가 예언한대로 창자에 병이 생겨서 2년 동안 고통스러워하다가 창자가 삐져나와 죽었습니다. 여호람이 죽은 후 백성들은 그에게 분향도 하지 않았습니다. 백성들조차도 여호람을 경멸했던 것입니다. 그리고 그는 열왕의 묘실에 장사되지 못했습니다.

다윗의 길을 갔던 위대한 왕들과 같이 묻힐 자격이 없다고 판단되었던 것입니다.

3. 아하시야의 탈선

■

아하시야는 여호람의 막내 아들인데도 형들이 아라비아인들에게 죽임을 당하는 바람에 어쩔 수 없이 왕이 되었습니다. 아하시야도 아버지 여호람과 다를 바가 없었습니다. 오히려 아하시야는 아버지 여호람보다 한

술 더 떠, 거의 북이스라엘에서 시간을 보내다시피 할 정도로 북이스라엘을 좋아했습니다. 이때는 이미 아합의 집에 대한 하나님의 심판이 본격적으로 시작된 시기였습니다.

22장 1-2장, "예루살렘 주민이 여호람의 막내 아들 아하시야에게 왕위를 계승하게 하였으니 이는 전에 아라비아 사람들과 함께 와서 진을 치던 부대가 그의 모든 형들을 죽였음이라. 그러므로 유다 왕 여호람의 아들 아하시야가 왕이 되었더라. 아하시야가 왕이 될 때에 나이가 사십 이 세라. 예루살렘에서 일 년 동안 다스리니라. 그의 어머니의 이름은 아달랴요 오므리의 손녀더라"

아하시야의 아버지는 신앙이 좋은 삼촌들을 다 죽이고 아버지 자신도 엘리야의 예언대로 창자에 병이 들어 죽었습니다. 그의 형들은 몰살 당하고 아하시야만 가까스로 살아남아 왕이 되었습니다. 이런 자신의 처지를 생각했다면 하나님을 두려워할 법도 한데 아하시야는 하나님을 붙들지 않고 아합의 집을 더 의지했습니다. 아하시야와 비슷하게 정치적 지지세력 없이 왕이 되었던 솔로몬은 어땠습니까? 하나님 앞에 일천 번제를 드리면서 하나님의 도움을 구했습니다. 그러고 나서 솔로몬은 하나님의 부흥을 보았습니다. 그러나 아하시야는 미련하게도 북이스라엘의 악한 왕 아합의 집을 붙들었습니다.

아하시야가 이렇게 아합의 길을 가게 된 것은 그의 어머니 아달랴 때문이었습니다.

22장 3-4절, "아하시야도 아합의 집 길로 행하였으니 이는 그의 어머니가 꾀어 악을 행하게 하였음이라. 그의 아버지가 죽은 후에 그가 패망하게 하는 아합의 집의 가르침을 따라 여호와 보시기에 아합의 집 같이 악을 행하였더라"

여기서 악을 행한다는 것은 세상의 상식을 벗어나는 악을 말하는 것만은 아닐 것입니다. 오히려 사람의 눈에는 관대하고 포용성이 있는 정치를 하지만 그 중심이 하나님의 눈에는 악한 것입니다. 하나님은 오로지 하나님만 신앙하는 것을 선하게 여기십니다.

이때 아합의 아들은 요람이었는데 그는 아하시야에게 길르앗 라못을 차지하려고 쳐들어온 아람 군대와 싸우러가자고 했습니다. 이때 아하시야는 자신의 가치를 한번 생각해 보아야 했습니다. 아합의 집과 하나님 앞에서 자신의 가치를 헤아려야 했습니다. 하지만 아하시야는 세상적인 것에만 눈이 휘둥그레져서는 유다보다 훨씬 크고 부강한 북이스라엘의 인정을 받고 싶어 그들의 길을 따랐습니다.

이 전쟁에서 요람은 심한 부상을 입고 이스르엘에 있는 별궁에서 요양을 하게 되었습니다. 이때 하나님께서는 아합의 집 씨를 말리기 위해서 예후라는 사람을 세워서 반역을 일으키게 하셨습니다. 그런데 아하시야가 얼마나 어리석은 사람인가 하면 반역이 일어난 줄도 모르고 요람의 병을 위문하기 위해서 사마리아로 내려갔다가 예후를 만나는 바람에 도망을 쳤지만 결국 붙들려 죽임을 당하게 됩니다. 유다의 지도자들과 아하시야의 형제의 아들들은 요람의 병문안을 갔다가 예후의 군대를 만나서 모두 다 죽임을 당하게 됩니다. 하나님의 백성들이 자신들의 가치도 모르고 자기보다 훨씬 못한 자들의 인정을 받으러 몰려갔다가 몰살을 당했습니다. 하나님의 종들은 부흥을 위해서 기도하고 말씀을 붙들 때 가치가 있는 것이지 세상에 아부하고 인정받으려고 돌아다닐 때에는 스스로 가치를 저버리는 것입니다. 그래서 우리는 자신의 가치를 다시 한 번 생각해 보아야 합니다. 하나님의 말씀 없이 행하는 자들이라면 아무리 유명하고 잘나가는 사람들일지라도 손을 잡아서는 안 됩니다.

아하시야는 굉장히 외로운 사람이었습니다. 그의 삼촌들은 다 좋은 분들이었는데 아버지 여호람이 다 죽여버렸고 형들은 아라비아 사람들이 쳐들어와서 몰살시켰습니다. 얼마나 외로웠겠습니까? 그래도 하나님의 종들은 혼자가 되었더라도 목숨 걸고 하나님을 붙들고 외로움과 씨름해야 합니다. 그러면 하나님의 역사가 나타났을 테고 이런 식으로 허무하게 죽임을 당하지는 않았을 것입니다. 아하시야는 1년 동안을 왕위에 있다가 요람의 병문안을 끝으로 예후를 만나 죽임을 당하고 말았습니다.

아하시야는 어떻게 보면 참 중요한 사람이었습니다. 왜냐하면 다윗의 후손들이 다 죽고 자기만 살아남았기 때문입니다. 그런데 자신의 가치를 몰라서 쓸데없는 사람 비위를 맞추어주려고 하다가 아무 가치 없이 죽고 말았습니다. 더 큰 문제는 지금까지 배후에 숨어서 유다의 부흥을 죽여오던 아합의 딸 아달랴가 아하시야가 죽고 나니까 완전히 정체를 드러내면서 자기 손자들을 다 죽이고 스스로 유다의 왕이 되어버린 것입니다.

22장 10절, "아하시야의 어머니 아달랴가 자기의 아들이 죽은 것을 보고 일어나 유다 집의 왕국의 씨를 모두 진멸하였으나"

아하시야가 죽고 또 다른 왕족들도 죽으니까 유다에게 다윗의 자손들은 어린 아이들 밖에 없었던 것 같습니다. 그러니까 늙은 아달랴 가 손자들을 다 죽이고 자기가 왕이 되었던 것입니다. 그래서 유다에서 다윗의 씨는 완전히 멸절되고 다윗의 부흥은 끝나버렸습니다. 물론 하나님께서 아하시야의 아들 중에서 갓난아기 하나를 감추어서 유다의 불길이 다시 살아나기는 하지만 공식적으로는 이때 다윗의 등불이 꺼진 셈입니다.

이것을 보면 하나님의 백성들이 하나님의 말씀으로 만족하지 못하고 세상의 길로 탈선한다는 것이 얼마나 위험한 것인지 잘 알 수 있습니다. 여호람이나 아하시야는 자기들이 완전히 세상으로 간다고 생각하지는 않았을 것입니다. 단지 다윗의 길이 너무 답답하고 독선적이기 때문에 절충의 길을 걷기로 했는데 거기가 아합의 길이요 패망의 길이었던 것입니다. 이들은 자신들의 가치를 알지 못했습니다. 어떻게 하면 좀 더 세상적으로 성공한 멋진 아합의 집에 인정을 받아볼까를 궁리했습니다. 결국 남는 건 엄청난 정신적 육체적 피해였습니다.

유다의 부흥의 불은 꺼지기는 쉽지만 한번 꺼지면 다시 붙이기는 너무 어렵습니다. 그리고 한번 부흥이 꺼지니까 유다 안에 싸움이 많이 일어나서 서로 죽이고 죽는 일이 벌어졌습니다. 게다가 쓸데없는 데까지 문병을 갔다가 무더기로 죽고 나중에는 어린이들까지 씨를 말리게 되는 것입니다. 우리의 숙제는 어떻게 하면 우리가 지치지 않고 하나님의 말씀에 싫증을 내지 않고 자손들의 세대까지 하나님의 말씀에 미치게 할 수 있느냐 하는 것입니다. 먼저 우리가 하나님의 말씀의 가치를 알아야 하고 돈이나 명예나 좋은 건물보다 영적 부흥을 축복으로 물려주어야 할 것입니다.

CHAPTER 12

요아스의 부흥의 회복

대하 23:1-24:27

운동선수들이 신인이나 무명일 때에는 오직 우승 하나를 목표로 죽을힘을 다해 열심히 노력합니다. 노력 끝에 메달을 따는 등 성공하게 되면 세상이 이 선수를 대하는 태도가 달라집니다. 돈도 많이 벌게 해주고 매스컴에서 인터뷰도 많이 들어오고 방송 출연이나 강의 요청, 기독교인이라면 신앙 간증을 부탁받기도 합니다. 사람이 실력을 쌓아 정상에 오르면 돈과 명예가 알아서 따라주기 때문에 더 이상 고생스러운 훈련을 하기보다는 방송에 나가거나 돈을 쓰고 싶은 마음이 들게 됩니다. 그래서 정상에 올라 유명해진 선수들이 다음 경기에서는 완패를 하고 최악의 경우 운동선수로서의 삶을 접는 경우를 자주 봅니다.

등산을 할 때도 오를 때보다는 내려올 때에 사고 나기가 더 쉽다고 합니다. 산에 오를 때에는 아직 힘도 있고 산에 오르고자 하는 의욕도 있어서 정신을 차리고 열심히 올라가지만 일단 산 정상에 오르고 난 후에는 힘도 빠지고 목표도 달성했기 때문에 정신을 다른 데 팔고 내려오다가 추락 사고를 당하게 되기도 합니다.

이것은 하나님의 백성들에게도 마찬가지입니다. 가난하고 힘들 때에는 겸손하게 하나님의 말씀만 붙들고 믿음에 순종해서 부흥도 일어나고 하나님의 많은 축복도 받게 됩니다. 그런데 하나님의 백성들이 부흥을 경험하고 복을 많이 받게 되면 이제는 하나님의 은혜는 시시해지고 세상의 다른 것들을 누리고 싶은 욕심이 생기게 됩니다. 물론 하나님의 백성들이 하나님이 주신 복을 누리는 것이 결코 잘못은 아닙니다. 하나님의 말씀에 대한 입맛을 잃는 것이 문제입니다. 세상과 벗하고 싶고 세상에서 자기 세력을 넓히고 싶은 욕심과 손잡는 게 문제입니다. 하나님의 백성들이 필사적으로 하나님의 말씀을 붙들지 않으면 어느새 부흥의 불은 꺼지게 됩니다. 이것은 비참한 결과를 가져옵니다. 부흥의 불이 꺼진다고 하는 것은 하나님과의 관계가 끊어지는 것을 의미합니다. 이것은 다른 말로 표현하면 양들이 목자를 놓치고 자기들끼리 돌아다니는 것과 같습니다. 그때를 틈타 늑대가 공격해 오면 하나님의 백성들은 너무나도 비참하게 망하게 됩니다.

유다는 작았지만 신앙으로 알찬 나라로서 부흥을 경험했습니다. 그래서 유다는 다시 주위의 다른 나라들이 함부로 대하지 못하는 그런 나라가 되었습니다. 그럼에도 유다는 치명적인 약점을 극복하지 못했습니다. 자기 스스로에 대한 자신감이 너무나 없었던 것입니다. 그래서 유다는 자기들보다 큰 북이스라엘을 동경한 나머지 분별없이 따라하다가 아합의 딸 아달랴를 왕비로 맞아이기까지 합니다. 아달랴는 자기 아들 아하시야가 죽자 손자들을 다 죽이고 자기가 유다의 여왕이 되어버렸습니다.

유다에서 부흥의 불이 꺼지니까 왕족이었던 다윗의 후손들이 몰살당하고 씨가 마르게 되었으며 나라는 황폐화되고 성전은 쓰레기장이 되었습니다. 부흥의 불이 꺼진 유다는 목자 없는 양떼들과 같아서 언제 죽게 될지 모르는 처지였습니다. 이것이 바로 유다가 목숨을 걸고 하나님의 말씀을 붙들지 않은 결과였습니다.

우리가 하나님의 축복을 감사하고 누리는 것은 결코 죄가 아닙니다. 그러나 하나님의 축복 때문에 하나님의 말씀을 목숨 걸고 붙들지 않으면 이미 멸망을 재촉하는 것입니다.

1. 영적인 전쟁

■

유다 백성들이 하나님의 말씀만 죽도록 붙들지 않은 결과는 너무나도 엄청나고 비극적이었습니다. 이제 유다는 바알을 섬기는 아달랴의 종이 되었고 언제 망할지 모르는 풍전등화와 같은 처지가 되었습니다. 그러나 하나님은 유다를 사랑하셔서 부흥의 불씨를 살려주셨습니다. 아달랴가 손자들을 다 죽이는 가운데 왕의 누이가 대제사장 여호야다의 부인이었는데 그때 한 살짜리 왕자 요아스를 숨겨서 빼돌렸던 것입니다.

22장 10-12절, "아하시야의 어머니 아달랴가 자기의 아들이 죽은 것을 보고 일어나 유다 집의 왕국의 씨를 모두 진멸하였으나 왕의 딸 여호사브앗이 아하시야의 아들 요아스를 왕자들이 죽임을 당하는 중에서 몰래 빼내어 그와 그의 유모를 침실에 숨겨 아달랴를 피하게 하였으므로 아달랴가 그를 죽이지 못하였더라. 여호사브앗은 여호람 왕의 딸이요 아하시야의 누이요 제사장 여호야다의 아내이더라. 요아스가 그들과 함께 하나님의 전에 육 년을 숨어 있는 동안에 아달랴가 나라를 다스렸더라"

하나님께서는 다윗에게 약속하시기를 다른 사람은 다 엉터리로 믿어도 다윗의 자손, 즉 유다의 리더 한 사람만 죽도록 하나님의 말씀을 붙들면 부흥을 주시고 축복을 주시겠다고 약속하셨습니다. 아달랴도 이 약속을 익히 아는 터라 유다를 자기 것으로 만들기 위해서 다윗의 자손인 자기 손자들을 다 죽였습니다. 그 와중에 하나님은 한 살짜리 아이 하나를 살려두셨던 것입니다.

아마도 아달랴가 왕자들을 죽이면서 큰 애들만 신경을 썼지 설마 한 살짜리 아이가 있을 줄은 몰랐던 것입니다. 할머니가 미쳐서 자기 손자들을 잡아서 죽이는데 그 와중에 왕의 누이 여호사브앗이 한 살짜리 왕자를 감추어서 빼돌리는 데 성공했습니다. 특히 왕의 누이 여호사브앗은 대제사장 여호야다의 부인이었기 때문에 아무에게도 알리지 않고 이 아이를 6년 동안 성전에서 키웠습니다. 이들은 왕자를 철저하게 감추어서 키웠고 절대로 사람들에게 보이거나 알리지 않았습니다. 아달랴나 모든 유다 백성들은 유다에 부흥의 불이 완전히 꺼진 줄 알고 있었습니다. 다시 부흥될 수 없고 이렇게 압제를 당하다가 언젠가는 망할 운명으로만 알았습니다. 그런데 아무도 모르는 가운데 유다의 불씨는 자라고 있었습니다.

대제사장 여호야다나 그의 부인이나 유모는 유다에 부흥을 일으키는 것이 완전히 전쟁이라는 사실을 알았습니다. 대제사장과 그 부인은 그들이 그 동안 왕의 말이나 왕비의 말을 믿었던 것이 얼마나 어리석은 짓이었는지 철저히 깨달았을 것입니다. 하나님의 백성들은 하나님의 말씀이 아닌 것을 일체 믿지 말아야 합니다. 누가 아무리 그럴 듯한 이야기를 한다고 해도 하나님의 말씀이 아니면 듣지도 말아야 합니다. 그런데 어리석게도 유다 백성들이 왕이나 왕비의 인간적인 말을 곧이들은 결과는 유다의 부흥은 완전히 끝나고 나라는 초토화되었습니다.

대제사장 여호야다와 그 부인은 왕자가 살아 있다는 사실을 일체 어느 누구에게도 알리지 않았습니다. 그들은 어느 누구도 믿을 수가 없었습니다. 이들은 하나님의 때가 오기만을 기다렸습니다. 이 6년 동안 유다는 완전히 하나님 나라로서의 기능을 상실해버렸습니다. 하나님의 나라는 다윗의 후손이 하나님의 말씀으로 백성들을 먹여야 축복이 오는 나라인데 아달랴가 다윗의 후손을 다 죽이고 자기 멋대로 왕이 되어서 나라를 다스렸기 때문이었습니다. 하나님의 나라가 세상 나라가 되면 그 나라의 백성들은 비참한 노예 신세로 전락합니다.

하나님의 백성들은 조금 불행해지는 것에서 그치지 않고 완전히 죽기 직전까지 내몰리게 됩니다. 유다 백성들은 완전히 신앙 없는 자의 발에 짓밟혔고 아달랴의 협박과 공갈에 벌벌 떨면서 살아야만 했습니다.

하나님께서 이렇게 하신 이유는 유다 백성들로 하여금 하나님의 말씀과 부흥이 얼마나 중요한지 깨닫도록 하기 위해서입니다. 교회 역사를 보면 한 번씩 부흥이 사라지고 영적으로 암흑천지가 되어서 교회가 억압을 받을 때가 종종 있었습니다. 이는 하나님의 말씀은 우습게 알고 세상을 사랑했기 때문입니다. 하나님의 백성들에게서 부흥의 불이 꺼지면 사탄의 밥이 되는 것입니다.

드디어 유다에 하나님의 때가 왔습니다. 요아스가 일곱 살이 되었습니다. 아마도 여호야다는 왕자가 적어도 일곱 살은 되어야지 사람들 앞에 서 있기도 하고 말귀도 알아들을 수 있다고 생각을 한 것 같습니다.

주일학교에서도 보면, 유아부와 유치부는 나이차이가 별로 안 나는데도 성장에 있어 엄청난 차이를 보입니다. 유아부는 말귀를 잘 알아듣지 못하는 경우도 있고, 화장실을 가거나 간식을 먹을 때 전부 시중을 들어줘야 합니다. 반면, 유치부가 되면 알아서 할 수 있는 일도 여럿 생기고 어느 정도 사람구실을 할 수 있습니다.

여호야다는 요아스가 딱 유치부 나이 때 왕에 그를 왕으로 세우고자 했습니다. 그러나 6년 동안 은신해 있었던 왕자를 왕으로 세우는 일은 만만치 않았습니다. 일단 백성들이나 귀족들은 모두 왕자가 살아 있다는 사실을 모르고 있었고 또 모든 실권은 아달랴가 쥐고 있었습니다.

그래서 여호야다는 가장 먼저 충성된 백부장 다섯 명에게 왕자가 살아 있다는 사실을 알리고 충성의 서약을 받았습니다.

> 23장 1절, "제칠년에 여호야다가 용기를 내어 백부장 곧 여로함의 아들 아사랴와 여호하난의 아들 이스마엘과 오벳의 아들 아사랴와 아다야의 아들 마아세야와 시그리의 아들 엘리사밧 등과 더불어 언약을 세우매"

바로 이 다섯 명의 백부장이 유다의 부흥을 다시 일으키는 데 핵심적인 역할을 하게 됩니다. 이들은 아달랴와 그의 측근 몰래 유다 전체를 다니면서 레위 사람들과 족장들을 모아서 예루살렘으로 데리고 왔습니다.

여호야다는 치밀하게 계획을 세웠습니다.

우선 안식일에 왕을 세우기로 했습니다. 안식일은 세상 사람들에게는 노는 날이지만 하나님의 백성들에게는 하나님을 예배하는 날이기 때문이었습니다. 유다 백성들이 성전에 가장 모이는 날이 안식일입니다. 많은 사람들이 성전에 모여들었음에도 아달랴는 방심했습니다. 다윗의 후

손이 다 죽었다고 철석같이 믿고 있었기 때문입니다.

대제사장 여호야다는 모든 레위인들에게 창과 방패를 들게 했습니다. 사실 레위인들은 영원히 창과 방패를 들 일이 없을 줄 알았습니다. 다윗은 성전에 두었던 창과 방패를 이번에 사용되게 되었습니다. 여호야다는 레위인들의 조가 바뀌는 시간에 새로 들어오는 레위인은 서게 하고 임무를 마치고 나가는 레위인은 나가지 못하게 했습니다. 그러니까 자연스럽게 성전에는 평소보다 배나 많은 레위인이 있게 되었습니다. 그리고 왕자를 사람들에게 보이면서 다윗의 후손이 살아 있다는 사실을 선포했습니다.

23장 11절, "무리가 왕자를 인도해 내어 면류관을 씌우며 율법책을 주고 세워 왕으로 삼을새 여호야다와 그의 아들들이 그에게 기름을 붓고 이르기를 왕이여 만세수를 누리소서 하니라"

'무리가 왕자를 인도해 내었다' 고 하지만 실제로는 여호야다가 왕자를 인도하여 낸 것입니다. 유다 백성들은 아하시야의 아들이 살아 있다는 사실에 엄청난 희망을 가졌습니다. 이 한 사람을 통하여 다시 부흥의 불이 붙을 수 있기 때문입니다. 이때 유다 백성들이 얼마나 하나님의 은혜를 사모했는가 하면 단 한 사람의 예외도 없이 여호야다의 말을 믿었고 어린 왕에게 충성을 맹세했습니다. 이것은 모두 목숨을 걸어야 가능한 것입니다. 하나님의 백성들이 다시 부흥을 회복하려면 시시하게 믿어서는 안 됩니다. 완전히 하나님의 말씀에 목숨을 걸어야 합니다. 이렇게 시시하게 마귀에게 종노릇하면서 비참하게 사느니 하나님의 말씀을 붙들고 죽겠다는 각오를 해야 하는 것입니다.

2. 완전한 승리

일단 요아스가 성전에서 유다의 왕이 되기는 했지만 바깥에서는 여전히 악한 여왕 아달랴가 왕이었습니다. 하지만 유다의 정통성을 이을 왕이 나타나니까 전혀 힘을 쓰지 못했습니다. 백성들도 그녀를 왕으로 인정하지 않았기 때문입니다.

23장 12-13절, "아달랴가 백성들이 뛰며 왕을 찬송하는 소리를 듣고 여호와의 전에 들어가서 백성에게 이르러 보매 왕이 성전 문 기둥 곁에 섰고 지휘관들과 나팔수들이 왕의 곁에 모셔 서 있으며 그 땅의 모든 백성들이 즐거워하여 나팔을 불며 노래하는 자들은 주악하며 찬송을 인도하는지라. 이에 아달랴가 그의 옷을 찢으며 외치되 반역이로다 반역이로다 하매"

아달랴는 늙어 죽을 때까지 왕 노릇 할 줄 알았지만 정당한 왕이 즉위했을 때 그 즉시 모든 권한을 자동적으로 상실해버렸습니다. 이것이 바로 사탄의 특징입니다. 사탄은 거짓의 힘으로 모든 사람들 위에 군림하는데 정당한 하나님의 능력이 나타나면 맥을 추지 못합니다. 아달랴는 성전이 시끄러우니까 혼자 성전 안에 들어와 보았습니다. 물론 아달랴는 지금까지 성전에 들어온 적이 없었습니다. 그런데 성전에 들어와 보니까 벌써 왕은 왕관을 쓰고 서 있고 백성들은 하나님을 찬양하고 기뻐하고 있었습니다. 아달랴는 자기 옷을 찢으면서 '반역이로다, 반역이로다' 라고 소리질렀지만 실제로 반역을 저지른 사람은 자기 자신이었습니다.

놀라운 것은 아달랴가 아무리 소리를 지르고 몸부림 쳤음에도 유다 백성들은 자기 자리를 지켰습니다. 백성들은 백성의 자리를 지키고 레위인은 레위인의 자리를 지켰습니다. 그리고 왕은 비록 어리지만 조금도 두려워하지 않고 굳건하게 자기 자리를 지켰습니다. 유다 백성 중에 단 한 사람도 아달랴의 말을 듣지 않았습니다. 아달랴가 차마 그 무리를 뚫고 들어올 수가 없었습니다.

하나님의 백성들은 이렇게 되어야 합니다. 모두 자기 자기를 지키면 사탄이 교회에 파고 들어올 수가 없습니다. 교회가 사탄의 공격을 당하는 것은 자기 자리를 지키지 않고 사람의 말에 따라 우왕좌왕하기 때문입니다. 백성들은 비록 어리지만 참 목자가 나타난 것을 보고 모두 요동치 않았습니다. 아달랴는 성전 밖으로 밀려 났습니다.

이때 여호야다는 아달랴를 성전에서 죽이지 말라고 했습니다. 그 대신에 아달랴를 추종하는 자가 있으면 그 즉시 죽이라고 했습니다. 레위인들은 아달랴가 나갈 수 있도록 길을 열어 주었는데 성전 미문에 이르렀을 때 무리가 아달랴를 칼로 쳐 죽였습니다.

영적 전쟁이 승리하기 위해서는 아달랴를 철저하게 제거해야만 했습니다.

하나님의 영광을 찬탈하고 하나님의 나라를 세상 나라로 만든 아달랴에게는 일말의 자비도 허락되지 않았습니다.

그리고 난 뒤에 온 백성들은 즉시 바알의 당으로 가서 바알의 당을 부수고 단과 우상을 깨뜨리고 단 앞에서 바알의 제사장 맛단을 죽였습니다.

> 23장 17절, "온 국민이 바알의 신당으로 가서 그 신당을 부수고 그의 제단들과 형상들을 깨뜨리고 그 제단 앞에서 바알의 제사장 맛단을 죽이니라"

하나님의 나라에는 바알과 바알의 단과 바알의 제사장이 있어서는 안 됩니다. 이 모든 것은 깨트려져야 하는 것입니다. 하나님의 영광 앞에서 모든 사탄의 속임수들은 용납될 수 없습니다.

> 23장 18절, "여호야다가 여호와의 전의 직원들을 세워 레위 제사장의 수하에 맡기니 이들은 다윗이 전에 그들의 반열을 나누어서 여호와의 전에서 모세의 율법에 기록한 대로 여호와께 번제를 드리며 자기들의 정한 규례대로 즐거이 부르고 노래하게 하였던 자들이더라"

이제 유다 백성들은 예배를 회복했습니다. 그리고 이제는 죽도록 하나님의 말씀만 붙들기로 약속했습니다. 하나님의 백성들에게 바른 예배가 회복되는 것이 이렇게 어려운 일입니다. 유다 백성들이 하나님의 말씀을 소홀히 하고 인간적으로 보기에 자기들보다 더 크고 세상적으로 인정받는 북이스라엘을 따라간 결과는 참혹했습니다. 오히려 유다의 비참함이 북이스라엘보다 더 심했습니다. 아예 죽어있으면 통증을 느끼지 못하지만 살아 있는 걸 경험한 이상 죽음과도 방불한 생활에서 오는 고통은 이루 말할 수 없습니다. 유다가 부흥을 회복하기까지 모든 왕족들이 씨가 마르고, 6년 동안 죽도록 왕의 종으로 사는 대가를 치러야 했습니다. 마지막으로 아달랴는 죽이는 일만 남았습니다.

> 23장 21절, "그 땅의 모든 백성이 즐거워하고 성중이 평온하더라 아달랴를 무리가 칼로 죽였었더라"

하나님의 백성들에게 부흥이 회복되니까 일단 평온을 되찾았습니다. 그리고 백성들의 마음에 기쁨과 소망이 생겼습니다. 하나님께서 다시 유

다의 목자가 되어주셨기 때문입니다. 양들이 참 목자를 되찾은 것입니다.

유다 백성들이 6년의 암흑기를 보내고도 부흥을 회복할 수 있었던 여러 가지 요인이 있습니다. 먼저 다윗의 후손 요아스를 살려둔 여호야다 같은 충성된 종이 있었기 때문입니다. 그리고 아달랴가 유다의 신앙을 말살시키려고 성전을 부수고 더럽혔음에도 자기 반차를 따라 성전을 지킨 레위인들이 있었습니다. 뿐만 아니라 레위인이나 백부장들이 철저하게 왕자에 대한 비밀을 지켰기 때문입니다. 아달랴는 눈에 보이는 것만 부수었지 유다의 정신은 결코 부수지 못했습니다. 이런 여러 가지가 합력하여 하나님의 때가 되었을 때 단 한 순간에 유다는 회복되고 아달랴는 죽임을 당했습니다.

3. 요아스의 충성과 배반

유다 왕을 누가 보좌하느냐에 따라서 나라의 운명이 갈리게 됩니다. 하나님의 나라를 이끌어 간다는 건 굉장히 무거운 짐입니다. 이 짐은 혼자서는 지고 갈 수 없습니다. 그래서 하나님 나라의 이 무거운 짐을 함께 지고 갈 수 있는 충성된 사람이 있어야 합니다. 요아스에게는 여호야다 라고 하는 영적인 아버지가 있었습니다. 그래서 여호야다가 살아 있는 동안에 요아스는 하나님 보시기에 정직하게 나라를 이끌어 갔습니다.

24장 2절, "제사장 여호야다가 세상에 사는 모든 날에 요아스가 여호와 보시기에 정직하게 행하였으며"

'제사장 여호야다가 살아 있는 날 동안에'라는 말은 참 불길하게 들립니다. 여호야다가 죽고 난 뒤에는 어떻게 했다는 말입니까? 요아스는 자기를 든든히 받쳐주던 기둥이 없어지니까 정신적으로 엄청나게 방황을 했던 것 같습니다. 그래서 그는 중심을 잡지 못하고 그 당시 힘이 있던 유다 방백들의 말을 듣고 다시 바알과 아세라를 섬기는 길로 가고 맙니다.

사람은 자기가 직접 경험해 보지 않으면 확신이 안 서기 때문에 다른 사람의 말을 듣고 갈팡질팡하기 쉽습니다. 누구든지 자기가 믿음으로 인생 밑바닥에서 승리한 체험이 있으면 확신이 있기 때문에 누가 뭐라고 해도 흔들리지 않습니다. 하지만 요아스는 그렇지 못했습니다. 여호야다가 자기를 지켜주고 인도해주는 동안에는 열심히 하나님을 믿고 따랐는데 여호야다가 늙어서 죽은 후에는 완전히 하나님을 떠나서 우상 숭배자가 되었고, 바른 하나님의 말씀을 전하는 여호야다의 아들 스가랴를 돌로 쳐 죽이는 일까지 하게 되었습니다.

여호야다가 살아 있는 동안 요아스는 열심히 믿음의 길을 걸었습니다. 요아스는 자기가 왕으로서 가장 먼저 해야 할 일이 성전을 대대적으로 수리하는 일이라고 생각했습니다. 악녀 아달랴가 하나님의 성전을 미워해서 성전을 깨기도 하고 그릇들은 전부 바알 제단에 바쳤기 때문이었습니다.

24장 7절, "이는 그 악한 여인 아달랴의 아들들이 하나님의 전을 파괴하고 또 여호와의 전의 모든 성물들을 바알들을 위하여 사용하였음이었더라"

예루살렘에 성전이 남아있기 했지만 껍데기만 겨우 서있을 뿐 알맹이

는 모두 다 부서지거나 없어진 상태였습니다. 요아스는 어린 시절을 성전에서 보냈기에 어느 정도 철이 들고 난 후에는 하나님의 성전에 대한 안타까운 마음이 각별했던 모양입니다. 요아스는 성전을 보수하기 위해 제사장과 레위인들에게 유다 모든 성읍에 가서 여호와의 전을 수리할 돈을 거둬오라고 했습니다.

24장 4-5절, "그 후에 요아스가 여호와의 전을 보수할 뜻을 두고 제사장들과 레위 사람들을 모으고 그들에게 이르되 너희는 유다 여러 성읍에 가서 모든 이스라엘에게 해마다 너희의 하나님의 전을 수리할 돈을 거두되 그 일을 빨리 하라 하였으나 레위 사람이 빨리 하지 아니한지라"

어찌 된 일인지 레위인들은 성전 수리에 요아스만큼 적극적이지 않았습니다. 아마도 레위인들이 백성들에게 손을 벌릴 자신이 없었던 것 같습니다. 알고 보면 레위인들이 그랬던 건 백성들의 방백이 성전을 수리하는 데 썩 적극적이지 않았던 탓입니다. 유다 방백들은 거의 왕족들이고 그들의 어머니들은 이방 여인들에게서 태어난 공주들이었기 때문입니다. 유다 왕족들이 성전세를 내는 데 적극적이지 않으니까 다른 사람들은 왕족들의 눈치를 보느라고 성전세를 내지 않았던 것 같습니다.

요아스 왕은 이 일을 대충 넘기지 않았습니다. 대제사장 여호야다를 불러서 호통을 쳤습니다.

24장 6절, "왕이 대제사장 여호야다를 불러 이르되 네가 어찌하여 레위 사람들을 시켜서 여호와의 종 모세와 이스라엘의 회중이 성막을 위하여 정한 세를 유다와 예루살렘에서 거두게 하지 아니하였느냐 하니"

여호야다는 요아스의 영적인 아버지였는데도 불구하고 왕은 대제사장이 하나님의 성전을 수리하는 데 적극적이지 않다고 책망했습니다. 이때가 사실 요아스에게는 가장 행복한 때였습니다. 요아스가 얼마나 하나님의 성전을 사랑했는지 여호야다를 책망해가면서까지 성전을 수리하려고 했습니다. 그래서 왕이 직접 명령을 내려서 성전에 궤를 만들고 백성들에게 모세가 명한 성전세를 내라고 독촉했습니다.

모든 이스라엘 남자들은 일 년에 반 세겔 씩 세금을 내게 되어 있었는데 아달랴가 나라를 통치하는 동안 그 성전세를 내지 않았고 그 후에도 계속 이 성전세를 내지 않았던 것 같습니다. 요아스는 하나님의 율법을 잘 알고 있었기에 성경대로 하지 않는 레위인들과 백성들을 야단칠 수 있었습니다. 하나님의 말씀에 설득당한 백성들은 자발적으로 헌금을 하기 시작했는데 결국은 궤에 헌금이 가득 채워지게 되었습니다. 양떼들이 견지해야 할 태도가 바로 이것입니다. 양들은 어리석고 미련하기 때문에 하나님을 뜻을 잘 모르기도 하고 알아도 순종하지 않으려고 고집을 부립니다. 그럼에도 지도자가 바른 하나님의 말씀을 제시하고 가자고 하면 따라가야 합니다. 이것이 바로 하나님의 백성들이 복을 받는 비결입니다.

우리가 각자 하나님의 말씀대로 살고자 분투하는 일은 쉽지 않습니다. 우리는 다 양 같아서 딴 길로 가기 좋아하기 때문입니다. 그런데 목자가 바른 길로 이끌고 갈 때 따라가는 건 양의 주특기입니다. 양들은 신속하게 목자의 뒤를 밟아야 합니다. 뒤쳐지면 뒤에서 으르렁거리면서 쫓아오는 들개에게 봉변을 당합니다. 우리는 즉시로 하나님의 말씀에 순종하는 양이 되어야겠습니다.

성전세 덕에 성전을 다 수리하고도 남을 만큼의 물질이 채워졌습니다. 그래서 그 남은 돈을 가지고 성전에 쓰는 그릇들이나 숟가락 같은 것을

부흥의 비결

만드니까 하나님께 제사 드리는 데 전혀 불편이 없었습니다. 이때까지가 요아스가 가장 행복한 때였습니다. 영적인 아버지 여호야다가 버티고 있었기 때문입니다.

24장 15절, "여호야다가 나이가 많고 늙어서 죽으니 죽을 때에 백삼십 세라"

여호야다는 노환으로 죽게 됩니다. 이 죽음과 함께 요아스도 믿음의 길을 떠나게 됩니다.

24장 17-18절, "여호야다가 죽은 후에 유다 방백들이 와서 왕에게 절하매 왕이 그들의 말을 듣고 그의 조상들의 하나님 여호와의 전을 버리고 아세라 목상과 우상을 섬겼으므로 그 죄로 말미암아 진노가 유다와 예루살렘에 임하니라"

아무리 여호야다가 죽었기로서니 요아스가 하나님을 버리기까지 하는 건 좀 이해가 되지 않습니다. 일단 요아스가 정신적인 아버지였던 여호야다의 죽음 이후에 엄청나게 방황을 했던 건 짐작할 수 있습니다. 여호야다는 그 동안 요아스가 의지했던 기둥이었고 정신적인 지주였습니다. 요아스가 풀지 못하는 문제에 여호야다는 바로 성경적인 답을 주었습니다. 이제는 그 기둥이 없어지게 되었습니다. 왕은 엄청나게 침체되고 자신감을 잃게 되었을 것입니다.

이때 유다 방백들이 와서 왕에게 절합니다. 이들이 왕에게 절을 했다는 건 왕에게 충성할 테니 우리와 손을 잡고 일하자는 의미였습니다. 유다 방백들은 유다의 실세였습니다. 아마 요아스도 한순간에 하나님을 버리고 유다 방백들의 말을 따라가지는 않았을 것입니다. 지푸라기라도 잡고 픈 심정으로 일단 웃으면서 손을 벌리는 방백들을 가까이했고, 그들이 자신을 해코지할까 염려돼 요아스도 조금씩 그들의 말을 따라랐습니다. 결국 이 방백들은 너무 극단적으로 다윗의 길을 따라가서는 안 되고 나라를 개방하고 세계화해야 한다는 주장들을 한 것입니다. 이 방백들은 솔로몬이라든지 그 후에 여호사밧 같은 개방주의자들의 영향을 받은 자들이었습니다. 아마 그들 자신들이 이방 공주들의 자식이었을 것입니다. 이들은 그 동안 여호야다가 한 것은 너무 폐쇄적인 것이 정책이었으니까 나라가 이것밖에 발전하지 못했다고 하면서 더 적극적으로 개방하면 지금보다 열배 이상 성공할 수 있다고 주장했습니다.

도대체 어떻게 해서 다시 일으킨 유다의 부흥입니까? 그런데 자기가 일으킨 이 부흥의 불을 자기가 또 꺼트리는 것을 보고 하나님은 여러 선지자들을 보내어서 충고를 했지만 한번 마음이 떠난 요아스는 듣지 않았습니다.

> 24장 19절, "그러나 여호와께서 그들에게 선지자를 보내사 다시 여호와에게로 돌아오게 하려 하시매 선지자들이 그들에게 경고하였으나 듣지 아니하니라"

한번 세상의 맛을 본 사람은 죽어라고 하나님의 말씀 붙드는 자리로 돌아기가 어렵습니다. 예를 들어서 선수들이 무명으로 있을 때 죽도록 운동해서 성공했고 돈도 벌었는데 옛날같이 무명의 선수 때처럼 여자도 만나지 말고 술도 마시지 말고 텔레비전에도 나가지 말고 죽어라고 운동만 하라고 하면 그 말을 듣겠습니까? 그것도 모르고 옛날 제자에게 이제 그만 정신 차리고 다시 운동을 하라고 하지만 이미 이 선수는 달콤한 세상의 맛을 봐버렸기 때문에 돌아가고 싶지가 않은 것입니다.

우리가 하나님의 말씀만 붙든다는 것은 그야말로 좁은 길을 가는 것입니다. 이것은 세상의 많은 성공과 인기를 포기하고 하나님의 말씀만 붙드는 것입니다. 그러다가 세상적인 것과 섞여서 신앙생활 하는 재미를 맛보면 옛날로 돌아가기가 너무나도 어렵습니다.

하나님의 백성들이 진정한 부흥을 잃어버리면 다시 목자 없는 양이 되고 만다는 사실을 알아야 합니다.

하나님께서는 여호야다의 아들 스가랴를 성령으로 감동하셔서 백성들 앞에서 말씀하게 하셨습니다. 스가랴는 어찌하여 하나님의 명령을 거역하고 스스로 형통하지 않게 하느냐는 메시지를 전했습니다. 세상을 따라가서 부흥의 불을 꺼트리고 하나님의 축복을 발로 차느냐는 말입니다. 그러면서 너희가 하나님을 버렸기 때문에 하나님도 너희를 버리실 것이라고 했습니다.

요아스는 스가랴를 보며 여호야다를 생각했을 것입니다. 자기 생명을 살려 왕의 자리에 오르게까지 도왔던 여호야다의 아들 스가랴의 말을 어찌 저버릴 수 있겠습니까?

그럼에도 요아스는 듣기 싫은 소리를 하는 스가랴를 돌로 쳐 죽였습니다. 이 죽음에 대해서는 예수님께서도 언급하셨습니다. 아벨이 흘린 피부터 성전에서 스가랴가 흘린 피까지 이 세대가 감당해야 한다고 말씀하셨습니다(마 23:35).

사람의 마음이 얼마나 간사한지, 그렇게 하나님을 잘 믿고 성전까지 완전하게 수리했던 사람이 듣기 싫은 소리를 한다는 이유로 은인의 아들을 그것도 성전에서 돌로 쳐 죽였습니다.

결국 요아스는 하나님의 사랑을 잃어버리게 되었습니다. 이 일이 있고 일 년 후에 아람군대가 유다를 쳐들어 왔습니다. 이때 유다 군대가 아람 군대보다 훨씬 많았는데도 힘도 쓰지 못하고 패한 건 참 놀라운 일입니다. 하나님께서 유다를 아람 군대에 붙이기로 작정하셨기 때문에 군대의 많고 적음이 문제가 아니었습니다. 이 싸움으로 유다의 모든 방백들이 다 죽고 재물들도 모두 빼앗겼습니다.

> 24장 23-24절, "일 주년 말에 아람 군대가 요아스를 치러고 올라와서 유다와 예루살렘에 이르러 백성 중에서 모든 방백들을 다 죽이고 노략한 물건을 다메섹 왕에게로 보내니라. 아람 군대가 적은 무리로 왔으나 여호와께서 심히 큰 군대를 그들의 손에 넘기셨으니 이는 유다 사람들이 그들의 조상들의 하나님 여호와를 버렸음이라 이와 같이 아람 사람들이 요아스를 징벌하였더라"

유다 군대는 심히 컸습니다. 하나님께서 부흥을 주셔서 전쟁할 청년들도 많아졌고 전쟁물자와 무기도 많았습니다. 그러나 하나님이 도와주시지 않으시니까 훨씬 약했던 아람 군대에 당하게 됩니다. 왕이 그토록 의지했던 방백들부터 아람 군대에게 당했고 그들의 재물도 다 빼앗겼습니다. 아람과의 전쟁 후에 요아스 왕은 배신한 신복들의 칼을 맞아 침상에서 죽고 말았습니다. 요아스는 말로가 너무 좋지 못했습니다. 그리고 백성들도 여호야다는 왕의 묘실에 장사했지만 요아스는 왕의 자격이 없다고 해서 왕의 묘실에 장사하지도 않았습니다.

> 24장 26절, "반역한 자들은 암몬 여인 시므앗의 아들 사밧과 모압 여인 시므릿의 아들 여호사밧이더라"

왕을 죽이려고 반역을 도모한 사람들은 암몬이나 모압 여인의 자녀들이었습니다. 요아스는 이런 이방인들을 심복으로 두었다가 결국 이들의 손에 죽고 말았습니다.

　이처럼 부흥의 불을 지키는 것은 힘든 일입니다. 우리가 처음 가졌던 마음을 끝까지 가지려고 하면 계속 자기 자신의 생각과 교만을 하나님의 말씀에 쳐서 복종시켜야 합니다. 그렇지 않으면 자기 모르게 제 맘대로 행하게 되고, 결국 세상의 덫에 걸려들게 됩니다.

　부흥의 불이 꺼지면 하나님의 백성들은 늑대들의 먹잇감밖에 되지 않습니다. 아무리 돈이 많고 자기를 든든히 지켜주는 많은 군사가 있을지라도 힘을 쓸 수가 없습니다. 우리는 부흥을 지키기 위해 날마다 하나님의 말씀으로 자기를 부인하고 자기 십자가를 지고 외롭고 고독한 싸움을 싸워야 합니다. 하나님이 아무리 축복하셔도 교만해지지 말고 끝까지 하나님의 말씀만 지키는 성도들이 되시기 바랍니다.

CHAPTER 13

아마샤의 한계

대하 25:1-28

자기가 잘 하는 일을 평생 꾸준히 하는 게 성공으로 가는 지름길입니다. 그러나 자기가 잘 할 수 있는 일을 찾기는 너무나 어렵고, 설령 찾았더라도 그 길을 끝까지 가기가 쉽지 않습니다. 다른 것도 해보고 싶은 욕심이 생기기도 하고 지금 하고 있는 일이 하찮게 생각되는 교만한 마음이 생기기 때문입니다. 그런데 대부분의 사람들은 특별한 재주가 없는 경우가 많습니다. 하지만 하나님의 백성들에게는 주특기가 있습니다. 그것은 바로 하나님을 믿는 것입니다. 우리는 하나님의 말씀을 듣고 하나님을 좋아하는 건 아무나 할 수 있는 일이 아닙니다.

과연 하나님을 잘 믿는 것이 무슨 재주인가 하는 생각이 들기 쉬운데 살다 보면 하나님을 잘 믿는 것이야말로 최고의 능력이라는 것을 알게 됩니다. 모든 축복과 능력이 하나님께 있기 때문입니다.

그런데 하나님의 백성들이 끝까지 하나님의 말씀만 붙들고 가기가 너무나도 어렵습니다. 그 이유는 하나님의 백성들이 어려울 때에는 다 열심히 하나님을 붙들고 살아가지만 어느 정도 성공한 다음에는 하나님에 대한 열의가 식어집니다. 우리가 하나님의 말씀만 붙들고 살아간다는 것은 끊임없는 긴장의 연속입니다. 아무리 하나님이 축복하시고 내가 유명해져도 나는 하나님 앞에서 나는 아무 것도 아닙니다. 언제나 하나님 앞에서 겸손해야 하고 어린 아이 같아야 하고 전적으로 하나님께만 의존해야 합니다. 사람들은 성공하고 나면 하나님으로부터 좀 벗어나서 자기 소신대로 한번 자유롭게 살아보고 싶다는 생각을 합니다. 그러면서 하나님의 은혜를 잊어버리고 비참한 결과를 보게 되는 것입니다.

유다 왕들 중에, 처음에는 하나님의 말씀에 순종해서 믿음으로 큰 승리를 거두었지만 나중에 마음이 변해서 우상을 섬기는 바람에 비참하게 된 왕들이 있습니다. 그 중에서 대표적인 사람이 아달랴의 반역 가운데 기적적으로 살아나서 일곱 살에 유다 왕이 되었던 요아스와 그 아들 아마샤였습니다.

요아스는 그의 할머니 아달랴가 손자들을 모두 다 죽이고 자기가 왕이 될 때 고모의 손에 빼돌려져 성전에 숨어 지내는 바람에 살아난 사람이었습니다. 요아스는 거의 꺼져버렸던 유다의 부흥을 다시 일으켰고 이미 많이 파괴된 예루살렘 성전을 수리했습니다. 그러나 요아스는 자기를 키워주었던 대제사장 여호야다가 죽은 후 정신적으로 흔들리면서 방백들의 말을 듣고 우상을 섬기다가 아람 군대와의 전쟁에도 패하고 결국 부하들의 반역으로 죽임을 당했습니다. 이후에 왕이 된 사람이 요아스의 아들 아마샤였습니다.

아마샤는 자기 아버지와 비슷한 삶을 살았습니다. 아마샤도 처음에는 큰 손해를 보면서도 하나님의 말씀에 순종을 해서 위기 때 큰 승리를 거두었습니다. 그러나 아마샤는 일단 승리를 거두고 난 후에 마음이 교만해져서 하나님의 말씀을 듣지 않고 우상을 섬기다가 부하의 손에 비참하게 죽임을 당하고 말았습니다.

1. 하나님의 말씀에 순종한 아마샤

아마샤는 처음 왕이 되었을 때 많은 손해를 감수하면서도 하나님의 말씀에 순종하는 용기를 보였습니다.

> 1-2절, "아마샤가 왕위에 오를 때에 나이가 이십오 세라 예루살렘에서 이십구 년 동안 다스리니라 그의 어머니의 이름은 여호앗단이요 예루살렘 사람이더라. 아마샤가 여호와께서 보시기에 정직하게 행하기는 하였으나 온전한 마음으로 행하지 아니하였더라"

초기의 아마샤는 눈에 보이는 돈이나 사람의 힘을 붙들지 않고 하나님의 말씀을 의지할 수 있는 믿음의 결단력을 가진 사람이었습니다.

아마샤는 아버지 요아스가 비참하게 죽은 후 유다 왕 자리를 물려받아서 29년이라고 하는 적지 않은 기간에 유다를 이끌었습니다. 그런데 아마샤에 대해 성경은 '그가 여호와 보시기에 정직하게 행하였으나 온전한 마음으로 행치는 않았다'고 말합니다. 아마샤는 처음에 온전히 하나님의 말씀을 붙들고 믿음으로 나라를 다스렸지만 어느 정도 나라가 안정되고 하나님의 축복을 받고 난 후에는 마음이 변해서 다른 길로 갔습니다.

왜 이렇게 믿음으로 출발했다가 불신앙으로 마치는 유다 왕들이 많을까요? 하나님의 백성들이 하나님의 말씀을 붙들고 끝까지 가면 부흥이 오면서 하나님의 축복이 오고 나라가 강해집니다. 설사 어려움이 오거나 적이 침략을 당해도 하나님께서 다 막아주시고 해결해주십니다. 그래서 하나님의 백성들이 처음부터 끝까지 하나님의 말씀만 붙들고 하나님의 능력으로 사는 것이 가장 쉽고 가장 좋은 길인 것 같은데 왜 그 많은 지도자들과 하나님의 백성들이 이 길을 버리고 딴 길로 가는 걸까요? 아마도 가장 큰 이유는 무엇인가 새로운 것을 추구하는 욕심 때문일 것입니다. 사람의 마음은 자꾸 새 것을 찾고 무엇인가 변화를 일으키고 싶은 욕심이 있습니다. 사실 개인이나 사회가 발전하려고 하면 자기에게 주어진 여건에 안주하지 않고 새로운 차원으로 도약하는 일이 필요합니다. 그러나 이것은 어디까지나 하나님의 말씀을 찾기 전까지 일이고 하나님의 말씀을 찾고 부흥을 경험한 후에는 변덕을 부리면 안 됩니다. 그때는 자꾸 새 것을 찾고 변화를 일으키고 싶어도 끝까지 참고 부흥을 지켜야 하는 것입니다. 그럼에도 불구하고 인간들은 변덕을 부리고 싶은 마음 때문에 이것을 끝까지 지키지 못합니다.

또 다른 이유는 눈에 보이는 것에 대한 유혹입니다. 하나님의 백성들은 하나님으로부터 오는 능력 때문에 삽니다. 그러나 믿지 않는 사람들은 세상의 힘으로 사는데 이들의 눈으로 보기에 세상 것들은 탐스럽고 현실적으로 도움을 주기도 합니다. 하나님의 백성들도 하나님을 믿는 것과 함께 세상의 좋은 것을 받아들이고 싶은 유혹을 받게 됩니다. 세상의 복도 받고 신앙도 지킬 수 있으면 얼마나 좋겠습니까? 하지만 이것은 영적인 축복을 잃어버리게 하는 얕은 수작입니다. 하나님의 백성들은 하님으로부터 오는 복으로 만족해야 합니다. 하나님으로부터 오는 복을 지속적으로 받으려고 하면 끊임없이 겸손해야 하고 수시로 회개하면서 지속적인 자기 부인의 삶을 살아야 합니다. 이것은 하나님의 백성들에게 엄청난 스트레스요 긴장입니다.

좀 성공하고 난 후에는 사소한 긴장을 벗어버리고 좀 큰 소리도 치고 여유도 가지면서 살고 싶은 게 인간의 본능입니다. 하지만 우리는 하나님의 백성이기에 늘 어린 아이의 심정으로 하나님의 말씀만 붙들어야 하니 귀찮고 힘든 것입니다. 그래서 많은 사람들이 성공하고 난 후에는 옛날처럼 하나님 앞에서 눈물 흘리고 죄를 회개하고 말씀 하나 하나에 생명을 걸고 믿는 것을 구질구질하게 여기는 것입니다. 일단 성공하고 난 후에는 자기도취에 빠져 하나님을 맞보는 신앙으로 변질될 위험에 노출되었다고 보면 정확합니다.

아마샤도 성공 이전에는 하나님 말씀대로 순종하는 믿음의 길을 걸었습니다.

그래서 아마샤가 처음 왕이 되었을 때에는 힘이 없어서 아버지 요아스를 죽인 방백들을 처벌하지 못했습니다. 그러나 나라가 안정되고 아마샤가 힘을 얻고 난 뒤에는 아버지를 죽인 살인자들을 처단했습니다.

3-4절, "그의 나라가 굳게 서매 그의 부왕을 죽인 신하들을 죽였으나 그들의 자녀들은 죽이지 아니하였으니 이는 모세의 율법책에 기록된 대로 함이라. 곧 여호와께서 명령하여 이르시기를 자녀로 말미암아 아버지를 죽이지 말 것이요 아버지로 말미암아 자녀를 죽이지 말 것이라 오직 각 사람은 자기의 죄로 말미암아 죽을 것이니라 하셨더라"

아마샤의 아버지 요아스는 자기 신하 사밧과 여호사밧의 손에 의해 침상에서 칼에 찔려 죽었습니다. 그러나 아마샤는 왕이 된 후에도 이 두 살인자들을 처벌하지 못했습니다. 왜냐하면 이 두 신하들의 세력이 그때까지만 해도 막강했기 때문입니다. 하지만 아마샤가 하나님의 말씀대로 열심히 하니까 하나님께서 아마샤의 힘을 강하게 하시고 사밧이나 여호사밧 같은 신하들의 힘은 약해지게 하셨습니다. 이쯤 되면 이 두 신하를 처벌해도 국정이나 여론에 별 무리가 없을 거라 생각한 아마샤는 그들을 처형했습니다.

이 신하들은 아마샤가 왕이 된 후에도 자기들이 무사하니까 왕이 그 일을 잊었거나 왕이 자기들 앞에서 꼼짝 못한다고 생각했던 모양입니다. 자기 아버지를 죽인 사람들을 어찌 잊을 수 있겠습니까? 시대의 변화를 읽어내지 못한 이 두 신하들은 어리석기 짝이 없습니다.

반면 때를 기다렸던 아마샤는 지혜로운 사람이었습니다. 자기가 힘이 없을 때에는 강한 자와 싸우려 하지 않다가 힘이 생기니까 감추었던 발톱을 드러냈습니다. 아마샤에게 하나님께서 복을 주실 때까지 그는 인내했습니다.

두 신하들은 하나님 나라와 세상 나라를 구분하지 못했습니다. 세상 나라는 자기 마음에 들지 않는 왕을 죽이거나 쫓아내고 자기 마음에 드는 사람을 세울 수 있습니다. 그러나 하나님의 나라는 하나님이 기름 부으신 사람을 자기 마음에 들지 않는다고 죽이거나 쫓아낼 수 없습니다. 기름 부음을 받은 자는 여호와 하나님의 대리자이기 때문입니다. 아마 이 두 신하는 자기들이 요아스를 죽였지만 그의 아들을 왕으로 세웠고 자기들도 힘이 있기 때문에 왕이 자기를 건드리지 못할 것으로 생각했을 것입니다. 그들은 눈에 보이는 왕 앞에서만 죄악을 지은 줄 알았지만 궁극적으로 그들은 하나님 앞에서 살인자요 죄인이었습니다. 하나님께서는 이들의 교만을 용서하지 아니하시고 두고 보시다가 때가 오자 처벌하셨습니다.

사람들은 자기 힘만 믿고 사람을 세우기도 하고 내어 쫓기도 하면서 권세를 부리지만 하나님의 나라는 자기 마음대로 할 수 없습니다. 결국 모든 것을 결정하시는 분은 하나님이십니다. 하나님은 하나님을 무시하고 자기 멋대로 한 사람들의 머리에 죄악을 모두 돌리시어 심판하십니다.

그런데 아마샤는 자기 아버지를 죽인 신하를 심판하면서도 그의 자녀들을 일체 죽이지 않았습니다. 이것은 아마샤가 악한 신하를 심판하면서도 개인감정에 치우쳐서 이 일을 하지 않았다는 뜻입니다. 대개 어느 나라든지 반역한 사람을 심판하면 가족 전체를 다 죽입니다. 그 집에 자식이나 가족을 남겨두면 결국 이들이 나중에 다시 자기에게 복수할 수 있기 때문입니다. 그러나 아마샤는 세상 사람들이 어떻게 하든 자기 자신의 생각이나 감정대로 하지 않고 무조건 하나님의 말씀에 순종했습니다. 하나님께서는 모세의 율법에서 아버지 죄 때문에 아들을 죽이지 말고 아들 죄 때문에 아버지를 죽이지 말라고 하셨습니다. 이것은 악을 보복할 때에도 절대 개인감정이나 자기 생각대로 하지 말라는 뜻입니다.

아마샤는 아버지를 죽인 두 신하를 처벌하면서도 하나님의 말씀에 순종함으로써 이것이 개인적인 복수가 되지 않게 했습니다. 그랬더니 이 일을 계기로 왕궁은 하나님의 말씀으로 더욱 하나가 되었습니다.

사람의 감정은 이상하게도 어떤 한 사람이 미워지면 그 집 식구 전체가 미워지게 되어 있습니다. 이것은 하나님의 백성으로서 바른 자세가 아닙니다. 더욱이 하나님의 백성들은 다른 사람을 인격적으로 정죄하거나 판단하지 못하게 되어 있습니다. 우리는 다른 사람의 인격 전체를 심판할 권한을 가지고 있지 않기 때문입니다.

또 한 번 아마샤는 큰 손해를 보면서 하나님의 말씀에 순종해서 큰 승리를 거두게 되었습니다.

이때 아마샤는 에돔과 전쟁을 하게 되었는데 아마도 에돔이 너무 유다를 고통스럽게 했던 것 같습니다. 이때 아마샤는 충분히 전쟁을 준비했습니다. 유다 안에서 전쟁할 사람 30만 명을 모집하고 또 유다에서 10만 명의 군사를 고용했습니다.

> 5-6절, "아마샤가 유다 사람들을 모으고 그 여러 족속을 따라 천부장들과 백부장들을 세우되 유다와 베냐민을 함께 그리하고 이십 세 이상으로 계수하여 창과 방패를 잡고 능히 전장에 나갈 만한 자 삼십만 명을 얻고 또 은 백 달란트로 이스라엘 나라에서 큰 용사 십만 명을 고용하였더니"

유다가 한창 부흥될 때에는 하나님께서 많은 젊은이들을 주셔서 군인들이 부족하지 않았습니다. 그래서 아사 왕 때에는 군인이 58만 명이었고 여호사밧 때에는 무려 116만 명이나 되었습니다. 그러나 유다가 한번 크게 침체되고 나니까 군인들의 수가 엄청나게 줄어들어서 전성기의 사분의 일도 되지 않았습니다.

그런데 문제는 아마샤가 유다 군인 30만 명으로는 불안하니까 북쪽 이스라엘에 돈을 주고 군인 10만 명을 용병으로 고용한 것이었습니다. 이것은 당시에는 얼마든지 있을 수 있는 일이었고 또 많은 나라들이 사용하는 방법이었습니다. 아마샤가 용병을 빌리는 데 은 100달란트를 주었는데, 환산하면 은 3.5톤 정도가 들었습니다. 아마도 10만 명의 군인들을 빌리려고 하면 요즘 돈으로 어느 정도 될지 모르겠지만 수십억 원의 돈을 주었어야 했을 것입니다. 그런데 이때 한 하나님의 사람이 나타나서 이건 안 된다고 합니다.

7-8절, "어떤 하나님의 사람이 아마샤에게 나아와서 이르되 왕이여 이스라엘 군대를 왕과 함께 가게 하지 마옵소서 여호와께서는 이스라엘 곧 온 에브라임 자손과 함께 하지 아니하시나니 왕이 만일 가시거든 힘써 싸우소서 하나님이 왕을 적군 앞에 엎드러지게 하시리이다. 하나님은 능히 돕기도 하시고 능히 패하게도 하시나이다 하니"

아마샤는 이미 100달란트나 주고 이스라엘 군인들을 데리고 왔는데 하나님의 선지자는 안 된다고 했습니다. 왜냐하면 북이스라엘은 바른 신앙을 버리고 금송아지를 믿고 있었는데 왕이 이 사람들을 의지하면 하나님이 왕과 함께 하시지 않으실 거라는 말입니다. 오히려 왕이 대적 앞에 엎드러질 것이라고 했습니다. 그러면서 이 선지자는 아마샤에게 사람을 의지하지 말고 왕이 가진 군대만 가지고 힘써 싸우면 하나님께서 이기게 하실 것이라고 했습니다. 그러나 선지자의 말은 어디까지나 하나의 이론이고 군인이 많을수록 유리한 전쟁에서 10만 명이라는 숫자는 엄청나게 큰 것이었습니다.

그래서 아마샤는 하나님의 사람에게 이렇게 말했습니다.

9절, "아마샤가 하나님의 사람에게 이르되 내가 백 달란트를 이스라엘 군대에게 주었으니 어찌할까 하나님의 사람이 말하되 여호와께서 능히 이보다 많은 것을 왕에게 주실 수 있나이다 하니라"

아마샤는 이미 100달란트라는 돈을 지불했기 때문에 군인들을 돌려보

236
부흥의 비결

내면 그 돈을 고스란히 손해보는 것이었습니다. 요즘 돈으로 환산하면 수십억 원에 달하는 돈을 그냥 버리는 것이나 마찬가지였습니다. 하나님의 사람이 말하기를 그 정도의 돈이라면 하나님께서 얼마든지 다른 방법으로도 채워주실 수 있으니까 손해를 보더라도 하나님의 말씀을 붙들라고 경고했습니다.

입으로 하나님의 말씀에 순종한다고 말하기는 쉽습니다. 그러나 당장 눈앞에서 수십억 원의 돈을 손해 보는데도 불구하고 하나님의 말씀에 순종하는 것은 쉽지 않을 것입니다. 그러나 하나님의 사람은 아마샤에게 사람을 의지하지 말고 돈도 의지하지 말고 하나님만 의지하라고 했습니다. 아마샤는 이 말을 듣고 10만 군사를 돌려보냈습니다.

그런데 돌아가던 군사들이 얌전히 돌아가지 않고 유다 마을들을 공격해서 사람들을 많이 죽이고 물건들도 약탈해서 돌아갔습니다. 그럼에도 불구하고 아마샤는 하나님의 말씀에 순종해서 10만 명의 이스라엘 군대 없이 하나님의 능력을 의지해서 에돔과 싸웠습니다.

2. 하나님이 아마샤에게 주신 승리

아마샤는 하나님의 말씀에 용기를 내어서 다른 사람의 힘을 일체 의지하지 않았습니다. 순수하게 유다의 힘으로 에돔과 싸워 놀라운 승리를 거두었습니다.

11-12절, "아마샤가 담력을 내어 그의 백성을 거느리고 소금 골짜기에 이르러 세일 자손 만 명을 죽이고 유다 자손이 또 만 명을 사로잡아 가지고 바위 꼭대기에

올라가서 거기서 밀쳐 내려뜨려서 그들의 온 몸이 부서지게 하였더라"

하나님께서는 아마샤에게 힘이 되어 주셨습니다. 그래서 아마샤는 전쟁에서 세일 사람 1만 명을 죽였고 또 1만 명을 더 사로잡게 되었습니다. 아마샤는 사로잡은 1만 명을 바위 꼭대기로 끌고 가서 떨어트려 처형했습니다. 아마샤는 에돔과 전쟁에서 완전히 승리했습니다.

아마샤는 하나님의 말씀에 순종함으로 두개의 가시를 뽑게 되었습니다. 하나는 왕궁 안에 있는 아버지를 죽인 신하, 사밧과 여호사밧이고 다른 하나는 에돔입니다. 그러나 이 과정에 유다가 치러야 했던 대가도 엄청났습니다.

13절, "아마샤가 자기와 함께 전장에 나가지 못하게 하고 돌려보낸 군사들이 사마리아에서부터 벧호론까지 유다 성읍들을 약탈하고 사람 삼천 명을 죽이고 물건을 많이 노략하였더라"

우리 생각에 아마샤가 아예 처음부터 이스라엘 용병들을 사지 않았더라면 이런 일은 없었을 것 같은데 사람의 일이라고 하는 것은 막상 당해 보기 전에는 알지 못하는 것입니다. 비록 아마샤의 잘못된 결정으로 많은 손해가 있었지만 아마샤는 끝까지 자기 고집대로 나가지 않고 하나님의 말씀을 붙들었습니다. 보통 사람들은 은 100달란트 투자한 것이 아까워서 하나님의 말씀에 순종하지 못하고 끝까지 끌려갔을 것입니다. 만일 아마샤가 그렇게 했더라면 그는 이번 전쟁에서 선지자의 말대로 죽었을 것입니다. 그러나 아마샤는 비록 늦었지만 하나님의 말씀에 순종했고 적은 피해만 당하고 큰 어려움을 이길 수 있었습니다.

이제 아마샤는 다른 사람이 알지 못하는 큰 비밀 하나를 알게 되었습니다. 위기 때 하나님의 도움을 받는 방법을 터득했습니다. 한 번 하나님의 능력을 맛본 사람은 계속 그 능력을 사모하고 의지합니다. 그래서 있는 자가 더 풍성해지는 것입니다. 이제 아마샤는 완전히 부흥을 일으킬 수 있는 축복의 궤도에 오르게 되었습니다.

14절, "아마샤가 에돔 사람들을 죽이고 돌아올 때에 세일 자손의 신들을 가져와서 자기의 신으로 세우고 그것들 앞에 경배하며 분향한지라"

하지만 축복도 잠시, 아마샤는 변질되기 시작했습니다.
아마샤는 에돔과 전쟁을 마치고 에돔 사람들의 우상을 가지고 돌아왔습니다. 아마도 전쟁의 전리품으로 가지고 온 것 같습니다.
아마샤가 에돔과의 전쟁에서 승리한 것은 엄청난 자랑거리였습니다. 그래서 아마샤는 볼 때마다 승리의 기쁨을 떠올리며 우쭐해지게 해줄 만한 상징물을 가지고 왔는데, 그게 에돔 신상이었던 것입니다. 처음부터 섬길 목적으로 가져온 것은 아니라는 말입니다.
하지만 아마샤가 에돔의 신상들을 보면서 기분이 우쭐해지는 동안 스스로 자기도취에 빠졌고 또 자기도 모르는 사이에 하나님으로부터 점점 멀어지게 되었던 것입니다. 사람은 자기가 가까이 하고 더 자주 보는 것을 좋아하게 되어 있기 때문입니다. 아마샤는 자기가 에돔의 우상을 보면서 자기도취에 빠진 것이 우상 숭배의 심리라는 것을 몰랐던 것입니다.
돌이나 나무로 만든 우상을 섬기는 자들도 그 우상이 돌이요 나무라는 걸 잘 압니다. 그럼에도 불구하고 우상을 버리지 못하는 것은 그 우상을 통하여 느끼는 자기도취의 감정 혹은 자신의 종교성에 대한 만족감을 버리지 못하기 때문입니다. 아마샤가 에돔의 우상들을 보면서 기분 좋은 것도 하루 이틀이지, 언제부턴가는 그 이상의 것을 하고 싶었을 것입니다. 그러다가 그 신상에 분향을 해볼까 하는 호기심이 발동했고, 그것을 실행에 옮기게 되면서 보이지 않는 하나님과는 조금씩 멀어지게 되었습니다.

하나님의 선지자가 이 사실을 귀신같이 알아채고 왕을 찾아와서 책망합니다.

15절, "그러므로 여호와께서 아마샤에게 진노하사 한 선지자를 그에게 보내시니 그가 이르되 저 백성의 신들이 그들의 백성을 왕의 손에서 능히 구원하지 못하였거늘 왕은 어찌하여 그 신들에게 구하나이까 하며"

처음부터 아마샤는 에돔에서 신상이라든지 일체 기념이 될 만한 것을 가지고 오지 말았어야 했습니다. 그리고 하나님 앞에 완전히 빈손으로 나아와서 '하나님 저는 아무 것도 아닙니다. 저는 이제 다시 아무 것도 없는 상태에서 하나님만 의지하겠습니다' 라고 하는 게 맞습니다. 그러나 끊임없이 재미를 갈구하는 사람에게 새로운 경험은 너무도 달콤한 유혹입니다. 여행을 가면 사진이라도 찍어 와야 재미가 있습니다. 기념품을 사서 모으는 재미도 쏠쏠합니다. 사람에게 있어 또 하나의 달콤함은 자부심과 자기도취를 느끼고자 하는 유혹입니다. 그런데 하나님께서는 둘 다 그만두고 하나님만 의지하라고 하십니다. 참 재미없는 분입니다.

아마샤도 에돔 신상에게 분향을 해서는 안 된다는 것을 알았을 것입니다. 그러나 아마샤는 기왕 계속해서 승리할 때의 기분을 떠올리기 위해서는 분향을 하는 게 더 실감나겠다고 느꼈을 것입니다. 하나님은 이것을 가증하게 보셨고 선지자를 보내어 책망하셨습니다. 하나님이 능력을 주셔서 승리한 건데 왜 자꾸 자기 감상에 빠지느냐 하는 것입니다. 선지자는 자기 백성을 구하지도 못한 신에게 구하느냐고 하면서 아마샤를 책망했습니다. 선지자의 직언은 왕의 기분을 상하게 만들었습니다.

16절, "선지자가 아직 그에게 말할 때에 왕이 그에게 이르되 우리가 너를 왕의 모사로 삼았느냐 그치라 어찌하여 맞으려 하느냐 하니 선지자가 그치며 이르되 왕이 이 일을 행하고 나의 경고를 듣지 아니하니 하나님이 왕을 멸하시기로 작정하신 줄 아노라 하였더라"

아마샤는 그렇게 큰 손해를 보면서도 선지자의 말에 순종했던 사람이었습니다. 그런데 왜 에돔의 우상에게 분향하느냐 하는 선지자의 말은 듣기 싫어했습니다. 지금 아마샤의 마음의 상태가 이전과 다르기 때문입니다. 인간의 마음은 이렇게 간사합니다. 아무 것도 없고 의지할 것 없을 때에는 그렇게 하나님을 사랑하고 하나님 앞에 겸손하더니 한 번 성공하고 유명해지고 나니까 선지자의 말에 귀 기울이지 않습니다. 이때 선지자는 이미 하나님께서 당신을 버리셨다고 말했습니다. 그래서 때로는 우리에게 가시가 있을 때가 더 나을 수 있습니다. 물론 우리에게 질병이나 부채나 힘들게 하는 사람이 있으면 너무 고통스럽지만 그것 때문에 우리는 더 하나님을 의지하게 됩니다. 반면에 우리에게 어려움이 사라지면 우리는 영적인 부흥을 일으키기에 더욱 힘써야 하는데 정반대로 세상을 향하여 눈을 돌릴 때가 많습니다. 그래서 우리를 괴롭히는 가시가 없어져도 세상으로 가지 않으려면 좀 바보같이 살 생각을 해야 합니다.

3. 아마샤의 교만

아마샤는 하나님의 말씀에 순종함으로 두 가지 큰 가시를 제거하게 되었습니다. 하나는 언젠가 자기 옆에서 자기를 힘들게 하던 두 신하였고 또 다른 하나는 에돔이라는 가시였습니다. 그래서 이제 아마샤는 자기 소신껏 나라를 다스릴 수 있게 되었습니다. 이때 아마샤가 전심을 기울여서 해야 할 일은 무엇이었을까요? 그것은 바로 여호사밧이 했던 것과 같은 말씀의 부흥 운동이었습니다. 유다 안에서 드려지는 예배를 하나로 통일시키고 온 유다 마을에 하나님의 말씀을 전하는 방백들이나 제사장이나 레위인들을 보내서 말씀의 부흥 운동을 일으키는 것입니다. 그랬더라면 하나님께서는 아마샤를 여호사밧때처럼 다시 한 번 크게 부흥되게 하셨을 것입니다. 그러나 아마샤는 다윗의 길을 가지 않고 솔로몬의 길을 가려고 했습니다. 솔로몬처럼 나라를 외형적으로 크게 하고 에돔 정복 후 자신감을 얻어 이스라엘을 정복하려 했습니다.

아마샤 나름대로는 이유가 있었을 것입니다. 왜냐하면 이스라엘 용병들이 돌아가면서 많은 유다 마을을 공격해서 유대인들을 죽이고 노략질 해 갔기 때문입니다. 원래 아마샤는 자기보다 더 강한 적이 있을 때에는 하나님께서 힘을 주실 때까지 참고 기다리는 사람이었습니다. 하지만 아마샤는 이미 에돔을 이긴 후 자기도취에 빠져들기 시작했습니다.

아마샤는 이스라엘을 자신의 경쟁 대상으로 생각했습니다. 그리고 자신감에 차서 이스라엘과 겨루어서 이길 수 있을 거라 확신했습니다.

17절, "유다 왕 아마샤가 상의하고 예후의 손자 여호아하스의 아들 이스라엘 왕 요아스에게 사신을 보내어 이르되 오라 서로 대면하자 한지라"

물론 아마샤는 에돔과 싸울 때 다른 군대의 힘을 의지하지 않고 하나님만 의지해서 에돔을 이겼습니다. 그래서 아마샤는 또 그런 방법으로 이스라엘도 이길 수 있으리라고 생각을 했습니다. 물론 하나님께서는 아마샤로 하여금 얼마든지 이스라엘을 이기게 하실 수 있습니다. 그러나 아마샤가 에돔을 칠 때에는 비싼 희생을 감수하면서 하나님의 말씀을 붙든 때였고 지금은 에돔의 우상들에게 분향을 하면서 자기도취에 빠져서 자기를 나타내기 위해 전쟁을 하려는 것이었습니다.

우리는 때때로 신념을 신앙으로 착각할 때가 많이 있습니다. 신념이라고 하는 것은 '내가 할 수 있다'는 것을 믿는 것입니다. 이것은 자기 자신에게 자신감을 불어넣어서 일종의 최면을 거는 것입니다. 물론 상대가 비슷비슷할 때에는 이런 자신감이 도움이 될 수 있습니다. 그러나 상대가 너무 강하면 이런 자아도취로는 이길 수가 없습니다. 신앙이라고 하는 것은 '나는 할 수 없지만 하나님은 하실 수 있다'고 믿는 것입니다. 이것은 모든 상황이 부정적임에도 불구하고 하나님만 붙드는 것입니다.

아마샤는 자신의 신념을 신앙이라고 생각했습니다. 그래서 이제 자신의 상대는 이스라엘 왕이고 자기가 결심만 하면 이스라엘왕도 이길 수 있다고 확신했습니다. 이때 이스라엘 왕은 아마샤에게 제발 정신 좀 차리라고 충고했습니다.

18-19절, "이스라엘 왕 요아스가 유다 왕 아마샤에게 사람을 보내어 이르되 레바논 가시나무가 레바논 백향목에게 전갈을 보내어 이르기를 네 딸을 내 아들에게 주어 아내로 삼게 하라 하였더니 레바논 들짐승이 지나가다가 그 가시나무를 짓밟았느니라 네가 에돔 사람들을 쳤다고 네 마음이 교만하여 자긍하는도다 네 궁에나 있으라 어찌하여 화를 자초하여 너와 유다가 함께 망하고자 하느냐 하나"

이때 북이스라엘은, 이미 예후가 아합 집안의 씨를 말리고 그의 손자가 나라를 다스리고 있었습니다.

북이스라엘의 왕은 어떻게 레바논 가시나무가 백향목과 맞먹으려고 하느냐고 책망을 했습니다. 이 당시만 해도 유다는 이스라엘을 이길 힘이 없었습니다. 아마샤는 하나님이 주신 승리에 도취될 것이 아니라 또다시 하나님 앞에서 겸비해서 오직 하나님의 말씀 붙들고 부흥을 일으켜야 했습니다. 그러나 부흥이라고 하는 것은 눈에 보이는 것도 아니고 그렇게 한다고 해서 사람들이 알아주는 것도 아니니까 아마샤는 사람들의 눈에 확 띄는 가시적인 승리를 얻으려고 했습니다. 이것은 아마샤의 능력을 벗어나는 것이었습니다.

> 20절, "아마샤가 듣지 아니하였으니 이는 하나님께로 말미암은 것이라 그들이 에돔 신들에게 구하였으므로 그 대적의 손에 넘기려 하심이더라"

아마샤는 하나님께서 이스라엘 왕을 통하여 제발 네 자신을 보라고 하셨지만 아마샤는 이미 자기도취에 빠졌기 때문에 말이 통하지 않았습니다. 그만큼 자기도취라고 하는 것은 무서운 것입니다. 그래서 우리는 성공하거나 유명해지고 난 후에 다시 하나님 앞에 홀로 서서 자신의 모습을 객관적으로 돌아볼 수 있어야 합니다. 하나님의 백성들이 자기가 이룬 업적과 성공을 곱씹으면 자기도취에 빠지게 됩니다. 그때 누군가가 정신을 차리라고 하면 화를 내면서 더 이상 이야기를 듣지 않으려고 합니다.

결국 아마샤는 이스라엘 왕 요아스와 유다의 벧세메스에서 대결을 했는데 유다 군대는 패배하고 군인들은 모두 집으로 도망쳐버리고 아마샤는 포로로 붙들리게 되었습니다. 이스라엘 왕이 아마샤를 끌고 예루살렘으로 가서 왕을 죽이겠다고 엄포했습니다. 예루살렘 사람들을 어쩔 수 없이 성을 헐고 항복했습니다. 예루살렘 성을 에브라임 문에서부터 모퉁이까지 200미터 정도를 헐어버렸습니다. 이스라엘 왕은 하나님의 전 안에 있는 곳간에서 모든 금은 그릇과 재물들을 다 빼앗고 사람들을 볼모로 잡아갔습니다. 이것이 아마샤의 몸값이었습니다.

아마샤는 자기가 산 대신에 예루살렘 성벽을 헐게 했고 성전의 기물들과 수많은 사람들을 붙들리게 하는 신세가 되고 말았습니다. 아마샤가 정신을 차리지 않고 허영에 들뜬 대가는 엄청났습니다. 그러고도 아마샤는 15년을 더 통치했는데 이때는 이미 하나님의 능력이 그에게서 떠난 뒤라 그는 너무도 무능한 왕으로 기억되었습니다.

27-28절, "아마샤가 돌아서서 여호와를 버린 후로부터 예루살렘에서 무리가 그를 반역하였으므로 그가 라기스로 도망하였더니 반역한 무리가 사람을 라기스로 따라 보내어 그를 거기서 죽이게 하고 그의 시체를 말에 실어다가 그의 조상들과 함께 유다 성읍에 장사하였더라"

본문에서 '아마샤가 돌이켜 여호와를 버린 후부터 예루살렘 무리가 저를 모반했다'고 했습니다. 그는 왕위에 있는 내내 반역에 시달렸습니다. 그가 하나님을 버렸기 때문이었습니다. 아마샤는 자기가 하나님을 버리고 자기 힘을 발휘하면 더 유능하고 성공적인 왕이 될 수 있을 줄 알았는데 하나님을 버린 후 오히려 전혀 능력을 발휘하지 못하고 반역에 쫓겨 다니다가 결국 반역자의 칼에 죽고 말았습니다. 인류의 시조인 아담이 지은 죄의 결과와 같은 것입니다. 아담이 하나님을 버리고 독자적으로

서면 더 유능하고 힘 있는 사람이 될 줄 알았는데 하나님을 버린 결과는 너무나도 비참했습니다.

우리는 하나님에게 의존할 때 가장 아름답고 유능합니다. 그때 우리는 우리 인생에 최고의 전성기를 맞이할 수 있고 하나님의 능력이 기름 부어지면서 모든 어려움을 다 이길 수 있습니다. 그러나 우리가 교만하여져서 자기도취에 빠지고 하나님을 버리는 순간, 자기 문제에서 벗어나지 못하게 되고 가장 비참하고 고통스러운 시간을 보내게 되는 것입니다. 어떻게 하면 우리가 끝까지 하나님 앞에 겸손하고 의존적일 수 있을까 하는 것 우리 인생의 관건입니다.

우리는 하나님이 축복하시면 얼마든지 그 축복을 누릴 수 있습니다. 하나님의 백성이 언제나 가난하고 비참해야 하는 것은 아닙니다. 그러나 아무리 성공하고 유명해지더라도 가난한 맘으로 하나님의 말씀만 붙들어야 합니다. 하나님이 주신 축복에 도취돼서 하나님 자신을 버리면 우리가 누리는 부흥과 축복은 물거품처럼 사라집니다. 여러분이 가난한 심령으로 위기의 때나 평안할 때나 늘 하나님의 말씀을 붙들어 여러분의 삶에 부흥과 축복이 지속되길 바랍니다.

CHAPTER 14

웃시야와 요담의 통치

대하 26:1-27:9

가끔 텔레비전에서 카레이싱 장면을 보면 경주용 자동차들이 어마어마한 속도로 달리다가 궤도를 벗어나 부딪치거나 전복되는 모습을 볼 수 있습니다. 그렇게 사고가 나는 자동차들도 있지만 높은 속도를 내면서도 끝까지 잘 달려서 우승하는 차들이 분명히 있는데, 참 대단하다는 생각이 듭니다. 유다 왕들도 처음에는 말씀의 바른 길에 들어서서 통치를 잘하다가 나중에는 제 궤도를 이탈하여 실패하는 경우가 많습니다. 이처럼 말씀의 길로 들어섰어도 끝까지 말씀의 길로 가는 건 참 어렵습니다. 인간의 마음속에는 자꾸 무엇인가 바꾸고 싶고, 새로운 것을 받아들이고 싶은 욕망이 있기 때문입니다. 물론 우리가 하나님의 말씀을 붙들기 전까지는 계속 새로운 것을 찾아야 하겠지만 일단 하나님의 말씀을 찾고 난 후에는 이것을 끝까지 지켜야 하는데, 보통 어려운 일이 아닙니다.

아마샤 뒤를 이은 왕이 웃시야이고 그의 아들이 요담입니다. 웃시야와 요담은 처음부터 끝까지 하나님의 말씀에서는 벗어나지 않은 왕들이었습니다. 그래서 웃시야와 요담은 하나님으로부터 많은 복을 받았고 또 아주 유명하게 되기도 했습니다. 하지만 웃시야와 요담에게도 문제는 있었습니다. 속도 조절에 실패한 것입니다. 다시 말해서 이들은 하나님의 말씀에서 벗어나서 이방신을 섬기지는 않았지만 한 사람은 너무 빨리 앞서 나갔고, 한 사람은 너무 신중한 나머지 온전한 성공을 거두지 못했습니다. 특히 웃시야와 요담 때 유다는 물질적으로 아주 부강해졌고 국방도 튼튼해졌습니다. 이 왕들은 하나님의 말씀에서 벗어나지 않았기 때문에 외부의 적들은 그들을 당해낼 수 없었습니다. 언제나 그렇듯 이들에게 가장 문제가 되는 것은 자기 자신이었습니다. 이들은 자기 자신을 잘 통제하지 못해서 절반의 성공밖에 이루지 못합니다.

1. 웃시야의 멋진 시작

■

웃시야는 어린 나이에 유다의 왕이 되어서 아주 긴 시간을 왕으로 다스렸습니다.

26장 1-3절, "유다 온 백성이 나이가 십육 세 된 웃시야를 세워 그의 아버지 아마샤를 대신하여 왕으로 삼으니 … 웃시야가 왕위에 오를 때에 나이가 십육 세라 예루살렘에서 오십이 년 간 다스리니라 그의 어머니의 이름은 여골리아요 예루살렘 사람이더라"

웃시야가 어린 나이에 왕이 되어서 50년 넘게 왕으로 섬길 수 있었던 것은 큰 축복이었습니다. 웃시야는 아주 유능한 왕이었고 재주가 비상한 사람이었습니다. 그의 능력과 재주가 솔로몬을 따라잡을 정도는 아니었지만 솔로몬의 뒤를 이을 만했습니다.

26장 2절, "아마샤 왕이 그의 열조들의 묘실에 누운 후에 웃시야가 엘롯을 건축하여 유다에 돌렸더라"

여기서 '엘롯'이라는 성이 나오는데 대개 학자들은 솔로몬이 개발했던 아라비아 반도의 에시온게벨 부근의 성이라고 생각합니다. 이스라엘은 항구가 별로 발달하지 못한 나라였는데 솔로몬은 에시온게벨을 항구로 개발해서 아라비아 쪽과 무역을 많이 했습니다. 그런데 웃시야가 바로 그 루트를 다시 개발해서 되찾은 것입니다.

웃시야는 다시금 유다를 하나님의 말씀의 길로 들어서도록 했습니다. 이 임무는 유다 왕에게 가장 중요한 것입니다. 절대로 이방을 따라가지 않고 하나님의 말씀만 붙들고 나라를 다스린 것을 의미합니다.

26장 4-5절, "웃시야가 그의 아버지 아마샤의 모든 행위대로 여호와 보시기에 정직하게 행하며 하나님의 묵시를 밝히 아는 스가랴가 사는 날에 하나님을 찾았고 그가 여호와를 찾을 동안에는 하나님이 형통하게 하셨더라"

앞서 살펴본 대로 웃시야의 부친 아마샤는 처음에 신앙적으로 통치했던 왕입니다. 에돔과 싸우기 위해서 은 100달란트를 주고 이스라엘 군사 10만 명을 빌렸는데, 이스라엘의 힘을 의지하지 말고 하나님만 의지하라는 선지자의 말을 듣고는 그 군대를 모두 돌려보냈습니다. 그는 엄청난 돈을 버리고 하나님의 말씀을 붙들었습니다.

웃시야는 아주 유능한 왕이었습니다. 머리도 비상했는데, 그 재능을 가지고 세상을 따라가지 않고 하나님의 말씀을 붙잡으니까 너무나도 지혜로운 사람이 되었습니다.

세상 나라가 잘 사는 원리와 하나님의 백성들이 잘 사는 원리는 다릅니다. 세상 나라가 잘 살려고 하면 일단 외형을 키워야 합니다. 다른 나라를 위협해서 착취하든지 무역을 해서 이를 많이 남기면 강대국이 될 수 있었습니다. 그러나 하나님의 나라에서는 지도자가 얼마나 철저하게 하나님의 말씀에 붙들리느냐가 가장 중요합니다. 그가 말씀에 헌신하면 그 나라에는 영적인 부흥이 오고, 그것과 함께 물질적인 복까지 부어지는 것입니다. 하지만 지도자의 위치에서 하나님의 말씀을 붙들기도 어렵거니와 부흥이 오기까지 믿음으로 견디는 것도 보통 일이 아닙니다. 이때 지도자들의 마음속에 세상적인 방법을 쓰면 금방 효과가 나타날 것 같은 유혹이 생깁니다. 그래서 부흥이 일어나는 것은 전적으로 하나님의 은혜입니다. 인간적으로 보면 우리가 하나님의 말씀을 붙드는 것 같은데 실제로는 하나님께서 우리로 하여금 말씀을 붙들 수밖에 없도록 몰아가시고 끝까지 승리하도록 이끄시기 때문입니다.

작은 규모에서 부흥을 체험하는 것과 큰 교회나 국가적인 차원에서 부흥을 체험하는 것은 상당한 차이가 있습니다. 이미 규모가 크면 그만큼 다양한 사람들과 의견이 있기 때문에, 지도자의 체험적인 확신이 없으면 말씀을 붙들고 부흥을 기다리기가 어렵습니다. 이런 어려운 상황 가운데서 웃시야에게 도움을 준 것은 우선 아버지 아마샤의 체험이었습니다. 웃시야는 아버지 아마샤가 처음에는 하나님의 말씀을 믿고 큰 승리를 거두었는데 나중에 엉뚱한 길로 갔다가 심하게 고생하고 비참하게 죽는 것을 보았습니다. 그래서 아마도 웃시야는 어떤 일이 있어도 아버지처럼 나중에 우상의 길로 가서 비참하게 실패하지 않겠다고 결심을 했던 것 같습니다.

또한 웃시야는 스가랴 선지자에게 도움을 받았습니다. 이스라엘 역사에는 스가랴라는 이름을 가진 사람이 많이 나오기 때문에 이 스가랴가 어떤 사람인지는 알 수 없지만 하나님의 묵시를 밝히 아는 자였습니다. 하나님의 말씀에 밝은 선지자가 웃시야에게 큰 도움이 된 것입니다.

2. 웃시야의 전성기

웃시야는 열여섯에 왕이 되었는데 워낙 성격이 적극적인데다가 말씀 중심으로 사는 사람이었기 때문에 하나님을 위하여 많은 일을 할 수 있었습니다. 그리고 그는 뛰어난 머리를 하나님의 나라를 위해 사용해서 나라를 아주 부강하게 만들었습니다.

그는 블레셋과 싸워서 거기에 있는 중요한 성들을 헐고 거기에 유다의 성읍들을 건축하였습니다.

> 26장 6절, "웃시야가 나가서 블레셋 사람들과 싸우고 가드 성벽과 야브네 성벽과 아스돗 성벽을 헐고 아스돗 땅과 블레셋 사람들 가운데에 성읍들을 건축하매"

블레셋, 에돔, 암몬은 유다의 가시였습니다. 이 가시들은 유다가 영적으로 부흥할 때는 힘을 쓰지 못하다가 유다가 하나님의 말씀을 버리고 우상을 따라가면 다시 고개를 유다를 압박했습니다. 하나님께서 웃시야에게 힘을 주시자 그는 이 가시들부터 제거했습니다. 먼저 블레셋을 쳤는데, 아예 성 자체를 허물어버렸습니다. 옛날에는 성을 허물면 모든 방어막이 무너지는 것이기 때문에 대항할 힘을 아예 잃어버리는 셈입니다. 요즘으로 치면 성을 허문다고 하는 것은 완전히 무장 해제시키는 것과 같은 것입니다.

웃시야는 그렇게 무너뜨린 성터에 유다의 성읍을 지어서 유다 백성들이 거주하게 했습니다. 블레셋은 유다에 꼼짝 못하는 꼴이 되었습니다.

웃시야의 가시 뽑기는 여기서 그치지 않았습니다.

> 26장 7-8절, "하나님이 그를 도우사 블레셋 사람들과 구르바알에 거주하는 아라비아 사람들과 마온 사람들을 치게 하신지라. 암몬 사람들이 웃시야에게 조공을 바치매 웃시야가 매우 강성하여 이름이 애굽 변방까지 퍼졌더라"

블레셋 사람들은 일정한 지역에 거주하면서 유다를 괴롭혔지만 아라비아 사람들이나 마온 사람들은 유목민으로서 전혀 예측할 수 없는 시기에 떼거지로 쳐들어와서 유다를 약탈해갔습니다. 웃시야는 이런 부족들까지 정복했습니다. 이로 말미암아 유다는 무역을 하는 데 전혀 걸림돌이 없었습니다.

옛날에는 장사를 하거나 무역을 하려고 해도 도둑떼나 강도들 때문에 제대로 할 수가 없었습니다. 그러나 웃시야는 치안을 아주 튼튼하게 하였습니다.

그뿐만 아니라 웃시야는 내정에도 충실했습니다.

26장 9절, "웃시야가 예루살렘에서 성 모퉁이 문과 골짜기 문과 성굽이에 망대를 세워 견고하게 하고"

예루살렘 성벽이 무너진 건 웃시야의 아버지 아마샤때의 일입니다. 아마샤가 전쟁 포로가 되는 바람에 그 대가로 성벽을 허물어버리게 된 것입니다. 성벽이 없는 예루살렘은 완전히 문이 없는 집과 같아서 마음대로 도적이나 적들이 들락거렸습니다. 그런데 웃시야는 다시 예루살렘 성벽을 쌓고 거기에다가 망대까지 세워서 사람이 오고 가는 것이나 적들이 쳐들어오는 것을 모두 관찰할 수 있게 했습니다.

사실 성이나 집에 문을 단다는 건 중요한 의미가 있습니다. 만약 우리가 사는 집에 문과 벽이 없다고 칩시다. 어찌 편안히 잠들 수 있겠습니까? 문이 있어서 문단속이라도 해야 걱정 없이 잠자리에 들지 않겠습니까? 마찬가지로 교회에도 문이 있습니다. 그 문은 바로 복음입니다.

교회에서 복음이 외쳐지면 사탄의 세력이 숨어 들어오다가도 놀라서 달아나게 됩니다. 그러나 교회가 사람의 눈치를 보느라고 복음을 설교하지 않고 사람 귀에 듣기 좋은 소리나 하면 도둑이 들어와서 교인들을 도둑질 해가게 됩니다. 그래서 칼빈은 말했습니다. 목자는 두 음성을 가져야 하는데 하나는 도둑을 쫓는 날카로운 소리와 다른 하나는 양떼를 위로하는 부드러운 음성이라고 했습니다.

26장 10절, "또 광야에 망대를 세우고 물 웅덩이를 많이 파고 고원과 평지에 가축을 많이 길렀으며 또 여러 산과 좋은 밭에 농부와 포도원을 다스리는 자들을 두었으니 농사를 좋아함이었더라"

그리고 웃시야는 백성들을 위해서 농사나 목축에 아주 뛰어난 지혜를 발휘했습니다. 요즘으로 치면 새마을 운동 같은 것을 대대적으로 벌였습니다. 당시 유다 백성들이 목축을 하거나 농사를 짓는 것을 보니까 너무나 영세해서 도저히 가난의 악순환에서 벗어날 수가 없었습니다. 그래서 웃시야는 목축이나 농사를 국가적인 지원 아래 대대적으로 개혁했습니다. 목축업자들이 모두 영세해서 도둑이 오거나 강도들이 오면 피하다가 다 빼앗기기 일쑤였습니다. 그래서 아예 황무지에 망대를 세워서 항상 군인들이 지키게 했습니다. 그러니까 일단 목자들이 도둑이나 강도들의 위협을 받지 않고 마음껏 목축을 할 수 있었습니다. 거기에다가 문제되는 것이 언제나 물이었습니다. 물 때문에 양떼들은 먼 곳을 돌아다녀야만 했습니다. 웃시야는 평야와 평지에 국비로 웅덩이를 많이 파서 물을 저장했습니다. 그리고 좋은 산과 좋은 밭에는 포도원을 많이 개간하고 그것을 관장하는 관리까지 두었습니다. 왕이 대대적으로 목축을 할 수 있도록 시설을 만들고 포도원을 개발하니까 국민들은 일할 거리가 많아지고 소득이 저절로 늘어나게 되었습니다.

26장 15절, "또 예루살렘에서 재주 있는 사람들에게 무기를 고안하게 하여 망대와 성곽 위에 두어 화살과 큰 돌을 쏘고 던지게 하였으니 그의 이름이 멀리 퍼짐은 기이한 도우심을 얻어 강성하여짐이었더라"

웃시야는 발명을 하는 데도 천재적인 재능을 보였습니다. 기술자들을 시켜서 요즘으로 치면 대포 같은 것을 만들게 했습니다. 아주 기술적으로 공교한 기계를 만들어서 그것으로 화살도 쏘고 돌도 발사할 수 있게 했습니다.

이것을 보면 웃시야가 얼마나 적극적인 사람이었는지 알 수 있습니다. 웃시야는 나라 전반에 걸쳐서 엄청난 업적을 남겼습니다. 무역할 수 있는 성도 개발하고 적들도 굴복시키고 무너진 예루살렘 성도 다시 복원시켰습니다. 그리고 목축을 잘 할 수 있도록 망대도 만들고 물웅덩이도 파고 포도원도 많이 만들었습니다. 심지어는 화살을 무더기로 쏘고 돌도 던질 수 있는 기계도 만들어서 실전에 배치를 했습니다.

웃시야 한 사람이 이렇게 많은 일을 해내었다고 하는 건 그가 엄청난 열정의 소유자였고 굉장히 결단력이 빠르다는 것을 보여줍니다. 그러나 사람이 항상 이렇게 바쁘게 달리다보면 속도가 붙어서 너무 앞서나갈 위험이 있습니다. 우리가 단거리를 달릴 때에는 전력을 다해서 달려야 하지만 장거리를 달릴 때에는 속도를 잘 조절해서 달리는 것이 중요합니다. 그런 의미에서 웃시야는 전력질주만 하다가 속도 조절에 실패해서 차가 전복된 경우에 해당됩니다.

3. 웃시야의 실패

■

웃시야는 국정뿐만 아니라 하나님께 예배드릴 때도 적극성을 띠었습니다. 하나님께 예배드릴 때에도 자신이 중요한 역할을 감당하기 원했습니다. 이런 의욕이 앞선 나머지 그는 죄악에 빠지게 됩니다.

26장 16절, "그가 강성하여지매 그의 마음이 교만하여 악을 행하여 그의 하나님 여호와께 범죄하되 곧 여호와의 성전에 들어가서 향단에 분향하려 한지라"

웃시야는 유다 전체를 자기가 생각했던 대로 개혁했습니다. 물론 모두 대성공을 거두었습니다. 웃시야가 이렇게 성공할 수 있었던 건 하나님께서 웃시야의 믿음을 보시고 축복하셨기 때문입니다. 그런데 어느 날 웃시야는 자만에 빠집니다. 성경은 그가 교만하여져서 악을 행했다고 말씀하고 있습니다.

처음에 웃시야가 하나님의 말씀만 붙들고 철저하게 하나님의 도우심을 구해서 복을 받은 건 사실입니다. 그런데 웃시야는 끝까지 하나님만 주목하지 못했습니다. 하나님께서 주신 복 때문에 일이 많아지니까 그 일에 파묻혀버렸습니다. 하나님께서 지경을 넓혀주신 건 정말 큰 축복이지만 지경이 넓어진 만큼 벌여 놓은 일도 많아서 스스로 통제할 수가 없게 되었습니다.

이것은 웃시야에게 결코 좋은 일이 아니었습니다. 운전을 하다가도 차가 너무 빨리 달린다는 생각이 들면 속도를 좀 늦추어야 대형사고가 발생하지 않습니다. 그런데 차가 잘 달린다고 계속 속도를 높이면 결국 나중에 작은 장애물을 피하지 못해서 대형사고가 터지게 되는 것입니다.

웃시야는 결국 하나님 앞에서 큰 죄를 범하게 되었습니다. 하나님께 예배드릴 때 제사장이 해야 할 일을 자기가 나서서 한 것입니다. 이스라엘이 하나님을 예배할 때 제사장은 분향을 하는데, 이것은 제사장이 이스라엘을 대표해서 하나님께 기도하는 순서였습니다. 그런데 웃시야가 직접 그 일을 하고 싶어진 것입니다. 왜 그런 맘이 들었는지는 성경에 나와있지 않지만, 아마도 제사장이 분향하는 모습이 시원찮아 보였거나 자기가 제사장의 몫까지도 다 해낸다는 걸 보여주고 싶었는지도 모르겠습니다. 그러나 아무리 유다의 왕이라 하더라도 분향할 권리는 없습니다. 이 일은 오직 아론의 자손, 제사장들만이 할 수 있는 일이었습니다.

왕이 직접 하나님 앞에 분향하려고 하니까 제사장 아사랴가 용감한 제사장 80명을 데리고 와서 왕을 가로막았습니다. 그러면서 아사랴는 분향하는 일은 제사장만 할 수 있기 때문에 왕은 성소에서 나가라고 했습니다. 이때 웃시야가 나갔으면 문제가 안 되었을 텐데 왕은 분향하는 향로를 잡고 화를 냈습니다. 웃시야가 하나님의 향로를 붙들고 혈기를 부리는 순간 그의 이마에 문둥병이 생기기 시작했습니다. 하나님께서 웃시야를 치신 것입니다. 하나님께서는 웃시야를 사랑하셨고 지금까지 축복하셨지만 하나님의 성전에서 분향하는 웃시야를 가만 두고 보실 수는 없었습니다. 왕의 이마에 문둥병이 생기는 것을 본 제사장은 바로 왕을 성전에서 쫓아내었고 왕도 하나님이 진노하신 걸 알고는 성전을 빠져나갔습니다. 문둥병이 걸린 웃시야는 죽는 날까지 격리된 채로 외롭게 살다가 인생을 마감했습니다.

　그렇게 하나님께 충성된 왕이 단 한 번의 죄악으로 저주를 받아 한평생을 문둥병에 걸린 채 외롭게 살게 된 것은 너무 가혹한 형벌이 아닌가 하는 생각이 들 수 있습니다. 여기서 우리가 알아야 하는 사실이 있습니다. 하나님은 결코 인간들로부터 업신여김을 받지 않으신다는 것입니다. 특히 하나님은 사랑하는 종으로부터 무시당할 때 불신자들에게 업신여김을 당할 때보다 더 크게 진노하십니다.

　하나님께서 웃시야를 문둥병으로 치신 것은 어떤 의미에서 웃시야를 사랑하셨기 때문이었습니다. 웃시야는 하나님께서 병으로 치셨기 때문에 일로부터 자유로울 수 있었습니다. 그가 열정적이고 헌신적이었기 때문에 스스로 일중독에서 벗어날 수 없었습니다. 그러나 하나님께서 웃시야를 병으로 치셨기 때문에 웃시야는 별궁에 유폐되었고, 짐작하건대 다시 하나님의 은혜를 회복하지 않았을까 생각합니다.

하나님은 사랑하는 자들도 불같은 시험을 통과하게 하셔서 정결함과 겸손함을 회복하게 하십니다. 거룩한 하나님 나라에 어울리는 자로 만드시는 것입니다. 웃시야에게 문둥병은 그를 낮추사 깨끗하게 하시려는 하나님의 사랑이라고 보아야 합니다.

웃시야는 하나님의 일에 자기 의욕을 앞세우다가 자신을 돌아보는 데 실패했습니다. 교회나 이 세상의 지도자들도 너무 많은 일들을 해내느라 분주합니다. 그렇게 살지 않으면 인정을 받을 수 없는 것이 사회적 분위기이기도 합니다. 특별히 목회자들은 상상할 수 없을 정도로 많은 일을 해야 하고, 그래도 더 많이 헌신하려고 애쓰는 경우가 많습니다. 웃시야처럼 살다가 자기를 돌아볼 여유조차 갖지 못할 수 있습니다. 일을 하면 할수록 스스로 일중독이 되어 더 많은 일을 하지 않고서는 견디지 못하기 때문입니다. 그러다가 심신이 지치고, 그러면 영성도 고갈되는 것입니다. 나중에는 교만이나 죄가 파고들어오게 됩니다.

마귀는 아주 교묘하게 하나님의 종들을 넘어뜨릴 계략을 짜냅니다. '그 동안 열심히 하나님의 일에 헌신했으니까 이 정도 죄악쯤이야 지어도 괜찮을 거야' 라는 식으로 속삭이는 것입니다. 그러나 하나님께서는 우리가 스스로를 감당하지도 못할 일을 맡기는 분이 아닙니다. 단지 일에 대한 우리의 욕심 때문에 분에 넘치는 일을 자꾸 맡게 되는 것입니다.

웃시야 같은 인재가 말년을 그렇게 보낸 건 참 안타까운 일입니다. 그는 참으로 유능했고 하나님께 헌신적이었는데 너무 일중독에 빠지는 바람에 끝이 좋지 못했습니다. 지나치게 일에 매몰되어 사는 하나님의 종들은 스스로 하나님 앞에서 무능해져야 합니다. 자기 재능을 썩히는 것 같고 태만한 게 아닌가 하는 가책을 느낄지라도 이것은 자기 욕심에서 온 것이기에 이런 생각을 털어버리고 스스로 속도조절을 잘 해야겠습니다.

4. 요담의 소극적인 정치

■

웃시야가 문둥병으로 별궁에 유폐되는 바람에 왕이 된 사람이 그 아들 요담이었습니다. 요담은 25세에 왕이 되어서 16년 동안 나라를 다스렸습니다. 요담은 아버지 웃시야의 성경적인 정책을 잘 이어받았습니다. 그래서 요담은 성경적으로 나라를 다스렸고 국민들이 잘 살 수 있도록 아버지의 정책을 그대로 실행했습니다. 그러나 요담은 하나님에 대하여 너무 소극적이었습니다.

> 27장 2절, "요담이 그의 아버지 웃시야의 모든 행위대로 여호와 보시기에 정직하게 행하였으나 여호와의 성전에는 들어가지 아니하였고 백성은 여전히 부패하였더라"

성경은 요담에 대하여 세 가지로 평가합니다. 하나는 요담이 여호와 보시기에 정직히 행하였다는 것입니다. 이것은 요담이 돈 관계에 부정을 저지르지 않았다는 뜻이 아닙니다. 여호와 앞에 정직했다는 것은 철저하게 성경적인 신앙으로 나라를 이끌었다는 뜻입니다.

요담은 하나님의 말씀만 믿었고 하나님의 말씀대로 나라를 다스렸습니다. 실제로 복도 많이 받았습니다. 그런데 요담의 문제는 성전에 들어가지 않는 것이었습니다. 아버지 웃시야가 성전에서 분향하다가 하나님의 저주를 받아서 문둥병자가 되었던 충격 때문입니다. 요담은 성전에 대한 상처가 있었습니다. 그래서 요담의 신앙과 그가 나라를 다스리는 원리도 성경적이었지만 요담은 성전에 들어가서 왕이 직접 하나님께 제사를 드리거나 분향하지는 않았습니다. 요담의 예배에 대한 태도는 너무 소극적이었습니다.

성전 제사는 자동차로 치면 엔진과 같습니다. 성전 제사에서 불이 붙을 때 하나님의 백성들은 하나님의 능력을 받게 되고 모든 일들을 더 힘있게 해낼 수가 있습니다. 그러나 요담은 아버지가 성전에서 분향을 하다가 하나님의 진노를 입었기 때문에 절대로 성전에 들어가지 않았습니다. 이것은 요담이 하나님의 일을 하기는 하는데 불이 없이 하는 것과 같았습니다. 요즘으로 치면 요담은 개인 기도나 가정 예배 같은 것은 드리는데 성전 예배는 드리지 않는 것입니다. 그 결과 유다 백성들이 오히려 사악해졌다고 성경은 기록합니다. 일단 왕이 성전에 가지 않으니까 백성들은 자기들에게 필요한 불을 산당이라든지 다른 방법으로 채웠다는 뜻입니다. 왕이 성전을 두려워하니까 백성들도 성전을 멀리한 것입니다.

그럼에도 불구하고 하나님은 요담을 사랑하셔서 많은 복을 주셨습니다. 그래서 요담도 예루살렘 성을 더 튼튼하게 건축할 수 있었습니다.

27장 3절, "그가 여호와의 전 윗문을 건축하고 또 오벨 성벽을 많이 증축하고"

이미 웃시야 때에도 예루살렘 성은 많이 보강이 되었지만 요담은 예루살렘의 약한 부분을 더 강화시켰습니다. 그리고 요담은 아버지가 한 것을 더 발전시켜서 산중에서 성읍을 건축하고 수풀에도 영채와 망대를 세웠습니다.

27장 4절, "유다 산중에 성읍들을 건축하며 수풀 가운데에 견고한 진영들과 망대를 건축하고"

웃시야는 백성들이 편하게 목축이나 포도 농사를 할 수 있도록 망대를

많이 세웠는데 요담은 수풀이 있는 지역에서도 망대를 세워서 맹수나 도둑들의 공격으로부터 백성들을 보호하려고 했습니다.

27장 5절, "암몬 자손의 왕과 더불어 싸워 그들을 이겼더니 그 해에 암몬 자손이 은 백 달란트와 밀 만 고르와 보리 만 고르를 바쳤고 제이년과 제삼년에도 암몬 자손이 그와 같이 바쳤더라"

뿐만 아니라 요담은 암몬과 싸워서 이겨 그들에게서 많은 조공을 받아냅니다. 이것은 완전히 의외의 소득이었습니다. 요담이 하나님의 말씀대로 나라를 다스리니까 하나님께서는 요담에게 생각하지도 못했던 많은 소득을 얻게 하셨는데 거의 3년 동안 암몬 자손들은 요담에게 조공을 바쳤습니다.

27장 6절, "요담이 그의 하나님 여호와 앞에서 바른 길을 걸었으므로 점점 강하여졌더라"

그래서인지 요담에 대한 평가는 아주 좋습니다. 요담은 소극적이었지만 성경적으로 나라를 이끌어 나갔습니다. 그러나 그에게는 성전 예배에서 임하는 불이 없었습니다. 불이 없는 이 정치는 결국 그 아들 아하스때에 가서 엄청난 우상 숭배로 이어집니다. 이때 유다의 부흥의 불은 완전히 꺼지게 됩니다.

하나님의 일을 하면서 웃시야 같이 너무 과속하지도 말고 요담 같이 너무 천천히 가지도 말아야 합니다. 하지만 그렇게 일정한 긴장과 속도를 유지하면서 끝까지 간다는 게 정말 어렵다는 걸 새삼 느끼게 됩니다.

요아스와 아마샤는 잘 나가다가 나중에 이방신들의 길로 가버렸고 웃시야는 너무 과속을 했고 요담은 너무 천천히 가다가 아들 대에 가서 우상의 날벼락을 맞게 되었습니다.

우리의 신앙에는 불이 있어야 합니다. 그런데 이 불이 일 중심으로 가지 않고 하나님의 말씀 중심으로 가면 얼마든지 속도 조절이 가능합니다. 너무 앞서지도 말고 뒤서지도 말고 끝까지 영적인 적정 속도를 유지해서 영적 부흥의 불을 꺼뜨리지 않는 귀한 성도들이 되시기 바랍니다.

CHAPTER 15

아하스의 악한 통치

대하 28:1-27

할 수 있는 한 빨리 포기해야 하는 것도 있지만 절대로 포기해서는 안 되는 것도 있습니다. 예를 들어서 우리에게 실현 가능성이 없는 욕심이라든지 옳지 않은 정욕은 빨리 포기하면 포기할수록 좋습니다. 반면에 절대로 포기해서는 안 되는 것이 있습니다. 예를 들어서 부모는 자녀가 말을 듣지 않고 애를 먹인다고 해서 자식을 포기해서는 안 됩니다. 부모가 자식을 포기하면 이 자식은 그야말로 자신을 방치하면서 몹쓸 사람이 되고 말 것입니다. 또 자기가 맡은 일은 함부로 포기해서는 안 됩니다. 우리의 맡은 일에 태만하고 아예 손을 놓아버리면 분명히 문제가 되고 그것이 인명을 다루는 일이라면 사람이 죽거나 다치는 일까지 일어날 수 있습니다. 그러나 무엇보다 쉽게 포기해서는 안 되는 것이 있는데, 바로 하나님께 대한 신앙입니다. 만약 우리가 하나님에 대한 신앙을 포기하면 수많은 위기 때 하나님의 도우심을 받지 못하게 됩니다.

하나님께서 유다 왕들에게 약속하신 것이 있었습니다. 하나님의 말씀 하나만 붙들고 나가면 부흥을 주시고 축복을 주시겠다는 것입니다. 이것이 유다 왕이 다른 나라 왕과 달라야 하는 점이었습니다. 거기에서 한 걸음 더 나아가서 하나님께서는 유다 백성들이나 귀족들이 어떻든지 간에 왕 한 사람만 바른 믿음을 가지고 나가도 나라 전체를 복을 주시겠다고 약속하셨습니다. 그러니까 유다는 지도자 한 사람의 신앙이 나라 전체의 부흥과 멸망을 결정하는 중요한 문제였습니다.

유다 왕들 중에는 처음에는 신앙으로 잘 나가다가 나중에는 마음이 변하여 다른 길로 나간 왕들이 많이 있었습니다. 그 대표적인 예가 요아스와 아마샤였습니다. 이들은 처음에는 하나님의 말씀을 붙들고 나가서 큰 승리를 거두기도 하고 나라가 부흥되기도 했는데 나중에는 하나님을 버리고 우상 숭배의 길로 가는 바람에 끝이 아름답지 못했습니다.

그런가 하면 끝까지 하나님의 말씀의 길로 갔지만 속도 조절에 실패해서 어려움을 당했던 사람들이 있었습니다. 웃시야와 요담이 그랬습니다.

요담 뒤에 나타난 아하스는 하나님께 대한 신앙을 포기한 왕이었습니다. 하나님께서는 노하기를 더디 하시고 인자와 자비가 무한하시기 때문에 우리가 웬만큼 죄를 짓고 불순종해도 하나님은 조용히 기다리십니다. 하지만 우리가 아예 하나님에 대한 신앙을 포기하면 하나님은 우리를 도우실 수가 없습니다. 그러면 우리의 형편은 하나님께서 마치 우리를 버리신 것처럼 되어버립니다. 이것을 성경은 하나님께서 우리에 대하여 진노하셨다고 말씀합니다. 하나님이 우리를 돕지 않으시면 우리는 이 세상에서 의지할 데가 없는 사람들이 되어버립니다. 그래서 죄의 늪에 빠져들어 멸망으로 치닫는 것입니다.

아하스가 어떻게 해서 이렇게도 철저히 하나님의 길을 버리고 자기 자신도 하나님의 버림을 당하게 되었는지 자세히 알 수 없습니다. 어쩌면 아하스는 아버지 요담이 성전에 가지는 않으면서 하나님의 말씀을 붙드는 것을 너무나도 답답하게 생각을 했는지도 모릅니다. 이미 요담 때에는 유다 안에서 부흥의 불이 많이 꺼져 있었습니다. 아하스는 왕이 되었을 때 나라에 무엇인가 새로운 힘이 필요한데 이 힘을 다른 신들의 도움에서 찾기로 한 것 같습니다. 게다가 나라 사정이 무척 어려웠기 때문에 돌파구를 찾다가 그렇게 적극적으로 우상 종교를 장려하지 않았나 생각됩니다. 나라는 어려운데 아하스 자신은 믿음이 없으니까 결국 눈에 보이는 대로 다 붙들었던 것입니다.

아하스 때에 활동하던 선지자는 이사야였습니다. 아하스가 북쪽에 있는 수리아와 이스라엘 연합군의 공격을 받고 위기에 빠졌을 때 하나님은 이사야 선지자를 보내서 이스라엘 왕 베가와 수리아왕 르신이 지금 맹렬히 공격하고 있지만 타다 만 부지깽이에 불과하니까 너는 하나님을 의지하라고 하면서 하나님이 도우시는 징조를 구하라고 말씀하셨습니다. 그러나 아하스는 하나님께 징조를 구하지 않았습니다. 아하스의 생각으로는 하나님의 도움보다는 앗수르의 도움이 더 실제적일 것 같았기 때문입니다.

이것을 보면 아하스가 철저하게 위선적인 사람인 것을 알 수 있습니다. 아하스는 겉으로는 하나님을 믿는 체 하면서 속으로는 자기 하고 싶은 대로 다 하는 사람이었습니다. 결국 백성들만 불쌍하게 되었습니다. 아하스가 자기 멋대로 나라를 통치하니까 하나님께서 유다를 치셔서 엄청난 백성들이 전쟁에서 죽고 또 포로로 잡혀갔으니 말입니다. 하지만 백성들이 그저 잘못 하나 하지 않고 당했다는 말은 아닙니다. 아하스 같은 위선자가 유다의 왕이 될 수 있었던 건 백성들도 위선적인 신앙을 가지고 있었기 때문이었으니 왕 탓만 할 수는 없습니다.

1. 본격적인 우상 종교의 부활

아하스는 아버지의 뒤를 이어서 유다의 왕이 되고 나서 처음부터 말씀의 길로 가지 않았습니다.

> 1-2절, "아하스가 왕위에 오를 때에 나이가 이십 세라. 예루살렘에서 십육 년 동안 다스렸으나 그의 조상 다윗과 같지 아니하여 여호와 보시기에 정직하게 행하지 아니하고 이스라엘 왕들의 길로 행하여 바알들의 우상을 부어 만들고"

하나님은 다윗을 보시고서는 이스라엘을 대하는 태도를 달리하셨습니다. 하나님께서는 다윗이 나타나기 이전에는 성전이 꼭 예루살렘에 있어야 한다고도 말씀하지 않으셨고, 또 반드시 다윗의 자손이 왕이 되어야 한다고도 생각하지 아니하셨습니다. 그러나 하나님은 다윗을 보셨을 때 생각을 바꾸셨습니다. 유다 지도자들 중에서 다윗같이 하나님의 말씀을 사랑하고 하나님의 말씀을 붙드는 사람이 없었기 때문입니다. 그래서 하나님께서는 앞으로 이스라엘 왕들이 다윗 같이만 해준다면 이스라엘은 정말 축복받지 못할 이유가 없다고 생각하셨습니다. 그래서 하나님은 다윗을 위해서 모든 것을 다 주셨습니다. 성전도 다윗의 성인 예루살렘에 있게 하셨고 다윗의 후손들이 왕이 될 것이라고 약속하셨습니다.

그래서 다윗의 후손들에게 필요한 것은 오직 하나밖에 없었습니다. 정치나 외교적으로 탁월하고 개인적으로 능력이 출중한 것보다도 다윗같이 하나님의 말씀을 붙들기만 하면 되는 것입니다. 그러나 다윗 같이 하나님의 말씀을 사랑하고 붙들려고 하면 하나님의 말씀에 미쳐야 하는데 이것은 다른 사람들의 눈에 비정상적으로 보인다는 것이 문제였습니다.

아마도 아하스는 왕이 되면서 자기는 정상적인 사람이 되기로 결심을 한 것 같습니다. 다윗 같은 사람이 한 것은 오직 하나님의 말씀 하나만 가지고 나라 전체를 몰고 간 것이었습니다. 그러나 아하스는 그렇게 외골수로 믿을 수는 없다고 결론짓고 모든 타종교를 다 인정하기로 했습니다. 이것은 다른 말로 표현하면 더 이상 유다를 고립시키지 않고 다른 나라와 적극적으로 유대 관계를 맺고 교류를 하겠다는 뜻이었습니다.

이것이 하나님 보시기에는 정직하지 못했습니다. 누구든지 유다의 왕이 될 때에는 나라를 하나님의 말씀의 길로 이끌겠다고 약속하고 왕이 되기 때문입니다. 그러므로 아하스는 하나님과 백성들을 속인 꼴이 되었습니다. 아하스는 이스라엘 열왕들의 길로 행했다고 기록되었습니다. 북이스라엘의 사상 자체가 우리는 하나님을 믿기는 하지만 너무 율법에 구애받지 않겠다는 것입니다.

이스라엘의 사상은 우리의 종교적인 열정이나 감정을 율법보다 더 중요하게 생각하고 결코 하나님의 말씀만 절대적으로 생각하지 않겠다는 것이었습니다. 아하스는 이미 아합 왕 때부터 바알 종교를 공식적으로 받아들인 북이스라엘은 따라 바알 종교를 받아들였습니다. 그러고는 몰렉이라는 종교까지 받아들였습니다.

3절, "또 힌놈의 아들 골짜기에서 분향하고 여호와께서 이스라엘 자손 앞에서 쫓아내신 이방 사람들의 가증한 일을 본받아 그의 자녀들을 불사르고"

힌놈의 아들 골짜기라는 것은 예루살렘 옆에 있는 골짜기의 한 지명입니다. 거기에 솔로몬이 세웠던 몰렉의 신전이 있었는데 몰렉의 종교는 극단적인 영감이나 능력을 얻기 위해서 자기 아이를 산 채로 태워 죽이는 일을 행했습니다. 하나님께서 이 세상에서 가장 싫어하시는 것이 사람을 제물로 죽이거나 태우는 것입니다.

사람들은 그리스 문명이 그렇게 발달했다가 갑자기 멸망한 이유를 바로 이 인신 제사 때문이라고 말하기도 합니다. 인신 제사의 풍습은 그리스에도 있었고 두로나 카르타고에도 있었습니다. 그런데 전부 멸망당했습니다. 아하스가 몰렉 신에게 자식의 인신 제사까지 바친 것을 보면 나라 사정이 굉장히 절박했다는 것을 알 수 있습니다. 무엇인가 좀 더 자극적이고 좀 더 강력한 것을 찾다가 이런저런 종교를 다 받아들이고 그것도 안 되니까 결국 자식을 불태워 죽이는 짓까지 했던 것입니다. 그러니까 유다 백성들도 다른 이방인들을 본받아서 산이나 나무 아래서 우상 숭배를 일삼았습니다.

4절, "또 산당과 작은 산 위와 모든 푸른 나무 아래에서 제사를 드리며 분향하니라"

유다 백성들은 세상에 좋은 것들이 많이 있는데 다 외면하고 오직 하나님의 말씀의 길로만 가야 한다고 생각하니까 아주 답답했습니다. 그러다가 아하스왕 때 드디어 기회를 잡아서 평소 자기들이 그렇게 해보고 싶었던 우상 숭배를 하게 되니까 한 순간에 우상이라는 우상은 다 받아들이게 되었습니다. 그런데도 효능이 없으니까 이제는 극단적으로 아이를 죽여서 신의 도움을 받으려고 하는 자리까지 나가게 되었습니다.

2. 우상을 따라간 결과

■

　유다 백성들은 처음 우상을 받아들이면서 자기들이 결코 여호와 하나님을 버리는 것이라고 생각하지 않았습니다. 유다 백성들은 단지 우리가 하나님을 믿지만 다른 것도 받아들이는 것이라고 생각했습니다. 그런데 유다 백성들은 일단 어떤 형태의 우상이든지 유다에 들어오면 하나님의 능력은 마비된다는 것을 알지 못했습니다. 하나님의 은혜는 무한하고 거저 주시는 것이지만 일단 우상이 들어오고 죄가 들어오면 하나님의 축복의 역사는 없습니다. 원래 이 땅에 살고 있는 하나님 나라의 백성들은 세상에 속한 사람들보다 약합니다. 이 땅에서 하나님의 능력을 덧입지 않으면 절대로 이 세상을 이길 수가 없는 사람들입니다. 그러니까 하나님의 백성들이 세상 사람들을 따라가려고 하는 자체가 어리석은 것입니다. 예를 들어서 양이 아무리 운동을 많이 하고 사나워진다고 해도 늑대를 이길 수는 없는 것입니다. 그래서 양이 사는 길은 자기가 약한 것을 인정하고 목자를 의지해야 하는데 자기 스스로 목자를 버린 양들은 늑대에겐 그야말로 차려놓은 밥상이 되어버리는 것입니다.

　5절, "그러므로 그의 하나님 여호와께서 그를 아람 왕의 손에 넘기시매 그들이 쳐서 심히 많은 무리를 사로잡아 다메섹으로 갔으며 또 이스라엘 왕의 손에 넘기시매 그가 쳐서 크게 살륙하였으니"

　하나님을 의지하지 않은 유다 백성들에게는 수차례의 재앙이 찾아왔습니다.
　원래 아람 나라는 하나님께서 북이스라엘을 치기 위해서 준비하신 몽둥이였습니다. 유다를 칠 몽둥이는 아니었습니다. 그런데 유다가 우상을 섬기니까 다른 나라가 맞을 몽둥이를 유다가 맞게 되었습니다.

원래 수리아와 이스라엘은 원수여서 서로가 으르렁거리는 바람에 유다가 어부지리로 덕을 볼 때가 많았습니다. 그런데 유다가 우상 숭배를 하니까 어떻게 된 일인지 아람도 유다를 공격하고 북이스라엘도 유다를 공격하고 나중에는 두 나라가 연합해서 유다를 공격했습니다. 결국 하나님을 버린 유다는 하나님의 도우심이 없으니까 동네북처럼 두들겨 맞았습니다.

유다가 우상을 받아들인 것은 다른 나라와 싸우지 않고 잘 지내보려는 계산이었습니다. 그렇지만 유다 백성들은 자기 스스로가 속고 말았습니다. 아무리 유다 백성들이 우상을 섬긴다고 해도 다른 나라가 인정해주지 않았기 때문입니다. 유다 백성은 다른 나라들과 폭넓게 교류하고 도움을 받기 위해서 우상을 섬겼는데 결국은 하나님의 도움만 잃어버리고 말았습니다. 하나님의 백성은 하나님의 백성의 길로 가야 하는 것입니다. 세상을 따라간다고 해서 세상이 알아주지 않습니다.

예를 들어서 예수 믿는 사람들이 직장이나 친척들 사이에서 따돌림 받지 않으려고 음주가무에 열을 올린다고 해서 세상 사람들이 인정해주지 않는 것과 같습니다. 물론 믿는 사람들이 술을 마시고 분위기를 맞춘다면 당장은 덜 미움 받을지 몰라도 나중에는 주위 사람들로부터 업신여김을 당하게 될 것입니다. 우리가 잘 믿든지 못 믿든지 우리 평생에 하나님의 영향을 받는다는 것은 남의 기분을 맞추는 것과는 비교할 수도 없이 위대한 것이기 때문입니다. 예를 들어서 양들이 늑대들의 따돌림을 받지 않기 위해서 늑대들이 노는 곳에 가서 같이 술을 마시고 논다고 해서 늑대들이 양을 늑대로 인정해주지는 않을 것입니다. 양은 양으로 살아가야

하는 것입니다. 양으로 사는 길은 오직 목자를 신뢰하고 목자를 따라가는 것입니다.

유다 백성들이 하나님을 버리고 세상을 따라갔을 때 어마어마한 재앙을 당했습니다. 우선 수리아가 쳐들어와서 많은 사람들을 붙잡아 갔는데 이번에는 이스라엘 왕 베가가 쳐들어와서 하루 만에 유다 백성 12만 명을 죽였습니다.

6절, "이는 그의 조상들의 하나님 여호와를 버렸음이라 르말랴의 아들 베가가 유다에서 하루 동안에 용사 십이만 명을 죽였으며"

유다가 이스라엘을 흉내내고 수리아를 흉내 내고 다른 나라를 흉내 내면 다른 나라 사람들이 동질감을 느끼고 잘 대해줄 줄 알았는데 결과는 정반대였습니다. 이스라엘 왕 베가가 단 하루 동안에 죽인 유다 용사들이 12만 명이었는데 이것은 어마어마한 숫자였습니다. 왜 이렇게 많은 유다 백성들이 단 하루 만에 죽었어야 했을까요? 그것은 자기 자신의 정체성을 잃어버렸기 때문입니다. 하나님의 백성들은 하나님의 백성으로 살아가야 그 가치가 보존되는 것입니다. 우리가 하나님의 보호를 받으려면 우리 자신이 가치 있는 사람이 되어야 합니다. 가치 없는 물건은 버려지는 수밖에 없습니다. 하나님도 가치를 보존하는 자를 귀하게 여기십니다. 유다처럼 지진이나 전쟁 등으로 아니면 다른 모양으로 징계를 받지 않으려면 스스로 가치 있는 사람이 되어야 합니다.

어떻게 하면 가치 있는 사람이 될 수 있습니까? 그 방법은 세 가지입니다. 하나는 우리 속을 하나님의 말씀으로 채우는 것입니다. 사람의 가치는 속에 무엇을 담느냐 하는 데 따라서 달라집니다. 우리가 우리 마음에 하나님의 말씀을 담아야 죄를 이길 수 있고 하나님 앞에 존귀한 자가 될 수 있습니다. 말씀과 고난으로 연단을 받아 불순물 섞인 금덩이가 정금으로 변해야 합니다. 그래서 하나님의 백성들은 고난을 피해서는 안 됩니다. 기꺼이 고난을 받아서 교만과 거짓이 빠져나가 순수한 보석이 되어야 합니다. 하나님 앞에서 순전한 모습으로 온 힘을 다해 말씀과 기도에 전념하여 부흥을 일으켜야 합니다. 그리고 우리는 하나님과 우리 사이를 일체 세상 것으로 가리지 말아야 합니다. 하나님의 말씀이 강처럼 흘러내려야 합니다. 그러면 어느 누구도 우리를 함부로 해칠 수가 없습니다. 그러나 하나님의 말씀을 버린 유다 백성들은 단 하루 만에 12만 명이 죽을 정도로 하찮은 백성이 되었습니다.

이것이 끝이 아니었습니다.

7절, "에브라임의 용사 시그리는 왕의 아들 마아세야와 궁내대신 아스리감과 총리대신 엘가나를 죽였더라"

아마도 왕이 아들 마아세야와 궁내대신 아스리감과 총리대신 엘가나는 유다 안에서 실세 중의 실세였고 아하스 왕 다음으로 높은 사람들이었을 것입니다. 그러나 시그리라는 단 한 사람에 의해서 이 세 명 모두 다 무참하게 죽임을 당했습니다. 이들이 사람들 앞에서는 존귀했는지 모르지만 하나님 앞에서는 아무 가치 없는 존재였기 때문입니다.

설상가상으로 여자와 어린 아이를 합쳐서 20만 명이나 되는 유다 백성들이 이스라엘의 포로로 붙들려갔습니다.

8절, "이스라엘 자손이 그들의 형제 중에서 그들의 아내와 자녀를 합하여 이십만 명을 사로잡고 그들의 재물을 많이 노략하여 사마리아로 가져가니"

유다 백성들이 단 하루에 12만 명이 죽었는데 그것도 부족해서 이스라엘 사람들은 여자와 어린 아이까지 합해서 20만 명의 유다 백성들을 포로로 잡아갔습니다. 20만 명은 어마어마한 숫자였습니다. 결국 단 하루만에 12만 명이 죽고 20만 명이 노예로 붙들렸으니 유다는 망한 거나 다름없었습니다. 결국 유다를 망하게 한 것은 하나님만으로 만족하지 못한 교만이었습니다. 예수님께서 '소경이 소경을 인도하면 둘 다 구렁텅이에 빠진다' 고 하셨는데 유다 백성들은 아하스를 믿고 따라가다가 결국 자기 자신도 망하고 백성들도 망하고 말았습니다. 결론적으로 아하스가 하나님의 말씀을 버릴 때는 왕의 직책도 포기한 셈이었습니다. 그 결과는 어마어마한 비극이었습니다.

사람들이 가장 가치 있을 때에는 자기가 맡은 일에 사명감을 느끼고 최선을 다할 때입니다. 남이 알아주든지 말든지 자기 일에 최선을 다할 때 사탄은 틈을 타지 못합니다. 그러나 남들의 눈치를 살펴 남들이 뭐라고 한다고 해서 자기 사명을 포기하면 그 틈을 타서 어마어마한 불행이 오게 되는 것입니다.

3. 사마리아에 나타난 말씀의 능력

같은 이스라엘 자손들에게 포로가 되어서 사마리아로 끌려온 유다 백성들은 이제는 다른 나라의 노예로 팔려가는 수밖에 없었습니다. 그리고 그들은 이제 다시 하나님께 예배도 드리지 못하고 죽을 때까지 다른 나라의 노예로 살아가야만 할 것입니다. 아마 제 생각으로는 20만 명의 사람들이 노예로 끌려가면서 계속 하나님께 회개하고 기도를 드렸던 것 같습니다. 즉 이들은 모두 끌려가면서 '한 번만 우리를 살려주시면 다시는 우상 숭배하지 않겠습니다' 라는 기도를 드렸을 것입니다. 그런데 놀라운 것은 사마리아에서 생각하지도 못한 기적이 일어난 것이었습니다.

유다 포로 20만 명이 쇠사슬에 묶여서 사마리아에 도착했을 때 한 선지자가 나타났습니다. 그 선지자의 이름은 오뎃이었는데 포로를 끌고 오는 북이스라엘 사람들에게 포로를 데리고서는 이 사마리아에 들어오지 못한다고 호통을 쳤습니다.

9-10절, "그 곳에 여호와의 선지자가 있는데 이름은 오뎃이라. 그가 사마리아로 돌아오는 군대를 영접하고 그들에게 이르되 너희 조상의 하나님 여호와께서 유다에게 진노하셨으므로 너희 손에 넘기셨거늘 너희의 노기가 충천하여 살륙하고 이제 너희가 또 유다와 예루살렘 백성들을 압제하여 노예로 삼고자 생각하는도다 그러나 너희는 너희의 하나님 여호와께 범죄함이 없느냐"

참으로 놀라운 것은 그렇게 신앙을 버리고 세상을 따라간 북이스라엘에도 바른 말씀을 전할 수 있는 선지자가 있었다는 사실입니다. 여기에 나타난 오뎃이라는 선지자가 어떤 사람인지는 알 수 없습니다. 그러나 그는 전쟁에서 이기고 신이 나서 돌아오는 북이스라엘 군인들을 향해서 너희가 이긴 것이 하나님께서 유다에 진노하셔서 이기게 하신 것인데 너희들이 이겼다고 해서 그렇게 많은 사람들을 죽이고 또 노예로 붙들어 온 것이 옳으냐고 따졌습니다. 그러면서 날카로운 소리로 '너희는 너희 하나님 여호와께 범죄 한 것이 없느냐' 라고 외쳤습니다. 사실 하나님을

274
부흥의 비결

떠나서 우상 숭배하고 세상을 따라간 걸로 따지면 북이스라엘도 만만치 않았습니다. 여기서 또 하나 놀라운 것은 더 큰 죄인은 심판을 받지 않는데 이제 막 우상 숭배에 빠져든 유다는 거의 망하다시피 한 것입니다. 하나님께서 이렇게 하신 이유는 유다는 수술하면 고칠 수 있었기 때문입니다. 북이스라엘은 하나님이 보시기에 도저히 가능성이 없었기에 내버려 두신 것입니다.

선지자가 전쟁에서 이기고 돌아온 군인들에게 이런 말을 할 수 있다는 것은 정말 대단한 것입니다. 이것이 바로 하나님의 말씀의 능력입니다. 이 선지자는 이번 전쟁은 전쟁으로 보면 안 되고 유다에 대한 하나님의 징계로 보아야 한다고 했습니다. 하나님이 유다를 징계하시는데 이스라엘이 이겼다고 기뻐하는 것은 정신 나간 짓입니다.

11절, "그런즉 너희는 내 말을 듣고 너희의 형제들 중에서 사로잡아 온 포로를 놓아 돌아가게 하라 여호와의 진노가 너희에게 임박하였느니라 한지라"

이스라엘에 포로로 붙들려온 유다 노예들은 자기 힘으로는 절대로 집으로 돌아갈 수 없었습니다. 그러나 하나님의 선지자는 책임질 것도 아니면서 이 사람들을 그대로 집으로 돌려보내라고 소리를 질렀습니다.

그런데 이 선지자의 말을 듣고 감동을 느낀 사람들이 있었습니다. 그 사람들이 바로 에브라임의 두목들이었습니다.

12절, "에브라임 자손의 우두머리 몇 사람 곧 요하난의 아들 아사랴와 무실레못의 아들 베레갸와 살룸의 아들 여히스기야와 하들래의 아들 아마사가 일어나서 전장에서 돌아오는 자들을 막으며"

오뎃 선지자가 외친 말은 전혀 실현 가능성이 없는 말이었습니다. 현실과 동떨어진 이상주의의 극치를 보여준 발언입니다. 그런데 놀라운 것은 이 하나님의 말씀이 현실로 이뤄지게 된 것입니다. 오뎃 선지자의 말을 듣고 감동을 받은 네 명의 두목이 이스라엘 군인들을 막아섰습니다. 그리고 이 포로들을 데리고 사마리아로 들어가지 못한다고 했습니다. 아무리 이들이 하나님 앞에서 잘못했다 하더라도 우리보다는 나은 사람들인데 이들을 죽이거나 팔아버리면 우리는 정말 하나님 앞에서 구제받을 길이 없는 죄인이 된다고 설득했습니다. 이 말을 들은 군인들은 포로들과 물건들을 방백들과 백성들 앞에 내려놓았습니다. 이것은 자기들의 욕심을 포기하고 그들의 말을 듣겠다는 뜻이었습니다. 참으로 위대한 역사가 일어났습니다.

하나님께서 유다를 돕지 않으시니까 이스라엘 사람들은 유다 백성들을 그야말로 마음껏 죽이고 마음껏 노략하고 전부 다 붙들어왔습니다. 하지만 선지자의 경고 앞에서 그들은 멈추어 섰습니다. 이것이 이스라엘의 위대한 정신이었습니다.

마음속에 하나님에 대한 두려움이 있는 사람과 전혀 없는 사람은 여기에서 차이가 납니다. 마음에 하나님을 겁내지 않는 사람들은 절대 가던 길을 멈추는 법이 없습니다. 자기의 힘을 의지해서 하고 싶은 대로 다 하고 끝까지 가봐야 직성이 풀립니다. 그러나 하나님을 두려워하는 자들은 자기들이 조금 지나치다는 생각이 들면 거기서 멈추어섭니다.

이때 에브라임 지파의 네 명의 두령은 군인들에게 유다의 포로들에게 사랑을 베풀자고 했습니다. 우리가 노략한 물건들 중에서 옷을 취해서 헐벗은 자들을 입히고 맨발로 온 자들은 신을 신기자고 했습니다. 또 굶주린 그들에게 음식을 먹이고 물을 마시게 하며 다친 자에게는 기름을 바르고 약해서 걸을 수 없는 자는 나귀에 태워서 데리고 돌아가자고 했습니다. 그래서 이스라엘 군인들은 유다의 포로들을 자기들이 도로 인솔해서 종려나무 성, 여리고까지 데리고 온 후에 돌아갔습니다. 이것은 역사상 유래가 없는 일이었습니다. 보통 어느 나라든지 같은 민족끼리 싸우면 더 잔인할 때가 많습니다. 그러나 이스라엘 백성들은 하나님의 말씀에 감동해서 포로로 붙들려온 자들을 먹이고 입히고 신까지 신겨서 무사히 데려다주었습니다. 이것이 바로 하나님의 말씀의 능력입니다. 유다 백성들이 그렇게 우상을 찾고 심지어 자식들을 태워죽이면서까지 신의 도움을 찾았지만 아무 소용이 없었습니다. 그런데 한 사마리아 선지자의 말씀 하나로 20만 명 전체가 무사히 집으로 돌아올 수 있었습니다. 이것은 하나님께서 유다 백성들에게 과연 너희가 어느 것을 붙들어야 하는지를 깨닫게 하신 사건이었습니다.

유다 백성들이 하루에 12만 명이 죽고 20만 명이 노예로 붙들려갔다가 돌아온 것은 아하스에게는 중요한 전환점이 될 수 있었습니다. 아하스가 이 순간에 하나님 앞에서 정신을 차리고 겸비해서 무릎을 꿇고 회개하면 유다는 다시 부흥할 수 있었습니다. 하나님께서도 아하스에게 이사야 선지를 보내서 징조를 구하라고 하셨습니다. 그렇다면 아하스도 히스기야처럼 일영표가 뒤로 물러가는 징조 같은 것이라도 구했으면 되었을 것입니다. 그러나 아하스는 여기서 다시 위선을 부렸습니다. 자기는 하나님을 시험하지 않겠다고 하면서 징조를 구하지 않습니다. 그 대신 앗수르 왕 디글랏빌레셀에게 사신을 보내서 아람과 이스라엘을 쳐 달라고 부탁합니다.

아하스는 자기 백성 20만 명이 하나님의 말씀 한 마디로 돌아오는 것을 보고서도 깨닫지 못했습니다. 아하스는 눈에 보이지 않는 하나님의 말씀보다는 앗수르를 의지하는 것이 더 확실하다고 생각했습니다.

아하스가 바른 신앙을 버리니까 또 유다의 많은 가시들이 되살아나기 시작했습니다. 17절을 보면 에돔이 다시 유다를 공격해서 많은 사람들을 죽이고 백성들을 사로잡아 갔습니다. 그리고 18절을 보면 블레셋이 유다를 공격해서 유다의 많은 성들을 도로 빼앗아 버렸습니다.

> 19절, "이는 이스라엘 왕 아하스가 유다에서 망령되이 행하여 여호와께 크게 범죄하였으므로 여호와께서 유다를 낮추심이라"

여기에 보면 성경이 아하스를 이스라엘 왕이라고 부르고 있습니다. 겉으로 보기에는 베가가 이스라엘 왕이고 전쟁에서도 이기고 힘도 막강하지만 하나님은 여전히 아하스를 이스라엘의 진정한 왕으로 생각하고 계셨습니다. 그런데 이스라엘 왕이 미쳐버린 것입니다. 자신의 신분이나 위치를 버리고 다른 나라의 뒤꽁무니나 따라다니려고 하니까 결국 하나님께서 그를 비참하게 하시는 것입니다. 이것은 아하스가 스스로 택한 길입니다.

아하스는 디글랏빌레셀에게 돈을 주고 수리아와 이스라엘을 쳐달라고 부탁을 했는데 디글랏빌레셀은 수리아와 이스라엘을 멸망시킨 후에 유다까지 공격해서 거의 멸망직전까지 몰고 갔습니다. 사실 아하스가 돈을 주지 않았더라도 디글랏빌레셀은 수리아와 이스라엘은 멸망시킬 생각이었습니다. 선지자 이사야의 말대로 가만히 두었더라면 돈을 들이지 않고 두 나라가 망했을 텐데 아하스는 쓸데없는 돈을 써가면서 오히려 유다만 막심한 손해를 입게 하였습니다. 결국 하나님의 백성들이 믿음이 없으면 돈은 돈대로 들고 고생은 고생대로 하는 것입니다.

그런데 이런 위기 가운데서도 아하스는 하나님을 찾지 않고 오히려 다메섹의 신을 향하여 분향하면서 도와달라고 했습니다. 그러나 그 신이 아하스와 온 이스라엘을 망하게 했다고 말씀하고 있습니다.

아하스가 망할 수밖에 없었던 것은 유다의 정체성을 생각하지 않았기 때문입니다. 유다는 하나님의 나라이며 하나님의 말씀으로 영적 부흥이 일어나야 성공하고 복을 받는 나라였습니다. 그러나 아하스는 하나님께 반항하면서 유다의 영적 부흥을 막아선 채로 성공하려고 하니까 절대로 성공할 수가 없었습니다.

교회는 오늘날의 이스라엘입니다. 교회는 오직 한길 하나님의 말씀으로 부흥이 일어나야 살 수 있습니다. 그러나 하나님의 말씀을 죽이고 영적인 부흥을 죽이면서 아무리 규모를 키우고 사업을 벌여도 결국은 성공하지 못합니다.

우리는 사마리아 성문에서 오뎃의 설교를 통해 일어났던 역사를 통해 다시 한 번 하나님의 말씀의 능력을 실감합니다. 예수님은 제자들에게 '너희가 진리를 알지니 진리가 너희를 자유케 하리라' 고 하셨습니다. 진리가 모든 죄의 사슬과 고통의 사슬을 끊습니다. 여러분이 하나님을 끝까지 신앙해서 이런 자유를 충분히 누리시기를 바랍니다.

CHAPTER 16

히스기야의 부흥

대하 29:1-36

사람이 사업에 실패하거나 직장을 잃고 생각지도 않은 궁핍을 경험하게 되면 무기력한 상태에 빠지기 쉽습니다. 그래서 일단 자기 힘으로 어찌할 수 없는 난관에 빠지면 누군가가 적극적으로 도와주지 않는 이상 재기하기가 너무도 어렵습니다. 한 개인도 한두 번 실패해서 망하면 일어서기 어려운데 기업이나 국가는 말할 것도 없습니다. 그래서 어떤 나라에 전쟁이 터지거나 큰 경제적인 어려움을 겪고 나면 아무리 왕이나 장관들이 머리가 뛰어나다 하더라도 빠른 시일 안에 나라를 다시 일으켜 세우는 것은 결코 쉬운 일이 아닌 것입니다.

하지만 하나님의 백성들에게는 특별한 길이 있습니다. 그것은 하나님의 백성들이 아무리 망해서 먹을 것이 없고 다른 나라의 지배를 받고 있다 하더라도 하나님의 말씀을 붙들고 신앙의 부흥을 열망하면 다시 하나님의 축복이 부어진다는 사실입니다.

　히스기야가 유다의 왕이 되었을 때 유다의 형편은 완전히 망한 집안이나 다름없었습니다. 히스기야는 아버지 아하스로부터 나라를 물려받았지만 거의 빚만 잔뜩 짊어진 회사를 물려받은 것과 같았습니다. 아하스 때 유다는 이스라엘과 전쟁을 해서 하루 만에 12만 명의 용사들이 죽고 20만 명의 여자와 아이들이 포로로 붙들려갔습니다. 이후에도 너무나 많은 사람들이 전쟁으로 죽거나 포로로 끌려갔습니다. 특히 아하스가 끌어들인 앗수르의 배반으로 유다는 거의 초토화되다시피 했습니다. 이런 절망적인 상황에서 유다의 왕이 된 히스기야가 할 수 있는 게 아무 것도 없는 것 같았습니다. 그러나 히스기야는 신앙적인 준비가 되어 있는 왕이었습니다. 히스기야는 다른 것은 몰라도 하나님의 백성들이 다시 일어설 수 있는 비결을 아는 사람이었습니다. 이런 점에서 유다에 히스기야 같은 왕이 나왔다는 건 유다 백성의 입장에서는 엄청난 복이었고 다행이었습니다. 히스기야는 하나님의 백성들은 자신들의 힘이나 노력으로 성공하기보다는 하나님의 복으로 성공한다는 것을 알고 있었습니다. 그래서 히스기야는 왕이 되었을 때 외국에서 원조를 끌어오려고 하지 않았습니다. 유다를 잘 살게 할 수 있는 여러 가지 경제 정책들을 발표하지도 않았습니다. 히스기야가 가장 먼저 한 것은 유다에 하나님의 축복이 오는 것을 막고 있는 장애물을 제거한 일입니다. 히스기야는 아버지 아하스와 할아버지 요담 때부터 꺼져 있었던 유다의 영적 부흥에 다시 불을 붙였습니다. 그제야 유다는 다시 일어서게 되었습니다.

　이스라엘과 유다 역사에 있어서 다윗의 길을 가장 정확하게 걸었던 왕은 히스기야입니다. 이런 의미에서 히스기야를 제2의 다윗이라고 불러도 전혀 손색이 없을 것입니다. 다윗이 사울 왕으로부터 나라를 물려받았을 때에도 이스라엘은 블레셋과의 전쟁에 패해서 엄청난 사람들이 죽었고 재정은 파탄 난 상태였습니다. 그러나 다윗은 하나님의 말씀의 통치로 이스라엘에 부흥을 일으켜서 이스라엘을 당시 세계 최강의 나라로 만들었습니다.

히스기야 때 북이스라엘은 앗수르에 망하고 유다도 거의 초토화되었지만 히스기야는 영적 부흥으로 다시 유다를 축복의 나라로 만들었습니다. 이런 성경의 역사적 증언을 통해서 하나님의 백성들에게는 하나님의 축복을 받는 길이 있고 그 길로 가려면 하나님의 말씀에 대한 믿음이 있어야 한다는 것을 알 수 있습니다.

1. 히스기야의 길

■

1-2절, "히스기야가 왕위에 오를 때에 나이가 이십오 세라. 예루살렘에서 이십구 년 동안 다스리니라. 그의 어머니의 이름은 아비야요 스가랴의 딸이더라. 히스기야가 그의 조상 다윗의 모든 행실과 같이 여호와 보시기에 정직하게 행하여"

히스기야가 왕위에 오르는 모습은 다른 유다 왕들과 별 차이가 없어 보입니다. 그는 25세에 유다의 왕이 되었고 29년을 왕 노릇하였습니다. 히스기야가 왕이 되는 준비 과정이나 왕이 된 후의 통치가 겉으로 보기에는 다른 왕과 별로 다를 바가 없는 것 같지만 실제로는 엄청난 차이가 있었습니다. 히스기야는 남다른 준비 과정을 거쳤고 그런 만큼 준비된 모습으로 나라를 다스렸습니다. 히스기야는 유다의 왕이 된 후에 유다의 영적인 부흥을 대대적으로 일으켰습니다. 그리고 앗수르의 군대 18만

5,000명을 막아내는 대승리를 거두었습니다. 이것을 보면 같은 유다 왕이라 하더라도 걸어가는 길이 완전히 다른 것을 볼 수 있습니다. 유다의 왕들 중에는 처음에는 말씀을 따랐지만 나중에 딴 길로 빠진 왕들도 있고, 하나님보다 앞서거나 너무 뒤쳐져서 실패한 왕도 있고, 아예 처음부터 하나님을 버리고 불신앙의 길을 걸은 왕도 있었습니다. 하지만 히스기야는 그들의 뒤를 따르지 않고 초지일관 말씀의 길로 달려갔습니다. 이는 그가 왕으로서 준비되었던 과정이 남달랐기 때문입니다. 본문 2절을 보면 '히스기야가 그 조상 다윗의 모든 행위와 같이 여호와 보시기에 정직히 행하여'라고 말씀합니다.

이것은 히스기야가 왕이 되고 난 후에 어떻게 하다보니까 다윗의 길로 걷게 되었다는 말이 아닙니다. 성경에는 기록되어 있지 않지만 히스기야는 왕이 되기 전에 이미 다윗에 대하여 철저하게 연구했을 것입니다. 히스기야는 다른 왕들보다 늦은 나이에 유다의 왕이 되었지만 그 동안 철저하게 유다가 축복받는 방법에 대하여 고민하고 연구를 했던 것입니다. 그런데 대개는 이스라엘의 부흥이나 축복을 연구하려고 하면 솔로몬의 성공을 연구하거나 베끼려고 하기 쉽습니다. 사실 솔로몬의 성공은 얼마나 자랑스럽고 엄청난 것이었습니까? 솔로몬의 명성은 당시 전 세계에 퍼져 있었습니다. 만일 히스기야가 솔로몬의 성공과 번영을 연구하고 베끼려고 했다면 히스기야는 실패했을 것입니다. 솔로몬이 잘나서 성공한 것 같지만 사실은 다윗의 부흥의 결과로 얻은 결과이기 때문입니다. 결국 뿌리를 알지 못하고 열매만 따려고 하는 자들은 모두 실패할 수밖에 없는 것입니다.

히스기야는 어려서부터 고생을 많이 했던 것 같습니다. 아버지 아하스가 하나님을 불신하고 처음부터 세상의 길로 들어서는 바람에 유다는 크게 망하여 백성들이 고통을 받았습니다. 이런 과정에서 히스기야는 왕자였지만 호강하며 자라지 못했을 것입니다. 또 백성들의 그 엄청난 고생을 모두 보았습니다. 앞 장에서 보면 유다가 이스라엘과 싸울 때 에브라임의 용사 시그리가 왕의 아들 마아세야와 궁내대신 아스리감과 총리대신 엘가나를 죽였다고 하는데, 이때 죽은 마아세야가 히스기야의 형일 가능성이 높습니다(28:7). 전쟁에서 이렇게 가까운 사람을 잃고 자신도 포로가 되었거나 그와 비슷한 상태에서 고생했을 가능성이 높습니다.

히스기야의 처지는 아무 연고도 없이 사울에게 쫓겨다녔던 다윗과 흡사합니다. 다윗이 극심한 고난 가운데서도 철저하게 하나님을 붙들었던 것처럼 히스기야도 나라가 거의 망하다시피 한 가운데 고민하고 절망하면서도 다윗처럼 하나님의 말씀을 붙들고 싶었나 봅니다.

아하스와 히스기야 모두 유다의 절망적인 현실을 보면서 똑같이 고민했겠지만 아하스는 인간의 힘으로 풀어보려 했고 히스기야는 철저하게 하나님만 의지하기로 결심했습니다.

히스기야가 왕이 된 후에도 끝까지 하나님의 말씀에 매달릴 수 있었던 원동력은 이미 왕이 되기 전에 그런 준비가 되어 있었기 때문일 것입니다. 유다 왕들 중에서 왕이 된 후에 말씀의 길을 가려고 했던 자들은 모두 다 중도에 포기하고 말았습니다. 정치는 한 나라를 대상으로 하는 실험이 아니기에 믿음을 걸고 모험을 할 수 없었던 것입니다. 그래서 이스라엘의 지도자는 이미 왕이 되기 전에 그 그릇이 준비되어 있어야 하는 것입니다. 히스기야는 왕이 되기 전에 다윗의 길에 대하여 철저하게 연구했고 그 길에 대하여 확신을 가지고 있었습니다. 그러니까 누가 뭐래도 끝까지 믿음의 길을 갈 수 있었던 것입니다.

아무리 히스기야가 연구를 많이 했더라도 이렇게 부흥에 성공할 수 있

284
부흥의 비결

었던 건 전적으로 하나님의 은혜였습니다. 이미 하나님께서 유다에 다시 부흥을 주시기 위해서 히스기야의 마음과 백성들의 마음을 준비시켜 놓으셨기 때문입니다. 36절을 보십시오. "이 일이 갑자기 되었으나 하나님께서 백성을 위하여 예비하셨으므로 히스기야가 백성과 더불어 기뻐하였더라."

하나님께서는 먼저 백성들의 마음을 준비시켜 주셨습니다. 그들의 마음에 영적 부흥에 대한 엄청난 갈망을 주셨던 것입니다. 유다 백성들은 자신들의 처지를 보면서 뭔가 잘못되었다는 걸 깨달았습니다. 옛날의 유다는 아무리 어려워도 이 지경까지는 가지 않았습니다. 그런데 백성 자신들이 스스로를 보아도 너무 비참해져 있고 바닥까지 낮아져 있었던 것입니다. 그 이유가 어디에 있습니까? 그것은 바로 유다 왕들과 백성들 자신이 영적 부흥을 잃어버렸기 때문입니다.

우리의 영적인 상태는 눈으로 볼 수 있는 것이 아니기 때문에 대개 신앙적으로 추락하고 있어도 감지하지 못합니다. 이것은 마치 강가에 매놓은 배에서 정신없이 뛰놀 때 밧줄이 풀려 배가 떠내려가도 모르는 것과 같습니다. 그러다가 배가 폭포나 낭떠러지에 다다르게 되면 그때야 비로소 아이들은 위기를 느끼고 울면서 소리를 지르게 되는 것입니다.

마찬가지로 우리의 열정이 조금이라도 식어지고 인간적인 자만이나 자기도취에 빠지려고 하면 하나님의 말씀이 가차 없이 책망하고 소리를 질러서 회개에 이르도록 해야 합니다. 그러나 하나님의 말씀이 계속 침묵을 지키면 결국 큰 위기를 당하고 난 후에야 비로소 정신을 차리게 되는 것입니다.

우리는 히스기야의 아버지 아하스를 굉장히 악하고 나쁜 사람으로 생각하기 쉬운데 세상의 눈으로 보면 아하스는 아주 정치적인 감각이 뛰어나고 유능한 사람이었습니다. 하지만 결과적으로 그는 유다를 망하게 한 원흉이었고 유다의 부흥의 불을 완전히 꺼버린 사람이었습니다. 그러므로 그에 대한 성경의 평가가 혹독한 것은 그가 부흥의 중요성을 인식하지 못한 탓입니다. 하나님의 백성들이 가장 미련할 때는, 예배가 더 이상 감격적이지 않고 물질의 어려움을 당하고 마음에 상처를 입으면서도 자기가 왜 그렇게 곤고한지를 모를 때입니다. 신앙의 부흥이 필요한 때인 것을 전혀 눈치 채지 못하는 것입니다. 그럴 때에는 선명한 하나님의 말씀을 들어야 합니다. 그래서 '옛날에는 이스라엘이 이렇지 않았구나 지금 우리가 영적으로 죽어 있는 거구나' 하는 것을 깨닫고 마음에 작정을 하고 기도를 시작해야 합니다.

유다에 부흥이 일어나고 교회에 부흥이 일어났던 것도 사실은 하나님이 마음을 예비하셨기 때문입니다. 그래서 우리에게 여러 가지 어려움이 있고 기도해야 할 상황이 생기는 것은 하나님이 우리에게 부흥을 주시려고 우리의 마음을 예비시키는 것으로 알아야 합니다. 하나님의 백성들은 결국 함께 모여서 기도해야 살 수가 있습니다.

2. 히스기야의 설교

히스기야는 유다의 왕으로서 이미 폐허가 되다시피 한 유다를 다시 일으켜야 할 책임이 있었습니다. 이때 히스기야가 왕으로 해야 할 일은 태산같이 많았을 것입니다. 히스기야는 백성들의 사정을 헤아리기 위해서 백성들의 대표들을 모아서 그들의 어려운 사정을 듣거나 다른 나라와 외교 관계를 튼튼히 해서 전쟁의 두려움을 줄일 궁리를 먼저 했을 수도 있

었습니다. 혹은 웃시야가 했던 정책을 다시 회복시켜서 포도원들을 만들 거나 우물을 파서 백성들을 도울 수도 있었을 것입니다. 그러나 히스기야는 하나님의 복의 근본을 아는 사람이었기에 그는 유다에 하나님의 축복을 막고 있는 장애를 먼저 제거해 나갔습니다. 히스기야는 이미 오래 전부터 유다에 영적 부흥의 불이 꺼져 있었다는 것을 알았습니다. 그래서 유다에 다시 부흥의 불이 붙으려면 성전 기능부터 다시 살아나야 한다는 것을 알았습니다. 하나님의 말씀을 붙드는 것과 성전 예배는 불가분의 관계에 있기 때문입니다. 진정한 부흥이 일어나려고 하면 공적인 예배의 부흥이 반드시 일어나야 합니다. 공적인 예배의 불이 일어나지 않고 개인적으로만 하나님의 말씀을 붙드는 것은 아직 부흥의 불이 본격적으로 일어나지는 않은 상태입니다. 그런데 공적인 성전 예배에서 부흥의 불이 일어나려고 하면 성전 안에서 바른 예배를 막는 모든 장애를 다 제거해야 하는 것이 필수적입니다.

그래서 히스기야는 그 동안 닫혀 있었던 성전 문을 열고 제사장들과 레위인들을 소집했습니다.

3-4절, "첫째 해 첫째 달에 여호와의 전 문들을 열고 수리하고 제사장들과 레위 사람들을 동쪽 광장에 모으고"

히스기야가 여호와의 전 문들을 열었다고 하는 것은 그 동안 성전 문이 다 닫혀 있었던 것을 의미합니다. 나중에 히스기야 왕이 백성들에게 하는 말을 들으면 어떻게 이렇게 철저하게 성전이 죽어 있었을까 이해가 되지 않을 정도입니다. 유다는 아하스 왕 때 성전 안에 있는 등불도 꺼버렸고 아침저녁으로 드리는 번제도 중단했으며 성전에서 분향하던 불도 꺼버렸습니다. 당시 예루살렘 성전 안에서는 하나님께 대한 예배가 일체 중단되어 있었습니다. 성전의 모든 방과 성소에 쓰지 않는 물건들을 버려두는 바람에 성전은 완전히 쓰레기장이 되고 말았습니다. 아하스는 철저하게 하나님을 외면하고 인간의 힘으로 유다를 일으켜보려 안간힘을 썼던 것입니다. 그래서 실제로 유다 백성들은 그 동안 하나님을 잊어버렸습니다. 유다 백성들이 하나님을 잊은 결과 유다 나라나 각 개인들이나 거의 망하게 되었습니다.

이런 상태에서 히스기야는 우리가 다시 잘 살려면 반드시 하나님의 복을 되찾아야 하고 그렇게 하기 위해서는 영적인 부흥이 일어나야 한다는 소신을 가졌습니다. 유다에 영적인 부흥이 일어나는 핵심은 성전 제사였습니다. 즉 성전 안 등대에 다시 불을 붙이고 분향하는 기도 소리가 일어나고 번제단에 불이 붙을 때 백성들의 마음이 하나님을 향하여 뜨거워지게 되는 것입니다.

히스기야는 이 일을 위해서 제사장과 레위인들을 소집했습니다. 아마도 다른 왕들 같으면 백성들의 관심을 끌기 위해서 모든 백성들에게 다 모여서 성전을 청소하자고 했을 것입니다. 그러나 히스기야는 아무리 우리가 하나님에 대하여 열정을 가지고 있다 하더라도 하나님의 말씀을 따르는 것만큼 중요한 것이 없다는 걸 알았습니다. 히스기야는 백성들의 마음보다 더 중요하게 생각한 것이 거룩하신 하나님에게 합당한 대우를 해드리는 것이었습니다. 하나님의 성전을 깨끗하게 하는 일에 동참하는 건 좋은 일이지만 하나님이 정하신 법에 따라 성전을 정결케 하는 것이 우선이라고 생각한 것입니다. 그래서 율법에 정한 대로 제사장과 레위인들을 중심으로 성전을 깨끗케 하기로 결정했습니다.

다윗의 때에는 하나님의 궤를 옮길 때 하나님의 말씀대로 하지 않고 블레셋 사람들이 했던 방법을 따라 소가 끄는 수레로 옮기다가 소가 뛰는 바람에 법궤를 잡았던 웃사가 죽는 일이 있었습니다. 결국 우리가 하나님 앞에서 내 열정만 가지고 덤벼들다가는 죄를 짓게 되는 것입니다. 하나님의 일을 할 때에도 열정만 가지고는 안 됩니다. 하나님이 정하신 방법에 따라서 해야 하는 것입니다. 우리가 아무리 하나님을 사랑하고 하나님의 일을 하기를 원한다고 하지만 우리는 여전히 죄인이기 때문입니다.

히스기야는 먼저 제사장과 레위인들에게 지금까지의 사정을 설명했습니다.

6-9절, "우리 조상들이 범죄하여 우리 하나님 여호와 보시기에 악을 행하여 하나님을 버리고 얼굴을 돌려 여호와의 성소를 등지고 또 낭실 문을 닫으며 등불을 끄고 성소에서 분향하지 아니하며 이스라엘의 하나님께 번제를 드리지 아니하므로 여호와께서 유다와 예루살렘에 진노하시고 내버리사 두려움과 놀람과 비웃음거리가 되게 하신 것을 너희가 똑똑히 보는 바라. 이로 말미암아 우리의 조상들이 칼에 엎드러지며 우리의 자녀와 아내들이 사로잡혔느니라"

아마 이 당시 유다 백성들에게 이보다 더 절실하게 다가오는 설교는 없었을 것입니다. 히스기야의 말은 유다 백성들의 상태와 처지를 너무나도 정확하게 지적하는 설교였습니다. 하나님의 말씀은 좌우에 날선 어떤 검보다 예리하여 관절과 골수를 찔러 쪼갠다고 했는데 바로 히스기야의 설교에 그런 능력이 있었습니다.

유다 백성들이 그 동안 한 것은 그들이 어떤 미명을 갖다 붙이든지 하나님을 버린 것이었습니다. 하나님의 백성들이 전적으로 하나님을 의지하지 않는 것은 하나님에 대하여 얼굴을 돌리는 것입니다. 그리고 유다 백성들은 하나님께 대한 예배에 등을 돌렸습니다. 원래 하나님의 백성들에게 가장 행복한 시간은 예배 시간이었습니다. 그러나 유다 백성들이 세상에 욕심을 가지면서 예배는 지겨운 것이 되었고 예배에의 갈망과 열정이 사라지니까 유다의 부흥의 불도 꺼지고 말았습니다. 그래서 가장 먼저 성전 등불을 껐고 그 다음에는 분향하는 불을 껐고 그 다음에는 제단의 불까지 꺼버렸던 것입니다.

하나님께서는 유다 백성들에게 진노하셔서 그들을 내버려두셨습니다. 하나님께서 그 백성들에게 진노하신 것을 어떻게 알 수 있습니까? 하나님께 드리는 예배가 싸늘해졌습니다. 하나님께 대한 예배에 감격이 없는 것입니다. 사람들은 왜 우리 예배에는 은혜가 없고 왜 감동이 없을까라고 말을 하는데 그것이 바로 하나님이 진노하신다는 증거입니다. 하나님께서 진노하시면 백성들이 예배에 전혀 은혜를 받을 수가 없습니다. 예배가 지겹고 형식적이 되고 그 대신에 사람들끼리 만나서 웃고 떠드는 시간이 훨씬 더 재미있게 되는 것입니다.

하나님의 백성들이 예배의 감격을 잃어버린 결과는 너무 처참했습니다. '두려움과 놀람과 비웃음거리' 가 되었습니다. '두려움과 놀람' 이라는 것은 이런 예배가 위기에 전혀 도움이 되지 못한다는 말입니다. 유다 백성들에게는 생각하지도 못한 어려움들이 계속 닥쳐왔습니다. 다른 나라 사람들은 유다 백성들을 비웃었습니다. 전에는 잘났다고 떠벌렸는데 지금 보니까 아무 것도 아니기 때문입니다. 더 구체적으로 설명하면 남자들은 모두 전쟁에서 죽었고 여자와 아이들은 포로로 붙들려갔습니다. 유다는 이 세상에서 가장 불쌍한 나라가 되고 말았습니다.

히스기야는 유다가 다시 살 수 있는 길을 제시했습니다.

10-11절, "이제 이스라엘의 하나님 여호와와 더불어 언약을 세워 그 맹렬한 노를 우리에게서 떠나게 할 마음이 내게 있노니 내 아들들아 이제는 게으르지 말라 여호와께서 이미 너희를 택하사 그 앞에 서서 수종들어 그를 섬기며 분향하게 하셨느니라"

여기서 '이스라엘 하나님 여호와로 더불어 언약을 세우라'고 한 것은 우리 힘으로는 도저히 다시 일어설 수 없다는 것을 인정하라는 것입니다. 유다는 인간의 힘이나 머리로는 다시 설 수 없고 오직 하나님이 불쌍히 여겨주셔야 살아날 수 있습니다. 이때 인간이 할 수 있는 것은 하나님의 말씀만 붙들고 모든 처분을 하나님께 맡기는 것입니다. 그리고 오직 하나님께서 그들에게 하나님을 사랑하는 마음을 주시며 하나님을 섬기는 것이 최고의 복인 것을 깨닫는 마음을 주시는 것입니다.

이 세상에서 최고의 자유가 하나님께 드리는 예배의 자유입니다. 이 세상에서 그 이상의 자유는 없습니다. 억압에서의 자유, 궁핍과 질병으로부터의 자유, 사상의 자유, 거주나 직업 선택의 자유, 여성이나 다른 사람에 대한 차별로부터의 자유, 기타 등등이 있지만 그 중에 최고의 자유가 마음껏 하나님께 예배드리는 자유인 것입니다. 유다 백성들이 하나님께 예배드리는 자유를 포기했기 때문에 다른 자유도 같이 빼앗기게 되었습니다. 그래서 우리가 하나님의 축복을 되찾으려고 하면 다른 욕심을 일체 버려야 합니다. 오직 하나님을 다시 사랑하며 마음껏 예배드리는 자유를 회복할 때 다른 축복도 회복되는 것입니다.

히스기야는 제사장과 레위인들에게 '이제는 게으르지 말라'고 했습니다. 그것은 이것을 가장 우선적으로 하라는 뜻입니다. 예를 들어서 한여름 밤에 변압기가 폭발해서 정전이 되면 아무 것도 할 수가 없습니다. 전기가 들어오지 않는 집들은 냉장고도 안 되고 텔레비전도 볼 수 없고 전등도 들어오지 않습니다. 모든 집에서 할 수 있는 것은 캄캄한 데서 부채를 부치면서 전기가 들어올 때까지 기다리는 수밖에 없습니다. 이때 한국전기공사에서는 다른 어떤 것보다 전기를 복구하는 일을 해야 합니다. 히스기야가 제사장과 레위인들에게 '이제는 게으르지 말라'고 한 것은 다른 사람들에 대한 것은 일체 생각하지 말고 너희가 맡은 예배를 섬기는 일만 최선을 다해서 하라고 한 것입니다. 그러면 다른 사람들까지도 다 살게 되는 것입니다.

12절에 보면 '이에 레위 사람들이 일어나니'라고 했습니다. 하나님의 백성들이 말씀을 듣고 일어난다는 것이 아주 중요합니다. 이것은 그들에게 하나님의 말씀이 받아들여졌고 순종할 마음이 생겼다는 것입니다. 여기서 '일어서는 것'의 반대가 주저앉아 있는 것입니다. 주저앉아 있는 사람들이 하는 것이 무엇이겠습니까? 그것은 원망하고 비판하고 다른 사람들을 욕하는 것입니다. 이스라엘 백성들은 그 동안 너무나도 오랫동안 주저앉아 있었습니다. 그러나 이제 드디어 레위인들이 일어서기 시작했습니다. 여기서부터 유다의 부흥은 일어나기 시작했습니다.

3. 예루살렘 성전과 예배의 회복

우리 생각으로는 히스기야나 유다의 제사장들이 하나님의 은혜를 받고 싶으면 그냥 예배를 드리면 될 것 같습니다. 그러나 도저히 그냥 예배를 드릴 수 없는 것이 예루살렘 성전은 거의 쓰레기장처럼 불필요한 것으로 가득 채워져 있었기 때문입니다. 유다의 제사장들이나 레위인들은 성전 방이나 성소를 가득 채우고 있는 쓰레기들을 치우기 이전에는 도저히 바른 예배를 드릴 수 없었습니다.

그래서 레위인들은 히스기야의 말을 듣고 전체 레위 지파 중에서 대표를 뽑았습니다. 레위 지파에는 세 개의 족속이 있는데 고핫과 므라리와 게르손 지파 중에서 두 사람씩을 뽑았습니다. 그리고 엘리사반이라는 집안에서도 두 명을 뽑았고 성가대 집안인 아삽과 여두둔과 헤만의 자손들 중에서도 두 명씩을 뽑아서 모두 열네 명이 성전을 청소하는 일을 맡았습니다. 여기서 엘리사반의 집 안에서 두 명이 뽑힌 것이 특이합니다. 레위인 전체와 특히 성가대 집안에서도 똑같이 두 명씩을 뽑은 것도 특이하다 할 만합니다. 이것은 아마도 맡은 분야가 다 달라서 그런 것 같습니다. 같은 레위인이라 하더라도 지성소 담당이 다르고 성소 담당이나 뜰 담당이 다르고 또 성가대나 다른 물건들을 취급하는 분야가 달라서 정확하게 필요한 것과 필요하지 않는 것을 구별하기 위해서 그렇게 한 것 같습니다.

이 사람들이 성전에 있는 불필요한 것들을 치우는 데 우선 성전 안에 있는 것을 성전 뜰에 내어놓고 성전 뜰에 내어 놓은 것은 레위인들이 기드론 시내에 가서 버렸습니다. 그런데 얼마나 성전 안에 불필요한 것이 많았는지 성전에 부속된 방을 치우는 데 꼬박 8일이 걸렸습니다. 8일 동안 이 사람들은 성전 안에 들어가지도 못했습니다. 아마도 성전의 방마다 우상을 숭배하던 물건들로 가득 채워져 있었고 또 성전 제사와 관계없는 사적인 물건들이 가득했고 혹은 버려야 할 것들을 버리지 않고 성전 방마다 채워놓았던 모양입니다. 성전 안도 얼마나 더러워졌는지 성전 안을 깨끗이 하는 데도 8일이 걸렸습니다. 이미 없어진 제단이나 물건들을 찾아서 도로 제자리에 갖다 놓는 일도 필요했습니다. 아마도 성전 안에 온갖 쓰레기들이 가득했을 것이며 성전 기물들은 먼지가 가득 앉아서 도저히 그냥 쓸 수 없었을 것입니다. 그리고 성전 물건들 중에 제자리에 있는 것은 아무 것도 없었습니다. 성전 등대도 구석에서 박혀 있었고 제단도 엉뚱한 곳에 뒹굴었으며 떡상도 다른 곳에 치워져 있었습니다. 이 14명의 제사장은 성전의 모든 기구들을 찾아서 제자리에 갖다 놓았습니다. 그리고 왕에게 와서 우리가 성전을 다 치웠고 없어진 기구들도 모두 찾아서 제 자리에 갖다 놓았다고 보고했습니다.

18-19절, "안으로 들어가서 히스기야 왕을 보고 이르되 우리가 여호와의 온 전과 번제단과 그 모든 그릇들과 떡을 진설하는 상과 그 모든 그릇들을 깨끗하게 하였고 또 아하스 왕이 왕위에 있어 범죄할 때에 버린 모든 그릇들도 우리가 정돈하고 성결하게 하여 여호와의 제단 앞에 두었나이다 하니라"

제사장들이 성전의 모든 방과 성소에서 불순물들을 다 치우고 모든 것을 제자리에 갖다 놓았다고 해서 모든 것이 해결된 건 아니었습니다. 성전에서 가장 중요한 것은 부흥의 불인데 이미 부흥의 불이 꺼져 있었으니 가장 중요한 것이 미비된 것입니다. 이 불을 다시 붙이는 것은 그냥 불만 붙인다고 해서 되는 것이 아닙니다. 등대에 불이 꺼졌다고 해서 아무 불이나 붙이고 또 분향하는 불이 꺼졌다고 해서 아무 불이나 붙여서는 안 되었습니다.

아론의 두 아들 나답과 아비후가 하나님께 아무 불이나 가져다가 분향하다가 즉사한 적이 있었습니다. 이제 성전은 깨끗이 했는데 어떻게 다시 불을 붙일 수가 있을까요?

20-21절, "히스기야왕이 일찍이 일어나 성읍의 귀인들을 모아 여호와의 전에 올라가서 수송아지 일곱과 수양 일곱과 어린양 일곱과 수염소 일곱을 끌어다가 나라와 성소와 유다를 위하여 속죄제물을 삼고 아론의 제사장들을 명하여 여호와의 단에 드리게 하니"

히스기야는 이제 백성들의 대표를 불러서 하나님께 제사를 드리려고 했습니다. 여기서 히스기야가 수송아지나 숫양이나 숫염소나 어린양을 일곱 마리씩 잡은 것은 모든 유다 백성들을 다 포함하는 것입니다. 즉 왕이나 귀족들이나 어른이나 아이들이나 모두 하나님 앞에서 멸망할 수밖에 없는 죄인이라는 것을 고백 드리는 것입니다. 우리는 도저히 하나님의 은혜를 받을 자격이 없는 죄인이지만 오직 하나님의 말할 수 없는 자비로 죄를 용서받았다는 고백입니다. 그러고서는 가장 먼저 번제단에 피를 뿌렸습니다. 즉 수소를 잡고 제단에 그 피를 뿌리고 그 다음에 숫양을 잡고 그 피를 뿌리고 그 다음에 어린양을 잡고 그 피를 뿌리고 그 다음 숫염소는 왕과 백성들이 안수를 한 후에 그 피로 속죄제를 삼았습니다. 그랬더니 다시 번제단에 불이 붙었고 그 불로 분향단에 불을 붙였습니다. 다음으로 등대에도 불을 붙였습니다. 이것이 철저하게 하나님의 말씀에 순종하는 순서였습니다.

우리는 우리의 열심만 믿고 자기 마음대로 부흥을 일으켜서는 안 됩니다. 왜냐하면 그것은 하나님이 주시는 부흥이 아니라 자신의 열광주의가 만들어내는 불이기 때문입니다.

일단 하나님의 말씀에 입각하지 않은 불은 자기 자신을 내세우고 무질서하며 소란한 것이 특징입니다. 이런 불은 결국 교회를 소란하게 하고 다른 사람들을 시험에 빠트리게 됩니다.

이제 히스기야는 레위인들에게 다윗의 찬양을 회복하게 했습니다.

> 25절, "왕이 레위 사람들을 여호와의 전에 두어서 다윗과 왕의 선견자 갓과 선지자 나단이 명령한 대로 제금과 비파와 수금을 잡게 하니 이는 여호와께서 그의 선지자들로 이렇게 명령하셨음이라"

우리가 보통 생각하는 찬양은 은혜 받고 감동받은 것을 하나님께 표현하는 것으로 생각합니다. 그래서 일단 내가 기쁘지 않고 내 마음이 감동되지 않으면 찬송할 필요가 없다고 생각합니다. 그러나 찬송은 우리가 하나님을 섬겨드리는 것입니다. 히스기야는 예배의 중심을 우리 인간에게서 하나님에게로 옮겼습니다. 즉 예배는 내가 은혜 받기 이전에 내가 하나님을 기쁘게 하고 하나님을 높여드리는 행위인 것입니다.

그래서 히스기야는 하나님을 찬양하면서 아삽의 시를 노래했고 나팔을 불었으며 여러 가지 악기를 연주하게 했습니다. 즉 인간이 할 수 있는 모든 것을 다 동원해서 하나님을 높여드렸던 것입니다.

원래 이스라엘 제사장들은 전쟁할 때 나팔을 불었습니다. 그런데 이번에는 제사장들이 번제를 드리는 내내 나팔을 불었습니다. 이것은 결국 예배는 우리를 살리는 영적 전쟁이며 우리는 이 예배 시간 내내 영적으로 깨어서 긴장을 해야 한다는 뜻이었습니다. 하나님의 백성들은 예배에서 은혜를 받아야 세상에서 승리할 수 있습니다. 그래서 우리는 예배를 드리는 내내 영적인 긴장을 유지해야 합니다.

그러고서 히스기야는 백성들을 예배로 초청해서 원하는 자는 모두 하나님께 제물을 가지고 와서 예배를 드리게 했습니다. 많은 백성들이 자원하는 마음으로 예물을 가지고 와서 하나님께 바쳤습니다.

31-33절, "이에 히스기야가 말하여 이르되 너희가 이제 스스로 몸을 깨끗하게 하여 여호와께 드렸으니 마땅히 나아와 제물과 감사제물을 여호와의 전으로 가져오라 하니 회중이 제물과 감사제물을 가져오되 무릇 마음에 원하는 자는 또한 번제물도 가져오니 회중이 가져온 번제물의 수효는 수소가 칠십 마리요 숫양이 백 마리요 어린 양이 이백 마리이니 이는 다 여호와께 번제물로 드리는 것이며 또 구별하여 드린 소가 육백 마리요 양이 삼천 마리라"

백성들이 모두 하나님을 사랑하는 맘으로 자기들의 번제물을 성전에 가지고 오게 되었는데 이것이 바로 부흥의 불이 붙은 모습입니다. 백성들이 하나님께 바친 제물의 수가 솔로몬 때에 비하면 결코 많은 것은 아니지만 백성들이 이만큼 하나님의 은혜를 사모해서 제물을 바치게 되었다는 사실 자체가 옛날에는 상상할 수 없는 것이었습니다.

오늘 본문에 묘사된 제사 드리는 광경을 보면서 우리는 세 가지를 깨달을 수 있습니다.

첫 번째로 본문에서 백성들이 제사를 드리는 것을 보면 우선 너무 제사가 많아서 제사장들이 다 하지 못하고 레위인들이 짐승의 가죽을 벗기고 제사하는 것을 도왔는데 제사장보다 레위인들이 더 성심껏 이 일을 했다고 말하고 있습니다. 요즘으로 말하면 직업적인 제사장보다 평신도들이 더 적극적이었고 더 열성적이었던 것입니다. 이것을 보면 부흥의 열심에 있어서 레위인들이 제사장을 앞서고 있는 것을 알게 됩니다. 결국 하나님의 나라에서는 열심히 하는 자가 축복을 받게 되어 있습니다.

두 번째로 제사에 쓰이는 전제용 포도주나 기름이 많았는데 모든 것이 순서대로 갖추어졌더라고 말씀하고 있습니다. 히스기야의 개혁에는 급하다고 해서 대충하는 것이 없이 모든 것을 제대로 했다는 뜻입니다.

세 번째는 이 모든 것을 하나님이 예비하셨고 히스기야와 백성들에게 기쁨이 있었다고 말씀하고 있습니다. 부흥은 하나님이 주시는 것이고 하나님께서 우리의 마음을 준비시켜주셔야 오는 것입니다. 이때 서두르지 않고 또 사람들의 비위를 맞추려고 하지 않고 율법대로 하니까 기쁨이 생기게 되었습니다. 다시 말해서 예배를 드리면서 마음이 뜨거웠고 기뻤던 것입니다. 이것이 하나님께서 주시는 부흥의 표시였고 응답이었습니다. 그러나 사실 히스기야 때 이렇게 빨리 부흥이 일어난 것은 기적이었습니다. 북이스라엘은 한 번 부흥이 없어지니까 엘리야나 엘리사 같은 능력의 선지자가 말씀을 외쳐도 부흥은 회복되지 않고 결국 망하고 말았습니다. 히스기야 때 북이스라엘은 앗수르에 망하게 됩니다. 그리고 부흥이 일어났던 유다는 오히려 앗수르 군대 18만 5,000명을 물리치고 살아남게 됩니다.

우리의 생사와 인생의 성패가 예배에 달려 있습니다. 하나님의 백성들은 예배를 통해서 하나님을 하나님으로 인정해드릴 수 있습니다. 그분이 두려우신 분이고, 그렇게 엄위로우신 하나님께서 우리의 아버지가 되신다는 것, 그리고 그 엄청난 아버지의 사랑을 그리스도를 통해 우리에게 쏟아부어주셨다는 것을 예배를 통해 늘 새롭게 경험합니다. 이런 예배의 감격 없이는 이 세상에서 하나님께만 순종하며 살 수 없습니다. 이 치열한 영적 전쟁의 한복판에서 승리할 수 없는 것입니다.

여러분의 예배는 살아있습니까? 예배를 통해 하나님을 경험합니까? 하나님의 임재가 있는 감격의 예배를 드리지 못하면 우리에겐 그 어떤 소망도 없습니다. 신령과 진정으로 예배드리게 하시는 성령의 불이 언제나 우리 속에서 활활 타오르기를 간절히 기도합니다.

CHAPTER 17

히스기야의 유월절

대하 30:1-31:21

선수들이 중요한 경기에서 이기기 위해서는 감독이 실전 경험이 풍부하고 전략에 능한 것이 아주 중요합니다. 만약 감독이 경험이 빈약하고 전략도 진부하다면 어떻게 될까요? 경기하기 전에는 큰소리 치고 폼을 재겠지만 막상 경기가 불리하게 되면 자기가 먼저 당황하고 결국에는 자포자기 상태에 빠지기 쉬울 것입니다. 하지만 자질을 제대로 갖춘 감독이라면 쓸데없는 데 연연하지 않고 오직 경기에만 모든 에너지를 쏟아 이기는 데만 집중할 것입니다.

히스기야가 왕이 되었을 때 북이스라엘은 앗수르 군대에 의해서 망하고 남유다도 앗수르의 공격으로 거의 폐허가 되다시피 할 때였습니다. 남유다 백성들에게 있어서 이스라엘의 멸망은 엄청난 충격이 아닐 수 없었습니다. 물론 그 동안 유다는 이스라엘과의 전쟁에서 많은 피해를 입기는 했지만 그래도 이스라엘은 유다의 북쪽을 막아주었기 때문입니다. 그러나 남유다보다 나라의 힘이 월등하게 강한 이스라엘이 앗수르에 의해서 망하고 유다도 거의 망하게 되었을 때 유다의 형편은 정말이지 '바람 앞에 등불' 같은 처지였습니다.

그러나 이때 왕이 된 히스기야는 하나님의 복을 받을 수 있는 요령을 아는 사람이었습니다. 히스기야가 쓰레기 더미가 되다시피 한 유다에서 가장 먼저 한 일은 하나님께 대한 예배를 회복하는 것이었습니다. 우리가 세상적으로 생각해보면 히스기야가 좀 어리석어 보입니다. 완전히 빵점짜리 정치였습니다. 자기보다 강한 이스라엘이 완전히 망해서 북쪽이 뚫려버리고 다시 앗수르가 쳐들어오는 건 시간문제이기에 이때 성이라도 하나 더 쌓고 전쟁 준비를 철저히 하는 것이 지극히 상식적인 정치였습니다. 그런데 히스기야는 그런 일은 하나도 하지 않고 오직 예배의 회복에 힘을 쏟았습니다. 이것을 보면 일반 사람들의 눈에 과연 히스기야가 이 나라의 정치적인 지도자인지 종교적인 지도자인지 구별이 되지 않을 정도였습니다. 그러나 하나님의 입장에서 보면 히스기야는 해야 할 일을 하고 있었습니다. 하나님의 백성들은 하나님의 축복으로 사는 나라인데 그 동안 이렇게 망할 수밖에 없었던 것은 하나님의 복이 막혀 있었기 때문이었습니다. 히스기야는 다른 어떤 일을 하는 것에 앞서서 하나님의 복을 회복해야 나라가 살 수 있다고 믿었습니다. 그래서 먼저 성전을 정상화했고 그 다음에 예배를 회복했습니다.

우리가 이미 살펴본 것처럼 예루살렘 성전에서 불이란 불은 다 꺼져 있었습니다. 성전 안에 있는 등대도 향단의 불도 번제단의 불도 꺼져 있었습니다. 이것은 유다에 이미 오래전부터 부흥의 불이 꺼져 있었던 것을 의미합니다. 마치 어느 집 아궁이에 불을 땐 지가 오래되어서 손을 대어도 전혀 불기가 없이 써늘한 것과 같았습니다. 그런데 히스기야는 꺼져 있었던 성전의 불을 보름 만에 다시 붙게 했습니다.

히스기야는 부흥을 회복하기 위해서 절대로 서두르지 않았습니다. 히스기야는 가장 먼저 레위인의 대표를 불러서 성전 안에 있는 불필요한 물건을 다 버리게 하고 없어진 기구들은 다시 찾아오게 했습니다. 그리고 그냥 불을 붙인 것이 아니라 이스라엘 백성 전체를 대표하는 수송아지 일곱, 숫양 일곱, 어린양 일곱, 숫염소 일곱 마리를 끌고 와서 잡을 때마다 제단에 피를 뿌린 후에 그 제단의 불을 가지고 성전의 불을 붙였습니다. 백성들은 자원해서 제물을 가지고 왔습니다. 이때에 부흥이 일어나게 되었습니다.

하나님의 백성들에게 부흥이 일어난다는 것은 그들이 살아 있는 증거이고 하나님의 축복과 능력이 임하고 있는 증거입니다. 하나님의 백성들에게 부흥이 일어날 때 적들은 하나님의 백성들을 망하게 할 수 없습니다. 이때 하나님의 백성들은 하나님과 연합되어 있기 때문입니다.

히스기야는 유다에 부흥이 일어난 것으로 모든 것이 다 되었다고 생각하지 않았습니다. 히스기야는 지금 너무나도 엉망으로 살아왔기 때문에 원점으로 돌아가서 다시 시작해야 한다고 생각했습니다. 우리가 길을 가다가 길을 잃어버렸을 때 길을 찾는 가장 좋은 방법은 처음 시작했던 원점으로 돌아가는 것입니다.

이스라엘 백성들의 원점은 출애굽이었습니다. 그중에서도 가장 중요한 것이 유월절이었습니다. 하나님께서 애굽의 모든 장자들을 다 죽이실 때 이스라엘 백성들의 장자들은 살려주셨습니다. 어린양의 피를 대신 받으시고 이스라엘의 장자들은 살게 하셨습니다. 유월절을 통해서 이스라엘이 다시 시작할 수 있도록 하셨습니다. 물론 그 이후에도 애굽 군대가 추격해 왔고, 광야에서 엄청나게 고생하기도 했지만 그들이 어떤 경우에 든지 하나님의 말씀만 붙들면 살 길이 열렸습니다.

히스기야는 유다의 왕이 되면서 가장 먼저 부흥의 불을 회복했고 그 다음에는 유월절을 지켰습니다. 이것은 잘못된 모든 것을 청산하고 이제 하나님의 백성으로 새 출발한다는 의미가 있었습니다. 이런 점에서 히스기야는 하나님 앞에서 아주 유능한 왕이었습니다. 히스기야는 유월절을 지키면서 남유다만 지킨 것이 아니라 북이스라엘에서 포로로 붙들려가지 않고 남은 자들도 초청해서 함께 유월절을 지켰습니다. 그때 유다 백성들과 이스라엘 백성들 모두에게 큰 은혜가 임하게 되었습니다.

1. 유월절을 지키는 히스기야

■

> 30장 1절, "히스기야가 온 이스라엘과 유다에 사람을 보내고 또 에브라임과 므낫세에 편지를 보내어 예루살렘 여호와의 전에 와서 이스라엘 하나님 여호와를 위하여 유월절을 지키라 하니라"

히스기야가 유다의 왕이 되었을 때에는 북이스라엘과 수리아는 이미 망하고 난 이후였습니다. 지금 유다의 북쪽에 있는 거대한 지역은 진공 상태에 있습니다. 아마도 약삭빠른 왕이라면 그 허점을 이용해서 북이스라엘이나 수리아의 남은 자들을 공격해서 복수하거나 자신들의 세력을 넓히려고 했을지도 모릅니다. 그러나 히스기야는 북쪽의 두 나라가 망했는데도 일체 자기 세력을 넓히려고 하지 않았습니다. 그 대신 유다가 앞으로 나아갈 방향을 바로 잡아야 한다고 생각을 했습니다. 지금까지 유다는 너무나 복잡한 길을 걸어오는 바람에 하나님의 길이 어디이며 어디부터가 세상길인지 알 수가 없었습니다. 이때 히스기야는 지금 이 기회에 아예 원점으로 돌아가서 새 출발을 하기로 했습니다. 지금까지 자신들이 살아온 모든 과정들을 하나님께 다 맡기고 처음 애굽을 탈출했던 그 심정으로 돌아가자는 것이었습니다. 이것이 바로 이스라엘 백성들의 원점이었습니다.

이스라엘 백성들에게 유월절이라고 하는 것은 우리도 애굽인들과 같이 죽을 수밖에 없는데 오직 어린양의 피로 우리는 죄 값을 치르고 살았는 의미였습니다. 언제든지 이스라엘 백성들이 유월절 정신으로 돌아가기만 하면 가장 순수할 수 있었고 언제나 하나님의 축복과 능력을 회복할 수 있었습니다. 하지만 그렇게 원점으로 돌이키는 것이 쉽지는 않았습니다. 그 동안 세상에서 성공하고 출세한 것들, 혹은 세상적인 지식이나 경험들을 다 버리고 완전 백지 상태에서 시작해야 했기 때문입니다. 완전히 최초의 하나님의 말씀으로 돌아가야 했던 것입니다.

이스라엘 백성들이 유월절을 지키는 것은 교회사적으로는 종교개혁 정신으로 돌아가는 것과 같습니다. 중세 로마 가톨릭이 '사람이 믿음으로 의롭다 함을 받는다'는 진리를 버리고 오직 정치와 권위로 교인들을 다스리며 거짓된 교리를 가지고 충성과 헌금을 요구했을 때 교회는 죽어 있었습니다. 그때 마틴 루터는 완전히 기초적인 진리, '의인은 믿음으로 의롭다 함을 받는다'는 진리만 붙들었습니다. 이것은 로마 교회의 권위와 모든 관습과 제도를 부정하는 것이었습니다. 그러나 루터는 목숨을 걸고 이 진리를 붙들었고 교회에는 다시 부흥이 일어났습니다. 교인들은 예배의 기쁨을 회복하게 되었고 교회는 말씀의 능력을 되찾았습니다.

하나님의 백성들이 놀라운 복을 받는 비결이 있습니다. 그것은 자기 자신들이 부흥을 잃었고 길을 잃었다는 생각이 들었을 때 모든 것을 버리고 오직 예수님의 십자가 진리로 돌아가는 것입니다. 목회자나 교인들이 그 동안 쌓여 있었던 모든 계급이나 권위나 관습 같은 것은 다 버리고 오직 예수님의 십자가 진리만 붙들 때 놀랍게도 그 동안 그들의 마음을 내리누르고 있던 그 무거운 짐들이 벗겨지고 두려워했던 모든 저주들이 없어지면서 놀라운 영적인 자유와 기쁨을 되찾게 됩니다. 물론 이때는 제도도 없고 계급도 없고 아무 것도 없지만 적어도 자신들이 살아 있다는 것은 깨달을 수가 있습니다.

이것은 교인들에게도 마찬가지입니다. 교인들이 세상에서 욕심을 부리면서 성공을 향하여 달려가다 보면 길을 잃어버릴 때가 있습니다. 일은 일대로 풀리지 않고 신앙적으로는 침체 될 대로 침체되어 있는 것입니다. 그때 살 수 있는 길은 세상의 모든 욕심을 버리고 다시 하나님의 말씀을 통해서 은혜를 되찾는 것입니다. 그러면 다시 우리가 예배의 기쁨을 되찾을 수 있고 살아있는 하나님의 말씀을 되찾을 수 있습니다. 이것이 바로 우리가 사는 길입니다.

히스기야가 유월절을 지키려고 한 이유는 이제 이스라엘의 자존심이나 특권 같은 것은 다 포기하고 하나님의 말씀의 종으로 살아가자는 것이었습니다. 여태까지 이스라엘 백성들이 유월절의 정신으로 돌아가기만 하면 언제나 말씀의 능력을 회복했고 하나님의 축복을 회복했습니다.

스펄전 목사의 설교를 들어보면 그의 설교가 거의 대부분 교리 설교인 것을 알 수 있습니다. 아마 요즘 교인들이 스펄전의 설교를 들으면 그의 설교가 너무 어렵고 딱딱해서 듣기 어렵다고 생각할지 모르겠습니다. 그러나 교인들은 그의 설교를 듣고 엄청난 은혜를 받았고 많은 교인들이 교회로 몰려왔습니다. 마틴 로이드존즈 목사의 설교는 철저한 교리설교였습니다. 그는 한 시간 가까이 교리만 가지고 뜨겁게 설교했습니다. 그의 설교는 영국에 큰 부흥을 일으켰습니다. 이런 기본적인 진리들이 축복의 뿌리이기 때문입니다. 나무가 뿌리를 되찾는 것은 꽃이 피고 열매를 맺는 데 아주 중요한 것입니다. 하나님의 백성들에게 있어서 기본적인 교리나 진리는 영적인 보배들입니다. 세상의 값싼 보물에 현혹되지 않고 진리의 보배를 소유하는 것이 진정으로 우리가 부요해지는 길입니다. 우리가 하나님의 복을 받으려면 먼저 영적으로 부요해져야 하고 말씀에 깊이 뿌리 내려야 합니다.

2. 온 이스라엘을 초청한 히스기야

히스기야가 유다에서 유월절을 지키기로 한 것은 엄청난 변화였습니다. 유다 백성들 자체가 언제부터인지 모르겠지만 상당히 오랫동안 유월절을 지키지 않았기 때문입니다. 하나님께서는 이스라엘 백성들에게 유월절을 영원히 지키라고 명령하셨는데 이스라엘 백성들은 유월절은 가나안 땅에서는 필요 없다고 생각해서 오랫동안 지키지 않았습니다. 그러나 히스기야는 다시 새 출발하는 의미에서 유월절을 지키기로 결정했습니다. 그런데 히스기야는 유다만 유월절을 지킬 것이 아니라 망한 이스라엘에 남아 있는 이스라엘 백성들도 이 유월절에 초청하기로 했습니다. 이번 유월절은 유다냐 이스라엘이냐를 막론하고 온 이스라엘이 하나가 되어서 지키자는 것이었습니다. 이것은 정치적으로 보면 말도 안 되는 것이었습니다. 북이스라엘은 이미 망해서 주축을 이루던 사람들은 죽든지 포로로 붙잡혀 갔습니다. 지금 이스라엘에 남아 있는 자들은 모두 망한 사람들이었습니다.

히스기야는 이것을 정치적으로 보지 않고 신앙적인 눈으로 보았습니다. 모든 하나님의 백성들은 하나이니 같이 유월절에 참여해서 은혜를 받고 새 출발하자는 것이었습니다. 하지만 모든 이스라엘 백성들이 다 모여서 유월절을 지키기에는 어려운 점이 있었습니다. 그것은 유월절을 지키려고 하면 정월 14일에 해야 하는데 히스기야가 성전을 청결하게 하는 데 16일이 걸려버렸습니다. 그리고 모든 이스라엘 백성들이 같이 유월절을 지키려고 하면 백성들이 모이는 시간이 필요한데 도저히 모일 시간이 없었습니다. 그래서 히스기야는 방백들이나 백성들과 의논을 한 후 한 달 뒤에 유월절을 지키기로 결정했습니다.

> 30장 2-3절, "왕이 방백들과 예루살렘 온 회중과 더불어 의논하고 둘째 달에 유월절을 지키려 하였으니 이는 성결하게 한 제사장들이 부족하고 백성도 예루살렘에 모이지 못하였으므로 그 정한 때에 지킬수 없었음이라"

모세 때에도 백성들 중에서 몸이 깨끗지 못하거나 혹은 여행이나 다른 이유로 정월에 유월절을 지키지 못하는 자는 한 달 뒤에 지킬 수 있게 했습니다. 히스기야는 아예 전체 유월절을 한 달 뒤로 연기해서 온 이스라엘 백성들이 모두 모여 유월절을 지키도록 결정했습니다.

> 30장 5절, "드디어 왕이 명령을 내려 브엘세바에서부터 단까지 온 이스라엘에 공포하여 일제히 예루살렘으로 와서 이스라엘 하나님 여호와의 유월절을 지키라 하니 이는 기록한 규례대로 오랫동안 지키지 못하였음이더라"

히스기야는 백성들을 유월절 잔치에 초청하면서 그냥 형식적으로 절기를 지키는 것이 아니라 이번 기회에 하나님께 돌아오라고 했습니다.

30장 6-8절, "보발꾼들이 왕과 방백들의 편지를 받아 가지고 왕의 명령을 따라 온 이스라엘과 유다에 두루 다니며 전하니 일렀으되 이스라엘 자손들아 너희는 아브라함과 이삭과 이스라엘의 하나님 여호와께로 돌아오라 그리하면 그가 너희 남은 자 곧 앗수르 왕의 손에서 벗어난 자에게로 돌아오시리라 너희 조상들과 너희 형제 같이 하지 말라 그들은 그의 조상들의 하나님 여호와께 범죄하였으므로 여호와께서 멸망하도록 버려 두신 것을 너희가 똑똑히 보는 바니라 그런즉 너희 조상들 같이 목을 곧게 하지 말고 여호와께 돌아와 영원히 거룩하게 하신 전에 들어가서 너희 하나님 여호와를 섬겨 그의 진노가 너희에게서 떠나게 하라"

히스기야는 일단 백성들에게 유월절 예배 참석을 강요하지 않았습니다. 하나님께서는 억지로 예배드리는 것을 기뻐하지 않으시기 때문입니다. 히스기야는 모든 백성들에게 편지를 해서 하나님의 유월절에 초청했습니다. 그러면서 아브라함과 이삭과 이스라엘의 하나님께 돌아오라고 촉구했습니다. 여기서 믿음의 조상들의 하나님께 돌아오라고 하는 것은 하나님의 복으로 돌아오라는 말입니다.

하나님께서는 아브라함에게 하나님의 복을 약속하셨습니다. 물론 이 하나님의 복은 세상의 복처럼 눈에 보이거나 손으로 만질 수 있는 것은 아니지만 모든 복의 근원이 되는 복입니다. 결국 인간들은 하나님의 사랑과 은혜를 받아야 행복할 수 있습니다. 하나님께서는 사랑하는 자들을 존귀하게 하시고 물질적으로도 풍성하게 하십니다. 그런데 이스라엘 백성들이 이 영적인 복을 버리고 세상의 복을 따라갔기 때문에 망한 것입니다. 그래서 히스기야는 우리에게 가장 중요한 것은 누가 얼마를 소유했느냐가 아니라 하나님의 복을 회복하는 것이라고 말했습니다. 우리가 하나님의 복을 회복하는 길은 하나님의 말씀을 붙잡는 것밖에는 없습니다. 우리가 하나님의 말씀만 붙잡으면 하나님도 우리에게 돌아오십니다.

북이스라엘에는 앗수르에 포로로 잡혀가지 않고 남은 자들이 있었습니다. 이들은 앗수르 왕이 공격했을 때 어디론가 도망쳤다가 붙들리지 않고 남은 자들이었습니다. 그들은 지금 집도 없고 밭도 없고 정부도 없는 지극히 불안한 상태였습니다. 그러나 히스기야는 그들에게 가장 필요한 것은 하나님을 되찾는 것이라고 했습니다. 하나님은 의지할 것 없는 그들에게 돌아오실 것입니다. 하나님이 그들의 보호자가 되어주시고 인도자가 되어주실 것입니다.

히스기야는 유다와 이스라엘 백성 모두에게 '너희 열조나 형제같이 하지 말라'고 했습니다. 지금 히스기야 앞에는 하나님을 버리고 세상을 따라감으로 이미 망한 자들이 있었습니다. 히스기야는 너희가 이미 결말을 보았기 때문에 더 이상 고집을 부리지 말고 망할 길로 가지 말라고 설파했습니다.

이스라엘 백성들이 볼 때, 오직 하나님의 말씀만 붙들고 산다는 것은 너무나도 편협하고 융통성도 없고 불확실해보였습니다. 만일 우리가 세상의 좋은 것을 다 포기하고 하나님의 말씀만 붙들고 사는데 아무 일도 일어나지 않는다면 얼마나 바보 같은 짓입니까? 그러니까 이스라엘 백성들은 우리가 하나님을 버리는 것이 아니라 하나님과 세상을 대등하게 생각해서 같이 취하자는 것이었습니다. 하나님의 말씀에도 장점이 있고 세상 복에도 장점이 있으니까 그 장점을 다 가지면 더 부흥이 가속화되지 않겠느냐는 생각이었습니다.

하지만 이스라엘 백성들이 미처 생각하지 못한 것이 있습니다. 하나님의 복과 세상 복을 섞어버리면 이것이 혼합되어서 더 잘되는 것 같아 보이지만 실제로는 하나님의 복이 막혀버린다는 것이었습니다. 이스라엘 백성들은 목이 곧았습니다. 여기서 목이 곧았다고 하는 것은 하나님의 말씀으로 설득이 되지 않았던 것입니다. 현실적으로 세상의 복이 워낙 좋아보였기 때문입니다.

겉으로 보면 오히려 하나님의 말씀이 붙드는 자들이 목이 곧고 고집스러워 보입니다. 북이스라엘 백성들은 이렇게 겉으로만 판단해서 자기들이 목이 곧은 게 아니라 융통성이 있고 유연하다고 생각했습니다. 그러나 하나님 보시기에는 세상적으로 유연한 것이 고집스러운 것이었습니다. 일단 한 번 세상의 좋은 맛을 보고나면 하나님께 돌아오는 것이 너무 어려웠기 때문입니다.

히스기야는 이스라엘 백성들에게 이제 하나님께 '귀순하라' 고 했습니다. 이것은 이미 세상에서 실패할 만큼 해보았으니까 더 이상 방황하지 말고 죽든지 살든지 하나님만 붙들고 한번 매달려 보라는 뜻이었습니다. 그러면 하나님이 진노를 돌이키실 것이고 그들을 향하여 얼굴을 향하실 것이며 심지어는 앗수르에 포로로 간 자들까지도 돌아오게 하실 것이라고 했습니다. 참으로 힘이 있는 메시지였습니다.

이때 이스라엘 백성들의 반응은 반으로 나누어졌습니다. 어떤 사람들은 히스기야의 말을 비웃고 조롱했습니다.

30장 10절, "보발꾼이 에브라임과 므낫세 지방 각 성읍으로 두루 다녀서 스불론까지 이르렀으나 사람들이 그들을 조롱하며 비웃었더라"

하나님을 믿어서 망한 주제에 하나님을 찾을 이유가 어디에 있겠느냐고 하면서 너희들도 곧 망할 테니까 두고 보라는 식이었습니다. 이 사람들은 자신들의 문제를 영적인 문제로 보지 않았던 것입니다.

그러나 그 중에 어떤 사람들은 히스기야의 말에 감동이 되어서 유월절을 지키려고 했습니다. 그리고 유다 사람들의 마음속에는 큰 감동이 일었습니다.

> 30장 11-12절, "그러나 아셀과 므낫세와 스불론 중에서 몇 사람이 스스로 겸손한 마음으로 예루살렘에 이르렀고 하나님의 손이 또한 유다 사람들을 감동시키사 그들에게 왕과 방백들이 여호와의 말씀대로 전한 명령을 한 마음으로 준행하게 하셨더라"

여기서 감동이 일어났다고 하는 것은 하나님의 일에 대한 열심이 회복되었고 마음이 하나가 된 것을 말합니다. 그리고 무엇이든지 시키는 대로 하고자 하는 자발적인 마음이 생겼습니다.

많은 유다 백성과 소수의 이스라엘 백성들이 예루살렘에 모였는데 여기에는 아무런 차별이 없었습니다. 그리고 백성들은 유월절을 지키기 전에 남아 있던 우상의 제단과 향단을 자발적으로 기드론 시내로 끌고 가버렸습니다. 이런 우상들을 두고서 유월절을 지키지 않겠다는 것이었습니다. 그런데 문제가 생겼습니다. 백성들이 우상의 제단에 접촉하면 일정한 기간이 지나야 깨끗해지는데 이미 날짜가 되어서 기다릴 수가 없었던 것입니다. 그리고 제사장들 중에서도 자신들을 스스로 깨끗케 하지 못한 자들이 많이 있었습니다.

30장 15절, "둘째 달 열넷째 날에 유월절 양을 잡으니 제사장과 레위 사람이 부끄러워하여 성결하게 하고…"

이 사람들은 제사 드리는 일 외에 다른 일을 하고 있었고 또 유월절이 되어도 많은 사람들이 오지 않을 줄 알고 있었던 것입니다. 그런데 막상 엄청난 무리들이 모여서 유월절 제사를 드리니까 허겁지겁 제사를 드리게 되었습니다. 거기에다가 북쪽에서 온 사람들이든지 심지어는 유다 백성들 중에도 유월절을 지킨 지 오래 되니까 전혀 마음이나 몸의 준비 없이 참여한 사람들이 많았습니다.

30장 17절,' 회중 가운데 많은 사람이 자신들을 성결하게 하지 못하였으므로 레위 사람들이 모든 부정한 사람을 위하여 유월절 양을 잡아 그들로 여호와 앞에서 성결하게 하였으나"

이스라엘과 유다 백성들이 워낙 오랫동안 유월절을 지키지 않다가 갑자기 유월절을 지키니까 제사장이나 레위인들도 몸과 마음이 준비되어 있지 않았고 더군다나 백성들은 더 거룩하지 못한 상태였습니다. 그렇다고 해서 유월절을 다시 연기할 수도 없었습니다. 아마 이때 하나님께서 진노하신 표가 백성들에게 나타나기 시작했던 것 같습니다. 물론 염병같이 무서운 병은 아닐지라도 그들이 준비되지 못한 가운데 성급하게 드리는 유월절에 대하여 하나님이 어떤 병 같은 것을 주셨던 것 같습니다. 이때 히스기야가 하나님 앞에 대표로 기도했습니다. 선하신 하나님이시여 우리가 성결하지 못하더라도 우리 죄를 사하여 달라고 기도했습니다. 그랬더니 하나님께서 백성들을 치료해주셨습니다.

30장 20절, "여호와께서 히스기야의 기도를 들으시고 백성을 고치셨더라"

이것을 보면 우리가 하나님 앞에 부족한 것이 있다 하더라도 그대로 고백하면 치료해주시는 것을 알 수 있습니다. 그러나 모르는 체하고 얼렁뚱땅 넘어가려고 하면 스스로 궁지에 몰리는 것입니다. 하나님 앞에서는 완전하지 못하더라도 정직한 것이 중요합니다.

이때 이스라엘 백성들에게 기쁨이 생기기 시작했습니다. 아마도 이것은 너무나 오랜만에 맛보는 기쁨이었을 것입니다. 이것은 하나님께서 이스라엘 백성들을 위로하시고 축복하시는 데서 오는 기쁨이었습니다. 그리고 이스라엘 백성들에게는 찬송이 회복되었습니다. 하나님의 백성들에게 부흥이 일어나면 가장 먼저 기도가 변하고 찬송이 변하게 됩니다. 기도가 즉시 응답되며 찬송은 더욱 뜨거워집니다.

백성들은 유월절을 지키고 나서 기쁨을 이기지 못해 유월절을 한 번 더 지키기로 했습니다. 그래서 이스라엘 백성들은 두 번 유월절을 지켰는데 또 히스기야왕이 백성들에게 수송아지 일천과 양 칠천 마리를 선물로 주고 방백들도 백성들에게 수송아지 일천과 양 일만을 선물로 주었습니다. 이것은 하나님의 은혜에 정말 기뻐서 백성들에게 그냥 나누어준 선물이었습니다.

마치 오순절에 성령이 임하니까 교인들이 은혜를 받고 자기 돈이나 양식이나 물건들을 내어놓아서 서로 나누어 쓴 것과 같습니다. 하나님의 은혜를 받고 축복을 받으니까 왕이나 방백들이 내 것 네 것의 구별이 없었습니다. 백성들은 기뻐하고 제사장과 레위인들은 백성들을 축복했고 이들이 드리는 기도는 하나님께 상달되었습니다.

30장 25-27절, "유다 온 회중과 제사장들과 레위 사람들과 이스라엘에서 온 모든 회중과 이스라엘 땅에서 나온 나그네들과 유다에 사는 나그네들이 다 즐거워하였으므로 예루살렘에 큰 기쁨이 있었으니 이스라엘 왕 다윗의 아들 솔로몬 때로부터 이러한 기쁨이 예루살렘에 없었더라. 그 때에 제사장들과 레위 사람들이 일어나서 백성을 위하여 축복하였으니 그 소리가 하늘에 들리고 그 기도가 여호와의 거룩한 처소 하늘에 이르렀더라"

히스기야의 지시에 따라서 하나님의 뜻에 맞게 유월절을 지켰더니 온 이스라엘과 유다 백성들의 마음이 성령으로 하나가 되었습니다.

우리나라 사람들도 좀처럼 하나가 되기 어려운 사람들입니다. 이렇게 하나 되기 어려운 이유는 나름대로 다들 똑똑하기 때문입니다. 물론 대한민국 국민의 마음이 하나가 된 적이 있기는 했습니다. 2002년도에 월드컵 4강에 올라갔을 때가 그랬습니다. 그러나 축구로 하나 되는 것은 오래 가지 않습니다. 성령으로 하나가 되어야 하고 하나님이 주시는 감동으로 하나가 되어야 합니다.

이스라엘이 하나님의 말씀대로 유월절을 지켰을 때 그렇게 큰 감동과 기쁨이 임했습니다. 그리고 이제야 비로소 제사장과 레위인들이 백성들을 축복하기 시작했습니다. 옛날에는 모두 서로 헐뜯고 비난하고 깎아내리던 자들이 축복하기 시작한 것입니다. 하나님의 백성들은 서로 축복해주어야 하고 서로 기도해주어야 합니다. 이때 기도가 하나님께 상달되기 시작했습니다.

3. 히스기야의 믿음

■

히스기야는 이 세상에서 가장 중요한 분이 하나님이라고 생각했습니다. 하나님은 소멸하시는 불이시기 때문입니다. 하나님이 진노하시면 온 세상에 재앙이 임하고 멸망하며 하나님이 축복하시면 온 세상이 복을 받게 됩니다. 이 세상에 하나님을 감당할 사람이 없습니다. 누가 감히 하나님 앞에 나아가서 하나님의 불을 축복으로 바꿀 수 있겠습니까?

그런데 하나님께서는 모세를 통해서 하나님의 진노를 축복으로 바꿀 수 있는 방법을 가르쳐주셨습니다. 그것은 바로 제사장과 레위인들이 전심을 다해서 예배를 감당하는 것입니다. 그러면 하나님께서는 이스라엘 백성들의 죄를 사하시고 그들에게 임한 진노를 축복으로 바꾸어주십니다.

그런데 유다의 성전 시스템이 다 깨어져 있으니 제사장이나 레위인들이 예배에 전념할 수가 없었습니다. 백성들의 마음이 하나님을 떠났기에 헌금하는 사람도 없고 십일조를 드리는 사람들도 없었기 때문입니다. 그래서 제사장이나 레위인들에게 성전 일은 그저 명분만 있었고 실제로 그들은 다른 일을 해서 먹고 살았습니다. 그래서 히스기야가 유월절을 지키라고 명령했을 때에도 제사장들과 레위인들은 다른 일을 하느라고 제대로 유월절을 준비하지 못했던 것입니다.

31장 1절, "이 모든 일이 끝나매 거기에 있는 이스라엘 무리가 나가서 유다 여러 성읍에 이르러 주상들을 깨뜨리며 아세라 목상들을 찍으며 유다와 베냐민과 에브라임과 므낫세 온 땅에서 산당들과 제단들을 제거하여 없애고 이스라엘 모든 자손이 각각 자기들의 본성 기업으로 돌아갔더라"

우선 유다 백성들과 이스라엘 백성들은 유월절을 지킨 후에 우상이 잘못된 것이라는 것을 깨닫고 이스라엘 전역에서 우상을 파괴하기 시작했습니다.

이스라엘 전체에서 백성들이 자발적으로 우상을 부수었던 것은 이번이 처음이었던 것 같습니다. 히스기야의 개혁은 백성들이 자발성을 발휘했다는 특징이 있습니다. 그들이 은혜를 받으니까 스스로 유다 성읍과 이스라엘 지역을 돌아다니면서 우상을 부수었습니다. 이것은 다시 가나안 땅을 하나님의 땅으로 만들자는 것이었습니다.

그런데 히스기야에게 중요한 것은 이런 일이 한 번으로 그쳐서는 안 되고 계속적인 기도와 찬송과 예배로 이어져야 한다는 것이었습니다. 그러려면 제사장과 레위인들을 성전 예배에 전적으로 봉사하게 해야 하는데 그럴 만한 돈이 없었습니다. 다른 왕들 같으면 방백들을 모아서 이런 일을 하려니까 예산이 이만큼 드는데 어떻게 하면 세금을 더 거둘 수 있을까 의논했을 것입니다. 그런데 히스기야는 돈이 없는데도 불구하고 제사장과 레위인들을 조를 짜서 무조건 성전에서 봉사하게 했습니다. 히스기야에게는 우리가 하나님의 말씀대로 하면 하나님께서 먹을 것과 입을 것을 주신다는 믿음이 있었기 때문입니다. 이런 믿음이 있었던 히스기야는 제사장들과 레위인들에게 목숨을 걸고 하나님을 섬기자고 제안했습니다.

원래 제사장과 레위인들에게 주어진 사명이 하나님을 섬기는 것인데 돈이 있으면 섬기고 돈이 없으면 딴 일을 할 것이 아니라 일단 목숨을 걸고 바른 예배를 드리자는 것입니다. 그럼에도 불구하고 하나님이 복을 주시지 않으면 죽기밖에 더하겠습니까? 그래서 히스기야는 일단 제사장과 레위인들에게 양식을 주라고 명령했습니다.

31장 4절, "또 예루살렘에 사는 백성을 명령하여 제사장들과 레위 사람들 몫의 음식을 주어 그들에게 여호와의 율법을 힘쓰게 하라 하니라"

히스기야는 하나님의 말씀이 명령하고 있으면 따지지 말고 최우선적으로 그 말씀을 시행하게 했습니다. 그랬더니 놀라운 일이 일어나기 시작했습니다. 유다 백성들이 곡식과 포도주와 기름을 하나님께 바치고 또 양이나 소의 십일조도 바치기 시작하는데 얼마나 많이 바쳤던지 더미를 이루었습니다. 그런데 하나님께서 유다 백성들을 자꾸 축복하시니까 백성들은 바친 후에도 또 바치고 그 후에도 또 바치게 되었습니다. 결국 백성들은 3월에서 7월까지 5개월에 걸쳐서 추수한 것을 가져왔습니다.

31장 10절, "사독의 족속 대제사장 아사랴가 그에게 대답하여 이르되 백성이 예물을 여호와의 전에 드리기 시작함으로부터 우리가 만족하게 먹었으나 남은 것이 많으니 이는 여호와께서 그의 백성에게 복을 주셨음이라 그 남은 것이 이렇게 많이 쌓였나이다"

히스기야가 왕이 되었을 때 유다는 폐허나 다름없었습니다. 그러나 하나님의 복이 회복되니까 결국 성전에 십일조나 헌금도 많이 바치게 되어서 제사장이나 레위인들이 먹고 남았습니다. 결국 인간의 머리로 생각했더라면 이런 결과는 오지 않았을 것입니다. 그러나 하나님의 말씀을 믿고 순종했더니 물질적인 문제도 다 해결되었습니다. 그래서 제사장이나 레위인들은 본래 자신들의 사명대로 예배에 전념할 수 있게 되었습니다.

세상의 눈으로 보면 히스기야는 정치인으로서는 실격입니다. 그러나 그는 하나님의 복을 받는 방법을 아는 자였습니다. 그가 하나님의 말씀대로 유다에 부흥의 불이 일어나게 하니까 유다나 이스라엘이나 모두 한 마음이 되었습니다. 유다는 다시 복을 받게 되었습니다.

그리스도인이 유월절 정신으로 돌아가는 것은 중요합니다. 언제나 갈보리 십자가에서 모든 것을 시작해야 합니다. 어디서부터 손을 대야 할지 엄두도 낼 수 없는 상황 가운데 있습니까? 모든 인간적인 헛된 시도들을 버리고 십자가 앞으로 돌아오십시오. 시작부터 잘못된 모든 길을 버리고 출발점을 다시 점검하라 부르시는 하나님의 음성에 순종하여 그분이 예비하신 축복을 누리는 성도들이 되시기 바랍니다.

CHAPTER 18

위대한 승리

대하 32:1-33

우리는 흔히 이론과 현실 사이에는 많은 차이가 있다고 말합니다. 화학 실험을 해보면, 책에서는 분명히 이러이러한 반응이 일어날 거라 했지만 실제로는 그렇지 않은 경우가 제법 있습니다. 또는 정부에서 어떤 정책을 실천하려고 회의를 할 때에는 분명히 성공할 것 같은데 실제로 시행을 해보면 야당이나 국민들의 반대가 심해서 실패할 때가 많습니다.

이것은 우리의 믿음에 있어서도 마찬가지입니다. 우리가 이론적으로는 하나님의 말씀을 붙들고 믿음으로 나가면 모든 어려움을 이기고 큰 축복을 받도록 되어 있는데 실제로는 오히려 하나님의 말씀을 붙들고 믿음으로 나간 것이 인간의 방법을 쓴 것보다 결과가 더 나쁘고 심지어는 절망적인 결말을 볼 때가 있습니다.

유다나 이스라엘의 많은 왕들이 나라를 다스리면서 고민했던 것도 바로 이 점이었습니다. 이들도 하나님의 말씀만 붙들고 믿음으로 나가야 한다는 것을 알고 있었습니다. 그러나 유다나 이스라엘 왕들이 오직 하나님의 말씀만 가지고 나라를 끌고 나가려고 하니까 비타협적이어야 했고, 이런 모습은 충분히 독선적으로 비칠 수 있었습니다. 왕이 하나님의 말씀만 가지고 나가면 백성들은 좋아했지만 기득권층인 귀족들은 달가워하지 않았습니다. 이웃나라에게도 독선적인 인상을 주었습니다. 그래서 유다나 이스라엘의 왕들이 취한 길은 중용이었습니다.

하나님의 종교와 세상에서 좋은 점을 골라서 다 가지자는 것이었습니다. 그들이 그렇게 했을 때 실제로 성공하기도 했고 유명해지는 것 같기도 했습니다. 그런데 이상하게 어떤 위기가 닥치면서 평소에는 성공적이었던 정책들이 힘을 잃었습니다. 유다나 이스라엘 왕들은 이런 악순환을 반복했습니다.

그러나 히스기야는 입장이 아주 분명한 사람이었습니다. 히스기야는 유다는 오직 하나님의 복으로 살 수 있으며 유다에 하나님의 복이 임하려면 영적 부흥이 불 붙어야 한다고 생각했습니다. 그래서 히스기야는 왕이 되었을 때 유다에 부흥의 불을 붙이는 일을 가장 먼저 했습니다.

히스기야의 아버지 아하스는 성전에서 불이란 불은 다 꺼버린 사람이었습니다. 유다는 아하스 때 완전히 영적으로 죽어 있었습니다. 히스기야는 왕이 된 지 16일 만에 유다에 다시 불을 붙였습니다.

그리고 백성들과 귀족들이 자발적으로 하나님께 제사를 드렸습니다. 이것은 다시 유다에 부흥의 불이 붙고 있는 것을 의미했습니다. 히스기야는 이 여세를 몰아서 유다와 이스라엘 전체가 모여 하나님께 유월절 제사를 드리기로 했습니다. 이스라엘 백성들이 유월절 제사를 드린다고 하는 것은 처음으로 돌아가는 것을 의미합니다. 지금까지 유다나 이스라엘 백성들이 한 것 중에 잘한 것도 있고 잘못한 것도 있겠지만 싹 다 지워버리고 아예 처음 이스라엘 백성들이 출애굽할 때로 돌아가서 완전히 백지 상태에서 새 출발하겠다는 것입니다. 이스라엘이 이런 결단을 하고 진실로 돌이킬 때마다 하나님께서는 함께하시고 축복해주셨습니다.

여기까지는 어디까지나 이론이었습니다. 문제는 현실에서는 이것이 전혀 인정되지 않는다는 것입니다.

예를 들어서, 어떤 청년이 수련회에 가서 말씀으로 큰 은혜를 받고 목이 쉬도록 뜨겁게 기도하고 집에 돌아왔다고 합시다. 그렇다고 해서 당장 취직이 되거나 대학원 시험에 합격하거나 집안에 편찮으신 부모님이 당장 자리를 털고 일어나시지는 않습니다. 오히려 이런 식으로 하나님의 은혜를 뜨겁게 받았기 때문에 더 세상 현실에 적응하는데 어려울 수가 있을 것입니다. 아무리 큰 은혜를 받아도 세상의 현실에 발을 딛고 살아야만 하는 것입니다.

비행기가 착륙하고 싶어도 활주로나 기체에 이상이 생기면 착륙이 불가능하게 되듯이 신자로서 하늘의 은혜를 맛보고 나서도 무엇이 문제인지 세상에 착륙하여 사는 데 어려움을 겪는 이들이 많습니다. 하나님의 말씀을 붙들고 기도해서 영적인 부흥은 경험했지만 현실적인 어려움을 견딜 만한 영적인 근력이 없는 것입니다.

오늘 본문에 나타난 사건들은 히스기야의 생애에서 가장 어려운 위기였습니다. 그러나 히스기야는 이것들을 모두 믿음으로 이기고 큰 승리를 거두었습니다. 오늘 우리에게 중요한 것은 어떻게 하면 하나님의 능력을 나의 어려운 현실에 가져올 수 있느냐 하는 것입니다.

1. 앗수르의 침공

히스기야가 유다의 왕이 된 후에 예배의 부흥을 일으키고 유월절의 정신을 회복한 것은 어디까지나 신앙적인 부흥이었습니다. 그럼에도 유다의 현실은 위기 상황이었습니다. 당시 전 세계를 지배하려는 야욕을 가진 앗수르의 대대적인 침공이 있었습니다.

> 1절, "이 모든 충성된 일을 한 후에 앗수르 왕 산헤립이 유다에 들어와서 견고한 성읍들을 향하여 진을 치고 쳐서 점령하고자 한지라"

히스기야는 유다가 하나님의 복을 받는 비결을 아는 사람이었습니다. 히스기야는 유다는 인간의 노력으로 살 수 있는 것이 아니요 하나님께서 복을 주셔야 일어날 수 있다고 믿었습니다. 유다가 하나님의 복을 받는 비결은 예배의 불이 살아나는 것이었고 유월절의 정신을 되찾는 것이었습니다. 히스기야가 이렇게 했을 때 실제로 유다 안에는 부흥이 일어났습니다. 그러나 아무리 예배 가운데 기쁨이 있고 은혜가 넘친다고 해도 현실적인 모든 어려운 문제들이 다 해결되는 것은 아닌 것입니다. 유다의 현실은 앗수르라고 하는 어마어마한 대국의 공격이었습니다.

예를 들어서 어떤 형제가 많은 어려움 가운데 예배의 기쁨을 되찾고 말씀의 은혜를 되찾았다고 합시다. 그럼에도 불구하고 그에게 갚아야 할 많은 빚이 있다면 그는 현실 앞에서 힘없이 스러질 가능성이 높습니다.

마찬가지로 히스기야가 하나님 앞에서 정직하고 충성되어서 오직 하나님의 말씀만 붙들고 예배를 살리고 부흥을 살리는 데는 성공했지만 그가 처한 현실은 너무도 크고 어려워서 히스기야의 힘으로는 감당할 수 없는 것이었습니다.

우리가 생각하기에 히스기야가 이만큼 믿음으로 충성되게 행했으면 하나님께서 앗수르 군대가 쳐들어오지 않도록 막아주셔야 할 것 같은데 현실은 그렇지가 않았습니다. 앗수르 군대는 히스기야의 이런 영적인 부흥을 전혀 인정하지 않았을 뿐 아니라 오히려 이런 부흥 때문에 더 히스기야를 미워했고 그를 짓밟으려고 했습니다. 이때 히스기야는 두 가지 일을 했습니다.

하나는 자기가 할 수 있는 작은 일에 최선을 다했습니다. 그러나 이것은 사실 앗수르 군대를 막는 데 별 도움이 되지 못하는 것이었습니다. 그것은 성 밖의 물 근원을 막고 성을 더 쌓는 것이었습니다. 그리고 다른 하나는 백성들에게 하나님을 의지하라고 설교하는 것이었습니다.

> 2-4절, "히스기야가 산헤립이 예루살렘을 치러 온 것을 보고 그의 방백들과 용사들과 더불어 의논하고 성 밖의 모든 물 근원을 막고자 하매 그들이 돕더라. 이에 백성이 많이 모여 모든 물 근원과 땅으로 흘러가는 시내를 막고 이르되 어찌 앗수르 왕들이 와서 많은 물을 얻게 하리요 하고"

히스기야는 앗수르 군대가 예루살렘을 치러 온 것을 보고 외부의 물길을 모두 차단했습니다. 이것은 끝까지 항복하지 않고 버티겠다는 뜻입니다. 히스기야는 앗수르 군대의 침공을 지금 한창 영적 부흥이 일어나고 있는 유다가 당한 영적 시험이라고 생각했습니다. 히스기야는 이런 시험이 쉽게 끝나지 않는다는 것을 알았습니다. 사탄의 세력은 일단 한번 일어나면 그냥 곱게 물러가지 않고 하나님의 백성들을 끈질기게 괴롭힙니다. 그래서 사탄의 세력은 한 번의 기도나 은혜 받은 것으로는 쉽게 해결되지 않는다는 것을 알 필요가 있습니다. 사탄의 세력은 하나님의 백성들을 집요하게 괴롭혀서 할 수만 있으면 멸망시키려고 합니다. 그래서 히스기야는 이번 시험이 쉽게 끝나지 않을 것을 알고 장기전에 대비해서 물길을 확보하는 일부터 했습니다. 성 밖에 앗수르 군대는 물을 찾지 못하도록 하고 그 대신에 성 안에는 물을 끌어와서 버틸 수 있을 때까지 버티게 한 것입니다. 예루살렘 성은 성이 높고 견고해서 그냥 정복하는 것이 쉽지 않았습니다. 그러나 예루살렘은 언제나 물이 문제였습니다. 그래서 히스기야는 이번 기회에 아예 바위를 뚫어서 물길을 만들어 성 안에 물이 흘러들어오게 했습니다.

5절, "히스기야가 힘을 내어 무너진 모든 성벽을 보수하되 망대까지 높이 쌓고 또 외성을 쌓고 다윗 성의 밀로를 견고하게 하고 무기와 방패를 많이 만들고"

이제 히스기야도 본격적으로 전쟁을 준비했습니다. 그래서 성벽 중에서 무너진 부분들은 다시 쌓고 외벽도 쌓고 다윗의 밀로, 즉 안에 있는 성벽도 다시 쌓아서 튼튼하게 했습니다. 그러나 이것으로는 밀물같이 밀려오는 앗수르 군대를 막을 수 없었습니다.

그래서 히스기야는 말씀으로 백성들을 위로하고 격려했습니다.

6-8절, "군대 지휘관들을 세워 백성을 거느리게 하고 성문 광장에서 자기 앞에 무리를 모으고 말로 위로하여 이르되 너희는 마음을 강하게 하며 담대히 하고 앗수르 왕과 그를 따르는 온 무리로 말미암아 두려워하지 말며 놀라지 말라 우리와 함께 하시는 이가 그와 함께 하는 자보다 크니 그와 함께 하는 자는 육신의 팔이요 우리와 함께 하시는 이는 우리의 하나님 여호와시라 반드시 우리를 도우시고

우리를 대신하여 싸우시리라 하매 백성이 유다 왕 히스기야의 말로 말미암아 안심하니라"

히스기야는 백성들에게 이번 전쟁의 성격을 설명했습니다. 물론 지금 유다의 힘에 비하여 앗수르 군대가 엄청나게 강한 것은 틀림이 없습니다. 그러나 유다 백성들에게는 눈에 보이지 않는 힘이 있었습니다. 그것은 바로 만군의 여호와 하나님의 능력이었습니다. 앗수르 군대가 가지고 있는 것은 육신의 팔이지만 유다 백성들과 함께 하시는 자는 여호와 하나님이십니다. 그런데 문제는 과연 어떻게 이 어려운 현실에 하나님의 능력을 끌어올 수 있느냐 하는 것입니다. 하나님의 백성들이 언제나 어려움을 겪는 것이 바로 이 점입니다. 우리가 세상의 힘을 가지고 있을 때에는 내가 필요할 때에 언제든지 그 힘을 끌어다가 쓸 수 있습니다. 그러나 하나님의 능력을 의지하려고 할 때에는 언제 하나님이 도와주실지, 하나님이 도와주시기나 하실지 알 수가 없습니다. 하나님을 의지한다는 것은 확실한 보장이 없는 것입니다. 그래서 사람들은 언제나 하나님 한 분만으로 안심이 되지 않고 무엇인가 내 손에 잡히는 것이 있어야 안심합니다. 하지만 히스기야는 눈에 보이지 않는 하나님을 눈에 보이는 무기나 사람들의 수보다 더 믿고 의지했습니다.

앗수르 왕과 그의 신하들은 히스기야의 그런 믿음을 조롱하고 무시했습니다. 나중에 히스기야는 자기가 너무 심한 수모를 당하자 신하들에게 이렇게 말했습니다. '나는 마치 여자가 아이를 낳아야 하는데 낳을 힘이 없는 것과 같다.' 여자가 해산을 할 때는 있는 대로 힘을 주어야 아이를 낳을 수 있습니다. 그런데 여자가 힘을 다 소진해서 더 쓸 힘이 없어지면 고생한 낙도 없이 산모는 물론 아이까지 위태롭게 되는 것입니다.

2. 앗수르의 조롱

히스기야의 신앙은 앗수르라는 현실 앞에서 너무나도 비참하게 업신여김과 조롱을 당했습니다.

9-12절, "그 후에 앗수르 왕 산헤립이 그의 온 군대를 거느리고 라기스를 치며 그의 신하들을 예루살렘에 보내어 유다 왕 히스기야와 예루살렘에 있는 유다 무리에게 말하여 이르기를 앗수르 왕 산헤립은 이같이 말하노라 너희가 예루살렘에 에워싸여 있으면서 무엇을 의뢰하느냐 히스기야가 너희를 꾀어 이르기를 우리 하나님 여호와께서 우리를 앗수르 왕의 손에서 건져내시리라 하거니와 이 어찌 너희를 주림과 목마름으로 죽게 함이 아니냐 이 히스기야가 여호와의 산당들과 제단들을 제거하여 버리고 유다와 예루살렘에 명령하여 이르기를 너희는 다만 한 제단 앞에서 예배하고 그 위에 분향하라 하지 아니하였느냐"

사실 앗수르 왕 산헤립의 공격 목표는 예루살렘이 아니었습니다. 산헤립은 애굽을 공격하려고 했습니다. 그런데 이미 산헤립은 유다 왕 히스기야의 이상한(?) 종교 개혁에 대하여 들었던 터라 유다에 대해 시기심이 생겼고 종교적인 열등감마저 들었던 것입니다. 산헤립은 도대체 여호와가 어떤 신이기에 히스기야는 다른 신들을 다 물리치고 오직 여호와만 섬기겠다고 하는지 이해할 수 없었습니다. 그래서 산헤립의 마음에 교만한 생각이 들어와 히스기야의 신앙이 틀렸다는 것을 증명하고 싶었던 것입니다. 그래서 유다 백성들에게 선전하기를 너희는 지금 히스기야의 말에 속고 있다고 충동질을 했습니다. 사실 이것은 굉장히 그럴듯한 논리입니다. 우리가 하나님 한분만 섬기고 하나님의 말씀만 붙들면 하나님이 우리를 책임져주신다는 것은 어떻게 생각하면 귀에 솔깃한 거짓말처럼 들릴 수 있는 것입니다. 이것은 다른 말로 표현하면 상식적이지 않다는 것입니다. 상식적으로 생각할 때에 내가 열심히 노력하고 일을 해야 성공하고 잘 살 수 있는 것이지 어떻게 하나님만 붙든다고 해서 축복이 올 수 있습니까? 믿지 않는 사람들이 보기에 이것은 게으른 자들의 변명인 것 같고 광신자들이 하는 소리로 들리는 것입니다.

사실 믿지 않는 자들의 눈으로 보기에 하나님의 말씀만 붙드는 자들이 광신자로 보이는 건 당연할지도 모릅니다. 그래서 산헤립은 유다인들에게 너희가 히스기야의 말에 속으면 주림과 목마름으로 망하는 것 밖에 없다고 협박을 했습니다.

그리고 산헤립은 예루살렘 사람들에게 현실을 이야기 했습니다.

13-14절, "나와 내 조상들이 이방 모든 백성들에게 행한 것을 너희가 알지 못하느냐. 모든 나라의 신들이 능히 그들의 땅을 내 손에서 건져낼 수 있었느냐. 내 조상들이 진멸한 모든 나라의 그 모든 신들 중에 누가 능히 그의 백성을 내 손에서 건져내었기에 너희 하나님이 능히 너희를 내 손에서 건지겠느냐"

앗수르 왕 산헤립은 현실을 바탕으로 이야기했습니다. 세계 모든 나라가 다 신이 있고 종교가 있는데도 불구하고 앗수르 군대를 이긴 나라가 없었습니다. 더욱이 유다는 아주 작은 나라인데 그 작은 나라의 여호와라는 신이 어떻게 앗수르 군대를 이기겠느냐 하는 것입니다. 이것은 냉정한 현실이었습니다.

이런 식으로 앗수르 왕은 유다 백성들을 아주 강하게 흔들어놓았습니다.

15절, "그런즉 이와 같이 너희는 히스기야에게 속지 말라 꾀임을 받지 말라 그를 믿지도 말라 어떤 백성이나 어떤 나라의 신도 능히 자기의 백성을 나의 손과 나의 조상들의 손에서 건져내지 못하였나니 하물며 너희 하나님이 너희를 내 손에서 건져내겠느냐 하였더라"

지금 모든 힘을 다해서 유다의 영적 부흥을 일으키고 있는 히스기야와 유다 백성들에게 있어서 앗수르는 너무나 큰 시험이었습니다. 앗수르왕의 전략은 히스기야와 유다 백성들이 아무리 부흥이니 예배니 해도 현실에서는 아무도 알아주지 않는다고 설득하는 것이었습니다. 이 세상 현실에서 알아주는 것은 오직 실력이고 돈이기 때문에 하나님의 말씀으로 은혜 받은 것은 아무 소용이 없다는 뜻입니다. 이 세상에서 실제로 중요한 것은 하나님의 말씀으로 은혜 받고 영적으로 부흥이 일어나는 것입니다. 그런데 이 세상은 그것이 아무 소용이 없다고 말할 뿐 아니라 아예 인정도 하지 않고 조롱하고 부정합니다.

오늘 우리의 문제는 바로 여기에 있습니다. 우리가 하나님의 진리로 은혜를 받고 눈물 흘리면서 기도한 것이 과연 이 세상에서 아무 소용이 없느냐 하는 것입니다. 아니면 이것이 진짜로 중요한 것이냐 하는 것입니다.

앗수르 왕 산헤립은 두 가지 방면으로 히스기야를 공격했는데 하나는 히브리말을 잘하는 랍사게라는 신하를 보내서 공개적으로 히스기야를 공격하고 하나님을 욕하게 한 것입니다. 그래서 히스기야의 신하들이 나가서 제발 히브리말로 하지 말아달라고 부탁을 하니까 백성들도 들어야 한다고 하면서 더 큰 소리로 히스기야를 욕하고 하나님을 모욕했습니다. 이때 유다 백성들이 성 위에 서서 잠잠히 그 말을 들었습니다. 아마 우리 같으면 도저히 참지 못하고 '제발 그 입 다물라'고 하든지 우리도 욕을 하든지 했을 텐데 유다 백성 중에서 욕하는 사람이 아무도 없었습니다. 그 이유는 히스기야가 아무 대꾸도 하지 말라고 했기 때문입니다. 히스기야는 하나님께서 더 겸손하라고 이방인들을 통해서 유다가 이 모욕을 당하게 하시는 것이기에 들어야 한다고 말했습니다.

다른 사람들이 우리를 욕할 때는 정말 견디기 어렵습니다. 밖으로 뛰쳐나가고 싶고 때로는 같이 욕을 퍼붓고 싶기도 합니다. 그러나 우리가 그렇게 하면 똑같은 사람이 되고 맙니다. 믿음으로 감내하면 하나님께서 들으시고 그 행위대로 갚아주십니다.

산헤립은 거기서 그치지 않고 히스기야에게 편지를 써서 히스기야를 업신여기고 하나님을 비방하는 말을 퍼부었습니다. 우리가 일단 이런 편지를 읽고 나면 마음이 요동을 치면서 그 동안 받은 은혜는 다 사라지고 혈기가 가득해지기 십상입니다. 그런데 히스기야는 산헤립의 그 편지를 성전에 가지고 가서 하나님 앞에 펼쳐 놓고 하나님께서 읽으시도록 했습니다.

우리가 믿음의 시험을 당했을 때에는 철저하게 종이 되어야 합니다. 그래서 내 마음으로 욕을 하거나 싸우려고 하지 않고 철저하게 하나님을 앞세워야 합니다.

20절, "이러므로 히스기야 왕이 아모스의 아들 선지자 이사야와 더불어 하늘을 향하여 부르짖어 기도하였더니"

하나님의 백성들에게 가장 강력한 힘은 부르짖으며 기도하는 것입니다. 평상시에나 위기시에나 하나님께 부르짖으면서 기도해야 합니다. 하

지만 우리는 일단 어려움이 없으면 기도에 전력을 기울이지 않습니다. 그러다가 어쩔 수 없는 위기에 부딪치게 되면 하나님을 향하여 부르짖을 수밖에 없습니다. 하나님께서 우리에게 어려움을 주시는 것은 이렇게 기도에 전력을 다하라는 뜻입니다. 우리가 하나님께 부르짖는다는 것은 다른 길은 없고 하나님의 도움 없이는 죽을 수밖에 없다는 것을 고백하고 목숨을 걸고 매달리는 것입니다. 사실 하나님의 응답은 우리가 견딜 수 있는 한계를 넘어설 때가 많습니다. 하나님께서는 이것을 통해서 우리의 믿음을 시험에 보시는 것입니다.

하나님께서는 우리가 어떤 결과보다도 하나님 자신을 의지하기 원하십니다. 이 세상 그 어느 것보다 하나님을 더 사랑하기를 원하십니다. 그래서 우리가 견딜 수 있는 한계를 다 넘어서도 때로는 응답이 오지 않을 때가 있습니다. 이때 우리는 사력을 다해서 하나님을 붙들고 모든 결과를 하나님께 다 맡기게 됩니다. 하나님께서 이렇게 완전히 의지하기를 원하십니다. 그때에 비로소 기도에 응답하시는 것입니다.

> 21절, "여호와께서 한 천사를 보내어 앗수르 왕의 진영에서 모든 큰 용사와 대장과 지휘관들을 멸하신지라. 앗수르 왕이 낯이 뜨거워 그의 고국으로 돌아갔더니 그의 신의 전에 들어갔을 때에 그의 몸에서 난 자들이 거기서 칼로 죽였더라"

하나님께서는 그렇게 하나님을 욕하고 떠들어대는 앗수르 왕과 그 군대에 많은 사람도 아닌 천사 한 명을 보내셨습니다. 천사 한 명이 밤에 앗수르 군대를 쳤는데 하룻밤 사이에 18만 5,000명이 죽었습니다.

산헤립은 군사들이 하루 만에 맥없이 죽어버리니까 부끄러워서 고개를 들 수 없었습니다. 얼굴이 뜨뜻해서 고개를 들지 못하고 자기 나라로 돌아갔습니다. 그리고 한 참 후에 자기 아들의 칼에 찔려 신전에서 최후를 맞이합니다.

이렇게 치욕을 당한 앗수르 군대에 대해 성경은 어떻게 평가합니까? 앗수르 왕은 모든 우상 숭배자를 치는 하나님의 몽둥이였습니다. 이 세상의 모든 신들이 앗수르 군대를 이기지 못한 이유는 그들의 신이 우상이었기 때문입니다. 그런데 하나님의 몽둥이가 교만해서 하나님의 백성들을 치려고 했습니다.

이사야 선지자는 앗수르 왕에게 예루살렘은 하나님의 눈동자이기 때문에 건드리지 말라고 했습니다. 예루살렘에는 말씀과 눈물의 기도가 살아 있었습니다. 그러나 앗수르왕은 예루살렘과 사마리아를 구별하지 못했습니다.

사마리아는 하나님의 눈에는 죽은 교회였습니다. 성령의 불이 꺼졌고 부흥의 불도 꺼졌습니다. 오직 인간적으로만 요란한 성공을 믿는 신앙으로 변질되었습니다. 그런 신앙은 앗수르 군대를 이기지 못했습니다. 하지만 예루살렘에는 바른 말씀이 있었고 눈물의 기도가 있었고 부르짖는 기도가 있었습니다. 이런 신앙은 하나님의 눈동자이기 때문에 건드리지 못하는 것입니다.

앗수르 군대는 하나님이 쓰시는 몽둥이였습니다. 결국 이 몽둥이는 버림을 당했습니다. 만일 우리에게 바른 말씀이 있고 눈물의 기도가 있으면 절대로 다른 나라가 쳐들어오지 못할 것입니다. 바른 말씀과 눈물의 기도는 원자폭탄보다 더 위력이 있기 때문입니다.

3. 히스기야의 병

■

히스기야는 바른 신앙을 가진 왕이었지만 나름대로 또 시험이나 어려움이 많았습니다. 한번은 히스기야가 병에 걸려 죽게 되었습니다.

24절, "그 때에 히스기야가 병들어 죽게 되었으므로 여호와께 기도하매 여호와께서 그에게 대답하시고 또 이적을 보이셨으나"

오늘 본문에는 히스기야가 병든 것이 간단하게 치료된 것으로 기록되어 있지만 실제로 히스기야의 상태는 아주 심각했습니다.

그래서 하나님께서는 이사야 선지자를 보내어서 이제 너는 죽으니까 모든 일을 정리하라고 말씀하셨습니다. 이것은 히스기야가 하나님으로부터 최후통첩을 받은 거나 다름없었습니다.

누구든 의사에게 사망 선고를 받으면 아무리 의연한 사람이라도 왜 하필 자기에게 이런 일이 일어났을까 생각하며 억울해할 것입니다. 아직은 갈 때가 된 것 같지 않은데, 특별히 악하게 살지도 않았는데 이렇게 죽어야 한다고 생각하면 얼마나 분하고 세상에 미련이 남겠습니까?

은연중에 우리는 자신이 당연히 평균 수명 정도는 살 거라고 생각합니다. 그러나 하나님께서는 전혀 생각하지도 못한 사람들을 중간에 불러 가실 때가 있습니다. 또 어떤 때는 우리에게 덕이 되고 중요한 사람들을 불러 가실 때가 있습니다. 사람의 목숨은 사람 마음대로 결정할 수 없는 것입니다.

히스기야는 이사야 선지자를 통해 '이제 너는 살지 못하고 죽으니까 집안일을 정리하라' 는 하나님의 말씀을 들었을 때, '하나님이 말씀하셨으니까 죽을 준비를 하자'라고 순순히 반응하지 않았습니다. 히스기야는 아무리 생각해도 지금 죽을 수가 없었습니다. 아직 유다에 제대로 부흥이 일어나지 않았고 여전히 앗수르나 다른 나라가 공격해올 위험이 도사리고 있었기 때문입니다. 그래서 히스기야는 자기 자신을 위해서가 아니라 하나님의 백성들을 위해서 반드시 살아야 한다고 생각했습니다. 그래서 히스기야는 벽을 향하여 돌아누워서 울고 통곡했습니다. 여기서 히스기야가 벽을 향해서 울었다고 하는 것은 이제는 하나님 앞에서 왕의 체면이나 염치 같은 것은 다 내려놓고 오직 어린아이가 되어서 사람 눈치 같은 것을 보지 않고 하나님께 매달린다는 뜻입니다. 하나님의 백성들이 이같이 통곡하며 기도할 때 기도의 능력이 나타납니다.

히스기야가 하나님의 말씀을 듣고 울었을 때 하나님은 이 말을 전하고 돌아가는 이사야에게 다시 가서 할 말을 일러주셨습니다. 하나님이 히스기야의 눈물을 보았고 그의 기도를 들으셨다는 것입니다. 그래서 하나님은 히스기야에게 15년을 더 살도록 해주셨습니다. 그리고 히스기야의 요청대로 아하스의 일영표가 십도 뒤로 물러나는 표적을 보여주셨습니다. 일영표가 십도 뒤로 물러갔다고 하는 것은 태양이 거꾸로 돌았다는 말입니다. 하나님은 사랑하는 종에게 확신을 주시기 위해서 태양을 거꾸로 돌아가게 하셨습니다.

이렇게 하실 거면서 하나님은 왜 그렇게 사랑하는 종의 마음을 졸이게 하셨을까요? 하나님의 기름 부음을 받으면 마음이 높아질 위험이 있습니다. 자칫 잘못하면 교만해지기 쉽고, 특히 하나님의 복으로 만족하지 못하고 세상 복까지 욕심을 내기가 십상입니다. 그래서 하나님께서는 당신의 종들을 낮추시면서 '네 생명은 네 마음대로 못한다. 네 생명은 내 것이다. 내가 부르면 너는 하던 모든 일을 중단하고 죽어야 한다'는 것은 확인하시는 것입니다.

기도는 능치 못한 것이 없습니다. 하나님의 백성들이 울부짖으며 기도하면 하나님은 어마어마한 적을 물리치시고 죽을병도 고쳐주십니다.

히스기야는 기도로써 앗수르 군대를 물리치고 죽을병에서 고침을 받아서 세계적인 영웅이 되었습니다. 그래서 주위에 있는 많은 나라에서 히스기야에게 예물을 가지고 찾아왔습니다.

23절, "여러 사람이 예물을 가지고 예루살렘에 와서 여호와께 드리고 또 보물을 유다 왕 히스기야에게 드린지라 이 후부터 히스기야가 모든 나라의 눈에 존귀하게 되었더라"

유다 주위에 모든 나라들이 앗수르에 의해서 망하게 되었는데 히스기야의 기도의 능력으로 앗수르가 망해서 돌아갔으니 히스기야는 주변국들의 은인이 되었습니다. 히스기야의 명성은 이웃나라를 넘어 먼 나라에까지 자자했습니다. 이때 히스기야의 마음이 자기도 모르게 교만해지게 되었습니다.

25절, "히스기야가 마음이 교만하여 그 받은 은혜를 보답하지 아니하므로 진노가 그와 유다와 예루살렘에 내리게 되었더니"

히스기야가 믿음으로 성공하고 나니까 유명해지게 되었을 뿐 아니라 물질적으로도 많은 복을 받게 되었습니다.

27-29절, "히스기야가 부와 영광이 지극한지라 이에 은금과 보석과 향품과 방패

와 온갖 보배로운 그릇들을 위하여 창고를 세우며 곡식과 새 포도주와 기름의 산물을 위하여 창고를 세우며 온갖 짐승의 외양간을 세우며 양 떼의 우리를 갖추며 양 떼와 많은 소 떼를 위하여 성읍들을 세웠으니 이는 하나님이 그에게 재산을 심히 많이 주셨음이며"

히스기야가 유다에 영적인 부흥을 일으키고 또 큰 위기를 믿음으로 이기고 나니까 하나님께서는 히스기야에게 물질적인 복을 부어주셨습니다. 그래서 히스기야는 많은 국고성을 지어 은금과 보석과 향품을 채우고 곡식과 새 포도주를 쌓아놓고 양떼와 소떼도 키웠습니다. 그러면서 히스기야의 마음이 교만해졌습니다. 여기서 히스기야의 마음이 교만해졌다는 것은 히스기야가 말씀의 길에서 아예 떠나지는 않았지만 점점 물질과 명성을 의지하게 되었다는 뜻입니다. 하나님의 종들은 하나님이 아무리 물질적인 복을 주셔도 그것은 없는 셈치고 하나님만 붙잡아야 합니다. 그러나 인간이라는 존재는 그렇게 하기가 쉽지 않습니다. 돈이 있으면 기분이 좋아지고 명예가 있으면 우쭐거리게 됩니다. 그러다가 히스기야는 시험에 걸려 넘어지게 되었습니다.

바벨론의 사신들이 히스기야가 병에서 나았다는 소식을 듣고 인사차 찾아왔습니다. 이때 바벨론은 앗수르의 뒤를 이어서 막 일어나고 있는 강대국이었습니다. 히스기야는 바벨론의 사신들이 찾아온 것을 보고 자신이 그만큼 유명해졌다는 생각에 우쭐했습니다.

31절, "그러나 바벨론 방백들이 히스기야에게 사신을 보내어 그 땅에서 나타난 이적을 물을 때에 하나님이 히스기야를 떠나시고 그의 심중에 있는 것을 다 알고자 하사 시험하셨더라"

바벨론의 사신들이 온 것은 예루살렘에 대하여 이해되지 않는 것들 때문이었습니다. 지금 바벨론은 앗수르를 이어서 전 세계를 지배하려는 야망을 가지고 있는데 지금 예루살렘에는 이상한 일들이 자꾸 일어나고 있었습니다. 예루살렘을 포위했던 앗수르 군대 18만 5,000명이 하룻밤 사이에 다 죽어버리질 않나, 죽을병에 걸렸던 히스기야가 극적으로 살아나질 않나, 그가 살게 되었다는 증거로 해시계가 뒤로 10도나 물러가질 않나, 바벨론은 좀 불안했던 모양입니다. 이때 히스기야는 바벨론의 사신들에게 하나님의 능력과 기도의 능력 그리고 말씀의 능력을 자랑했어야만 했습니다. 그런데 히스기야는 국고성에 가득 찬 금은보화를 자랑했습니다. 그 바람에 바벨론 사신들은 돌아가서 유다가 물질만 가졌지 별 것 없더라고 보고합니다. 결국 나중에 그토록 자랑했던 금은보화들을 모두 빼앗기게 됩니다. 그러므로 우리는 끝까지 하나님과 그분의 능력을 자랑해야 합니다.

우리가 기도하면서 부르짖을 때 하나님께서 응답해 주신 체험들, 돈이 없고 직장이 없었는데 기도로 살아남은 체험들, 병원에서 나을 수 없는 병인데 기도로 나은 체험들을 자랑해야 하는 것입니다. 그렇게 되려면 우리는 끝까지 하나님에게 미친 사람이 되어야 합니다.

히스기야는 처음에 하나님께 미쳐 있었는데 성공하고 나니까 이제 그만 미치고 정상적인 사람이 되려고 하다가 실패한 것입니다.

히스기야는 부흥이 일어나기가 무섭게 찾아온 위기를 축복으로 바꾸었습니다. 그가 끝까지 하나님께 매달렸기에 가능한 일이었습니다. 우리도 끝까지 하나님만 의지합시다. 우리에게 닥친 위기 앞에서 부르짖어 기도함으로 그 위기를 축복으로 바꿀 수 있는 여러분이 되시기 바랍니다.

CHAPTER 19

므낫세의 반항정치

대하 33:1-25

유다의 정치에서는 다른 나라와는 달리 종교적인 부흥이 가장 중요한 역할을 했습니다. 다른 나라는 국가가 부강하기 위해서는 군사력이나 경제력에서 큰 부흥이 있어야만 했습니다. 그러나 유다는 신앙적인 부흥이 일어나면 모든 면에서 하나님의 축복이 나타나면서 부흥이 일어났습니다. 그런데 안타깝게도 유다의 왕들 중에는 이런 사실을 확실히 믿지 못하는 이들이 많았습니다. 유다 왕들도 머리로는 하나님의 말씀만 붙들면 하나님이 부흥을 주신다는 것을 알고 있었지만 현실적으로는 그것을 끝까지 밀어붙이지 못했습니다. 이 신앙의 길이라고 하는 것이 눈에 보이는 것이 아니기 때문입니다. 사람이 눈에 보이지 않는 것을 믿는다는 것은 결코 쉽지 않습니다. 그래서 유다는 부흥되었다가는 다시 쇠퇴하는 악순환을 반복했습니다.

그럼에도 다윗의 길로 충실하게 행했던 왕이 있었는데, 그가 바로 히스기야입니다. 그는 유다의 부흥의 비결을 알고 그대로 실행한 사람이었습니다. 히스기야는 유다의 왕이 되었을 때 거의 망하다시피 한 나라를 물려받아 영적인 부흥으로 이끌었습니다. 예배를 하나로 통합시키고 우상 숭배의 기회를 차단을 시켰으며 유월절의 정신으로 돌아가서 완전히 신앙의 기초부터 다시 시작하는 결단을 내렸습니다.

그리고 히스기야는 유다 역사상 가장 놀라운 하나님의 능력을 체험했습니다. 그런 만큼 온갖 연단을 감당했던 사람입니다. 앗수르는 유다를 쳐들어오지 않는 조건으로 유다에서 많은 돈을 받아갔지만 약속을 지키지 않았습니다. 히스기야는 돈만 떼인 신세가 되었습니다. 그리고 예루살렘에 쳐들어온 앗수르 군대에게 온갖 모욕을 당하고 멸망의 공포에 떨어야만 했습니다. 그뿐만이 아닙니다. 죽을병에 걸려서 이사야 선지자로부터 사망 선고를 받기까지 했습니다.

그 대신 히스기야는 고생한 이상으로 하나님의 엄청난 능력을 체험했습니다. 그래서 예루살렘을 에워쌌던 앗수르 군대가 단 하루 만에 18만 5,000명이 죽임을 당하는 기적을 체험했고 히스기야가 죽을병에 걸렸다가 치료되었을 때 아하스의 일영표가 10도나 뒤로 물러나는 기적이 일어나기도 했습니다. 그리고 히스기야는 욕을 얻어먹은 이상으로 유명하게 되어서 전 세계에서 사신이 찾아와 히스기야를 칭송하기도 했습니다.

그러나 히스기야의 이 놀라운 부흥과 축복은 그의 아들 므낫세에 의해서 완전히 꺼져버리고 말았습니다. 므낫세는 자기 아버지 히스기야와는 정반대로 철저하게 우상 숭배 정책을 써서 히스기야가 일으켰던 부흥의 불을 완전히 꺼버릴 정책을 썼습니다. 그래서 하나님께서는 므낫세때 유다에 대한 하나님의 언약도 포기하겠다고 말씀하셨습니다. 즉 유다의 생명은 므낫세에 의해서 완전히 끝나버리고 그 후의 역사는 멸망을 위한 마무리에 불과하게 되었습니다.

그렇게 훌륭한 히스기야에게서 도대체 어떻게 므낫세 같은 아들이 태어나 아버지가 일으킨 부흥을 단번에 꺼버릴 수 있었을까요?

1. 므낫세의 반항심

우리가 아무리 하나님을 믿는다고 하지만 자신이 실제로 하나님을 체험하지 않으면 하나님의 말씀만 붙들고 살아가는 건 불가능합니다. 하나님을 실제로 체험해보지 않으면 하나님의 말씀의 가치를 알 수도 없고 특히 어떻게 하면 하나님의 말씀이 삶의 능력이 될 수 있는지 알지 못하기 때문입니다. 거의 대부분의 유다 왕들은 처음에는 하나님의 말씀으로 출발했다가 나중에 가서는 끈기가 부족해서 세상으로 가는 경우가 많았습니다. 그러나 므낫세는 아예 처음부터 적극적인 우상 숭배 정책을 썼습니다.

1절, "므낫세가 왕위에 오를 때에 나이가 십이 세라 예루살렘에서 오십오 년 동안 다스리며"

므낫세는 아주 어린 나이인 12세에 유다의 왕이 되었습니다. 그리고 므낫세는 55년이라는 긴 시간 동안 유다를 다스렸습니다. 그러나 므낫세는 그 오랜 시간 유다를 다스리면서 결코 행복하지 않았습니다. 너무나 고통스럽고 지루한 시간을 보냈습니다.

사람이 어렸을 때는 주입하는 대로 모든 것을 받아들입니다. 그래서 자녀들은 거의 무비판적으로 부모의 신앙이나 가르침을 받아들입니다. 그러나 청소년 시기가 되면 대부분의 사람들은 지금까지 자기가 배운 것에 대하여 회의를 품게 됩니다. 자기가 지금까지 알고 있고 배우고 있는 것이 진정으로 옳은 것인지 아니면 어른들로부터 억지로 주입이 된 것인가를 다시 확인하기 위해서 의심을 하게 됩니다. 그래서 대개 어렸을 때부터 신앙생활을 해온 사람들 중에서 청소년기에 위기를 겪는 경우가 많습니다. 어렸을 때 배우고 지켜온 것들 중에서 의심이 생기거나 이해가 되지 않는 것은 부정하려고 하는 것입니다. 이때 아주 이해심이 많고 지혜로운 스승이 있어서 그런 자세를 잘 포용해주고 이해시켜주면 위기를 잘 넘기고 오히려 더 성숙한 신자가 될 수 있습니다. 특히 이때 의심을 이길 수 있는 강한 성령의 체험이 필요합니다. 그래서 교회 안에서 강한 성령의 체험은 젊은이들을 지키는 능력입니다. 그러나 이때 어른들이 부정적인 모습을 보여주거나 의심하고 회의하는 것을 정죄한다든지 강요하면 신앙적으로 반발하게 되는 것입니다.

므낫세가 유다의 왕이 되었을 때 그는 열두 살이었습니다. 이 시기는 한창 자기가 배운 것에 대하여 의심하고 바른 신앙에 대해서 반발할 나이입니다. 특히 므낫세는 이후 가장 중요한 시기인 청소년기에 나라를 다스리게 됩니다. 안타깝게도 므낫세는 신앙에 대한 회의와 반발이 너무 심했습니다. 신앙생활을 하면서 한번 씩 회의에 빠지거나 하나님의 말씀에 대하여 반발을 해보지 않는 사람은 없을 것입니다. 그러나 므낫세는 그 반발의 정도가 너무 심해서 극단적인 단계로 발전했습니다. 그리고 역대기에는 열왕기에는 없는 내용이 나오는데 그것은 므낫세가 포로로 붙들려갔다가 실컷 고생을 한 후에 회개하고 돌아오는 내용입니다. 므낫세가 회개하고 돌아온 것까지는 좋은데 방황했던 기간이 너무 길어서 유다를 신앙적으로 회복시킬 수 없었습니다. 그래서 교회에서 청소년기나 청년기에 바른 말씀을 들으면서 신앙생활을 하는 것이 아주 중요합니다. 그렇지 않으면 의심과 반발이 너무 심해서 돌아오지 못하거나 아니면 너무 늦게 돌아오게 되어서 이미 그 손실을 회복할 수가 없게 됩니다.

사람들이 같은 하나님을 믿는다고 하지만 신앙생활의 양상이 각각 다르다는 걸 알 필요가 있습니다. 예를 들어서 어떤 두 사람이 길을 걸어갈 때 여러 가지 방식으로 걸어갈 수 있습니다. 어떤 사람은 두 사람이 너무 가까워서 꼭 껴안고 가거나 혹은 등에 업고 갈 수도 있을 것입니다. 이때 이 두 사람 사이에는 거의 틈이 없습니다. 그러나 어떤 두 사람은 같은 길을 가면서도 멀찌감치 떨어져서 서로 얼굴만 쳐다보면서 가는 사람도 있을 것입니다.

하나님께서 우리에게 원하시는 것은 우리가 하나님과 꼭 붙어서 가는 것입니다. 그렇게 하면 우리에게는 모든 것을 마음대로 할 수 있는 자유가 없습니다. 우리는 오직 하나님의 말씀만 붙들고 가는 수밖에 없습니다. 이렇게 되려면 하나님을 만나는 체험이 있어야 하고 특히 하나님의 말씀 속에 있는 생명을 발견하는 체험이 있어야 합니다. 특히 하나님과 꼭 붙어서 가려고 하면 우리가 많은 연단을 받게 됩니다. 왜냐하면 연단이 우리를 하나님께 밀착을 시키기 때문입니다. 그러나 이런 체험이 없는 사람은 하나님을 믿는 범위 안에서 내가 하고 싶은 대로 다하면서 살아갑니다. 이런 경우에는 하나님과 느슨한 관계에 있는 것이고 하나님의 말씀은 그저 참고 사항밖에 되지 않습니다.

그런데 하나님과 느슨한 관계에 있으면 유익한 점이 있습니다. 세상의 좋은 것들을 취하고 많은 유익을 얻을 수 있고 또 일반적인 복을 많이 받을 수 있습니다. 그 대신 진정한 부흥의 불이 붙거나 기적적인 기도의 응답은 잘 나타나지 않습니다. 그래서 유다의 많은 왕들은 처음에는 하나님께 꼭 붙어 가다가 나중에는 느슨한 관계가 되어서 실패할 때가 많았습니다. 세상적인 복은 많이 받는데 부흥의 불은 약해지는 것입니다. 그런데 므낫세 같은 경우에는 하나님과의 느슨한 관계 정도가 아니라 너무 반발을 심하게 했습니다. 그 이유는 두 가지로 생각할 수 있습니다. 하나는 아버지 히스기야와 비교되는 것이 너무 싫어서 반항했을 수도 있습니다. 또 므낫세의 성격 자체가 상당히 비뚤어졌을 수도 있습니다. 그래서 므낫세는 내가 하나님을 인정하기 이전에 한번 하나님을 철저하게 부정해보자고 생각한 것 같습니다. 그런데 므낫세는 그 반발이 너무 심해서 넘어서는 안 될 선을 넘어버렸습니다. 그래서 유다의 부흥의 불은 므낫세에 의해서 완전히 꺼져버리게 됩니다.

> 2-5절, "여호와 보시기에 악을 행하여 여호와께서 이스라엘 자손 앞에서 쫓아내신 이방 사람들의 가증한 일을 본받아 그의 아버지 히스기야가 헐어 버린 산당을 다시 세우며 바알들을 위하여 제단을 쌓으며 아세라 목상을 만들며 하늘의 모든 일월성신을 경배하여 섬기며 여호와께서 전에 이르시기를 내가 내 이름을 예루살렘에 영원히 두리라 하신 여호와의 전에 제단들을 쌓고 또 여호와의 전 두 마당에 하늘의 일월성신을 위하여 제단들을 쌓고"

므낫세의 행적을 보면 완전히 반발심에서 나왔다고 볼 수밖에 없습니다. 므낫세는 아버지와는 정반대로 행했습니다. 므낫세는 아버지 히스기야가 헐어버린 산당을 다시 세우고 바알과 아세라를 다시 허용했습니다. 여호와의 성전 뜰에 바알단과 아세라 단을 쌓고 심지어는 동방 사람들이 섬기는 태양신, 달신, 별신을 위한 단을 성전 뜰에 세웠습니다.

아마도 므낫세는 어렸을 때부터 훌륭하게 정치했던 아버지 히스기야에 대한 이야기를 아마도 지겨울 정도로 들었을 것입니다. 사람들은 기회가 있을 때 마다 므낫세에게 '당신의 아버지는 이러이러한 훌륭한 정치를 하였고 이런 놀라운 일들을 해냈다' 는 말을 했을 것입니다. 므낫세는 이런 이야기를 들으면서 자기는 죽어도 이런 아버지를 흉내 낼 수 없다는 생각을 했을 것입니다. 이럴 때 사람은 정반대되는 일을 해서 자기 자신의 정체성을 찾고 싶어 할 때가 있습니다. 므낫세는 아버지 같이 훌륭한 왕이 될 수 없다면 완전히 반대로 나가서 자신이 그렇게 바보가 아니라는 것을 나타내자고 생각했던 모양입니다. 우리는 주위에서 흔히 겪는 일들 중에서 아버지가 유명하고 훌륭하면 자식이 오히려 삐딱하게 나가서 반항적인 삶을 사는 것을 보게 됩니다. 자기 재주로는 도저히 아버지를 따라갈 수 없으니까 오히려 정반대로 해서 사람들의 관심을 끌고 자기 자신을 찾으려고 하는 것입니다. 그러나 이것은 자기 자신을 찾는 것이 아니라 잃어버리는 것입니다.

우리가 하나님의 축복과 능력을 받는 방법은 탁월해지는 것이 아닙니다. 하나님의 손에 붙들릴 때 우리는 축복과 능력의 주인공이 될 수 있습니다.

저도 어렸을 때부터 신앙생활을 했는데 청년기에 오면서 신앙에 회의가 들게 되었습니다. 예수를 믿지 않아도 훌륭한 사람들이 참 많은데 왜 예수를 믿지 않는다는 이유로 그들은 지옥에 가야하고 또 예수 믿는 사람들 중에서도 이기적이고 못된 사람들이 참 많은데 왜 그런 사람들은 천국에 가는가 하는 것을 의심했습니다. 그리고 마음속에 목사님의 권위에 대한 반발심이 커지면서 하나님의 모든 계명을 다 깨트리고 싶은 악한 마음이 들게 되었습니다. 그러나 하나님의 계명들 중에서 윤리적인 계명들은 절대로 범할 수 없는 것입니다. 그래서 마음속으로 하나님을 부정하려고 애를 많이 썼습니다. 그렇게 하면서 신앙을 버렸다고 생각했습니다. 그러나 하나님께서는 저를 사랑하셔서 다시 찾아오셨습니다. 그때가 저에게 긴 기간은 아니었지만 신앙에 가장 위험한 시기였고 멸망으로 달려가는 시기였습니다. 그런데 므낫세는 도저히 하나님의 백성으로 넘어서는 안 되는 선을 넘어버렸습니다. 그것은 바로 하나님의 성전을 더럽힌 것이었습니다. 므낫세는 성전의 두 뜰에 하나님의 단은 치워버리고 거기에 바알의 제단과 일월성신에 바치는 단을 세웠습니다.

므낫세의 정치는 아버지 때처럼 영적이고 종교적인 성향은 있지만 방향은 정반대였습니다. 아버지나 기성세대에 대한 반발심 때문에 아버지의 신앙을 버리거나 잠시 세상나라의 통치를 흉내 냈는지도 모르겠습니다.

유다의 왕이라면 바알과 아세를 허용해서는 안 되는 것이었습니다. 그런데 므낫세는 거기서 그치지 않고 하나님의 이름을 두는 성전에 우상의 제단을 두었습니다. 게다가 하나님이 싫어하시는 일들만 골라서 했는데, 힌놈의 아들 골짜기에서 아들들을 산 채로 불에 태우는 의식도 행하고 점치거나 무당 짓을 하거나 귀신을 부르는 모든 것들을 다 끌어들인 것입니다. 이것은 의도적으로 행했다고밖에 말할 수 없습니다.

아마 유다의 귀족들이나 지도자들도 므낫세가 이렇게까지 할 줄은 몰랐을 것입니다. 사람은 겉만 보아서는 알 수가 없습니다. 므낫세는 왕이 된 후에 완전히 딴 사람이 되어버렸습니다. 므낫세는 하나님과 유다 백성들 앞에서 온 나라와 성전을 기만했습니다. 마귀의 교활한 전략이었습니다. 나이 어린 왕의 반항심을 부채질해서 유다 전체를 자기 손아귀에 넣으려고 한 것입니다.

10절, "여호와께서 므낫세와 그 백성에게 이르셨으나 저희가 듣지 아니하고"

모든 폭군들이 그렇듯이 므낫세도 바른 길로 돌이키도록 권하는 사람들을 제거해버렸습니다.

본문 말씀에는 하나님께서 므낫세와 유다 백성들에게 선지자를 보내서 말씀하셨지만 저희가 듣지 않았다고만 기록하고 있습니다. 그러나 열왕기를 보면 그 정도가 아니었다는 것을 알게 됩니다.

왕하 21장 16절, "므낫세가 유다에게 범죄하게 하여 여호와께서 보시기에 악을 행한 것 외에도 또 무죄한 자의 피를 심히 많이 흘려 예루살렘 이 끝에서 저 끝까지 가득하게 하였더라"

므낫세는 하나님의 말씀을 가감없이 전하는 자들을 무수히 죽였습니다. 전승에 의하면 이사야는 므낫세에게 그렇게 하지 말라고 했는데 므낫세는 이사야를 산 채로 톱으로 켜서 죽였다고 합니다.

2. 하나님의 언약이 깨어짐

므낫세가 행한 악행 중에서 가장 심한 것은 하나님의 성전을 더럽힌 것이었습니다.

4절, "여호와께서 전에 이르시기를 내가 내 이름을 예루살렘에 영원히 두리라 하신 여호와의 전에 제단들을 쌓고"

하나님은 솔로몬이 지은 성전에 영영히 내 이름을 두겠다고 말씀하셨습니다. 우리 인간들이 하나님을 만난다는 것은 불가능합니다. 그러나 누구든지 하나님의 이름이 있는 예루살렘 성전에 오면 하나님을 만날 수 있고 죄를 용서받을 수 있었습니다.

사람들에게 가장 치명적인 것은 죄를 씻을 방법이 없다는 것입니다. 사람들의 마음속에는 언제나 악한 생각과 충동이 생겨서 죄를 짓는데 인간들은 이 죄를 씻을 수가 없습니다. 인간의 도덕이나 철학은 이런 죄를 보이지 않도록 덮어두는 것에 불과합니다. 그러나 성전의 생수는 완전히 소방 호수와 같아서 인간의 마음을 깨끗하게 씻어주십니다.

이것이야말로 인간이 새로 태어나는 것이고 하나님의 진노를 축복으로 바꾸어주는 것입니다. 그런데 므낫세는 성전 뜰 안에 우상의 단을 쌓음으로 하나님의 은혜가 임하는 것을 원천적으로 봉쇄해버렸습니다.

므낫세는 다른 곳에도 바알 제단이나 일월성신의 단을 쌓을 곳도 많이 있을 텐데 왜 하필이면 성전 뜰에 이것들을 세웠을까요? 이것은 하나님을 향해서 이제는 유다에서 손을 떼시라는 뜻인 것입니다. 즉 이제부터는 내가 하나님의 간섭을 받지 않고 나라를 다스릴 테니까 하나님은 더 이상 이래라 저래라 간섭하지 말라는 뜻이었습니다.

유다에서 죄를 씻는 곳이 봉쇄되니까 유다는 금방 죄의 쓰레기로 뒤덮이게 되었습니다. 어느 나라든지 중요한 것이 쓰레기를 처리하는 것입니다. 특히 서울 같은 대도시에서 단 일주일이라도 쓰레기를 처리하지 않으면 온 도시가 썩은 오물로 뒤덮이게 될 것입니다. 죄의 쓰레기를 처리할 수 없는 유다의 영적인 상황은 그야말로 오물 천지가 되었습니다.

드디어 므낫세는 유다의 가장 중요한 기초까지 무너뜨리려고 합니다. 그것은 지금까지 유다를 지탱해온 두 개의 기초인 모세의 법과 다윗의 언약이 폐기될 위기에 처합니다.

> 8절, "만일 이스라엘 사람이 내가 명령한 일들 곧 모세를 통하여 전한 모든 율법과 율례와 규례를 지켜 행하면 내가 그들의 발로 다시는 그의 조상들에게 정하여 준 땅에서 옮기지 않게 하리라 하셨으나"

하나님께서 이스라엘 백성들을 애굽에서 인도하여 내신 건 유일하신 하나님만 섬기도록 하기 위해서였습니다. 그래서 하나님께서는 이스라엘 백성들이 하나님만 섬기면 영원히 가나안 땅을 기업으로 주시겠다고 약속하셨습니다. 그러므로 이스라엘 자손들이 하나님을 섬기지 않고 이방 우상을 섬기면 가나안 땅에서 쫓겨나야 마땅합니다.

사실 가나안 땅은 그 당시에 가장 노른자위 땅이었습니다. 그래서 이스라엘 주변에 있는 몇몇 강한 민족들은 그 땅을 차지하려고 호시탐탐 노리고 있었습니다. 그 와중에 하나님께서는 이스라엘 백성들이 그 땅을 수백 년 동안 차지할 수 있게 하셨습니다. 하나님께서 그렇게 약속하셨기 때문입니다.

므낫세는 어리석게도 하나님을 섬기지 않으면서 가나안 땅만 차지하려고 했는데 그것은 불가능한 것이었습니다. 이스라엘 백성들이 하나님을 섬기지 않으면 더 이상 이스라엘 백성으로서 기업을 누릴 자격이 없어지는 것입니다.

> 9절, "유다와 예루살렘 주민이 므낫세의 꾀임을 받고 악을 행한 것이 여호와께서 이스라엘 자손 앞에서 멸하신 모든 나라보다 더욱 심하였더라"

하나님께서는 가나안 족속들이 우상 숭배를 너무 심하게 해서 가나안 땅에서 쫓아내셨는데 므낫세 때 유다와 예루살렘 백성들은 가나안 족속들보다 더 심해진 형국이었습니다. 이들은 참 이스라엘이라 할 수 없었습니다. 여호와 하나님을 버린 이스라엘이 어찌 이스라엘이라 일컬음을 받을 수 있겠습니까?

하나님은 이스라엘 백성들이 하나님의 율법만 지키면 절대로 망하지 않게 하겠다고 약속하셨습니다. 물론 아무리 이스라엘 백성들이 하나님의 율법을 지켜도 연단은 올 수 있습니다. 그렇다고 그들이 가나안 땅에서 쫓겨나지는 않을 것입니다. 그들이 정신을 차려서 다시 하나님의 말씀만 붙들면 얼마든지 다시 부흥이 일어날 수 있는 것입니다. 그러나 므낫세 왕의 불신앙으로 유다 백성 전체가 이스라엘으로서의 특권을 박탈당하게 되었습니다. 므낫세 왕의 강력한 리더십을 따른 결과였습니다.

하나님께서 다윗에게 약속하시기를 비록 백성들이 하나님의 말씀에 불순종하더라도 왕 한 사람만이라도 철저하게 하나님의 말씀에 순종하면 부흥을 주시겠다고 하셨습니다. 므낫세 왕이 앞서서 하나님을 배반했기 때문에 백성들은 다윗의 축복도 받을 수 없게 되었습니다.

3. 므낫세가 당한 환란

하나님의 백성들이 하나님의 말씀을 떠났을 때 하나님이 내리시는 가장 무서운 심판은 소리 없는 심판입니다. 겉으로는 아무 이상 없어 보이지만 영적인 부흥의 기미가 전혀 보이지 않게 됩니다. 하나님 앞에서 뜨거운 마음중심으로 드리는 예배가 사라지고 당연히 감격도 없고 기도 응답도 없어지는 것입니다. 그럼에도 미련한 사람들은 당장 손해를 보거나 살 집이 없어지는 게 아니기 때문에 '평안하다, 평안하다' 하며 안심을 합니다. 하지만 이런 소리 없는 심판도 잠시, 얼마 지나지 않아 이젠 눈에 보이는 큰 재앙이 터지기 시작합니다. 그때는 이스라엘 백성들이 아무리 하나님 앞에 울며 매달려도 소용이 없었습니다. 므낫세의 철저한 반항 정치가 시작되고 얼마나 시간이 흘렀을까요? 하나님은 앗수르 군대를 일으키셔서 므낫세를 포로로 붙들려가게 하셨습니다.

> 11절, "여호와께서 앗수르 왕의 군대 지휘관들이 와서 치게 하시매 그들이 므낫세를 사로잡고 쇠사슬로 결박하여 바벨론으로 끌고 간지라"

므낫세의 아버지 히스기야는 앗수르 산헤립의 군대 18만 5,000명을 하룻밤 사이에 죽게 했습니다. 당시에는 하나님의 성전이 살아 있었기 때문에 하나님께서 역사하신 것입니다. 여기서 성전이 살아 있다는 것은 성전에서 바른 말씀이 선포되고 바른 예배가 드려지고 바른 중심으로 토해내는 눈물의 기도가 있는 것을 의미합니다. 바른 말씀이 있고 바른 기도가 있는 성전은 어떤 세력도 이기지 못합니다. 거기에는 하나님의 능력이 있기 때문입니다. 그러나 므낫세가 성전의 기능을 마비시켜버리자 성전은 더 이상 하나님의 능력의 원천이 될 수 없었습니다. 그 결과는 처참했습니다. 앗수르 군대가 다시 쳐들어와서 왕을 바벨론으로 끌고 간 것입니다. 이때만 해도 앗수르가 바벨론보다 더 강해서 바벨론까지 지배하고 있었습니다. 왕이 쇠사슬에 묶여 끌려갔으니 백성들은 얼마나 많이 끌려갔겠습니까? 하나님의 말씀을 무시한 죄의 대가가 이렇게 가혹한 것입니다.

12-13절, "그가 환난을 당하여 그의 하나님 여호와께 간구하고 그의 조상들의 하나님 앞에 크게 겸손하여 기도하였으므로 하나님이 그의 기도를 받으시며 그의 간구를 들으시사 그가 예루살렘에 돌아와서 다시 왕위에 앉게 하시매 므낫세가 그제서야 여호와께서 하나님이신 줄을 알았더라"

하나님께서는 그렇게 반항하고 하나님의 이름을 욕되게 한 므낫세인데도 그가 회개하자 용서해주셨습니다.

므낫세가 그 동안 하나님께 그렇게 반항을 했던 것은 그가 진정 고생을 해보지 않았기 때문이었습니다. 므낫세는 자기가 왕이라는 것만 생각하고 모든 것을 우습게 여기고 자기 마음대로 될 줄 알았던 것입니다. 그러나 바벨론에 포로로 붙잡혀 가서 온갖 고생을 다하고 죄인 취급을 받는 동안 므낫세는 자기가 붙들 수 있는 건 하나님 밖에 없다고 생각하게 되었습니다. 그리고 어렸을 때부터 들었던 하나님의 말씀이 효력이 있었던 모양입니다. 그래서 므낫세는 자기 힘으로는 절대로 돌아올 수 없는 포로지에서 교만했던 지난날을 회개했습니다.

그랬더니 기적이 일어났습니다. 그는 포로에서 풀려나 다시 예루살렘에 돌아왔고 다시 왕으로서 통치하게 되었습니다. 오늘 성경에 보면 므낫세가 그제야 여호와께서 하나님인 줄 알았더라고 말씀하고 있습니다. 므낫세는 그 동안 여호와가 하나님인 줄을 믿지 못해서 그렇게 반항하고 그렇게 많이 죄를 짓고 고생했던 것입니다.

므낫세는 포로에서 돌아오고 난 후에는 정신을 차렸습니다. 그래서 므낫세는 예루살렘 외성도 쌓고 여호와의 전에 있는 우상도 없애버렸습니다. 그리고 다시 여호와의 전에 단을 만들어서 화목제와 감사제를 드리고 백성들에게도 하나님 여호와만 섬기라고 했습니다. 그러나 때는 이미 늦었기에 유다와 예루살렘에 임박한 멸망을 돌이킬 수가 없었습니다.

> 22-23절, "그의 아버지 므낫세의 행함 같이 여호와 보시기에 악을 행하여 아몬이 그의 아버지 므낫세가 만든 아로새긴 모든 우상에게 제사하여 섬겼으며 이 아몬이 그의 아버지 므낫세가 스스로 겸손함 같이 여호와 앞에서 스스로 겸손하지 아니하고 더욱 범죄하더니"

므낫세의 방황과 타락은 그의 아들 아몬에게 그대로 영향을 주었습니다. 사람은 좋은 영향보다는 나쁜 영향을 더 빨리 받아들이는 법입니다. 므낫세는 나중에 실컷 방황하고 고생하다가 나중에 정신을 차리고 돌아왔지만 이미 그 아들 아몬은 아버지의 나쁜 영향에 젖어 있었습니다.

모세의 율법에도 명시된바, '나를 미워하는 자의 죄를 갚되 아비로부터 자식에게로 삼사 대까지 이르게 하거니와'라고 했습니다. 아버지가 끼친 나쁜 영향력은 그대로 자식에게 배어드는 법입니다. 아버지가 우상을 만들 때 자식의 마음속에는 이미 하나님을 업신여기는 마음이 뿌리를 내리기 때문에 나중에 아버지가 정신을 차린다고 해도 자식이 돌아오기는 힘듭니다. 벌써부터 마음이 교만해진 자식은 아버지가 회개하고 겸비하는 모습을 보면서 오히려 조소할 것입니다.

히스기야 같이 신앙적으로 탁월한 왕의 아들이 므낫세 같은 반항자였다는 것은 참으로 놀라운 일이 아닐 수 없습니다. 그러나 아무리 아버지의 신앙이 탁월하고 훌륭하다 하더라도 자기 자신이 스스로 겪어보지 않으면 그 믿음의 길이 이해가 되지 않기 때문에 따르고 싶어도 그럴 동기를 얻지 못하는 것입니다.

아무리 부모의 신앙이 좋고 교회가 성경적이라 하더라도 완전히 의심하지 않거나 흔들리지 않고 처음부터 똑바로 믿는 사람은 거의 없는 것 같습니다. 그렇지만 회의를 하더라도 할 수 있으면 좀 더 어릴 때 하는 것이 좋습니다. 나이가 더 들어 중책을 맡기 전에 말입니다. 그리고 하나님의 백성으로서 넘어서는 안 되는 선들이 있는데 그것을 넘을 정도로 죄를 지으면서 방황하는 건 자기 파괴적인 행위입니다.

우리는 므낫세의 반항과 하나님의 심판을 보면서 하나님 앞에서는 계급이 아무 소용이 없다는 것을 알게 됩니다. 아무리 왕이라 하더라도 하나님의 율법을 어기면 포로로 붙들려가서 비참한 밑바닥 생활을 하게 되는 것입니다.

하나님은 그렇게 못된 짓을 많이 하고 하나님을 대적했던 므낫세가 회개했을 때 용서해주시고 다시 왕위를 회복시켜주셨습니다. 그나마 므낫세가 회개를 했기에 유다의 역사가 조금 더 연장되었던 것 같습니다. 그의 아들 아몬이 아버지 같이 우상 숭배를 하지만 2년 만에 부하에게 죽임을 당하고 곧 유다의 마지막 불꽃인 요시아가 등장하게 됩니다.

언제라도 회개하기만 하면 하나님은 은혜를 주십니다. 므낫세는 인생의 밑바닥에서 하나님께 회개했습니다. 오히려 고생이 신앙에 도움이 될 때가 있습니다. 너무 편하게 살려고 애쓰지 마십시오. 고생을 좀 하더라도 가난한 마음으로 하나님의 말씀을 사모하고 그분의 임재가 있는 예배를 갈망하는 성전중심의 성도들이 되시길 바랍니다.

CHAPTER 20

유다의 마지막 부흥

대하 34:1-33

'될성부른 나무는 떡잎부터 다르다'고 합니다. 나무는 씨만 보면 비슷비슷하게 생겼지만 일단 싹이 나오는 것을 보면 크게 될 나무와 그렇지 않는 나무를 구별할 수 있는 것 같습니다. 아이들도 자랄 때보면 다른 아이는 철도 없고 노느라고 정신이 없는데 비해서 어떤 아이는 어렸을 때부터 주관도 뚜렷하고 정의감도 강하고 그릇이 큰 아이가 있습니다. 물론 이 명제가 모든 사람에게 다 적용이 되는 건 아닙니다. 대기만성 형 사람들도 얼마든지 있기 때문입니다.

하나님이 쓰시는 사람 중에도 아주 어렸을 때부터 특별하게 준비된 사람들이 있습니다. 대개 이런 사람들은 아주 어렸을 때부터 하나님에 대하여 아주 예민한 감수성을 가지고 예배나 하나님의 말씀에 대하여 많은 관심을 가집니다. 그리고 아주 어렸을 때부터 자신의 죄에 대하여 민감하게 반응을 하고 어떻게 하든지 하나님 앞에서 바르게 살아보려고 애를 많이 씁니다. 그러다가 어느 순간 하나님의 손에 붙들려서 놀랍게 쓰임 받습니다. 하나님께서 이런 사람을 어렸을 때부터 준비시키시는 데는 이유가 있습니다. 시대가 너무나도 악해서 이들이 세상적으로 방황할 시간적 여유를 줄 수 없기 때입니다. 세상은 급속도로 타락해가고 부흥의 불은 꺼져 있을 때 하나님께서는 마치 비상 발전기를 돌리듯이 이런 사람을 준비시키시는 것입니다. 대개 이런 사람의 특징은 주위에 있는 모든 사람들은 우상을 따라가고 세상의 타락한 생활에 빠져 있지만 혼자 그런 생활에 물들지 않고 믿음으로 준비됩니다.

사무엘이 그렇게 준비된 사람이었습니다. 사무엘이 살았던 당시에는 제사장들이 심하게 타락한 시대였습니다. 성전에서 드리는 제물을 강탈하고 성전에서 일하는 여인들과 좋지 않은 관계를 가지기도 했습니다.

사무엘은 어머니의 젖을 떼자마자 성전으로 보내져 성장합니다. 그는 제사장이나 성전에서 일하는 사람들의 나쁜 행실을 본받지 않고 하나님에 대하여 비상한 관심을 가졌습니다. 그러다가 어느 날 사무엘은 자기를 부르시는 하나님의 음성을 듣게 되었습니다.

삼손도 어렸을 때부터 나실인으로 구별이 되어서 다른 아이들과는 어울려 놀지 않고 혼자 있는 시간을 가지다가 소라와 에스다올 사이에서 성령이 임하는 체험을 하게 됩니다. 다윗도 마찬가지였습니다. 형들은 모두 평범하게 사는 동안 다윗은 양을 치면서 하나님의 말씀을 묵상했고 하나님의 능력으로 사자나 곰을 물리치는 체험을 하게 되었습니다.

그래서 어린이들의 신앙을 무시하거나 우습게 생각을 해서는 안 됩니다. 이 아이들이 교회에 와서 예배를 드리면서 하나님에 대하여 비상한 감수성을 가지고 세상과는 다른 무엇인가를 느끼게 됩니다. 특히 세상이 악하고 음란할수록 하나님은 시간이 없기 때문에 하나님의 종들을 아주 어렸을 때부터 준비를 시키시는 것입니다.

유다가 멸망하기 이전에 유다의 마지막 부흥을 일으킨 왕 요시야도 바로 이런 사람이었습니다. 요시야가 유다의 왕이 되었을 때가 불과 여덟 살이었습니다. 그러나 요시야는 그의 할아버지나 아버지가 지독한 우상 숭배자였음에도 불구하고 그 타락한 길을 따르지 않고 철저하게 하나님을 섬겼던 사람이었습니다. 특히 할아버지 므낫세는 열두 살에 왕이 되어서 그 사춘기를 신앙적으로 회의하고 하나님께 반항하면서 살았던 것에 비하여 요시야는 그의 사춘기 때 더 본격적으로 하나님을 찾았습니다. 특히 유다나 옛날 이스라엘 땅에 있는 우상과 그 단을 부수고 파괴시키는 일을 했습니다. 특히 요시야에게서 놀라운 점은 무려 300년 전 이스라엘이 남북으로 갈라졌을 때 북쪽 왕 여호보암이 처음 금송아지 단을 만들어서 분향했을 때 한 이름 없는 선지자가 그 단을 저주하면서 했던 말을 이룬 것입니다.

선지자가 말하기를 장차 요시야라는 왕이 나와서 이 단 위에 분향한 사람들의 뼈를 불사를 것이라고 예언을 했는데 그 말 그대로 요시야는 바알이나 아세라 같은 우상에게 제사한 자들의 뼈를 다시 꺼내 그 단 위에서 불태웠습니다. 이것을 보면 요시야가 얼마나 특별하게 준비된 사람이었는가 하는 것을 알 수 있습니다.

세상이 악할수록 하나님은 당신의 어린 백성들을 준비시켜서 일찍부터 하나님을 위하여 봉사하게 하십니다. 그래야 세상 때도 덜 묻게 되고 방황하는 시간도 적어져서 더 온전히 하나님을 위해서 살 수 있게 되는 것입니다.

1. 요시야의 믿음

요시야가 왕이 되었을 때에는 앞서 살펴본 므낫세와 아몬의 통치로 말미암아 부흥의 불이 싸늘히 식어진 지 오래된 후였습니다. 오랫동안 불을 때지 않은 집은 방바닥이 차갑고 냉기가 뼛속까지 파고 들어올 것입니다. 유다는 바로 그런 상태에서 아버지 아몬이 너무 일찍 암살을 당하는 바람에 불과 여덟 살의 나이로 유다의 왕이 되었습니다.

> 1-2절, "요시야가 왕위에 오를 때에 나이가 팔 세라 예루살렘에서 삼십일 년 동안 다스리며 여호와 보시기에 정직하게 행하여 그의 조상 다윗의 길로 걸으며 좌우로 치우치지 아니하고"

요시야는 참으로 어린 나이에 충격적인 경험을 많이 했습니다. 그의 할아버지 므낫세가 하나님을 대적하는 정치를 하다가 바벨론에 노예로 끌려갔다가 겨우 회개하고 돌아온 일은 그에게 적잖은 충격을 주었을 것입니다. 그의 아버지 아몬은 여전히 하나님을 미워해서 할아버지가 바벨론에 끌려갔다 오는 것을 보고서도 깨닫지 못하고 계속 우상 정치를 하다가 부하에 의해서 암살당했습니다. 그러고 나서 아무 것도 모르는 요시야는 아버지가 죽는 바람에 불과 여덟 살에 유다의 왕이 되어버렸습니다. 물론 그 어린 요시야가 이 모든 일의 의미를 알았다고는 생각되지 않습니다. 여덟 살이면 밖에 나가 친구들과 실컷 어울려서 놀 나이입니다. 그러나 어떻게 된 일인지는 알 수 없지만 요시야는 어렸을 때부터 하나님을 찾았습니다. 하나님께서 요시야에게 어렸을 때부터 이런 마음을 주셨기 때문입니다. 나중에 요시야는 성전에서 두루마리 율법책을 발견하고 나서, 다른 사람이 아닌 여선지자 훌다에게 신하를 보내 하나님의 뜻을 물어봅니다. 이것을 보면 요시야가 어렸을 때 이런 신실한 하나님의 여종으로부터 가르침을 받았을 수도 있습니다.

어렸을 때는 놀이가 중요합니다. 어떤 아이들은 병원놀이를 하면서 놀기도 하고 또 군대놀이나 혹은 소꿉장난을 즐기기도 합니다. 이런 놀이들을 통해서 아이들이 어른들의 세계를 꿈꾸고 동경하는 것입니다. 그런데 어떤 아이들은 하나님께 예배드리는 것을 아주 좋아하고 어렸을 때 어른 예배의 장엄함과 영광에 매력을 느끼는 아이들도 있습니다.

요시야는 아주 어렸을 때부터 하나님의 손에 붙들린 사람이었습니다. 그래서 그는 어렸을 때부터 하나님의 길을 걸었습니다.

본문을 보면 요시야가 여호와 보시기에 '정직하게 행했다'라고 말씀하고 있습니다. 이것은 요시야가 자라면서 한 번도 거짓말을 하지 않았다는 뜻이 아닙니다. 성경에서 정직하게 행하였다고 하는 것은 하나님의 말씀만 붙잡았다는 뜻입니다.

이 세상에는 많은 길들이 있습니다. 출세로 가는 길, 지극히 인간적인 길, 타락의 길 등 셀 수 없이 많은 길이 있습니다. 그런데 정직하게 행하였다고 하는 것은 일체 인간적인 생각이나 세상의 유행을 따르지 않고 하나님의 말씀 하나만 붙들고 살아갔다는 말입니다.

우리가 하나님의 말씀만 붙들고 살아갈 때 가장 어려운 것이 하나님의 말씀은 그야말로 옛날이야기라 세상의 유행에 뒤진다는 점입니다. 세상에는 온갖 좋은 것들이 물밀듯 쏟아지고 있는데 하나님의 말씀만 붙든다는 것은 너무나 고리타분해 보입니다. 그러나 우리가 하나님의 말씀만 붙들때 하나님의 능력이 임합니다. 하나님의 말씀만 붙든다는 것은 우리가 단지 오래된 진리에 집착한다는 뜻이 아닙니다. 우리가 하나님께 온 마음을 다 바칠 때 하나님이 하늘의 복을 주셔서 우리를 가장 부흥하게 하시는 것입니다.

여기서 다윗의 길이라고 하는 것은 나라를 부흥시키기 위해서 인간적인 방법을 쓰지 않고 말씀의 부흥을 추구했다는 말입니다. 이 말씀의 부흥이 적의 침공에 대한 두려움도 해결할 수 있었습니다. 하나님께서 나가는 전쟁마다 이기게 하셨던 것입니다. 이로써 우리는 유다의 가장 중요한 문제는 통치 원리에 있다는 것을 알게 됩니다. 지금까지 유다의 많은 왕들이 세상적인 방법으로 나라를 발전시키려고 했을 때는 이상하게도 나라가 타락하고 침체되었습니다. 그리고 오히려 적이 더 많이 침략해서 사람도 붙들려가고 재물도 많이 빼앗겼습니다. 그러나 유다의 왕들이 죽을 각오를 하고 하나님만 붙들고 말씀의 부흥을 일으켰을 때에는 오히려 적들도 물리치고 경제적으로도 풍족하였던 것입니다. 그러나 유다의 왕들은 끝까지 말씀만 붙들고 나갈 용기가 없어서 언제나 딴 길로 가곤 했습니다.

요시야는 어렸을 때 하나님의 손에 붙들린 후에 '좌우로 치우치지' 않았습니다. 여기서 좌우로 치우친다고 하는 것은 하나님의 말씀의 길에서 벗어나지 않는다는 뜻입니다. 물론 넘어질 때도 있고 실패할 때도 있습니다. 그래도 신앙의 길에서 아예 떠나지 않는 것이 중요합니다.

한편 좌우로 치우친다고 하는 것은 하나님의 말씀에 한계를 느껴서 더 이상 하나님의 말씀을 신뢰하지 않는 것입니다. 세상을 따라가든지 미신이나 신비주의에 빠지는 것을 말합니다. 우리는 이 중립을 잘 지킬 필요가 있습니다. 너무 미신적인 신앙으로 빠져서 환상이나 꿈을 믿을 필요도 없고 그렇다고 해서 세상의 유행을 따라가서 남들이 하는 것을 흉내 낼 필요도 없습니다. 이것에 대하여 확신이 없으면 남들은 모두 대단한 것을 하는 것 같은데 자기 혼자 시대에 뒤떨어지는 것 같아서 오래 버티지 못하고 세상에 휩쓸리고 마는 것입니다.

2. 요시야의 우상 철폐 정치

요시야는 나이가 들어감에 따라서 더 하나님을 가까이 하고 하나님이 원하시는 정치를 실행했습니다.

> 3절, "아직도 어렸을 때 곧 왕위에 있은 지 팔 년에 그의 조상 다윗의 하나님을 비로소 찾고 제십이년에 유다와 예루살렘을 비로소 정결하게 하여 그 산당들과 아세라 목상들과 아로새긴 우상들과 부어 만든 우상들을 제거하여 버리매"

요시야가 어렸을 때부터 하나님에 대하여 예민한 감수성을 가지고 있었고 하나님의 손에 특별하게 붙들린 자였다 하더라도 왕이 되자마자 큰일을 할 수 있었던 건 아니었습니다. 어려도 너무 어렸기 때문입니다. 그래서 요시야는 왕이 되고 난 후에도 8년 동안은 아무 것도 하지 않고 그냥 있었습니다. 이 기간은 요시야가 자라는 시간이었습니다. 하나님께서는 요시야가 어느 정도 주관을 가지고 일할 수 있는 나이가 될 때까지 무려 8년을 잠잠히 기다리셨습니다. 그러다가 요시야가 16세가 되자, 요시야는 어떤 체험을 하게 됩니다. 성경은 '요시야가 그 조상 다윗의 하나님을 비로소 구했다'고 말씀하고 있습니다. 이것은 요시야가 십육 세가 될 때까지 전혀 하나님을 모르는 상태에 방치되어 있었다는 뜻이 아닙니다. 그 동안 요시야는 너무 어려서 하나님을 개인적으로 만날 기회가 없었던 것입니다. 그러다가 요시야가 왕이 된 지 8년이 되었을 때 즉 16세 때 개인적으로 살아계신 하나님을 만나는 체험이 있었던 것입니다. 이때 하나님께서는 요시야에게 음성으로 나타나셔서 그가 하나님만 의지하면 하나님께서 끝까지 지켜주실 것이라고 약속하셨을 것입니다. 아마도 이 시기 이전에 요시야는 하나님을 믿기는 하지만 자신의 부족과 또 자기 안에 있는 죄성으로 많이 고민하고 번민하면서 지냈을 것입니다. 그러면서 그는 성전을 가까이 하고 말씀을 가까이 하는 기회를 가졌을 것입니다. 그러다가 16세 때 살아계신 하나님을 체험하면서 하나님께서 그의 모든 죄를 사하여 주셨으며 그가 하나님의 기름 부음 받은 종이며 하나님께서 그를 택하셨다는 확신을 가지게 된 것입니다.

요시야가 하나님의 은혜를 체험하자마자 나라 안에서 어떤 일을 일으켰던 것은 아닙니다. 요시야는 다시 4년을 기다렸습니다. 그래서 요시야가 왕이 된 지 12년이 되고 자기 나이가 20세가 되었을 때 비로소 유다와 예루살렘을 하나님 앞에서 깨끗케 해야겠다는 결단을 내리게 되었습니다.

3절하, "…제십이년에 유다와 예루살렘을 비로소 정결하게 하여 그 산당들과 아세라 목상들과 아로새긴 우상들과 부어 만든 우상들을 제거하여 버리매"

요시야는 그 동안 하나님의 백성으로 사는 비결을 알게 되었습니다. 하나님의 나라는 하나님이 계신 곳이기 때문에 하나님 앞에서 정결해야 한다는 것이었습니다. 당시 유다에는 바알이나 아세라나 다른 많은 우상들이 잔뜩 세워져 있었습니다. 요시야는 일단 유다가 하나님이 기뻐하시는 나라가 되려면 이런 우상들을 다 없애야 한다고 생각했습니다. 그리고 요시야는 왕의 사명이 바로 이런 우상들을 없애는 것이라는 사실을

20 유다의 마지막 부흥

알게 되었습니다.

요시야가 유다 안에서 우상을 철폐하기로 결단했을 때 동조하는 백성들이 있었습니다. 그래서 이들이 왕을 도와 왕 앞에서 우상을 부수었습니다.

> 4절, "무리가 왕 앞에서 바알의 제단들을 헐었으며 왕이 또 그 제단 위에 높이 달린 태양상들을 찍고 또 아세라 목상들과 아로새긴 우상들과 부어 만든 우상들을 빻아 가루를 만들어 제사하던 자들의 무덤에 뿌리고"

하나님의 일은 왕 혼자 할 수 없습니다. 요시야가 준비되는 동안 백성들도 준비되고 있었습니다. 왕은 많은 것을 하지 않았지만 그의 존재 자체가 백성들의 정신을 차리게 했고 우상을 버릴 수 있는 마음을 가지게 했습니다. 이런 것을 보면 반드시 많은 일을 해야 할 필요가 없습니다. 우리가 아무 말 없이 우리 자신의 위치를 지키기만 해도 사람들은 그것을 통해서 용기를 내고 힘을 얻게 되는 것입니다.

우리가 생각하기에 바알의 상을 부수는 것이 쉬울 것 같지만 당시 통념상 바알 신상을 부수는 자는 저주를 받도록 되어 있었습니다. 그래서 사람들 중에는 바알을 부수고 싶어도 그런 저주가 두려워서 손을 대지 못하는 경우가 많았습니다. 그러나 유다의 왕이 직접 나서서 바알 신상을 부수니까 백성들이 거짓된 저주를 두려워하지 않게 되었습니다.

다음으로 태양상을 부수었는데 이건 주변 나라들의 미움을 살 각오를 해야 단행할 수 있는 일입니다. 태양상을 섬기는 바벨론이나 앗수르의 심기를 불편하게 하는 행위였던 것입니다. 그러나 요시야는 이런 나라들의 눈치를 보기보다는 하나님을 유다의 왕으로 바로 모시기를 원했습니다. 그리고 요시야는 이런 우상들과 우상 숭배자들을 영원히 저주하는 의미에서 이 우상들을 빻아서 가루로 만들어서 우상 숭배하다가 죽은 자들의 무덤 위에 뿌렸습니다. 그들의 영혼이 이 우상들과 함께 영원히 저주를 받을 것이란 뜻이었습니다.

여기에서 그치지 않고 그는 이스라엘이 망한 자리인 므낫세와 에브라임과 시므온과 납달리에 있는 이미 황폐한 성읍에 가서 거기에 남아 있는 단들을 부수고 목상들과 아로새긴 우상들을 부수고 빻아서 가루로 만들었습니다. 그리고 요시야는 우상 숭배하던 제사장들의 뼈를 무덤에서 꺼내 우상의 단 위에서 불태웠습니다.

열왕기상 13장 2절에는 "하나님의 사람이 제단을 향하여 여호와의 말씀으로 외쳐 이르되 제단아 제단아 여호와께서 이와 같이 말씀하시기를 다윗의 집에 요시야라 이름하는 아들을 낳으리니 그가 네 위에 분향하는 산당 제사장을 네 위에서 제물로 바칠 것이요 또 사람의 뼈를 네 위에서 사르리라 하셨느니라 하고"라고 기록돼 있습니다.

무려 300년 전에 우상 숭배한 자들의 뼈를 단 위에 불사르는 것이 무슨 의미가 있을까 하는 생각이 들지 않습니까? 300년 전에 일어난 일이라고는 하지만 이때 저질렀던 죄악으로 영원히 지옥 형벌을 받게 됩니다. 그리고 몇 백 년이 지나도 하나님의 말씀은 동일한 능력을 가지고 있습니다. 그러므로 우리는 이제 와서 무슨 소용이 있나 생각하기 전에 하나님의 영원불멸하시는 말씀의 능력을 깨달아야 할 것입니다.

이스라엘이 분열 초기에 있었던 예언이 300년 후에 실제로 요시야라는 사람에 의하여 이루어지게 됩니다. 그 긴긴 시간 동안 하나님께서는 유다 백성들과 이스라엘 백성들의 우상 숭배를 참으셨습니다. 하나님은 너무 오래 참으셨습니다. 그러나 이제는 더 이상 참지 않으시고 가나안 땅에서 우상을 완전히 제하여 버리시려고 하십니다. 요시야는 하나님의 뜻대로 유다와 이스라엘 땅에서 모든 우상을 제거하는 데 성공하고 예루살렘으로 돌아왔습니다.

3. 성전을 수리하다가 두루마리 율법책을 발견함

요시야는 왕이 된 지 십이 년에 우상을 부수기 시작했는데 완전히 우상을 없애는 데 6년이 걸렸습니다. 이제 요시야는 왕이 된 지 18년에 성전을 대대적으로 수리해야겠다는 생각을 하게 되었습니다.

하나님의 통치의 중심에는 성전이 있습니다. 하나님의 백성들이 말씀의 통치를 받으려고 하면 성전이 제 기능을 발휘해야 합니다. 우리가 하나님의 말씀을 들으면 우리의 죄를 깨닫게 되고 또 하나님께 바른 예배를 드리고 싶어집니다. 성전 예배는 하나님과 우리의 만남이며 하나님의 임재를 경험하는 것입니다.

하나님의 백성들에게 부흥의 불이 붙기 위해서는 예배가 정상화되는 것이 가장 필수적입니다. 요시야의 증조부 히스기야도 완전히 쓰레기 더미가 된 성전을 치우고 수리하였습니다.

요시야가 성전을 수리하려고 한 데는 더 근본적인 이유가 있었습니다. 성전이 너무 퇴락해서 들보가 빠지거나 성전을 지탱하는 돌중에서 빠져버린 것들이 있었기 때문입니다. 이제는 성전 안에 불필요한 것들이 많이 들어와 있는 것만이 문제가 아니라 성전 자체가 무너질 정도로 성전이 낡아 있었던 것입니다. 그래서 아마도 요시야는 성전을 대대적으로 수리하게 했던 것 같습니다. 성전 안에서 웬만한 낡은 기둥이나 들보나

돌들은 아예 교체하는 대대적인 수리를 했던 것입니다. 그러던 중에 제사장들은 성전 안 어느 곳에 누군가가 깊숙이 감추어 두었던 두루마리 율법책을 발견하게 되었습니다. 요시야가 성전을 대대적으로 수리를 하면서 얻은 가장 큰 결실은 바로 이 율법책을 발견한 것이었습니다.

이런 정황으로 볼 때, 이미 유다가 므낫세나 아몬의 통치를 겪으면서 율법책을 분실했다는 걸 알 수 있습니다. 악한 통치자들이 자기들이 하는 행동이 하나님의 말씀에 어긋난다는 것을 알고는 아예 백성들이 하나님의 율법을 읽지 못하도록 모두 다 모아서 불태우게 했던 것입니다. 그런데 그때 아마도 신앙이 좋은 제사장 중의 하나가 언젠가는 이 율법책이 다시 빛을 보게 될 때가 올 것이라고 생각해서 성전 아주 깊은 돌 사이나 혹은 나무 기둥 사이에 감추어 두었던 것 같습니다. 그런데 제사장들이 성전을 대대적으로 수리를 하면서 여러 곳을 해체하다 보니까 감추어두었던 율법책이 나오게 된 것입니다.

14,15절, "무리가 여호와의 전에 헌금한 돈을 꺼낼 때에 제사장 힐기야가 모세가 전한 여호와의 율법책을 발견하고 힐기야가 서기관 사반에게 말하여 이르되 내가 여호와의 전에서 율법책을 발견하였노라 하고 힐기야가 그 책을 사반에게 주매"

악한 왕들은 하나님의 백성들을 무지하게 하게 위해서 율법책을 없애려고 했지만 하나님의 말씀은 남아 있었습니다.

악한 사탄은 어떻게 해서든지 하나님의 말씀을 없애려고 온갖 수작을 부렸지만 하나님의 말씀은 없어지지 않고 살아 있습니다.

요시야가 성전에서 발견한 모세의 율법책은 정말 귀한 책이었습니다. 이것은 이 세상의 모든 보물과도 바꿀 수 없는 보물입니다.

요즘 우리들에게 성경은 너무 흔한 책이 되어서 사람들이 그 가치를 잘 모르는 것 같습니다. 성경은 우리가 내 생명보다 더 귀하게 생각해야 하는 말씀입니다. 옛날 일제시대에 얼마나 성경이 귀했습니까? 지금 북한 같은 나라에는 성경이 얼마나 귀한 책입니까? 종교 개혁 전에는 성경을 헬라어로 읽는 자나 영어로 읽는 자는 교황청에서 무참하게 고문을 해서 죽이기도 했습니다. 그러나 인간이 하나님의 말씀을 막을 수 없었습니다. 종교 개혁 이후 성경은 헬라어로 출판되었고 영어로 번역되었습니다. 위클리프 같은 사람이 나타나 목숨을 걸고 성경을 영어로 번역하기도 했습니다.

우리가 하나님의 말씀을 모르면 하나님의 뜻을 알 수가 없습니다. 하나님의 말씀을 모른 채 산다는 건 하나님으로부터 멀어지는데도 느끼지 못하는 것과 같습니다. 그러면서 부흥의 불은 꺼지고 인간의 자랑이 교회를 가득 채우다가 결국 사탄의 큰 공격으로 파선하고 마는 것입니다.

하나님의 말씀은 우리의 마음과 영혼을 시원하게 합니다. 죄로 가득해서 분노와 고통으로 가득했던 우리 마음의 체증이 내려가기 때문입니다. 우리 자신을 위해 다른 사람의 눈치를 살피면 정신이 병들 수밖에 없습니다. 인간의 마음은 너무 변덕스럽고 간사하기 때문입니다. 그러나 우리가 하나님을 바라보게 되면 모든 것이 명료해지고 분명해집니다. 거기에다가 마음속에 하나님의 은혜가 임하면 다시 마음이 뜨거워지게 됩니다. 하나님으로 인해 마음에 자신감과 열정이 생기기 때문입니다. 또 우리 하나님의 말씀을 들으면 하나님의 은혜에서 떠난 것이 인생의 가장 큰 문제라는 사실을 깨닫게 됩니다. 우리가 그 동안 얼마나 엉터리에 속았으며 얼마나 하나님의 은혜에 굶주렸는가 하는 것을 깨닫고 통곡하게 됩니다. 여기에서부터 하나님의 은혜가 회복되는 것입니다.

18-19절, "서기관 사반이 또 왕에게 아뢰어 이르되 제사장 힐기야가 내게 책을 주더이다 하고 사반이 왕 앞에서 그것을 읽으매 왕이 율법의 말씀을 듣자 곧 자기 옷을 찢더라"

요시야는 성전에서 발견된 두루마리 율법책의 말씀을 듣고 나서, 지금까지 유다 왕과 백성들이 저지른 죄악을 깨닫습니다.

유다 왕들과 백성들은 하나님에 대하여 너무나 어리석게 생각했습니다. 하나님이 싫어하는 우상 숭배를 많이 하면 하나님께서 자기들을 포기하셔서 하나님의 간섭 없이 마음대로 가나안 땅에 살 수 있을 것이라고 생각한 것입니다. 그러나 하나님의 율법책에 의하면 이스라엘 백성들이 하나님을 버리면 망해서 가나안 땅에서 쫓겨나게 되어 있고 모든 저주를 다 받게 되어 있었습니다. 그런데 유다 왕들이나 백성들이 우상 숭배를 한 것은 단순히 호기심이나 일시적인 유혹으로 한 것이 아니라 고의적으로 하나님을 이스라엘 땅에서 몰아내기 위해서 한 짓이었고 이것은 이미 도를 넘어선 죄악이었습니다. 하나님께서는 이스라엘 백성들과의 관계를 부부 관계로 비유하셨는데 그 비유로 말하자면 유다 백성들은 이미 창녀가 되어 있었던 것입니다. 유다의 상태는 생각보다 훨씬 더 심각했습니다. 그래서 요시야는 선지자에게 앞으로 이 백성들이 어떻게 될 것인지 하나님께 물어보도록 했습니다.

21절, "너희는 가서 나와 및 이스라엘과 유다의 남은 자들을 위하여 이 발견한 책의 말씀에 대하여 여호와께 물으라 우리 조상들이 여호와의 말씀을 지키지 아니하고 이 책에 기록된 모든 것을 준행하지 아니하였으므로 여호와께서 우리에게 쏟으신 진노가 크도다 하니라"

우리가 하나님의 말씀을 듣지 않으면 자신의 신앙을 돌아볼 여지가 없기 때문에 자기도취에 빠집니다. 거기에다가 물질적으로 안정되기까지 하면 평안하다고, 괜찮다고 생각합니다. 그러나 우리가 하나님의 말씀을 들으면 우리는 마치 암에 걸린 중환자와 같으며 하루하루를 버티고 있는 자체가 기적인 것을 깨닫게 됩니다. 내가 잘나서 오늘날까지 망하지 않고 살아온 것이 아니라 하나님 덕에 여태까지 살았다는 것을 알게 됩니다. 그래서 더욱 하나님께서 지켜주시기를 부르짖으며 기도하게 됩니다.

왕이 보낸 자들은 다른 사람을 찾아가지 않고 여선지자 훌다를 찾아갔습니다. 훌다는 성전에서 예복을 관리하는 살룸의 아내였습니다. 왜 왕의 사신들이 여선지자 훌다를 찾아갔는지는 알 수 없지만 아마 훌다는 왕이 가장 신뢰할 수 있는 선지자였던 것 같습니다.

과연 훌다는 정확하게 하나님의 말씀을 왕의 사신들에게 들려주었습니다. 정말 무시무시한 하나님의 말씀이었습니다.

24-25절, "여호와께서 이같이 말씀하시기를 내가 이 곳과 그 주민에게 재앙을 내리되 곧 유다 왕 앞에서 읽은 책에 기록된 모든 저주대로 하리니 이는 이 백성들이 나를 버리고 다른 신들에게 분향하며 그의 손의 모든 행위로 나의 노여움을 샀음이라. 그러므로 나의 노여움을 이 곳에 쏟으매 꺼지지 아니하리라 하라 하셨느니라"

아마 이럴 때 거짓 선지자 같으면 왕이 듣기에 좋은 달콤한 말을 해서 점수를 따려고 했을지 모릅니다. 그러나 훌다가 전해준 하나님의 말씀은 무시무시한 저주의 말씀이었습니다. 율법책에 기록된 대로 모든 저주가 유다에 임할 것이고 그 진노가 꺼지지 않을 것이라는 말씀이었습니다. 그러나 하나님은 요시야에게 자비를 베푸셔서 말씀을 들은 요시야의 마음이 녹아내리게 하셨고 그는 옷을 찢으며 통곡했습니다. 하나님은 이렇게 상한 마음으로 드리는 기도를 들으셔서 요시야만큼은 눈으로 직접 유다의 멸망을 보지 않게 하시겠다고 말씀하셨습니다. 이것이 하나님의 최종적인 결정이었습니다. 유다는 이미 멸망되기로 예정돼 있었고, 단지 요시야가 살아 있는 동안 심판이 연기된 것입니다.

이런 무시무시한 말씀을 듣고도 요시야는 낙심하지 아니하고 모든 유다 백성들을 하나님 앞에 모으고 이 율법의 말씀을 듣게 했습니다. 모든 유다 백성들이 알아야 할 말씀이었기 때문입니다.

이제 유다 왕이나 백성들은 모두 시한부 인생을 사는 거나 다름없습니다. 우리가 만약 병에 걸려서 시한부 인생을 살고 있다면 어떻게 해야 할까요? 아마 모든 야망이나 욕심을 포기하고 어떻게 하든지 생명에 무리가 가지 않도록 조심조심 생활하게 될 것입니다. 그런데 병에 걸린 사람이 그것을 인정하지 않고 정상적인 사람처럼 술도 마시고 사람들도 만나고 출장도 자주 다닌다면 아마 곧 쓰러져 죽게 될 것입니다.

요시야는 백성들에게 하나님의 뜻을 전한 후에 우선 왕이 먼저 하나님 앞에 언약을 세웠습니다.

31절, "왕이 자기 처소에 서서 여호와 앞에서 언약을 세우되 마음을 다하고 목숨을 다하여 여호와를 순종하고 그의 계명과 법도와 율례를 지켜 이 책에 기록된 언약의 말씀을 이루리라 하고"

다윗의 후손들에게는 하나님의 언약이 있습니다. 다윗의 후손 한 사람이라도 하나님의 말씀에 철저하게 순종하면 하나님은 부흥을 주신다는 것입니다. 하지만 하나님께서는 이미 므낫세 때 이 언약이 깨어졌다고 선포하셨습니다. 그럼에도 요시야는 다시 하나님의 말씀을 붙들고 언약을 세웠습니다. 이후로 다시 유다에 부흥이 오게 되었습니다. 요시야가 성전에서 두루마리 율법책을 발견하고 그가 죽을 때까지 유다는 다시 행복한 부흥의 시기를 맞이하게 됩니다. 요시야가 죽고 나자 유다의 부흥의 불을 꺼지고 하나님의 무서운 심판이 이루지게 됩니다.

우리는 하나님의 백성이고 영적인 이스라엘입니다. 우리가 자기 방식대로 하나님을 믿으면 잘 믿는 것 같아도 그 믿음은 진실한 신앙이라기보다는 일종의 자기도취입니다. 우리가 진정으로 하나님의 복을 받기를 원한다면 다시 하나님께 전심으로 돌아와야 합니다. 하나님이 기뻐하시지 않는 모든 우상을 버려야 합니다. 여러분이 서신 그 길에서 돌이키십시오. 진리의 말씀을 깨닫기를 구하고 그 뜻을 따라 행하십시오. 하나님의 말씀으로 돌아와 다시 그분과의 언약관계와 예배를 회복할 때 부흥의 불은 지속될 것입니다.

CHAPTER 21

유다의 마지막 유월절

대하 35:1-27

운동 경기를 할 때 직접 뛰는 선수들은 당장 점수를 올려야 하니까 전체적인 흐름을 보기 어렵지만 감독이나 해설자나 관객들은 볼 수 있습니다. 초반에는 순발력이 있고 잔재주가 있는 팀이 이기는 것 같지만 전체적인 경기 내용을 보면 역시 저력이 있고 실력을 갖춘 팀이 이기게 되어 있습니다.

팀을 승리로 이끄는 데는 감독들의 용병술도 한몫을 합니다. 저력이 있는 팀인데 좀처럼 힘을 내지 못할 경우 감독이 그 동안 감추어두었던 새 선수를 내보내면 팀이 활기를 되찾으면서 승리할 때가 있습니다. 그러나 힘을 다 소진한 후에는 아무리 펄펄 나는 선수를 내보내도 승리하기가 쉽지 않습니다. 그만큼 선수교체 타이밍이 중요합니다.

요시야가 유다의 왕이 되었을 때 유다는 이미 우상 숭배에 찌들어서 더 이상 하나님의 백성이라고 할 수가 없었습니다. 이스라엘 왕이나 백성들은 하나님의 말씀과 가나안 땅의 관계를 자꾸만 잊었습니다. 이스라엘 백성들에게 있어서 가나안 땅은 아주 중요한 땅이었습니다. 그 땅만 차지하고 있으면 얼마든지 행복한 생활을 할 수 있을 거라 생각했습니다. 하지만 그들이 진정으로 기억해야 할 사실은 가나안 땅은 하나님께서 이스라엘 백성들에게 하나님의 말씀을 지키는 보증으로 주신 땅이라는 것이었습니다. 다시 말해 이스라엘 백성들이 하나님의 말씀만 지키면 가나안 땅을 빼앗길 이유가 없는 것입니다. 그런데 이스라엘 백성들은 정반대로 생각을 했습니다. 가나안 땅을 지키기 위해서 하나님의 말씀만 지키는 것으로는 부족하고 우상을 섬겨 다른 나라의 지지와 도움을 받아야 한다고 생각했습니다.

오늘 우리도 마찬가지입니다. 하나님께서 우리에게 물질적인 복을 주시는 것은 구원의 결과로서 주시는 선물입니다. 그러므로 하나님만 섬기면 자동적으로 복을 받게 되어 있습니다. 그런데 우리 생각으로는 하나님의 말씀만 지켜서는 세상에서 성공하기 어려울 것 같고 어느 정도 세상을 따라가야 한다고 생각합니다. 절대로 구원과 구원의 선물을 바꾸어서는 안 됩니다. 백화점에서 물건을 사면 사은품을 줄 때가 있는데 아무리 사은품이 탐이 나더라도 더 중요한 것은 내가 돈을 지불하고 산 물건인 것입니다.

유다 말기에 이미 유다는 하나님을 버리고 우상을 따라간 결과 더 이상 가나안에 있을 수 없게 되었습니다. 망할 수밖에 없는 운명이었습니다. 이때 유다의 왕이 된 사람이 요시야입니다.

요시야는 성전을 수리하는 가운데 두루마리 율법책을 발견하게 되었는데 멸망을 피할 수 없는 유다의 현실을 직시하게 됩니다. 그래서 그는 하나님 앞에 옷을 찢으며 유다의 죄를 위해 애통했습니다. 하나님께서 이 기도를 들으시고 요시야가 살아 있는 동안 유다의 멸망을 유보하셨습니다.

요시야 때 유다는 이미 멸망이 결정되어 있는 상태였습니다. 마치 더 이상 손쓸 수 없는 말기 암 판정을 받은 상태와 같았습니다. 이때 요시야가 해야 할 일이 무엇이겠습니까? 아마 우리 같으면 그럼에도 불구하고 유다가 다시 살 수 있도록 하나님 앞에 한번 매달렸을지도 모르겠습니다. 그런데 요시야는 유다 안에서 다시 한 번 대대적으로 유월절을 지킨 것이었습니다. 성경은 사무엘 이후로 지금까지 이렇게 유월절을 지킨 적이 없었다고 말씀하고 있습니다. 그리고 요시야는 갈그미스로 진출하는 바로느고의 부대를 막기 위해 싸우다가 아깝게 전사하고 맙니다. 하나님께서는 요시야가 살아 있는 동안 유다를 지켜주시겠다고 약속하셨는데 요시야가 전사했으니 큰일입니다.

따라서 요시야가 지킨 이 유월절은 유다의 마지막 유월절이고 마지막 잔치인 셈입니다. 유다가 이렇게 망하는데 이런 유월절이 무슨 의미가 있을까 생각할 수도 있습니다. 차라리 유다가 유월절을 지키는 것보다는 유다가 좀 더 오래 존속하고 요시야 자신도 빨리 죽지 않는 것이 더 낫지 않았을까요?

1. 요시야의 유월절

■

요시야 때 지켰던 이 유월절은 앞으로 유다 백성들이 엄청난 환란을 이기는 밑거름이 됩니다.

1절, "요시야가 예루살렘에서 여호와께 유월절을 지켜 첫째 달 열넷째 날에 유월절 어린 양을 잡으니라"

유월절은 이스라엘 백성들의 정체성을 나타내는 절기였습니다. 원래 이스라엘 백성들은 애굽에서 노예생활을 하던 민족이었는데 하나님께서는 이스라엘 백성들의 조상 아브라함과 이삭과 야곱과 맺은 언약 때문에 이스라엘 백성들을 건져내셨습니다. 원래 노예를 끄집어내려고 하면 돈을 주어야 하는데 하나님께서는 피 값으로 이스라엘 백성들을 사셨습니다. 그 피는 바로 생명을 의미합니다.

요시야와 유다 백성들이 유월절을 지킨 것은 유다 백성들의 정체성을 확실히 하겠다는 의미가 있습니다. 이스라엘 자손들이 살아가면서 늘 혼동이 되었던 것은 자신들이 과연 누구냐 하는 것이었습니다. 그냥 가나안 땅에서 살아가고 있는 한 사람이냐 아니면 하나님께 속한 사람이냐 하는 것입니다.

우리도 이 세상을 살아가면서 자주 혼동이 되는 것이 자기 자신의 정체성일 것입니다. 과연 나는 이 세상에서 어떤 사람이냐 하는 문제입니다. 물론 우리가 교회에서 하나님의 말씀을 듣고 은혜를 받을 때에는 하나님의 백성인 것을 확실히 인식합니다. 그러나 우리가 세상 사람들 사이에 섞여서 살아갈 때에는 내가 누군지를 자주 잊고 살아갑니다.

유다 백성들은 이미 오랫동안 유월절을 지키지 않았습니다. 이제는 애굽을 떠난 지도 오래 되었고 자기들에게 중요한 것은 애굽을 떠난 것이 아니라 가나안을 지키는 것이라고 생각했기 때문입니다. 더욱이 이스라엘 백성들은 시간이 오래 흐르면서 하나님의 은혜에 감격하는 마음이 희미해졌습니다. 그래서 이스라엘 백성들은 유월절을 잃어버린 백성들이 되었고 자신들의 정체성까지 잃어버렸습니다.

그럼에도 불구하고 요시야가 유다 백성들에게 다시 대대적으로 유월절을 지키게 한 이유는 출애굽에서부터 다시 시작하는 것입니다. 중간에 크게 성공하기도 하고 유명해지기도 했지만 지금 우리 신앙의 정체성은 너무나도 흐려져 있기 때문에 중간에 있던 모든 것은 다 없는 것으로 하고 새로 시작하겠다는 것입니다. 물론 유다는 지금까지 하나님의 말씀을 버리고 하나님의 백성답게 살지 못했습니다. 그러나 이번에 이렇게 유월절을 지키는 것은 이제라도 하나님의 백성으로서 새 출발하고 싶다는 뜻인 것입니다.

요시야와 유다 백성들이 유월절 어린양을 잡고 유월절을 지키면 과연 그들이 새 출발을 할 수 있을까요? 하나님께서는 이미 늦었다고 말씀하셨습니다. 지금 유다 백성들은 너무 우상에 중독이 되어 있기 때문에 한 번 이런 식으로 유월절을 지키는 것이 신앙적인 충격은 될 수 있을지 몰라도 그들의 뼛속까지 파고든 우상 숭배 사상을 도려낼 수는 없었던 것입니다. 결국 유다는 요시야가 죽은 지 20이 년 후에 바벨론에 의해서 멸망을 당하게 됩니다. 그러나 요시야의 이 유월절은 유다 백성이 바벨론 포로 기간 동안에 신앙의 정체성을 잃지 않고 하나님의 백성으로 남아 있을 수 있는 신앙의 불씨가 되었습니다. 만약 유다 백성들이 요시야의 이런 유월절 같은 정신조차 없이 바벨론 포로가 되었더라면 유다 백성들은 다른 민족들과 같이 하나님을 모르는 백성이 되고 말았을 것입니다. 유다가 망하기 전에 지켰던 마지막 유월절, 모든 제사장과 레위인들과 함께 '하나님께 돌아가자'는 각오로 지켰던 유월절 정신은 바벨론 포로 기간 내내 유다 백성들의 마음을 지켜주었습니다.

이때 유월절을 지켰던 제사장과 레위인들을 포로로 끌려간 곳에서도 하나님을 믿었고 결국 포로에서 돌아올 때에는 이 유월절의 후손이 중심이 되어서 다시 예루살렘으로 돌아오게 됩니다. 따라서 요시야가 지켰던 이 유월절은 유다에 생명을 다시 불어 넣는 기회가 되었습니다. 유다 백성들이 하나님의 징계를 받아서 포로로 붙들려가더라도 하나님의 백성의 정체성을 지키게 하는 부흥의 불씨였던 것입니다.

이런 점에서 요시야의 유월절은 예수님께서 잡히시기 전에 제자들과 함께 지키셨던 유월절을 생각나게 합니다. 예수님께서 잡히시던 밤에 제자들과 함께 지키셨던 유월절은 예수님 생애의 마지막 유월절이었습니다. 어떻게 생각하면 예수님과 함께한 이 마지막 유월절은 너무나 안타깝고 슬픈 식사 같기도 합니다. 그러나 예수님은 십자가의 승리를 확신하고 있었기 때문에 예수님은 이 마지막 유월절 만찬을 부활의 약속으로 생각하셨습니다. 그래서 예수님께서는 제자들에게 "그러나 너희에게 이르노니 내가 포도나무에서 난 것을 이제부터 내 아버지의 나라에서 새것으로 너희와 함께 마시는 날까지 마시지 아니하리라 하시니라"(마 26:29)고 하셨습니다. 헬라어의 이중 부정은 강한 긍정의 의미가 있습니다. 예수님이 다시 포도즙을 마실 때에는 분명히 하나님의 나라가 임한 것이라는 뜻입니다. 그러므로 예수님은 마지막 유월절은 최초의 성찬식이라 할 수 있습니다. 그래서 우리는 성찬식을 할 때마다 아버지의 나라에서 천국 백성의 자격으로 성찬의 떡과 잔을 먹는 것입니다.

요시야의 유월절은 비록 앞으로 유다 백성들의 장래에 큰 환란이 닥치겠지만 하나님의 능력으로 연단을 감당하고 이 모든 죄를 청산하여 더 온전한 하나님의 백성으로 나타나게 될 것이라는 약속의 표시였던 것입니다.

그런 의미에서 요시야의 마지막 유월절은 우리 한국 교회가 겪었던

100전의 대부흥을 생각하게 합니다. 우리나라가 주권을 잃고 일본에 의해서 망해가고 있을 때 하나님께서는 한국 교회에 큰 부흥을 주셨습니다. 그래서 평양에서부터 시작되었던 부흥이 전국적으로 퍼져나갔고 이 부흥으로 우리 민족은 과거의 우상 숭배의 죄와 도덕적으로 지었던 모든 음란한 죄들을 다 하나님께 회개했습니다. 이 부흥의 불은 일제강점기 내내 꺼지지 않았습니다. 당시 우리나라의 많은 젊은이들이 교회에서 하나님의 말씀을 공부하면서 하나님의 위로를 받았고 미래의 비전을 가졌습니다. 그리고 드디어 우리 민족은 하나님의 능력으로 해방을 맞았습니다.

유월절 정신이 유다 백성으로 하여금 불구덩이보다 더 무서운 시련을 이기게 했고 더 아름답고 순수한 하나님의 백성으로 태어나는 원동력이 되었습니다.

2. 요시야의 헌신

요시야는 유월절을 지키면서 몇 가지 특이한 것을 행했습니다. 첫째는 제사장들에게 하나님의 언약궤를 성전에서 옮기지 말라고 한 것입니다.

2-3절, "왕이 제사장들에게 그들의 직분을 맡기고 격려하여 여호와의 전에서 직무를 수행하게 하고 또 여호와 앞에 구별되어서 온 이스라엘을 가르치는 레위 사람에게 이르되 거룩한 궤를 이스라엘 왕 다윗의 아들 솔로몬이 건축한 전 가운데 두고 다시는 너희 어깨에 메지 말고 마땅히 너희의 하나님 여호와와 그의 백성 이스라엘을 섬길 것이라"

본문을 보면, 당연히 하나님의 궤가 성전 안에 있는 지성소에 있어야 함에도 불구하고 백성들이나 제사장의 편의에 따라서 자주 이동되었다는 사실입니다. 우리는 왜 하나님의 궤가 성전의 지성소에 있지 못하고 다른 곳으로 자주 이동해야 했는지 알 수가 없습니다. 이것에 대하여 어떤 학자들은 이번에 성전을 수리하면서 하나님의 궤를 이동시켰는데 앞으로는 하나님의 궤를 이동시키는 일이 없도록 하라고 지시했다고 해석합니다. 그러나 우리가 요시야의 말에 근거해서 보면 하나님의 거룩한 궤가 유다의 귀족이나 제사장들로부터 마땅히 존귀하게 여김을 받지 못하고 자기들 마음대로 어깨에 메어서 이곳저곳으로 옮겨 다녔던 것은 분명한 것 같습니다. 예를 들어서 유다의 어떤 지위가 높은 사람이 자기가 산당에서 큰 기도 행사를 하는데 하나님의 궤가 필요하다고 하면 하나님의 궤를 메고 산당에 가지고 하고 혹은 어떤 사람이 하나님의 궤가 성가시게 생각되면 하나님의 궤를 성전 구석 어디엔가 처박아 놓기도 했던 것 같습니다.

그러나 요시야는 우리의 필요에 따라서 하나님의 궤를 가져왔다가 처박아뒀다가 해서는 안 된다고 말합니다. 우리 자신을 하나님의 말씀에 맞추어 살 것을 명령한 것입니다. 하나님은 우리가 오라면 오고 가라면 가는 분이 아닙니다. 우리는 마음 중심에 하나님을 모시고 그분이 가라면 가고 머무르라 하면 가만히 있어야 합니다. 결국 우리 삶에 하나님이 중심이 되시고 우리는 하나님의 뜻에 복종을 해야지 우리가 편한 대로 하나님을 부려먹으려고 생각해서는 안 됩니다.

그러나 오늘 예수 믿는 사람들의 신앙이 너무 편의주의로 흘러서 하나님과 교회를 이용하려고 할 때가 많습니다. 그렇게 하면 결국 하나님을 잃게 됩니다. 그런데 이미 유다 말기에 유다의 제사장들은 하나님의 궤를 중요하게 생각하지 않았던 것을 알 수 있습니다. 그래서 요시야는 제사장들에게 하나님의 궤를 함부로 메고 나가지 못하도록 명령했습니다.

4절, "너희는 이스라엘 왕 다윗의 글과 다윗의 아들 솔로몬의 글을 준행하여 너희 족속대로 반열을 따라 스스로 준비하고"

다윗은 이스라엘 백성들의 제사제도를 집대성한 왕이었습니다. 이스라엘 백성들이 광야 생활을 할 때에는 항상 이동을 했기 때문에 레위족은 성전을 이동시키는 일에 집중했습니다. 그러나 다윗 때에 와서 예루살렘에 정착했기 때문에 더 이상 성전을 이동하지 않아도 되었기에 레위인의 임무가 달라질 수밖에 없었습니다. 이때 다윗은 제사장들의 조직을 만들어서 반차에 따라서 돌아가면서 계속 제사에 참여하게 했습니다. 그리고 레위인들도 찬양대를 조직하고 성전 문을 지키는 자와 헌금을 관리하는 자들도 조직했습니다. 요시야는 이번 유월절을 기점으로 해서 다윗 때의 그 제사 제도를 회복하기 원했습니다. 다윗 시대의 예배를 회복하고 싶었던 것입니다. 유다의 진정한 부흥은 예배가 정상화 되면서부터 시작됩니다. 정상적으로 드리는 예배는 매우 당연한 것이지만 이 땅에서는 그런 정상적인 것들이 당연하게 이루어지기가 보통 어려운 일이 아닙니다.

하나님의 교회는 언제나 평안하고 은혜가 넘치는 것이 당연합니다. 그럼에도 얼마나 많은 교인들이 교회에서 상처를 입고 고통을 당하는지 모릅니다. 우리가 하나님의 말씀의 멍에를 메지 않으려고 하기 때문에 그런 것입니다. 하나님은 우리에게 무한한 자유를 주셨습니다. 그러나 이 자유는 내 마음대로 방종하면서 살기 위한 자유가 아니라 온 마음을 다

하여 하나님께 예배하며 말씀대로 살기 위한 자유입니다. 그래서 하나님이 우리에게 주신 축복을 지속하기 위해서는 우리의 자유를 하나님의 말씀의 멍에에 잡아매어야 합니다. 우리가 스스로 하나님의 종이 되려고 하지 않고 내가 주인이 되어서 살려고 하면 결국 이 당연한 복을 잃게 됩니다. 그렇게 해서 한번 잃어버린 복을 되찾으려면 죽었다 살아나는 것만큼 힘이 듭니다.

> 7-8절, "요시야가 그 모인 모든 이를 위하여 백성들에게 자기의 소유 양 떼 중에서 어린 양과 어린 염소 삼만 마리와 수소 삼천 마리를 내어 유월절 제물로 주매 방백들도 즐거이 희생을 드려 백성과 제사장들과 레위 사람들에게 주었고 하나님의 전을 주장하는 자 힐기야와 스가랴와 여히엘은 제사장들에게 양 이천육백 마리와 수소 삼백 마리를 유월절 제물로 주었고"

두 번째로 요시야는 백성들을 위하여 많은 양과 염소와 수소를 바쳤습니다.

유월절에 있어서 중요한 것은 이스라엘 백성들 각자가 자기 집 식구수대로 어린양을 잡는 것이었습니다. 유월절에는 이스라엘 백성들이 그렇게 준비한 제물을 가지고 모두 모여서 하나님 앞에 번제를 드렸습니다. 그런데 이번 유월절을 위해서 요시야는 어린양와 염소 3만 마리와 수소 3,000마리를 하나님께 마쳤습니다. 그러니까 백성들의 지도자들인 방백들도 많은 양과 수소를 바치고 또 레위 사람의 두목들도 그리하였습니다.

어떤 학자는 해석하기를 요시야가 이렇게 많은 양과 소를 내어놓은 것은 백성들이 너무 가난해서 양을 내어놓을 수 없었기 때문이라고 하는데

그런 것 같지는 않습니다. 우리에게 하나님의 은혜가 퍼부어질 때에는 하나님께 바치는 것이 아깝지 않습니다. 우리가 지금 이렇게 살아 있고 하나님의 축복을 받는 것이 너무나도 좋기 때문에 다른 것은 더 필요하지가 않은 것입니다. 물론 요시야는 앞으로 유다가 엄청난 시련을 당하게 될 것을 알고 있습니다. 그러나 설사 그것이 사실이라 하더라도 지금 우리가 하나님의 말씀을 깨닫고 온 힘을 다해서 하나님을 예배할 수 있다면 그것보다 더 행복한 것은 없는 것입니다. 온 백성들의 마음이 하나가 되어서 하나님께 자기 자신들을 바치는 이 시간만큼은 어느 누구도 빼앗을 수 없는 가장 영광스럽고 행복한 순간이기 때문입니다.

12-13절, "그 번제물을 옮겨 족속의 서열대로 모든 백성에게 나누어 모세의 책에 기록된 대로 여호와께 드리게 하고 소도 그와 같이 하고 이에 규례대로 유월절 양을 불에 굽고 그 나머지 성물은 솥과 가마와 냄비에 삶아 모든 백성들에게 속히 분배하고"

유다 백성들은 함께 유월절을 지킴으로 하나님께 바쳐진 제물을 먹게 되었습니다. 하나님과 더불어 먹는 건 하나님과의 관계가 회복되었고 하나님의 능력을 덧입었다는 표증입니다.

예수님께서 말씀하시기를 '사람이 떡으로만 살 것이 아니요 하나님의 입에서 나오는 말씀으로 살 것이니라'(마 4:4)고 하셨습니다. 결국 여기의 '사람'은 하나님의 백성들을 말하는 것입니다. 그리고 예수님은 주기도문에서 '일용할 양식을 주옵시며'(마 6:11)라고 기도하게 하셨습니다. 우리는 하나님이 주시는 힘으로 사는 것이 정상입니다. 그런데 유다 백성들은 그 동안 자기 힘으로 살려고 하다가 결국 이 지경까지 오게 된 것입니다. 하나님의 백성들이 하나님의 능력을 덧입지 못하면 그들의 삶은 비참해질 수밖에 없습니다.

14절, "그 후에 자기와 제사장들을 위하여 준비하니 이는 아론의 자손 제사장들이 번제와 기름을 저녁까지 드리므로 레위 사람들이 자기와 아론의 자손 제사장들을 위하여 준비함이더라"

이 제사에서 중요한 것은 제사장들이 자신들을 위하여 짐승의 기름을 번제와 함께 하나님께 태우는 것이었습니다. 번제라고 하는 것은 하나님의 백성들이 드리는 기본 제사를 말합니다. 번제를 히브리어로 '올라' 라고 하는데 우리말처럼 '올라간다' 는 뜻입니다. 우리가 하나님 앞에 나아갈 수 있는 길은 짐승의 죽음밖에 없습니다. 우리의 힘으로는 하나님을 뵈올 수 없습니다. 하나님의 언약을 의지할 때 그분 앞에 나갈 수 있습니다. 우리는 그 언약의 말씀을 의지할 믿음이 없습니다. 그 믿음을 갖기 위해서는 자신의 의를 내려놓는 자기 죽음의 과정이 반드시 필요합니다.

우리는 보통 짐승의 내장에 붙은 기름을 중요하게 생각하지 않지만 화목제나 속죄제를 드리는 데 있어서 기름은 아주 중요했습니다. 기름은 짐승들의 내장을 보호해줄 뿐 아니라 에너지를 내게 하는 역할을 합니다. 기름을 번제와 함께 태운다고 하는 것은 내 속의 깊은 감정을 하나님께 드리며 내가 앞으로 살아갈 힘도 하나님 앞에서 다 태우는 것입니다. 그러면 하나님께서는 그 향내를 맡으시고 우리를 용납하여 주십니다.

향내는 아주 가까운 사람 사이에서나 맡을 수 있는 것입니다. 아가서에 향내 이야기가 많이 나오는데 이것은 아주 사랑하는 사람을 가까이에서 대할 때 맡을 수 있는 것입니다. 하나님께서 우리의 향내를 맡으신다는 것은 하나님께서 우리와 아주 가까이 계시는 것을 의미합니다. 우리 안에 부패하고 썩은 속사람을 하나님 앞에서 태울 때 하나님은 우리의 존재 자체, 전인격을 향기롭게 받으십니다.

유다 백성들은 유월절을 지킨 후에 무교절도 같이 지켰습니다. 유월절은 정월 14일 하루이고 무교절을 일주일 동안 지키는 절기입니다. 무교절에 이스라엘 백성들은 누룩을 넣지 않은 떡과 포도주를 먹습니다. 이때는 이스라엘 백성들이 하나님 앞에서 전혀 가식이 없는 가장 가난하고 순수한 모습으로 돌아가는 것입니다.

부부가 결혼하고 좀 시간이 지난 후에 결혼식 사진을 보면 그렇게 촌스러울 수가 없습니다. 일단 헤어스타일이나 입은 옷 자체가 촌스럽고 신혼이라 무일푼에서 시작했기 때문에 얼굴에 가난한 태가 줄줄 흐릅니다. 그러나 그때를 잊을 수 없는 건 그때는 정말 젊고 순수했기 때문입니다. 하나님은 이스라엘 백성들이나 유다 백성들이 아무리 잘 산다 하더라도 옛날의 그 순수한 때를 잊지 않기를 원하셨습니다.

하나님께서는 이스라엘 백성들이 하나님께 떡을 바칠 때에도 철저하게 누룩이 없는 순수한 떡을 바치게 하셨습니다. 만약 하나님께서 이스라엘 백성들에게 누룩이 있는 떡을 바치게 하셨더라면 이스라엘 백성들이 바치는 떡은 날이 갈수록 화려해졌을 것입니다. 그러나 하나님은 그것을 원하지 않으셨습니다. 생긴 그대로의 누룩이 없는 떡을 기뻐하셨던 것입니다.

18절, "선지자 사무엘 이후로 이스라엘 가운데서 유월절을 이같이 지키지 못하였고 이스라엘 모든 왕들도 요시야가 제사장들과 레위 사람들과 모인 온 유다와 이스라엘 무리와 예루살렘 주민과 함께 지킨 것처럼은 유월절을 지키지 못하였더라"

선지자 사무엘 이후로 요시야는 제사장과 레위인과 모든 유다와 이스라엘 백성들과 함께 제대로 된 유월절을 지켰다고 했습니다. 히스기야 때에도 지켰지만 그때는 너무 급작스럽게 지킨 것이라 정식으로 지키지는 못했습니다. 이것이 유다의 마지막을 장식한 대 부흥의 축복이었습니다. 물론 이 유월절이 있고 난 후에 유다는 바벨론에 의해서 망하고 유다 백성들은 엄청난 환란을 당하게 되지만 70년 포로 생활 내내 그들의 믿음을 지키는 불씨가 되었습니다.

환란이 코앞에 닥쳐도 은혜 받을 기회가 오면 놓치지 말아야 합니다. 그 은혜를 자양분 삼아 쉽게 환난을 이길 수 있고 또 그 환란을 통해서 더 아름다운 신앙으로 빚어질 수 있습니다.

3. 요시야의 죽음

요시야가 유월절을 지킨 것이 왕은 된 지 18년이 지난 후의 일이여서 일이 있고 난 후 제법 시간이 흘렀습니다. 요시야가 왕위에 31년을 있었으니까 유월절 지낸 후 10년쯤이 지났을 때였습니다. 이때 애굽을 통치하던 왕은 바로느고였는데 아주 강력한 왕이었습니다. 그리고 이때가 막 신흥 바벨론 왕국이 일어나고 있을 때입니다. 아마 이때 앗수르와 바벨론이 유브라데에 있는 갈그미스에서 전투를 하고 있었던 것 같습니다. 이때 앗수르는 힘이 아주 약해졌고 애굽의 바로느고는 바벨론을 견제하기 위해서 갈그미스로 진격을 하게 되었습니다. 그런데 이 전쟁은 유다와는 상관이 없는 전쟁이었고 유다는 그냥 애굽 군대가 지나가는 것을 모른 체 하고 내버려두기만 하면 되는 것이었습니다. 그런데 요시야는

굳이 바로느고가 앗수르를 도우러 가지 못하도록 막아야 한다고 하면서 직접 전쟁에 나갔습니다.

20절, "이 모든 일 후 곧 요시야가 성전을 정돈하기를 마친 후에 애굽 왕 느고가 유브라데 강 가의 갈그미스를 치러 올라왔으므로 요시야가 나가서 방비하였더니"

물론 유다가 주위에 일어나는 모든 일에 대하여 전혀 모르는 체 할 수는 없는 일이었습니다. 그럼에도 불구하고 하나님의 백성들이 주위에서 일어나는 모든 일에 다 관여해야 하는 것은 아닙니다. 우리는 때때로 신앙과 직접 상관이 없는 일에 대해서는 모르는 체 하고 보기만 하고 있어야 할 때도 있습니다. 그러나 요시야는 반드시 바로느고가 길가미스에 가는 것을 막아야 한다고 생각했습니다.

사실 이때 국제 정세는 아주 미묘하게 흘러가고 있었습니다. 지금까지 전 세계의 패권을 가지고 있었던 앗수르는 갈그미스 전투에서 바벨론에 완전히 패하게 됩니다. 그리고 애굽의 바로느고도 이 전쟁에서 바벨론에 패하는 바람에 일체 애굽 영토 밖으로 나가지 못하고 전 세계의 패권은 신흥 바벨론 제국이 주장하게 됩니다. 물론 우리는 이 일이 다 된 후에 결과를 아는 상태에서 보기 때문에 덜 답답할 수 있지만 이 당시 유다 왕의 입장에서는 국제 정세가 굉장히 답답하고 힘들 수 있었을 것입니다. 그렇다 하더라도 자기 나라와 직접 상관없는 일에 너무 적극적으로 뛰어들 필요는 없었습니다. 그러나 요시야는 굳이 출전하겠다고 나섰습니다.

21절, "느고가 요시야에게 사신을 보내어 이르되 유다 왕이여 내가 그대와 무슨

> 관계가 있느냐 내가 오늘 그대를 치려는 것이 아니요 나와 더불어 싸우는 족속을 치려는 것이라 하나님이 나에게 명령하사 속히 하라 하셨은즉 하나님이 나와 함께 계시니 그대는 하나님을 거스르지 말라 그대를 멸하실까 하노라 하나"

애굽의 바로느고도 요시야에게 상관하지 말라고 합니다. 때때로 우리가 하나님의 뜻을 분별하지 못할 때 하나님은 적이나 상대방의 입을 통하여 말씀하실 때도 있습니다. 바로느고는 하나님이 이번 전쟁을 자기에게 지시했다는 말은 사실이 아닐 수 있습니다. 이 전쟁에서 바로느고는 크게 패하기 때문입니다. 그러나 적어도 이 전쟁이 요시야와는 상관이 없다는 말은 맞는 말일 수 있었습니다. 그러나 요시야는 바로느고의 말을 듣지 않고 기어이 전쟁터에 나갔습니다.

> 22절, "요시야가 몸을 돌이켜 떠나기를 싫어하고 오히려 변장하고 그와 싸우고자 하여 하나님의 입에서 나온 느고의 말을 듣지 아니하고 므깃도 골짜기에 이르러 싸울 때에"

왜 요시야는 느고의 말을 듣지 않았을까요? 물론 요시야가 느고의 생각이 하나님의 말씀이 아니라고 생각했을 수 있습니다. 바로느고를 믿지 못했을 수 있다는 말입니다. 느고가 그냥 지나간다 해놓고 유다 성들을 공격할 수도 있는 거 아닙니까? 무엇인가 이때 요시야는 생각이 아주 경직되어 있고 전혀 유연하지 못했습니다. 특히 요시야는 하나님 앞에서 유다의 전체 운명을 결정하는 아주 중요한 사람이었습니다. 그런데 요시야는 자기가 얼마나 중요한 사람인지 깨닫지 못하고 정말 중요하지 않은 전쟁에 나가서 아깝게 죽은 것입니다.

요시야가 이런 결정을 하게 된 결정적인 이유는 유다 백성들이 왕을 위하여 기도하지 않았던 것입니다. 만약 백성들의 기도가 뜨겁게 살아있었더라면 요시야는 자기 자신의 중요성을 충분히 알았을 것입니다. 그래서 어떻게 해서든지 유다를 위해서 자기가 쉽게 죽어서는 안 되며 유다를 위해서라도 물러서야 한다고 생각을 했을 것입니다. 요시야 자신도 스스로를 소중히 여기지 않았고 백성들도 요시야가 귀한 존재임을 인식하지 못했습니다. 하나님의 백성들은 자신의 소중함을 모를 때 가장 죄에 빠지기가 쉽습니다. 우리는 자기 한 사람이 얼마나 중요하며 하나님의 나라에 얼마나 큰 영향을 미치는 줄 생각하지 못하기 때문에 사소한 일에 목숨을 걸고 덤벼들게 됩니다. 이렇게 생각하니까 생각 자체가 경직이 되어 유연하지 못한 것입니다. 우리 안에 은혜가 충만하면 생각하는 것이 유연하기 때문에 누가 뭐라고 해도 얼마든지 여유를 가지고 대처할 수 있습니다. 이것이 바로 우리가 위기를 이기는 비결입니다. 그러나 은혜가 없으면 자기 생각에만 빠지기 때문에 물러선다는 것을 생각하지 못하는 것입니다. 그래서 오직 자기 자존심만 내세우다가 결국은 아주 사소한 일에 걸려 넘어지는 것입니다.

요시야는 변장을 하고 전쟁에 나갔습니다. 왕의 복장을 하지 않고 적을 속일 목적으로 참여했다는 뜻입니다. 그런데 적군이 왕인 줄 모르고 활을 쏘았는데 그 화살에 요시야가 맞아 결국 전사를 하게 됩니다.

23-25절, "활 쏘는 자가 요시야 왕을 쏜지라 왕이 그의 신하들에게 이르되 내가 중상을 입었으니 나를 도와 나가게 하라 그 부하들이 그를 병거에서 내리게 하고 그의 버금 병거에 태워 예루살렘에 이른 후에 그가 죽으니 그의 조상들의 묘실에 장사되니라 온 유다와 예루살렘 사람들이 요시야를 슬퍼하고 예레미야는 그를 위

하여 애가를 지었으며 모든 노래하는 남자들과 여자들은 요시야를 슬피 노래하니 이스라엘에 규례가 되어 오늘까지 이르렀으며 그 가사는 애가 중에 기록되었더라"

요시야가 죽은 후에 많은 사람들이 슬퍼하였지만 그때는 이미 늦었습니다. 사람들은 요시야가 이렇게 빨리 죽을 줄 모르고 그가 힘들어하고 그가 외롭게 싸울 때 기도하지 않다가 죽고 난 후에 울고불고 했습니다. 사람들은 누군가가 살아 있을 때에는 자기 멋대로 살면서 관심도 가지지 않다가 죽은 후에는 찾아와서 통곡을 합니다. 그러나 진정한 성도는 그가 살아 있을 때 함께 기도하고 부흥이 일어날 때 함께 시간을 내줍니다. 이것이 진짜 사랑하고 소중히 여기는 태도입니다.

요시야 같이 중요한 사람이 이렇게 허무하게 죽으니까 예레미야는 너무나도 안타까워서 애가를 지었습니다. 그 노래는 바벨론 포로 기간에도 사람들에게 불렸습니다. 하나님과 이스라엘을 사랑하는 요시야의 열정은 포로 기간 중에 유다의 정신이 죽지 않도록 지켜주는 힘이 되었습니다.

우리는 중요하지 않은 일에 괜스레 끼어들 필요가 없습니다. 의분이라는 명목으로 신앙과 상관없는 일에 목숨을 걸 필요가 없습니다. 우리는 오래도록 교회의 부흥을 지키는 일에 목숨을 걸어야 합니다. 함께 이 길을 가는 동지들을 더욱 소중히 여기고 이 땅에서 같은 공기를 마실 동안 더욱 사랑하고 지켜주는 여러분이 되시기 바랍니다.

CHAPTER 22

유다의 멸망

대하 36:1-23

예수 믿는 사람들은 하나님의 축복을 받은 사람들이기 때문에 정상적으로는 절대로 망할 수 없는 사람들입니다. 흔히들 예수 믿는 사람들은 적어도 믿지 않는 사람들보다는 더 잘 살아야 한다고 생각합니다. 그러나 우리 주위에는 예수 믿는 사람들 중에도 실패하는 사람들이 많습니다. 도대체 그 이유가 무엇일까요?

　유다 백성들은 하나님의 택함을 받고 축복받은 자들이기 때문에 도저히 망하려야 망할 수 없는 자들입니다. 그럼에도 불구하고 유다 백성들은 선지자들이 예언한대로 망하고 맙니다. 우리가 이스라엘 백성들의 역사를 보면서 가지게 되는 하나의 커다란 의문점은 그래도 하나님께서 택하시고 하나님께서 축복하신 나라와 백성들이 이렇게 비참하게 멸망할 수 있을까 하는 것입니다. 물론 이스라엘 백성들이 하나님의 언약을 저

버리고 우상을 섬기고 세상을 따라간 건 사실입니다. 그럼에도 불구하고 하나님께서는 조금 더 유다 백성들에 대하여 참으시고 그들을 타일러서 바른 길로 가게 하실 수는 없었을까 하는 것입니다. 왜 유다 백성들은 하나님의 택함 받은 백성들인데 하나님을 버리고 세상을 따라가서 멸망을 자초했을까? 그리고 하나님은 이들이 비록 우상을 따라가고 하나님의 말씀에 불순종했을지라도 조금 더 인내하시면서 그들의 잘못을 바로잡아 주셔서 적어도 멸망당하지 않도록 지켜주시지 않으셨을까요?

아마도 유다 백성들 자신도 설마 자기 자신들이 이렇게 멸망할 줄은 몰랐던 것 같습니다. 유다 백성들은 하나님께서 지금까지 하셨듯이 조금 징계하시고 꾸짖으시다가 다시 평안하게 해주실 줄 알았던 것입니다. 그러나 설마 하던 일이 실제로 일어나 유다는 영원히 망하고 예루살렘 성전은 불탔으며 백성들은 모두 바벨론 포로로 붙들려가고 말았습니다.

우리는 유다가 왜 망해야만 했는지 다 이해할 수가 없습니다. 단지 분명한 것은 모세의 언약 즉, 율법이 유다 백성들을 지켜주는 데는 불완전했다는 것입니다. 물론 하나님의 율법 자체는 완전하지만 자기 스스로 하나님의 율법을 지키기 싫어하는 자는 지켜줄 수가 없는 것입니다. 율법이라는 것이 하나님을 사랑하고 하나님의 말씀에 순종하려고 하는 자들에게는 완전한 보호와 능력이 되지만 하나님의 율법을 안 지키려고 하는 자에게는 올무가 됩니다. 스스로 목을 옭아매는 사람은 어찌할 수가 없습니다.

하나님께서 유다 백성들에게 주신 다윗 언약에는 지도자 한 사람만 말씀에 바로 서도 부흥을 주시겠다고 약속되어 있습니다. 그런데 유다의 많은 왕들이 하나님의 율법을 지키지 않았고 오히려 성전에 우상을 끌어들이는 일을 하였습니다.

유다 백성들도 왕을 따라 스스로 우상을 끊지 못했기 때문에 강제로라도 우상을 끊도록 70년간 바벨론 포로 생활을 할 수밖에 없었습니다. 하나님의 백성들이 스스로 죄를 끊지 못하면 하나님은 강제적으로라도 죄를 끊게 하시는 것입니다. 강제로 죄를 끊는 대가는 우리가 상상할 수 없을 정도로 끔찍합니다.

하나님께서는 유다의 멸망을 통해서 유다 백성들이 세계 속에서 자신들의 모습을 볼 수 있게 하셨습니다. 유다 백성들은 지금까지 자신들이 믿는 신앙이 얼마나 위대한 것인지 알지 못했습니다. 그런데 유다 백성들이 망해서 바벨론의 포로가 되어보니까 자신들이 믿는 여호와 종교가 얼마나 위대하고 고상한지 깨닫게 되었습니다. 더 중요한 것은 유다의 멸망이 하나님의 실패가 아니라 우리를 구원하는 더 완전한 하나님의 방법을 기다리는 1막이었다는 것입니다. 이제 우리를 구원하기 위해서는 하나님의 아들이 직접 오셔서 우리 죄를 사하시고 우리에게 성령의 능력을 주셔야 하는 것입니다.

안타깝게도 역대하 마지막은 유다가 멸망을 향하여 달려가다가 드디어 망하는 내용이 기록되어있습니다. 그리고 70년 후에 바벨론이 망하고 바사 왕 고레스가 하나님의 계시를 받고 유다 백성들에게 고향으로 돌아가서 성전을 건축하라는 명령을 내리면서 막을 내립니다.

1. 유다의 실패한 희망

요시야가 성전에서 두루마리 성경책을 발견했을 때부터 하나님께서는 유다의 죄가 깊어 멸망을 피할 수 없다고 말씀하셨습니다. 단지 요시야가 하나님의 율법을 읽고 옷을 찢으며 통회한 것을 불쌍히 여기서서 요시야가 살아 있는 동안 유다의 멸망을 유보하겠다고 말씀하셨습니다. 이처럼 유다의 멸망은 기정사실이며 피할 수 없었습니다. 그런데 유다 백성들은 아무도 이것을 믿지 않았습니다.

얼마 전 신문을 보니까 유명한 필름 회사인 코닥 필름 회장의 인터뷰 기사가 실렸습니다. 코닥 회장이 하는 말이 '이제 필름 시대가 끝났다는 것은 온 세상이 다 아는데 오직 코닥 필름 회사만 모르고 있었다'는 것입니다. 이제는 디지털 카메라 시대가 되어서 사람들은 더 이상 필름을 사지 않는데도 불구하고 코닥 필름 직원들은 옛날 생각만 하고 자신들의 생각을 바꾸려고 하지 않더라는 것입니다.

유다 백성들도 마찬가지였습니다. 하나님께서는 이미 므낫세 때 유다의 생명은 끝이 났다고 판단하셨습니다. 그럼에도 불구하고 하나님께서 요시야를 통해서 부흥을 주신 것은 유다의 생명을 길게 끌고 가려고 하는 것이 아니라 포로에서 견디도록 하기 위한 것이었습니다. 하나님은 유다의 멸망을 기정사실화하고 있는데 오로지 유다 백성들만 그것을 믿지 않았고 자신들의 태도를 바꾸려고 하지 않았습니다.

예를 들어서 어떤 사람이 자기 건강이나 영성이 심각한 문제가 있다고 생각되면 모든 활동을 중단해야 합니다. 그리고 어떻게 해서든지 그 문제를 치료해서 다시 시작할 생각을 해야 하는 것입니다. 그렇게 하려면 지금까지 누리고 있던 명성이나 활동을 다 포기하고 하나님께 매달려서 새로운 생명을 받아야 하는 것입니다.

그러나 유다 백성들은 그렇게 하지 않고 자기들이 할 수 있는 최선을 다하면 된다고 생각했습니다. 그들의 최선은 바로 여호아하스를 왕으로 세운 것입니다.

1절, "그 땅의 백성이 요시야의 아들 여호아하스를 세워 그의 아버지를 대신하여 예루살렘에서 왕으로 삼으니"

유다 백성들이 여호아하스를 왕으로 세운 것은 대단한 결단이었습니다. 여호아하스는 요시야의 맏아들이 아니라 넷째 아들이었기 때문입니다. 요시야에게는 네 명의 아들이 있었습니다. 첫째가 요하난, 둘째가 여호야김, 셋째가 시드기야, 넷째가 여호아하스였습니다. 그런데 요시야의 맏아들 요하난에 대해서는 일체 다른 이야기가 없는 것을 보면 일찍 죽었든지 아니면 왕이 될 수 없는 조건이었던 것 같습니다. 그런데 백성들은 요시야의 다음 왕으로 막내아들 여호아하스를 택했습니다. 이것을 보면 막내아들 여호아하스가 형들보다 똑똑해서 더 인정을 받았던 것 같습니다. 그럼에도 불구하고 유다 백성들이 형들을 다 제쳐놓고 막내아들을 왕으로 택한 것은 그만큼 유다의 형편이 위급했던 탓인 듯합니다.

즉 어떤 경우에도 형들을 제쳐놓고 막내 동생을 왕으로 세운다는 것은 나름대로 상당한 진통이 예상이 되는 일이지만 그럼에도 불구하고 적어도 유다가 지금의 위기를 벗어나기 위해서는 비상한 결정이 필요하다고 판단했을 것입니다. 그러나 유다 백성들 나름대로 아무리 똑똑하고 유능한 사람을 뽑는다 하더라도 하나님께서 지지해주시지 않으면 아무 소용이 없는 것입니다.

여호아하스는 왕이 된 지 3개월 만에 바로느고가 쳐들어와서 포로로 붙들려가고 이번에는 두 번째 아들 엘리야김을 왕으로 세웠습니다. 그리고 바로느고는 유다에 엄청난 손해 배상을 청구했는데 그 금액은 은 일백 달란트와 금 한 달란트였습니다.

유다 백성들이 자기들 나름대로 아무리 유능한 왕을 택했다 하더라도 하나님께서 함께 하시지 않으시니까 불과 왕이 된 지 3개월 만에 포로가 되어서 애굽으로 끌려가 거기서 죽은 것입니다. 똑똑한 사람들은 헛똑똑이 짓을 할 때가 많습니다. 여호아하스는 자기 아버지 요시야의 죽음을 복수하겠다고 바로에게 엄포를 하고 적대적인 자세를 취했습니다. 그러자 바로느고가 바로 쳐들어와서 붙들어 가버린 것입니다. 그리고 이 똑똑한 사람이 유다에 남긴 것은 엄청난 피해보상이었습니다.

그 바람에 다음으로 왕이 된 엘리야김(나중에 여호야김으로 이름을 바꾸었습니다)은 엄청난 손해 배상을 해주어야 했습니다. 결국 이 손해 배상금은 유다 방백들이 낼 수밖에 없었습니다. 왕은 방백이나 부자들에게 세금을 거둬들였습니다. 그들은 모두 자기들의 아까운 재산을 배상금으로 다 바쳐야만 했습니다. 그 모든 원인이 모든 유다 왕들이나 방백들이 하나님의 말씀을 믿지 않은 데 있습니다. 그들은 선지자들이 아무리 유다가 망할 것이라고 예언을 해도 '설마 우리가 망할까' 라는 식으로 반응했습니다.

유다는 하나님이 택하신 나라이고 유다에 하나님의 성전이 있기 때문에 하나님은 위협만 주시지 실제로는 망하게 하지 못하실 거라 생각했던 것입니다. 만일 그들이 하나님의 말씀을 믿었더라면 다시 기회를 달라고 모든 것을 버리고 하나님께 매달렸을 것입니다. 그런데 유다 백성들은 자기들이 절대로 망하지 않을 거라 확신했기 때문에 어느 것 한 가지도 손해 보려 하지 않았습니다. 유다 백성들은 여호아하스가 왕위에 오른 지 3달 만에 포로로 붙들려가고 오히려 어마어마한 배상금을 내게 되었을 때 자신들의 상태가 정상적이지 않는 것을 알았어만 했습니다.

유다 백성들에게 중요한 것은 어떻게 하면 똑똑하고 유능한 사람을 세우느냐하는 것이 아니었습니다. 그들에게 중요한 것은 하나님 앞에 무릎을 꿇을 수 있고 하나님의 말씀에 절대로 복종할 수 있는 지도자였습니다.

요시야의 아들 중 세 명이 모두 한 번씩 왕을 해먹었습니다. 그러나 그 중에 단 한 사람도 하나님의 말씀 앞에 무릎 꿇고 하나님의 말씀에 절대적으로 복종할 수 있는 사람은 없었습니다.

2. 유다 왕이 바벨론에 포로가 됨

여호야김은 요시야의 둘째 아들인데 막내 동생이 애굽에 포로로 붙들려감으로서 다시 왕위에 오를 기회가 돌아온 사람이었습니다. 그래서 여호야김은 일단 순서로 보면 제대로 왕이 된 셈이었습니다. 그러나 묘한 것이 여호야김은 유다 백성들이 추대한 왕이 아니라 애굽 왕 바로느고에 의해서 왕이 된 자였습니다. 여호야김 때에는 복잡한 국제 정세의 변화가 있었습니다. 여호야김은 바로느고에 의해서 임명되었지만 갈그미스 전투에서 바로느고가 패하면서 여호야김에 대한 전체적인 주도권은 바벨론이 쥐게 되었습니다. 그래서 여호야김은 임명은 바로느고에게 받고 바벨론을 섬겨야했던 것입니다. 그러니까 이미 여호야김 때에는 국제 정세가 자신들의 의사와는 상관없이 정신없이 돌아가고 있었던 것입니다. 마치 비유를 들면 어마어마한 폭풍이 머리 위로 불어 닥치고 있는 것과 같습니다. 이때 유다 왕이 할 일은 하나님을 붙들고 이 바람이 지나가기까지 가만히 엎드려 있는 것입니다. 그러나 여호야김은 도저히 가만히 참고 엎드려 있을 수가 없었습니다. 여호야김도 똑똑한 사람이었기 때문입니다. 여호야김은 반 바벨론 정책을 쓰기로 합니다. 그 바람에 바벨론 군대가 쳐들어와서 여호야김은 바벨론에 포로로 끌려가게 됩니다.

5-7절, "여호야김이 왕위에 오를 때에 나이가 이십오 세라 예루살렘에서 십일 년 동안 다스리며 그의 하나님 여호와 보시기에 악을 행하였더라. 바벨론 왕 느부갓네살이 올라와서 그를 치고 그를 쇠사슬로 결박하여 바벨론으로 잡아가고 느부갓네살이 또 여호와의 전 기구들을 바벨론으로 가져다가 바벨론에 있는 자기 신당에 두었더라"

유다의 왕은 자기 야망을 실현하기 위해서 유다의 왕이 된 것이 아닙니다. 하나님께서는 유다의 백성들을 지키는 목자로서 유다 왕을 세우신 것입니다. 그렇다면 유다 왕은 백성들의 안전을 가장 중요하게 생각해야 합니다. 그래서 국제 정세가 불안하고 큰 정치적인 바람이 불 때에는 백성들을 위해서 엎드려 기다릴 줄도 알아야 합니다. 그런데 여호야김은 3년을 바벨론을 섬긴 후에 바벨론이 조금 약해질 때 주위 여러 나라에 반 바벨론 운동이 일어나니까 더 이상 참지 못하고 고개를 쳐들고 반 바벨론 운동을 주도했습니다. 그렇지 않아도 팔레스타인의 정세에 대하여 예민하게 생각하고 있던 바벨론 왕은 예루살렘에 쳐들어와서 이번에는 여호야김을 포로로 붙들어서 쇠사슬로 매어 바벨론으로 끌고 갔습니다. 그리고 그와 함께 성전에 있는 기구들을 빼앗아 바벨론에 있는 신당에 두었습니다. 대개 학자들은 여호야김이 포로로 붙들려간 시기를 1차 바벨론 포로기로 보고 있습니다. 바벨론 포로 기간을 70년이라고 하면, 이때부터 스룹바벨이 일차로 귀환할 때까지가 정확하게 70년이 되기 때문입니다.

본문에는 여호야김이 하나님 앞에서 악했더라고 기록돼있습니다. 하나님께서 여호야김에게 하나님 나라를 섬길 수 있는 기회를 주셨음에도 불구하고 그는 하나님을 섬길 생각이 없었기에 그에 대한 성경의 평가는 좋지 않습니다. 유다의 왕은 유다 백성들을 안전한 초장과 물이 있는 곳으로 인도하는 목자입니다. 선한 목자는 자기 자신의 안전과 야망보다는 양들의 안전을 더 우선으로 생각해야 합니다. 그런데 요시야의 아들들은 아무도 순종적이지 않았습니다. 아마도 요시야의 아들들을 모두 요시야를 닮아서 그런지 똑똑하긴 했지만 복종적이지는 않았습니다. 하나님께서 장차 유다가 망한다고 선포하셨을 때에는 헛똑똑이들이 절대적으로 불리합니다. 이때는 어떻게 해서든지 하나님 앞에 엎드려서 불쌍히 여김을 받고 환란을 비켜가게 할 수 있는 사람이 진정으로 똑똑한 사람입니다.

요시야도 너무 철저하려고 해서 자기가 꼭 싸워야 하는 싸움이 아닌데도 불구하고 바로느고와 싸우려고 나갔다가 활에 맞아서 죽은 것입니다. 모든 것에 너무도 철저하려 했던 기질이 문제였습니다. 때로는 목자가 사소한 것들을 넘길 수도 있어야 양들이 안전할 수 있는 것입니다. 요시야의 아들들은 인간적으로 너무 똑똑하다보니까 하나님 앞에서나 사람 앞에서나 머리를 숙일 줄 몰랐습니다. 그들이 차라리 덜 똑똑해서 바벨론 왕에게 머리를 숙일 수 있었더라면 유다는 망하지 않을 수도 있었습니다.

여호야김이 바벨론에 포로로 붙들려 간 후에 여호야김의 아들 여호야긴이 유다의 왕이 되는데 여호야긴은 3달밖에 왕 노릇을 하지 못합니다. 그리고 여호야긴 때 다시 왕과 왕비와 똑똑한 젊은이들이 바벨론에 포로로 붙들려 가는데 사실 유다는 이때 망한 것이나 마찬가지였습니다. 여호야긴은 여고니야라고 하기도 하고 고니야라고 하기도 하는데 어떤 사람들은 여호야긴을 유다 마지막 왕으로 생각하기도 합니다. 왕위는 위에서 아래로 내려가야 하는데 여호야긴이 포로로 붙들려감으로 유다의 왕이 될 사람이 없으니까 삼촌인 시드기야가 왕이 되었기 때문입니다. 조카가 포로로 붙들려가고 삼촌이 다시 왕이 되는 이것은 역사적으로는 비정상적인 현상입니다. 이때 이미 바벨론에는 많은 유대인들이 포로로 붙들려가서 그발 강가에서 강제 노동을 하고 있었는데 그들은 하루라도 빨리 고향인 예루살렘에 돌아가기만을 기다리고 있었습니다. 그때 포로 된 자들 가운데서 하나님의 말씀을 전한 선지자가 바로 에스겔이었습니다. 에스겔은 유다의 포로 된 자들에게 고향으로 돌아갈 생각을 하지 말라고 하면서 곧 예루살렘이 망하고 포로들이 다시 바벨론으로 몰려 올 것이라고 예언했습니다. 그 말 그대로 예루살렘은 바벨론에 의하여 함락되고 다시 새로운 포로들이 바벨론으로 붙들려오게 됩니다.

차라리 먼저 붙들려 왔던 자들이 고생도 덜했고 신앙적으로도 핵심적인 사람들이었습니다. 거기에 비해서 예루살렘에 남아 있던 자들은 비교적 돈이 많은 자들이었는데 그들은 예루살렘이 망하면서 많이 죽고 겨우 살아남아서 포로로 붙들려오게 되었습니다.

> 9-10절, "여호야긴이 왕위에 오를 때에 나이가 팔 세라 예루살렘에서 석달 열흘 동안 다스리며 여호와 보시기에 악을 행하였더라. 그 해에 느부갓네살 왕이 사람을 보내어 여호야긴을 바벨론으로 잡아가고 여호와의 전의 귀한 그릇들도 함께 가져가고 그의 숙부 시드기야를 세워 유다와 예루살렘 왕으로 삼았더라"

여호야긴이 왕이 될 때 8세라고 했는데 18세가 맞는 것으로 보고 있습니다. 그는 겨우 3달을 치리하면서도 여호와 보시기에 악을 행했습니다. 과거의 죄나 우상 숭배를 철폐하지 않으면 계속 악을 저지르는 셈입니다. 그래서 하나님의 백성들은 적극적으로 새로운 죄를 만들어내지 않는다 하더라도 과거의 죄를 청산지 않으면 그것도 죄를 짓는 일입니다. 하나님께서는 3달을 지켜보았지만 별 변화의 기미가 보이지 않자 바로 포

396
부흥의 비결

로로 붙들려가게 하셨던 것입니다.

위기의 순간에는 앞으로 얼마나 거창한 계획을 세우고 개인적으로 얼마나 똑똑한가 하는 것이 중요한 게 아닙니다. 죄를 빨리 버리고 하나님과 사람 앞에 엎드릴 수 있는 겸손한 사람이 되어야 하는 것입니다.

여호야긴 때 바벨론 왕이 와서 포로로 붙들어갈 때 주로 가난한 사람들이 붙들려가게 되었습니다. 그리고 주로 돈이 많은 부자들은 엄청난 돈을 주고 자기 자식들이 포로로 붙들려가지 않게 빼돌렸습니다. 그래서 이때 포로로 붙들려 간 사람들은 자신들이 돈이 없는 것을 한탄했습니다. 그 대신에 돈이 많아서 돈을 주고 포로가 되지 않은 자들은 자기들이 남은 자라고 큰 소리를 쳤습니다. 그러나 에스겔 선지자는 예루살렘에 남은 자라고 해서 진정으로 남은 자라 할 수 없다고 했습니다. 이제 하나님께서 그들을 가마솥의 고기처럼 불로 태울 것이기 때문입니다.

우리나라에서도 유명한 연예인이나 운동선수들 중에서 돈을 주고 몸을 이상하게 만들어서 군면제를 받는 사람들이 있습니다. 그들은 결국 들통이 나서 망신을 당하고 군대에 끌려갑니다. 우리나라 고위직을 임명하면서 인사 청문회를 하는데 군대 갔다 오지 않은 사람은 거의 치욕적으로 질문을 당하는 것을 보게 됩니다. 우리 믿는 자들이 고난을 당하는 것은 부끄러운 것이 아닙니다. 우리는 고난을 통해서 더 하나님의 백성답게 만들어지고 다듬어지게 됩니다. 그러나 오히려 고난을 당해야 하는데 요령을 부려서 고난을 당하지 않은 자들이 나중에는 진짜 고통을 당하게 되는 것입니다. 결국 여호야긴은 바벨론에 포로로 끌려가서 37년을 옥살이 하다가 그 후에 풀려나서 다시 대접을 받게 됩니다. 하나님은 여호야긴을 억지로 겸손하게 만드신 후에 다시 축복하셨던 것입니다.

3. 유다의 멸망

유다의 마지막 왕은 시드기야였습니다. 시드기야와 그 당시 유대인들만 자기들이 사는 동안에는 유다가 멸망당하지 않으려니 했습니다. 즉 시드기야는 자기가 유다의 마지막 왕이 될 줄은 꿈에도 몰랐던 것입니다.

11-13절, "시드기야가 왕위에 오를 때에 나이가 이십일 세라 예루살렘에서 십일 년 동안 다스리며 그의 하나님 여호와 보시기에 악을 행하고 선지자 예레미야가 여호와의 말씀으로 일러도 그 앞에서 겸손하지 아니하였으며 또한 느부갓네살 왕이 그를 그의 하나님을 가리켜 맹세하게 하였으나 그가 왕을 배반하고 목을 곧게 하며 마음을 완악하게 하여 이스라엘 하나님 여호와께로 돌아오지 아니하였고"

시드기야 때 예레미야가 시드기야에게 한 말은 다른 것이 아니었습니다. 즉 유다 백성들이 하나님께 죄를 지었으니까 죄 값을 받으라는 것이었습니다. 여기서 죄 값을 받는다는 것은 바벨론 왕에게 항복을 하고 돈을 달라고 하는 대로 다 주는 것입니다. 유다는 일단 예루살렘 성이 망하지 않고 자기들의 목숨이 살아 있기 때문에 영적인 부흥이 일어나면 얼마든지 다시 하나님의 축복을 받을 수 있었습니다. 그러나 시드기야나 당시 방백들이 너무 자존심이 높아서 절대로 이방인인 바벨론 왕에게 머리를 숙이려고 하지 않았습니다. 물론 하나님의 백성들이 함부로 아무에게나 머리를 숙일 필요는 없습니다. 하지만 하나님의 백성들이 하나님에게 제대로 머리를 숙이지 않았을 때 하나님께서 사람에게 머리를 숙이게 하시는 때가 있는데 그때에는 자성하며 그 벌을 달게 받는 의미로 고개를 숙이고 복종해야 합니다. 시드기야와 방백들은 끝끝내 바벨론 왕에게 고개를 숙이지 않았습니다. 이들이 하나님뿐만 아니라 사람에게도 고개를 숙이지 않으니 그들은 망할 수밖에 없었습니다.

신앙이 성숙할수록 다른 사람들에게도 고개를 숙일 줄 알아야 합니다. 또 유연하게 사람을 대할 수도 있어야 합니다. 하나님의 은혜가 우리를 부드럽게 만들기 때문입니다. 그러나 누구든지 하나님의 은혜가 없으면 그렇게 마음이 강퍅해질 수가 없습니다. 그래서 사소한 모든 것까지 다 이기려고 하다가 결국 큰 것을 놓치는 것입니다.

본문을 보면 바벨론 왕이 시드기야에게 하나님의 이름으로 바벨론 왕을 대적하지 않기로 맹세시킨 것을 볼 수 있습니다. 내가 너희 하나님의 이름으로 맹세를 시키니까 제발 내 말 좀 들으라는 것이었습니다. 그러나 시드기야는 바벨론 왕을 우습게 알았습니다. 그 이유는 그들이 자기도취에 빠져서 현실적인 감각을 상실했기 때문입니다. 하나님의 말씀과 대면할 때, 자기도취에 빠지지 않고 객관적인 눈으로 우리 자신을 보게 됩니다. 우리가 하나님의 사랑을 받는 것은 사실입니다. 그러나 우리는 한 순간이라도 하나님이 지켜주시지 않으시면 죄에 빠지고 망할 수밖에 없는 약한 자들입니다.

유다가 망하기 전에 제사장이나 백성들의 어른들이 더 격렬하게 하나님이 싫어하시는 짓을 한 것을 볼 수 있습니다.

14절, "모든 제사장들의 우두머리들과 백성도 크게 범죄하여 이방 모든 가증한 일을 따라서 여호와께서 예루살렘에 거룩하게 두신 그의 전을 더럽게 하였으며"

이 세상 어느 민족도 자기 신을 버리고 다른 신을 섬기거나 자기 신전을 다른 신상으로 더럽힌 자들이 없었습니다. 그러나 유독 유다 제사장들이나 백성들은 그런 일을 자행했습니다. 자기들이 똑 부러지게 하나님을 반항하는 것이 똑똑해지는 길인 줄 알았습니다. 그러나 이 세상에서 가장 현명한 자들이 하나님 앞에 바보가 되는 자들입니다. 하나님이 말씀하신대로 믿고 하나님 앞에서 자신은 아무 것도 아니라고 고백하는 자들이 결국 복을 받는 것입니다.

> 15,16절, "그 조상들의 하나님 여호와께서 그의 백성과 그 거하시는 곳을 아끼사 부지런히 그의 사신들을 그 백성에게 보내어 이르셨으나 그의 백성이 하나님의 사신들을 비웃고 그의 말씀을 멸시하며 그의 선지자를 욕하여 여호와의 진노를 그의 백성에게 미치게 하여 회복할 수 없게 하였으므로"

하나님은 유다를 살리기 위해서 선지자를 보내시되 부지런히 보내셨습니다.

하나님께서는 유다 백성들과 성전을 아끼고 사랑하셔서 할 수만 있으면 멸망시키지 않으시려고 했습니다. 아무리 하나님께서 요시야가 죽은 다음에는 유다를 망하게 하겠다고 하셔도 하나님의 말씀 앞에 복종하고 자신을 낮추었으면 유다는 얼마든지 멸망하지 않을 수 있었던 것입니다. 하나님께서 유다에게 기회를 주시려고 자신의 사자들을 부지런히 보내셨습니다. 그러나 유다의 왕들과 백성들은 선지자들의 말씀을 비웃고 조롱하며 욕까지 했습니다. 하나님의 말씀이 그들의 생각에는 너무 시시했기 때문입니다. 하나님의 말씀이 자기들이 끝까지 용기를 내어서 바벨론과 싸우라고 했으면 좋아했겠는데 무조건 항복하고 자신의 뜻을 죽이라고 하니까 도저히 복종할 수가 없었던 것입니다. 그래서 하나님의 백성들에게는 뭔가를 하는 것보다 가만히 있는 게 더 어려운 것입니다.

하나님의 때가 되었을 때 유다는 유다 백성들의 기대와는 달리 하나님의 말씀대로 되고 말았습니다. 유다는 완전한 멸망합니다.

본문에서는 유다의 멸망을 네 가지로 표현합니다. 첫째는 갈대아 왕이 쳐들어와서 예루살렘을 에워싸고 함락시킵니다. 이때 성전에서 칼로 청년들을 다 죽이고 남녀노소를 아끼지 않고 다 죽입니다. 아마 유다 백성들은 자기들이 성전에 있으면 살 거라 생각했던 것 같습니다. 그러나 갈대아 왕은 성전에 있는 청년들을 아끼지 않고 다 죽였습니다. 이때 유다가 3년을 포위당한 채로 버텼는데 식량이 다 떨어져 너무 배가 고파서 전쟁을 못하는 바람에 성이 함락 당하게 됩니다. 그리고 성전이 철저하게 약탈당합니다. 성전 안에 있는 기구들이나 보물들을 모두 바벨론이 가져갑니다. 왕궁과 귀족들 집에 있던 보물도 모두 약탈당합니다. 그리고 세 번째로 하나님의 성전을 불사르고 모든 왕궁들을 불 지르게 됩니다. 그 이유는 바벨론 왕이 보기에 유다는 너무 반역적이어서 그들의 정신적인 중심을 파괴해야 한다고 생각했기 때문입니다. 그리고 네 번째는 죽지 않고 살아남은 자들이 모두 바벨론으로 붙들려가서 노예가 되어서 바사 왕국이 다스릴 때까지 있게 됩니다. 이렇게 되면서 결론적으로는 하나님의 땅이 안식년을 누렸습니다.

21절, "이에 토지가 황폐하여 땅이 안식년을 누림 같이 안식하여 칠십 년을 지냈으니 여호와께서 예레미야의 입으로 하신 말씀이 이루어졌더라"

원래 이스라엘 백성들은 안식일을 지키고 안식년을 지켰습니다. 그러나 유다 백성들은 그 동안 욕심에 가득 차서 안식일이나 안식년을 무시하고 지냈습니다. 자신들의 욕망을 멈추고 하나님 앞에서 자신들을 돌아보는 안식을 가져야 하는데 쉬지 않고 자신들의 야망을 향하여 달려 나갔던 것입니다. 그래서 하나님은 그들에게 강제로 안식년을 주셔서 70년간 유다 땅은 황무한 상태로 쉬게 되었습니다.

70년이 지난 후에 바사 왕국이 들어서면서 고레스 왕은 온 세상에 반포하기를 하나님께서 나에게 온 세상의 왕이 되게 하셨고 또 유다 백성들을 보내어 성전을 짓게 하라고 하셨기 때문에 유다 백성들에게 고향에 돌아가서 성전을 건축하라는 조서를 내립니다.

> 23절, "바사 왕 고레스가 이같이 말하노니 하늘의 신 여호와께서 세상 만국을 내게 주셨고 나에게 명령하여 유다 예루살렘에 성전을 건축하라 하셨나니 너희 중에 그의 백성된 자는 다 올라갈지어다 너희 하나님 여호와께서 함께 하시기를 원하노라 하였더라"

사실 바사 왕 고레스는 하나님을 모르는 자였습니다. 이사야 선지자는 고레스가 태어나기 150년 전에 이미 고레스가 내 백성을 돌아오게 할 것이라고 예언했습니다. 고레스가 이런 칙령을 내리는 것을 보면 고레스는 분명히 개인적으로도 하나님의 계시나 명령을 받았던 것이 분명합니다. 하나님께서 고레스에게 내가 너에게 세계 만국을 주었으니까 너는 내 백성을 보내어 성전을 짓게 하라고 명령하셨던 것입니다.

하나님께서 사랑하셨고 축복하였던 유다는 결국 말씀에 불순종하고 우상 숭배에 빠짐으로 망하고 맙니다. 그러나 하나님께서는 이것을 통해서 유다 백성들 안에 있는 우상 숭배의 중독이 치료되게 하시고 세계적인 복음화를 준비시켜주셨던 것입니다.

우리는 결코 하나님을 우리 안에 가두어둘 수 없습니다. 우리는 하나님의 뜻이 내 생각과 다르더라도 순종하고 그 뜻을 이루어드리는 자들이 되어야 합니다. 그러기 위해서 우리는 무엇보다도 쓸데없는 자존심을 버려야 합니다. 하나님을 섬긴다면 사람에게도 고개를 숙일 수 있어야 하고 우리는 늘 죄에 노출되어 있는 존재들이기에 내 마음대로 하려고 들어서는 안 됩니다. 이해가 안 되더라도 욕심을 버리고 바보같이 하나님의 뜻에 순종해서 오래도록 축복을 누리시는 성도들이 되시기 바랍니다.

역대하 강해집

부흥의 비결

2012년 11월 23일 초판 2쇄 발행

지은이 | 김서택
펴낸이 | 박영호
펴낸곳 | 도서출판 솔로몬

주소 | 서울시 동작구 사당 3동 207-3 신주빌딩 1층
전화 | 599-1482
팩스 | 592-2104
직영서점 | 596-5225

등록일 | 1990년 7월 31일
등록번호 | 제 16-24호

ISBN 978-89-8255-471-1 03230

2011 ⓒ 김서택
Korean Copyright ⓒ 2011
by Solomon Publishing Co., Seoul, Korea

저작권법에 의하여 한국 내에서 보호를 받는 저작물이므로
무단전재와 복제를 금합니다.